FUNDAMENTOS DEL
CUIDADO PASTORAL

BRUCE L. PETERSEN

Publicado por
Casa Nazarena de Publicationes
17001 Praire Star Parkway
Lenexa, KS 66220 E.U.A.

informacion@editorialcnp.com • www.editorialcnp.com

Título original en inglés:
>Foundations of Pastoral Care
>Por Bruce L. Petersen
>Copyright © 2007
>Published by Beacon Hill Press of Kansas City
>A division of Nazarene Publishing House
>Kansas City,Missouri 64109 USA

>This edition published by arrangement
>with Nazarene Publishing House
>All rights reserved

Publicado en español con permiso de
Nazarene Publishing House de Kansas City

Copyright © 2015 Todos los derechos reservados.

ISBN 978-1-56344-798-3

Traducción: Fredi Arreola
Diseño de portada: Brandon Hill
Diseño de interior: Sharon Page

Categoría: Ministerio cristiano / Pastoral / Consejería

Todas las citas de la Escritura son de la Santa Biblia, Nueva Versión Internacional. Copyright 1973, 1978, 1984 por International Bible Society. Usada con permiso de Zondervan Puslishing House. Todos los derechos reservados.

DIGITAL PRINTING
rev150217

DEDICATORIA

A mi esposa, Jackie, quien estuvo dispuesta a
sacrificar algunos de nuestros tiempos personales
y vacacionales como pareja para que este libro
pudiera completarse.

A mis estudiantes, pasados y presentes.
Ustedes constantemente me inspiraron para
hacer lo mejor en el salón de clases.
Conociendo que ustedes me daban confianza
en la iglesia cercana y del futuro distante, cuando
ustedes tomen el liderazgo en el ministerio.
Sobre todo lo demás, aspiren ser pastores
de vuestro rebaño.

CONTENIDO

RECONOCIMIENTOS

Estoy muy agradecido con las muchas personas que me ayudaron a terminar este proyecto. Gracias, Tim Pusey, Jeren Rowell, Judith Schwanz, Eddie Estep y Tim Swanson, por leer el manuscrito y hacer tantas sugerencias de ayuda. Bonnie Perry y Richard Buckner de Beacon Hill Press of Kansas City, ustedes me han animado a través del proceso. He apreciado especialmente la dirección de mi colega y amigo, Alex Varughese, editor encargado de la Iniciativa del Centenario. El decano de la Escuela de Teología y Filosofía, Jeanne Serrão, y mis amigos de la facultad en la Universidad Nazarena de Mount Vernon continuamente me han ofrecido palabras de ánimo. Sentí el apoyo del Presidente LeBron Fairbanks en cada etapa del proyecto. Sin tan buenos amigos este libro no hubiera sido terminado.

Siento una gratitud especial por las iglesias de las que fui pastor. Gracias por su paciencia mientras me enseñaban lo que significa vivir en comunidad. Les pido perdón por las veces que no puse totalmente en práctica los principios de los que escribo aquí. Ustedes han enriquecido mi vida.

UNIDAD 1

Los fundamentos del Cuidado Pastoral

UNA INTRODUCCIÓN
AL CUIDADO PASTORAL

Bill y Denise Reynolds no podían estar más felices. Una iglesia los había seleccionado para ser su familia pastoral. Ahora, allí viene el camión de mudanzas, conducido por un antiguo amigo, llegando con todas sus pertenencias terrenales. Media docena de personas de su nueva iglesia les ayudaron a bajar sus muebles y ropa a la casa pastoral al lado del templo. Luego llevaron cajas de libros al pequeño estudio de Bill.

Después de una larga tarde de duro trabajo, Bill les agradeció a todos los ayudantes. Luego se paró por unos cuantos minutos mirando el piso de la oficina. Allí a la altura de los ojos colgaba una placa, anunciando a todo el mundo que él era PASTOR.

La realidad le pegó con tanta fuerza que Bill caminó alrededor del viejo escritorio de metal y se dejó caer en una antigua silla giratoria de madera. Desde que tenía quince años y sintió el llamado de Dios, sabía que este tiempo llegaría. Había terminado su preparación académica y una vez hubiera cumplido su experiencia práctica requerida aquí en la iglesia, sería ordenado para toda una vida de ministerio en la iglesia de Jesucristo. Pero ahora, sentado en su primera oficina, Bill se sintió abrumado por un sentimiento de pánico. ¿Qué hago ahora?

Sabía que tenía que preparar a lo menos un sermón cada semana. Ese pensamiento le hacía feliz. Siempre había disfrutado dejar que un pasaje de la Biblia cobrara vida en su corazón mientras se preparaba para predicar. ¿Pero qué voy a hacer el resto de la semana, pensaba? La gente en esta congregación estará dependiendo de él para ayudarles a enfrentar las situaciones difíciles. ¿Y qué de aquella gente necesitada en las calles y en las casas cerca de la iglesia? Ellos también requerirían su atención.

Algunos de los miembros que le habían ayudado a desempacar le habían llamado Pastor Bill o Pastor Reynolds. Le dijo a Denise más tarde que se sentía un poco incómodo con el título. Sonaba demasiado pretencioso. No se sentía más importante que nadie más. En lo más profundo no estaba seguro si entendía lo que significaba ser pastor de todas maneras.

La primera cosa que le vino a la mente a Bill cuando había escuchado el título pastor era la imagen de un pastor que descansa sobre un cayado mientras las ovejas pastan en grupos pequeños sobre alguna colina verde. Eso ciertamente no encajaba con un contexto suburbano. Su nueva iglesia estaba rodeada por dos millones de personas. Incluso la idea de oveja le parecía ridícula. Bill sonrió mientras pensaba. Una oveja perdida en estas partes sería acorralada por el departamento de control de animales si es que primero no era atropellada por un gran camión en la autopista.

Quizá el pastor simplemente era una aberración de la época agraria. Quizá Bill necesitaba verse a sí mismo más como el jefe ejecutivo sobre una organización cristiana o un trabajador social espiritual tratando de ayudar a la gente a través de sus circunstancias difíciles. Al punto de iniciar su carrera ministerial se dio cuenta que pronto aprendería a responder a esta pregunta: ¿Qué significa ser un verdadero pastor para la gente del siglo veintiuno?

▶ LOS MODELOS DE HOY

Es seguro asumir que la mayoría de los pastores quieren tener una congregación efectiva, creciente. Uno puede pensar que la forma más fácil de lograr esa meta es encontrar un pastor o iglesia exitosa y luego copiar la metodología. En realidad hay muchas imágenes poderosas de ministerio que está formando el pensamiento tanto de la persona que desea servir a la iglesia como la congregación que quiere ser servida.

¿Cuáles son esos modelos populares?

LA PERSONALIDAD DE TELEVISIÓN

Quizá la influencia más significativa en la actualidad sea la televisión. Hace un siglo un ministro pudiera haber obtenido popularidad nacional al publicar un libro o escribir una columna en el periódico. La gente de hoy está utilizando sus ojos menos para leer y más para ver. Para algunos pastores, la televisión ha llegado a ser una herramienta para edificar una iglesia con un reconocimiento internacional. Los locutores religiosos ya no tratan de comprar tiempo estelar en una red televisiva. La televisión satelital, con su capacidad para cubrir el globo, ha dado lugar a una gran cantidad de iglesias que semanalmente transmiten sus cultos de adoración a una audiencia mundial. Tales iglesias tienden a cultivar un seguimiento de espectadores que participan en aislamiento. Los televidentes vicariamente sienten ser parte de una celebración semanal. Sin embargo, no reciben ánimo personal, compañerismo o compasión de una iglesia de televisión que pudiera estar localizada a miles de kilómetros.

EL PASTOR VISIONARIO DE LA MEGAIGLESIA

Muchos pastores jóvenes llegan a ser adictos a las conferencias, esperando finalmente descubrir el ingrediente secreto que ocasionará que sus congregaciones exploten en crecimiento.

No hay duda que algunos pastores de las megaiglesias han alterado el horizonte de la iglesia evangélica en Norteamérica. Pero la mayoría de pastores fallan al no reconocer el impacto personal que estos líderes visionarios ejercen sobre una comunidad específica a través de su personalidad pastoral única. Es imposible clonar la Iglesia Willow Creek en Prairie City, Nebraska, o la Iglesia Saddleback en Pleasantville, Vermont. Aun con sus grandes equipos pastorales y sus vastos recursos, estas superiglesias enfrentan la continua lucha de encontrar maneras efectivas para proveer el cuidado pastoral para la gente que es parte de sus congregaciones.

EL GIGANTE DEL PÚLPITO

Algunos pastores e iglesias creen que la clave para una iglesia creciente es un púlpito fuerte. Están convencidos que si un ministro puede predicar de alguna manera dinámica, la gente llegará a la iglesia. Los pastores escuchan sermones grabados de Chuck Swindoll, Thomas Long o Haddon Robinson y se dicen a sí mismos: *Si tan sólo pudiera predicar como...*

Es interesante, a los pastores se les llamaba Predicador por los miembros de la congregación. No hace muchos años la gente pudiera haberse preguntado cuando se movía a una nueva comunidad: "¿En dónde está el mejor predicador del pueblo?" Hoy preguntan ¿quién tiene la mejor música de adoración o quién ofrece los mejores programas para los niños y los jóvenes? Muchas iglesias están muriéndose de hambre espiritualmente porque les hace falta la predicación bíblica. Cada pastor necesita estar dispuesto a invertir el tiempo necesario cada semana en la preparación para ser el mejor predicador posible. Y sin embargo, la predicación sola no creará una congregación fuerte, saludable y cariñosa.

Y finalmente, pero no menos...

EL PASTOR

La imagen del pastor como un modelo válido para el ministerio, de nuevo está ganando aceptación después de un período donde la iglesia enfatizó la administración y la eficiencia sobre el cuidado y la compasión. La gente de hoy, tanto dentro como fuera de la iglesia, está llegando a estar más interesada en la importancia de relacionarse con otros. Los pastores inician y ayudan a facilitar aquellas relaciones dentro de la iglesia.

La palabra *pastor* como título no es gran cosa como papel, el papel de ser pastor de un rebaño de personas. De hecho, la palabra *pastor* viene de la palabra latina *pascere* o *pastor*. Significa "alimentar". Sugiere un acercamiento holístico a un ministerio que es tanto antiguo como contemporáneo.

El término *pastor* sólo se encuentra una vez en las escrituras del Nuevo Testamento para identificar a la persona que toma la responsabilidad del liderazgo espiritual de un Cuerpo de Creyentes nivel local. Efesios 4:11-12 dice: "Él mismo constituyó a unos, apóstoles; a otros, profetas; a otros, evangelistas; y a otros, *pastores* y maestros, a fin de capacitar al pueblo de Dios para la obra de servicio, para edificar el Cuerpo de Cristo" (itálicas añadidas). Sin embargo, la metáfora del líder espiritual como pastor se encuentra muchas veces a través de la Escritura.

En ninguna otra parte se establece más claramente el modelo para el ministerio que en la imagen que Pedro crea para nosotros en 1 Pedro 5:1-4:

> A los ancianos que están entre ustedes, yo, que soy anciano como ellos, testigo de los sufrimientos de Cristo y partícipe con ellos de la gloria que se ha de revelar, les ruego esto: *cuiden como pastores el rebaño de Dios que está a su cargo*, no por obligación ni por ambición de dinero, sino con afán de servir, como Dios quiere. No sean tiranos con los que están a su cuidado, sino sean ejemplos para el rebaño. Así, cuando aparezca el Pastor supremo, ustedes recibirán la inmarcesible corona de gloria (*itálicas añadidas*).

Aquí se observa cómo Pedro no los llama a ser supervisores, maestros, profetas o evangelistas. Su metáfora primaria para los ancianos de la iglesia local fue "pastores del rebaño de Dios".

Otras religiones mundiales no utilizan la palabra *pastor*. Aun la fe judía, que tiene una rica herencia edificada alrededor de los temas del pastor, no se refiere a sus rabinos de esta manera. El término *pastor* ha llegado a ser un título singular cristiano para uno en el ministerio profesional. Y sin embargo ha sido ignorado por muchos que están buscando iconos contemporáneos. Se han utilizado varios títulos a través de los siglos para aquellos en el ministerio cristiano, tales como *anciano, párroco, predicador, ministro, evangelista, clérigo, sacerdote, reverendo o capellán*. Pero ningún nombre o título describe mejor el papel y responsabilidad del ministro que el término *pastor*.

El pastor E. Glenn Wagner argumenta que se retorne a un énfasis sobre la preocupación pastoral del clérigo.

> Como Esaú, nosotros los pastores vendimos nuestra primogenitura como pastores llamados por Dios por el potaje de habilidades y trucos diseñados por los humanos. Hemos mal entendido el papel del pastor y lo hemos definido incorrectamente. Hemos dejado nuestro fundamento bíblico y teológico.[1]

Otro pastor, David Wiersbe, concuerda con este nuevo énfasis sobre la preocupación pastoral. "Los pastores necesitan estar con la gente. Cualquier acercamiento al ministerio que reduce o elimina el contacto del pastor con una amplia sección de la congregación está fuera del sendero bíblico".[2] ¿Pudiera ser que el mejor modelo o imagen para el ministerio hoy todavía se encuentra en la palabra bíblica *pastor*?

No puedes entender el papel del ministro cristiano sin examinar la vida de Jesús. Thomas Oden dice:

Del ministerio terrenal de Jesús de Nazaret aprendemos los rudimentos del ministerio cristiano. La visión y práctica del ministerio de Jesús es significativo para toda visión y práctica cristiana del ministerio. Si el ministerio no puede ser claramente establecido como la continuación de la intención y práctica propia de Jesús, perdemos su premisa teológica central.[3]

De la propia identificación de Jesús como "el buen pastor" (Juan 10:11), hasta su ejemplo de compasión y preocupación por la gente en las historias de los evangelios, nos provee un ejemplo inspirador del cuidado pastoral. El asunto de pastorear será discutido en más detalles en capítulo 6.

▶ EL DESARROLLO HISTÓRICO DEL CUIDADO PASTORAL

Al inicio del desarrollo de la iglesia primitiva en Hechos, los apóstoles escogieron gente que sería apartada para dirigir las congregaciones locales. Pablo enlista los dones espirituales dados a aquellos que darían liderazgo y dirección a la iglesia en Efesios 4:11-12: "Él mismo constituyó a unos, apóstoles; a otros, profetas; a otros, evangelistas; y a otros, pastores y maestros, a fin de capacitar al pueblo de Dios para la obra de servicio, para edificar el Cuerpo de Cristo". Robb Redman dice: "Los modos primarios del cuidado pastoral en el Nuevo Testamento consiste en la mutua edificación (*oikodomē*), ánimo (*paraklēsis*) y mutua disciplina (Mateo 18:15-17). El trabajo del cuidado pastoral aquí es reconocido como el trabajo de todo el pueblo de Dios... Por el otro lado, el Nuevo Testamento también reconoce el llamado único de pastores, ancianos y obispos, que están entregados al ministerio de vigilar y supervisar".[4] El apóstol Pablo escribió los libros de 1 y 2 Timoteo y Tito específicamente para instruir a pastores y supervisores de cómo cuidar a la gente en la iglesia.

En la medida que los siglos pasaron, la iglesia continuó poniendo un énfasis sobre el ministerio pastoral. Los escritores del segundo siglo como Clemente de Roma, Ignacio y Hermas, definen el oficio pastoral. Tertuliano, Orígenes, Basilio, Gregorio de Nisa y Juan Crisóstomo añadieron instrucciones a los pastores de los siguientes 200 años. Para el quinto siglo la iglesia se había expandido a través de toda Europa del norte y enfrentaba el desafío de cristianizar a los bárbaros. Los pastores instruyeron a sus congregaciones a vivir sus vidas cristianas con compasión unos a otros en comunidad, como ejemplos a sus vecinos no cristianos. El Papa Gregorio el Grande, en el sexto siglo, escribió un documento titulado "Cuidado Pastoral", donde describe el trabajo del pastor como ofreciendo dirección moral y espiritual a la iglesia así como también a los que nos asisten a la iglesia.[5]

Durante la Edad Media el cuidado pastoral con frecuencia fue limitado a tratar con la penitencia propia por los pecados cometidos. La Iglesia Romana enfocó las energías del clero a administrar los siete sacramentos como medios de salud espiritual. Aunque Francisco de Asís y Bernardo de Claraval modelaron un ministerio tanto espiritual como físico dentro de la iglesia, este período de la historia de la iglesia se caracterizó por una falta de énfasis sobre el cuidado pastoral.

La Reforma trajo una renovación de interés en el cuidado pastoral con el nuevo desarrollo del movimiento protestante. Martín Lutero enfatizó fuertemente el sacerdocio de todos los creyentes, que hizo del cuidado pastoral la responsabilidad de la iglesia completa. Dos libros importantes salieron de inicios del siglo dieciséis: *El Pastor de Zwinglio (1524) y Sobre el Verdadero Cuidado de las Almas de Bucero (1538)*. Juan Calvino y Juan Knox enfatizaron la importancia del cuidado pastoral para las necesidades espirituales de la congregación.

El libro de Richard Baxter, *El Pastor Reformado* (1656) llegó a ser el desarrollo más significativo del siglo diecisiete. Su propuesta del cuidado pastoral puritano llegó a ser el estándar para los ministros de la tradición reformada en los subsecuentes siglos. Esta tradición enfatizó la introspección de la conciencia y la adherencia estricta a las acciones morales propias. Baxter mismo dividió el cuidado pastoral en siete funciones: "convertir a los inconversos, dar consejos a los que lo piden, edificar a los creyentes, pastorear a las familias de la parroquia, visitar a los enfermos y moribundos, reprobar a los impenitentes y aplicar disciplina".[6]

Juan Wesley sacó el evangelio de las paredes de la iglesia y lo llevó a las calles y campos de la Inglaterra del siglo dieciocho. Llegó a convencerse que los laicos podían cumplir un papel mayor en proveer el cuidado pastoral. Esto era importante porque el ministerio itinerante de Wesley no le permitía hacer el cuidado personal con sus convertidos. A través de los grupos pequeños o reuniones de clases del metodismo de Wesley, la gente recibió el apoyo y ánimo necesario para vivir como creyentes. D. Michael Henderson declara en su libro *John Wesley's Class Meeting*: A Model for Making Disciples (La reunión de las clases de Wesley: Un modelo para hacer discípulos): "Wesley… movilizó a toda la membresía metodista que casi cada miembro tenía alguna participación en el ministerio de la congregación".[7] Tom Albin resume el impacto de Wesley de esta manera: "De hecho puedes decir que todo el avivamiento de Wesley en realidad fue un avivamiento del cuidado y dirección pastoral".[8]

Cuando el movimiento de Wesley vino al Nuevo Mundo, el cuidado pastoral laico llegó a ser un elemento importante en la expansión de la iglesia saliendo a las fronteras de los Estados Unidos recién creado. Los predicadores de los circuitos sólo podían visitar pequeñas comunidades periódicamente, de tal manera que la tarea del cuidado y ánimo caía sobre los miembros de aquellas pequeñitas congregaciones metodistas y bautistas. Cuando el movimiento de los avivamientos del siglo diecinueve invadió todo el horizonte americano en expansión, los creyentes recién evangelizados aprendían el cuidado uno del otro por necesidad, ya que no había suficientes pastores para llenar el púlpito de la iglesia en cada villa y aldea.

El siglo veinte trajo un entrenamiento más formal para aquellos que entran al ministerio. Muchos ministros potenciales asistieron a colegios e incluso seminarios antes de pastorear su primera iglesia. Estas escuelas de alta educación enseñaron cursos sobre teología pastoral y homilética para complementar el estudio de teología, Biblia e historia de la iglesia.

El inicio del siglo veinte marcó el inicio de un nuevo campo de estudio: psiquiatría. Sigmund Freud es generalmente considerado la influencia más significativa temprana de esta nueva disciplina, que intentó estudiar la mente de la misma manera que la medicina estudiaba el cuerpo. No tomó mucho tiempo antes que aquellos que estaban en la preparación ministerial fueran introducidos a conceptos de psicología y salud mental. La educación clínica pastoral llegó a ser parte de la mayoría de los programas de los seminarios para los mediados del siglo veinte. El libro de Carl Rogers, *Client-Centered Therapy* (Terapia centrada en el cliente) instruyó a los seminaristas en el acercamiento a la consejería no directiva.

En la última cuarta parte del siglo los consejeros cristianos habían principiado a establecer su marca en el campo de la consejería. Escritores como Gary Collins, H. Norman Wright y Archibald Hart habían escrito libros leídos por los pastores y laicos por igual. Los psicólogos cristianos ofrecen seminarios en iglesias sobre materias que van desde cómo educar a los niños y tener una matrimonio feliz hasta cómo vencer la depresión o las adicciones. Muchas universidades cristianas y seminarios ahora ofrecen títulos para personas que buscan ser consejeros cristianos. Hoy no es raro que iglesias grandes empleen consejeros cristianos o pastorales como miembros del equipo pastoral para servir a las necesidades tanto de los miembros de las iglesias como de aquellas personas en necesidad de las comunidades circunvecinas.

Los grupos pequeños fueron descubiertos después de la Segunda Guerra Mundial por las organizaciones paraeclesiásticas tales como InterVarsity Christian Fellowship, los Navegantes y Cruzada Estudiantil cuando iniciaron su ministerio en las ciudades universitarias. En los setenta innovadores como Lyman Coleman y Bruce Larson volvieron a introducir de nuevo el concepto de los grupos pequeños a las iglesias. Muchas iglesias hoy ofrecen grupos pequeños especializados para proveer contención a personas con situaciones comunes, tales como la adicción o pérdidas.

El cuidado pastoral dirigido por laicos ha llegado a ser una parte esencial del ministerio en muchas iglesias grandes de hoy. Hay más gente en una iglesia de miles que un pastor y un equipo pastoral puedan servir efectivamente. El cuidado laico, ya sea a través de los grupos pequeños o ministerios específicos, vence el factor limitante de tener un equipo suficientemente pagado para satisfacer las necesidades de todos en la iglesia. Uno de los beneficios del cuidado por los laicos es el sentido de satisfacción cuando los miembros utilizan sus dones y habilidades dadas por Dios.

▶ EL CUIDADO PASTORAL EN EL SIGLO VEINTIUNO

En nuestra historia al inicio, el pastor Bill se sentía abrumado por la tarea que le esperaba mientras iniciaba su servicio en su primera iglesia. Quizá sería de ayuda identificar algunos de los términos conectados con el papel pastoral.

• *Ministerio pastoral*. Todo lo que un pastor hace en conexión con la iglesia sería considerado el ministerio del pastor.

Esto incluiría cosas tan diversas como conducir una reunión de junta, la preparación y entrega del sermón, promover el programa de misiones, conducir a un visitante a recibir la salvación o ser chofer para un grupo de niños en un campamento de verano en la camioneta de la iglesia. Ser pastor es muy parecido como el campesino que sale al patio cada mañana y se da cuenta, al ver su tierra, que hay 50 cosas que pudiera hacer hoy, todas ellas urgentes. Como el campesino, el trabajo del ministerio del pastor nunca se termina. Cada pastor tiene rutinas semanales, pero existen suficientes desafíos inesperados para evitar que el trabajo alguna vez se vuelva aburrido o predecible.

• *Cuidado pastoral*. Parte de la tarea del ministerio es el cuidado pastoral. Tradicionalmente, el cuidado pastoral ha incluido las actividades de sanidad, compasión, contención, dirección y reconciliación de la gente entre sí y con Dios.

Thomas Oden, en su libro *Classical Pastoral Care* (Cuidado pastoral clásico), volumen 1, *Llegando a ser un Ministro*, da esta definición:

> El cuidado pastoral es esa rama de la teología cristiana que trata con el cuidado de las personas por los pastores. Es pastoral porque pertenece a los oficios, tareas y responsabilidades

del pastor. Es cuidado porque está a cargo y es deliberadamente atención al crecimiento espiritual y destino de las personas. El cuidado pastoral es análogo al cuidado del cuerpo por un médico. Siendo que esa esfera particular sobre la cual uno ejerce cuidado es la psique... el cuidado pastoral también puede llamarse apropiadamente el cuidado de las almas.[9]

El término *cuidado pastoral* pudiera implicar que el pastor es el único que debe hacer este trabajo. Aunque el cuidado es una responsabilidad importante para un pastor, el cuidado pastoral también se puede referir al pastoreo compasivo que cualquier cristiano puede dar a otra persona.

El pastor y autor Michael Slaughter con intención de ayudar a los laicos descubre tal ministerio. Escribe: "El llamado de Dios no sólo es para aquellos involucrados en el ministerio profesional. Dios ha creado a cada ser humano con un propósito divino. El asunto más grande que podemos hacer por otro ser humano es ayudarle a descubrir el llamado de Dios".[10] De hecho, los laicos con el don espiritual de pastor pueden ser mucho más efectivos como personas que dan cuidado que un ministro sin ese don espiritual.

• *Consejería pastoral.* Dentro de la esfera más grande del cuidado pastoral está la tarea de la consejería pastoral. Howard Clinebell, en su importante libro *Basic Types of Pastoral Care and Counseling* (Tipos básicos de cuidado y consejería pastoral), define el término de esta manera: "La consejería pastoral, una dimensión del cuidado pastoral, es la utilización de una variedad de métodos de sanidad (terapéutica) para ayudar a la gente a manejar sus problemas y crisis de manera que crezcan y así experimenten sanidad de su quebrantamiento".[11]

Con este amplio campo de consejería pastoral ahora hay muchas especialidades, tales como el cuidado de contención, cuidado de crisis, cuidado de duelo, enriquecimiento matrimonial y enriquecimiento familiar, sólo para nombrar algunos.

Las habilidades y técnicas de la consejería pastoral efectiva son muy específicas y no serán abordadas en este libro. Sin embargo, es útil comentar sobre qué tan penetrante es la práctica. Es natural para la gente venir a un pastor buscando asesoramiento y consejería sobre asuntos espirituales. Pero estos días la oficina pastoral con frecuencia es la primera instancia cuando hay problemas matrimoniales, conflictos familiares, depresión personal o decisiones importantes. Nadie le pregunta al ministro si está interesado en hacer consejería. Se asume hoy que los pastores aconsejan.

La consejería pastoral generalmente se hace en un cuadro de tiempo limitado, enfocándose sobre una solución específica a una necesidad. Una razón que las personas buscan a los pastores es porque en general la consejería es gratis. También, los ministros no se restringen a sí mismos a horas de oficina durante el día y así, generalmente, están disponibles en cualquier tiempo que haya una crisis. Además, la gente pudiera sentir que un pastor tiene un discernimiento más grande sobre la voluntad de Dios que un laico.

• *Psicoterapia pastoral.* Esta es una forma muy específica de la consejería pastoral, enfocándose sobre trabajo terapéutico de largo plazo hecho por un consejero pastoral con un entrenamiento extenso en psicoterapia. Por razones de que es muy técnica y requiere entrenamiento y experiencia, está más allá del alcance de la mayoría de los pastores.

▶ UN PASTOR PARA LA ACTUALIDAD

Cada época tiene que enfrentar un nuevo grupo de circunstancias que influyen la cultura dentro y fuera de la iglesia. Hemos salido de las fronteras de un milenio y entrado a uno nuevo. Y lo que hemos descubierto hasta ahora en este siglo veintiuno ha sido una mezcla de paz y guerra, hambruna y prosperidad, seguridad y terrorismo. La pregunta en las mentes de muchos en la iglesia es esta: ¿Cómo podemos "hacer iglesia" de manera que pueda tener impacto espiritual en la generación actual?

Más específicamente para este libro, ¿cómo podemos pastorear a la gente que enfrenta las complejidades de nuestra sociedad afectada por el estrés? Las palabras de un himno escrito hace cerca de 250 años por Carlos Wesley siguen resonando en mi mente: "Para este gran deber / Mi Dios, poder llenar, / A tu servicio hoy mi ser / Te quiero consagrar" (De "Yo Tengo que Guardar").

Servir a la época presente es diferente que servir en la pasada. Sin embargo, mientras la sociedad está cambiando rápidamente y nosotros no siempre estamos seguros a dónde nos llevará, las necesidades humanas básicas siguen siendo las mismas.

Michael Slaughter escribe: "Estados Unidos ha sido llamada la nación de extranjeros. Una encuesta de Gallup reportó que cuatro de diez norteamericanos admiten frecuentes sentimientos de 'intensa soledad'... Para el 2010 más de uno en cuatro hogares serán hogares de padres solteros".[12] Aun cuando los conflictos familiares abundan, la gente está buscando relaciones auténticas, amables con gente a quien le importe. Hay un creciente interés en la realidad espiritual, pero la gente no se vuelve a la iglesia buscando respuestas. Con todos nuestros avances tecnológicos, la gente tiene los mismos anhelos y deseos básicos que Jesús vio cuando estuvo aquí en la tierra.

La imagen del pastor sirviendo en el siglo veintiuno no es irrelevante. La gente hoy está desesperadamente buscando a alguien que sepa sus nombres y le importe cuando sufre. La forma en que tú hagas eso hoy puede ser de alguna manera diferente de alguien pastoreando hace 100 años. Servir en la época presente significa cuidar a la gente de maneras significativas, personales, usando la misma compasión y amor que Jesús mostró durante su ministerio terrenal.

▶ LOS PASTORES HACEN LA DIFERENCIA

Una de las experiencias profesionales tempranas que formó mi ministerio tomó lugar durante mis años en el seminario como pastor asociado en la Iglesia del Nazareno College Church en Olathe, Kansas.

El pastor titular, Paul Cunningham, recibió una llamada telefónica que todos los pastores temen. Una pareja joven y su hermosa pequeña niña iban en un viaje de días feriados para visitar a sus parientes. Estuvieron involucrados en un accidente fatal en la autopista de Kansas.

Mientras Paul y yo manejamos en el camino al hospital hablamos sobre la importancia de que un pastor esté allí cuando la gente te necesita. Entramos al cuarto del hospital del esposo, Ron, con las noticias que su esposa y su pequeña niña no habían sobrevivido al accidente. Observé cómo el pastor Paul parecía saber cuándo era apropiado decir palabras de ánimo y contención, y cuando simplemente estar parado al lado de la cama de Ron mientras lloraba y lamentaba la pérdida de su familia. Esta fue mi primera experiencia de caminar con un hombre y su familia extendida a través del proceso de planear el funeral y los siguientes meses de trabajo de duelo. Vi a Ron mientras descubría que su fe podía ayudarle a cruzar las más duras experiencias que la vida podía arrojarle.

Tales momentos nunca son fáciles para un pastor. Te condueles con la familia. También está la responsabilidad de hablar una Palabra de Dios en el funeral que se relacione con los seres amados por los que se hace duelo y la familia más grande de la iglesia. Este puede ser un tiempo de mucho estrés y profundas emociones. Sin embargo, de esa primera experiencia de tragedia aprendí que el pastor puede hacer una diferencia. Estamos humildemente allí como pastores representantes de ese Gran Pastor, Jesucristo, y en ese momento llegamos a ser los conductores o dispensadores de la gracia de Dios. Es a la misma vez humilde y emocionante ser un pastor que cuida al pueblo en el nombre de Jesús.

▶ PREGUNTAS PARA LA REFLEXIÓN

▷ ¿Por qué es tan importante entender que el cuidado pastoral ha sido parte de los escritos bíblicos e históricos de la iglesia y no simplemente el invento de la iglesia en los últimos 100 años?

▷ ¿Por qué la gente viene primero a un pastor para el cuidado y consejo en lugar de alguien fuera del contexto de la iglesia? ¿Qué ventajas y desventajas tienen los pastores sobre otros profesionales de sanidad?

▷ ¿Cuál es el aspecto más difícil del cuidado pastoral para el ministro y para su familia?

▷ ¿Cuáles son algunos de los desafíos singulares en proveer cuidado pastoral en el siglo veintiuno?

PROVEYENDO
CUIDADO PASTORAL DEL ALMA

Mientras Denise McDonald completaba sus primeros dos meses como pastor de jóvenes, se calificó con un ocho. Sus actividades con los adolescentes, aunque alegres, no habían producido el desarrollo espiritual que esperaba cuando llegó a la Iglesia Living Community.

La pastora Denise se sentó mirando por la ventana, reflexionando sobre su ministerio, cuando se abrió la puerta de la oficina y una joven de segundo año que se llamaba Megan se desplomó sobre un sofá gastado al otro lado del cuarto.

Megan no venía de una familia de la iglesia pero había estado asistiendo a las actividades juveniles regularmente con su amiga Kim. Después de un poco de conversación sobre la escuela y el clima, Megan reveló la verdadera razón de su visita.

"Mi novio me ha estado presionando para hacer algunas cosas que simplemente no me siento cómoda en hacer. Dice que realmente no existe ningún sentido en la vida más allá de la intimidad, así que por qué no seguir adelante si nos amamos. He visto a algunas de las personas en el grupo de los jóvenes, especialmente a Kim. Tal parece que tiene algo que yo no tengo. Cuando le pregunté sobre eso, ella dijo que es porque Jesús ha venido a su vida. Yo no conozco nada de las cosas religiosas, y todo me espanta. Pero pensé, usted sabe, siendo que usted es la pastora y todo eso, tal vez me pueda ayudar".

Esa tarde la pastora Denise compartió las buenas nuevas del evangelio y Megan respondió por fe al llamado de Cristo. Al final de la conversación Denise compartió la importancia de desarrollar esta nueva relación con Jesús a través de la oración y el estudio bíblico. Estableció un tiempo para que Megan regresara en dos días con Kim para iniciar el proceso del crecimiento y desarrollo espiritual. Más tarde Denise pensaba, quizá algunas de las semillas espirituales plantadas en las reuniones juveniles habían comenzado a tomar raíz, después de todo. Y sentía esa satisfacción personal de ser una partera en el nacimiento espiritual.

Denise tenía que admitir en ese momento, que nada es más satisfactorio que ayudar en el cuidado con los adolescentes a encontrar respuestas espirituales a las preguntas de sus vidas.

▶ UN DOCTOR PARA EL ALMA

John Frye, en su penetrante libro *Jesus the Pastor* (Jesús el pastor), cuenta su experiencia de trabajar su caminar a través del seminario en un hospital médico.

Una noche una mujer atractiva vino al cuarto de emergencia, con su labio abierto y un ojo hinchado casi cerrado, obviamente el resultado de una pelea con alguien. Comenzó a relatar una historia demasiado común de un esposo abusivo que la había golpeado varias veces fuera de la cantina. Esta mujer lloraba abiertamente, no tanto por las heridas físicas sino por temor de lo que su esposo en su estado de ebriedad le pudiera estar haciendo ahora a sus hijos.

John Frye ayudaba a calmar a la mujer mientras el equipo médico trataba de hacer lo que podía para suturar las heridas y reducir la hinchazón de su rostro, se dio cuenta que había un dolor más profundo, que se manifestaba de la parte espiritual de su vida, lo cual no se podía curar con un vendaje. Al ver a la mujer irse del hospital, una pregunta fundamental principió a formarse en su mente: "¿Pero quién será el doctor de su alma?"[1]

▶ ¿QUÉ ES EL CUIDADO DEL ALMA?

En un sentido el cuidado del alma se refiere a todo lo que un pastor hace en el ministerio, desde administrar los sacramentos y la predicación, hasta la visitación y la administración. Pero a través de los siglos el término ha sido interpretado de una manera más reducida.

Thomas Oden dice: "En un sentido estrecho, el cuidado de las almas ha llegado a referirse a una parte más intensa de esa gran tarea, un ministerio personal de conversación... un ambiente tranquilo de una reunión uno a uno con personas que buscan a los pastores para dirección interpersonal, moral y espiritual".[2] En su libro *Care of Souls* (Cuidado de almas), David Benner define la tarea del cuidado del alma como "la contención y restauración del bienestar de las personas en su profundidad y totalidad, con una preocupación particular por su vida interna".[3]

Jesús demostró en los evangelios lo que significa el cuidado por todas las necesidades de la gente. Su corazón estaba lleno de compasión por aquellos que habían sufrido por enfermedades físicas y por los minusválidos. En apenas dos capítulos, iniciando con Lucas 4, Jesús echa fuera el espíritu inmundo de un hombre, sana la suegra de Pedro que tenía mucha fiebre, ayudó a algunos discípulos a pescar, curó a un hombre de lepra, levantó al paralítico y llamó al despreciado publicano Leví para que llegase a ser uno de sus discípulos. No sólo estaba preocupado por los individuos, pero en Lucas 8 multiplicó los panes y los peces para una multitud de miles que no habían traído provisiones cuando salieron para escuchar sus enseñanzas. Jesús, a lo menos en tres ocasiones, devolvió la vida a los muertos.

Pero hay algo que sobreviviría a la minusvalía, al hambre e incluso la muerte. Jesús nunca prometió que sanaría a todos los que vinieran a Él. Lo que sí incluyó en su invitación universal a todos los que estaban agobiados por las cargas y preocupaciones fue, simplemente, descanso para el alma.

Dijo: "Carguen con mi yugo y aprendan de mí, pues yo soy apacible y humilde de corazón, y encontrarán descanso para su alma" (Mateo 11:29). Por razón de que Dios creó a los humanos con la habilidad única de tomar decisiones morales, nunca forzó a la gente a tener una relación espiritual. Jesús nunca trató de seducir a la gente al Reino con trucos u ofertas no sinceras de una gracia barata. Al contrario, plantó las semillas del evangelio a través de sus enseñanzas y permitió que germinaran en los corazones y mentes de los oyentes hasta que respondieran.

Jesús también reveló el valor último de nuestras almas cuando dijo en Mateo 16:26: "¿De qué sirve ganar el mundo entero si se pierde la vida? ¿O qué se puede dar a cambio de la vida?" El mensaje de Juan 3:16 es claro. Dios valora a la gente tanto que su Hijo Jesús murió en la cruz para que podamos gozar del perdón y de una relación espiritual con Dios para siempre. Si Jesús puso ese valor sobre el cuidado de las almas, debe tomar un lugar de alta importancia para cualquiera en el ministerio.

Benner cita a William Clebsch y Charles Jaekle como sugiriendo que ha habido cuatro elementos del cuidado de las almas a través de la historia de la iglesia cristiana: sanidad, contención, reconciliación y dirección.

Sanidad significa ayudar a la gente hacia la plenitud, ya sea sanidad física, emocional o espiritual de un individuo. *Contención* envuelve ayudar a la gente a enfrentar circunstancias difíciles para sobrevivir y triunfar, aun cuando la victoria final pudiera parecer improbable. *Reconciliar* trata con el remendar relaciones rotas, ya sean estas entre individuos o grupos dentro del cuerpo de la iglesia. *Guiar* se refiere a dirigir a la gente para tomar decisiones sabias dentro del contexto de una madurez espiritual creciente.[4]

▶ El Cuidado del Alma para El Nuevo Milenio

Durante la mayor parte del siglo veinte la idea del alma no se vio favorablemente en nuestro mundo moderno. Uno no podía tomarle una fotografía o rayos X al alma. Un alma no se podía meter en una probeta o ser examinada bajo un microscopio de electrones. Los científicos sociales tomaron la posición que el alma era un concepto obsoleto del pasado ignorante, algo parecido a la teoría de una tierra plana en la ciencia.

Con el cambio cultural al punto de vista postmoderno, el interés en el alma y la dimensión espiritual está en boga de nuevo. Las personas que van a los cines y los televidentes son atraídos a historias sobre psíquicos o manifestaciones angélicas o demoníacas que sugieren un plano espiritual de la realidad que espera ser explorada. La gente con regularidad consulta a los médiums que pretenden el poder de contactarse y comunicarse con las almas de seres queridos ya fallecidos. Muchos que alguna vez se han burlado de la mera idea de tener un componente espiritual ahora navegan la Internet o llaman a las líneas telefónicas para aprender más acerca de su alma. Es triste que muchos postmodernos creen en lo espiritual y lo sobrenatural pero no creen que encontrarán las respuestas a sus preguntas en el cristianismo.

Para otros, los misterios del mundo espiritual son simplemente demasiado complejos para comprenderse. Emplean a entrenadores personales para desarrollar músculos y a dietistas para planear un régimen saludable de alimentación, pero jamás pensarán en consultar a un pastor que pueda ayudarles a responder a sus anhelos más profundos de tener una relación íntima, personal con Dios.

Se puede comparar a los pastores con los doctores del alma, muestran preocupación por todo el ser con atención particular a la vida interior de la gente. Muchos pastores desarrollan un complejo de inferioridad alrededor de otros profesionales de la salud, sintiéndose quizá que el trabajar con las dimensiones espirituales de la gente es menos importante o menos científico. Sin embargo, los pastores tienen la oportunidad de acompañar a otros profesionales para promover la plenitud. Pueden animar a la gente a buscar ayuda médica cuando los problemas físicos aparecen. Los consejeros y pastores pueden trabajar mano a mano para ayudar a la gente a encontrar plenitud mental y emocional. Los pastores están entrenados y son hábiles para ayudar a la gente a desarrollar sus vidas espirituales bajo la dirección del Espíritu Santo. Para aquellos doctores que trabajan con el cuerpo físico, su efectividad termina cuando la persona muere. El pastor, por otro lado, tiene la oportunidad de preparar a la gente a vivir en una relación con Dios por la eternidad.

▶ EL CONTEXTO DEL CUIDADO DEL ALMA

El cuidado del alma sucede dentro de la comunidad cristiana. Mientras que otras religiones enfatizan el individualismo y las prácticas solitarias, la Biblia enfatiza la importancia de las relaciones.

Un estudio de los pasajes donde Pablo usa las palabras "unos a otros" revela la importancia de los cristianos relacionándose con otros en el Cuerpo de Cristo. Es una mala concepción pensar que la única gente que es responsable por el cuidado del alma son los ministros ordenados. Uno de los temas redescubiertos en la Reforma Protestante fue el sacerdocio de todos los creyentes. Pablo, en Efesios 4, es claro que todo el pueblo de Dios debe hacer las obras del ministerio en la iglesia. Cualquier creyente puede proveer cuidado del alma animando,

apoyando, sobrellevando las cargas, guiando y desarrollando responsabilidad con otra persona. Ya sea en la iglesia de 10 ó de 10 mil, la gente
necesita tener un sentido de pertenencia, que otros conozcan y cuiden
de sus almas.

Los ministros, como pastores espirituales, tienen un papel especial
en el cuidado de la gente de la iglesia. Sin embargo, si el pastor es el
único que provee cuidado del alma, la iglesia no puede crecer más allá
del número de personas que un pastor es, físicamente, capaz de cuidar.
Algunos pastores se sienten indispuestos en compartir los ministerios
del cuidado del alma porque tienen temor que otros no lo harán muy
bien. Otros no están dispuestos a compartir la satisfacción de ayudar
a la gente con nadie más. Esta actitud es puro egoísmo y no tiene lugar
en el ministerio pastoral. La respuesta no es emplear más pastores en
una iglesia sino desarrollar más a los facilitadores laicos. Cualquier
pastor puede multiplicar el ministerio de la iglesia al entrenar a los laicos para que apoyen en ofrecer un cuidado que provea plenitud, física,
mental, social y espiritual. No es suficiente que el pastor sea una persona que se interese en esto. Un buen pastor motivará a otros a cuidar las
necesidades de la gente para llegar a ser una congregación ministradora.

Muchas iglesias están desarrollando programas efectivos donde los
laicos en la iglesia proveen el cuidado del alma unos a otros. En un programa típico, los voluntarios laicos se reúnen en la iglesia una noche
cada semana para expresar el cuidado y la preocupación por aquellos
que tienen necesidades especiales. Algunos harán llamadas telefónicas
a los que han estado enfermos o están enfrentando problemas serios.
Otros escribirán notas de ánimo a la gente que pudiera haber estado
ausente de los servicios. Un grupo irá a los hogares a visitar la gente
necesitada o visitantes de la iglesia. Otro grupo orará por cada persona
o familia que recibe ministerio de la iglesia esa tarde. Tales programas
responden a una variedad de necesidades dentro de la congregación con
ambas preocupaciones y apoyo espiritual a través de la oración.

▶ EL CARÁCTER DE LOS QUE OFRECEN CUIDADO

Cuando llaman a un pastor, las iglesias, se comprende, están preocupadas que obtengan la persona correcta para su congregación. Pero,
¿cómo conocen las iglesias que han seleccionado a la persona correcta?
El ministerio pastoral es una profesión donde el carácter de la persona
puede ser tan importante como las habilidades para el ministerio.

Allá en los setenta la Asociación de Escuelas Teológicas condujo
una encuesta para descubrir lo que las iglesias estaban buscando en un
nuevo pastor. Louis Bloede resume los resultados.

"Servicio sin buscar reconocimiento" recibió la calificación
más alta. En segundo lugar estaba "integridad personal". El tercer

factor más alto tenía que ver con el ejemplo cristiano, ser "una persona respetable en la comunidad". No es sino hasta que llegamos al cuarto lugar que encontramos mención de las habilidades pastorales específicas. Este factor describe a una persona "que muestre competencia y responsabilidad de completar sus tareas, de ser capaz de manejar las diferencias de opiniones, y que siente la necesidad de continuar creciendo en las habilidades pastorales".[5]

Los pastores responsables por el cuidado de las almas sacan sus recursos personales para el ministerio de la reserva espiritual propia de una relación espiritual con Dios. Howard Rice escribe: "Pero la herramienta principal de los pastores no es una habilidad o técnica particular; es nuestro mismo ser. La herramienta principal para la obra del ministerio pastoral es la propia fe de uno".

Francisco de Asís era un caballero bien acomodado enfocado en sus propias necesidades personales cuando llegó ante un mendigo. Mientras veía a este hombre desafortunado, se sorprendió al descubrir que el rostro del hombre era el rostro de Cristo. Fue ese encuentro espiritual con Jesús que cambió la dirección de la vida de Francisco. Inició un ministerio para los hambrientos, los pobres, los enfermos y los destituidos alrededor de la villa de Asís, trayendo luz a la época oscura. Las palabras de su familiar oración del siglo trece son apropiadas para el pastor del siglo veintiuno.

> *Oh Señor, haz de mí un instrumento de tu paz:*
> *Donde hay odio, que yo lleve el amor.*
> *Donde hay ofensa, que yo lleve el perdón.*
> *Donde hay duda, que yo lleve la fe.*
> *Donde hay desesperación, que yo lleve la esperanza.*
> *Donde están las tinieblas, que yo lleve la luz.*
> *Donde hay tristeza, que yo lleve gozo*
> *Oh Maestro, haced que yo no busque tanto:*
> *Ser consolado, sino consolar.*
> *Ser comprendido, sino comprender.*
> *Ser amado, sino amar.*
> *Porque es dando, que se recibe;*
> *Perdonando, que se es perdonado;*
> *Muriendo, ¡que se resucita a la vida eterna!*

La gente hoy tiene una profunda hambre de experimentar algo que esté más allá de su propia existencia ordinaria. Están convencidos que hay la respuesta a este misterio de la vida, en algún lugar allá fuera. No están tan preocupados por el color de la alfombra o si cantan de un himnario o de palabras proyectadas en una pantalla. El hecho que los postmodernos tienen hambre de satisfacción espiritual realmente es una señal de su hambre por Dios. Esta realidad espiritual sólo se puede encontrar a través de una relación espiritual auténtica con Cristo. El término de Jesús "nacer de nuevo" en Juan 3 realmente es un despertar espiritual que cualquier persona puede experimentar.

▶ UN GUÍA ESPIRITUAL

Paran los pastores, el cuidado del alma puede involucrar el llegar a ser un guía espiritual.

Durante la expansión de los Estados Unidos en la segunda mitad del siglo diecinueve, enormes caravanas se unían para hacer un viaje al oeste. Su sueño en general involucraba una tierra barata y nuevas oportunidades. Por razón de que existían pocos senderos marcados, la caravana empleaba a un guía para darle liderazgo al grupo. El trabajo de esta persona era claro: ayudar a los viajeros a arribar seguros a su destino. Un buen guía entendía cómo trabajar con la gente. Sabía cómo sobrevivir en el desierto y tenía un buen entendimiento del camino. El guía de la caravana, muy a menudo empleaba exploradores que iban adelante para encontrar el mejor sendero para negociar la próxima sección del camino. El líder de la caravana tenía una ventaja sobre los otros viajeros. Había recorrido este camino antes. Conocía los peligros, las asperezas que venían, y que se necesitaba para sobrevivir en la ardua jornada. Sin un guía de la caravana hubiera sido dificultoso para que los pioneros llegaran a su destino, o incluso sobrevivieran.

Ser un guía del alma es una tarea seria. Afortunadamente para los pastores y los laicos por igual, el proveer cuidado del alma no es una tarea puramente humana. Jesús prometió la presencia del Espíritu Santo dentro de la vida de cada creyente. "Pero el Consolador, el Espíritu Santo, a quien el Padre enviará en mi nombre, les enseñará todas las cosas y les hará recordar todo lo que les he dicho" (Juan 14:26). Además, Dios extiende su gracia a sus creyentes para ayudarles en su crecimiento y desarrollo. Estos "medios de gracia" promueven madurez y desarrollo para los cristianos a través de la práctica de las disciplinas espirituales.

Howard Rice menciona ochos disciplinas específicas: (1) *Oración*, la cual es básica para la vida cristiana. Los pastores pueden proveer muchos modelos para diferentes tipos de personalidades y temperamentos. (2) *La lectura de la Escritura* provee una manera de escuchar la voz de Dios y recibir instrucciones para la vida. (3) *La meditación* es una forma de enfocarse en una palabra, concepto o escritura en silencio dejando que Dios traiga discernimientos a la mente de uno. (4) *Fiesta y ayuno*. El ayuno es negar alguna cosa de valor, alimento o actividad, por un período de tiempo para aumentar la concentración de uno en oración. Fiesta involucra gozar los buenos dones de Dios con un corazón de gratitud. (5) *Servir a otros* nos permite ser la presencia física de Cristo en medio de la necesidad de alguien. Ya sea que demos comida al hambriento o consolemos a los que están quebrantados, descubrimos que ministrar a otros trae bendiciones a nuestras propias vidas. (6) *La adoración y los sacramentos* en general vienen primero a nuestra mente cuando pensamos en los medios de gracia. Cuando nos reunimos como el Cuerpo de Cristo para reconocer la dignidad de Dios y regularmente recibimos el sacramento de la Cena del Señor experimentamos unidad con Cristo y los colegas creyentes. (7) *Las lecturas sagradas* nos permiten conectarnos con los grandes escritores cristianos del pasado así como con autores contemporáneos de la espiritualidad. Y (8) *el descanso del Sabbath* provee una interrupción al paso agitado de nuestro horario semanal para renovar las dimensiones físicas y espirituales de nuestras vidas. Un pastor puede dirigir a la congregación a valorar estas disciplinas espirituales y experimentar la gracia de Dios en una medida más grande.[7]

▶ LLEGANDO A SER UN GUÍA ESPIRITUAL

Todo el tema de la dirección espiritual ha sido redescubierto por los protestantes, en gran parte a través de los escritores católicos romanos del pasado y del presente. Los autores evangélicos contemporáneos como Richard Foster, Dallas Willard y Eugene Peterson ahora animan a los pastores a no sólo buscar un director espiritual para sus propias vidas pero también a entender su responsabilidad de ser directores espirituales para otros. Peterson, en su libro *Working the Angles: The Shape of Pastoral Integrity* (Trabajando los ángulos: La forma de la integridad pastoral), dice que hay tres "ángulos" de ministerio pastoral que todo pastor necesita desarrollar con el propósito de sobrevivir en la parroquia: la oración, la Escritura y la dirección espiritual. Cuando se dirige a este tercer ángulo escribe:

La dirección espiritual toma lugar cuando dos personas están de acuerdo a dar su atención plena a lo que Dios está haciendo en una (o ambas) de sus vidas y buscan responder en fe. En la mayoría de los casos para los pastores, estas atenciones convergentes y devotas son breves y sin ninguna planificación; y en otras ocasiones son pláticas planeadas y estructuradas. Ya sea que están planeadas o no, tres convicciones subrayan estas reuniones: (1) Dios siempre está haciendo algo: una gracia activa está formando esta vida a una salvación madura; (2) responder a Dios no es una adivinanza; la comunidad cristiana ha adquirido sabiduría a través de los siglos la cual provee dirección; (3) cada alma es única; ninguna sabiduría simplemente se puede aplicar sin discernir lo particular de esta vida y su situación.[8]

Rice usa el término *guía espiritual* como la manera que un pastor acompaña a una persona en la iglesia, alguien que necesita ayuda espiritual para el camino.

El guiar espiritual es el proceso de señalar a la gente y a los grupos, pequeños o grandes, más allá de las realidades visibles a la realidad de Dios como Aquel sin el cual no es posible entender nuestra situación presente. El guiar usa los discernimientos y habilidades de la dirección espiritual y utilizará directores espirituales entrenados como referencia... Esta guía toma lugar en la manera cómo un líder asiste a una persona, un grupo o una congregación a poner atención a los caminos de Dios que están obrando en sus vidas, individual y comunitariamente. El guiar espiritual es menos estructurado y formal que la dirección espiritual.[9]

Hay ocasiones cuando un pastor entrará a un acuerdo más formalizado con una persona o grupo pequeño para proveer dirección espiritual. El pastor puede tomar el papel de maestro para el beneficio del instruido. Sin embargo, la relación también puede diseñarse para un mutuo crecimiento y desarrollo de todos los involucrados. Después de todo, un pastor necesita ser responsable a la gente quien a su vez puede proveer ánimo y afirmación. En algunos casos, tales como trabajar con alguien del sexo opuesto, el pastor puede sentir a otra persona que pudiera ser más efectiva para proveer dirección espiritual. Una parte del papel del pastor como guía espiritual es entrenar a otra persona madura para ser guía y asegurarse que aquellos que desean dirección espiritual la reciban de alguien. El guiar espiritualmente incluye entendimiento del nivel de desarrollo de la fe entre los varios miembros de la congregación. Los pastores necesitan poner especial atención a aquellos que han pecado o están alejándose de la fe. El apóstol Pablo ofrece sabio consejo a los pastores y a otros líderes de la iglesia en Gálatas 6:1-2: "Hermanos, si alguien es sorprendido en pecado, ustedes que son espirituales deben restaurarlo con una actitud humilde. Pero cuídese cada uno, porque también puede ser tentado. Ayúdense unos a otros a llevar sus cargas, y así cumplirán la ley de Cristo".

▶ CUALIDADES DE UN GUÍA ESPIRITUAL

¿Cómo puede un pastor ser un guía espiritual efectivo para el pueblo de Dios? Algunas de las habilidades son similares a aquellas de un buen consejero. Sin embargo, siendo que los asuntos espirituales son de importancia aquí, hay calificaciones únicas para el guiar espiritual.

UNA SENSIBILIDAD A LAS NECESIDADES ESPIRITUALES DE OTROS

Jesús tenía sus antenas espirituales trabajando cuando la mujer samaritana de Juan 4 vino caminando al pozo fuera de Sicar. Reconoció que la mujer necesitaba más que una jarra de agua del pozo. No era simplemente un remedio para la situación desafortunada de su hogar; esta mujer necesitaba agua espiritual que sólo Jesús le podía dar.

Ya sea que estemos en nuestra oficina o esperando en una línea del supermercado, necesitamos ver más allá de los asuntos superficiales a los asuntos espirituales más profundos de las vidas de las personas.

Recientemente un joven vino a la casa de un pastor para hacer un trabajo eléctrico. Este pastor sabía que el joven había estado activo en su iglesia local en el pasado, así que el pastor le preguntó cómo iban las cosas espiritualmente. Dejó caer su cabeza y admitió que sus colegas en su anterior trabajo habían sido una mala influencia. "Dejé de trabajar allí", dijo, "pero todavía no estoy donde debo estar espiritualmente". Mientras los dos hablaban allá en el sótano, el joven admitió que, aunque había confesado su pecado, tenía un hambre de conocer el gozo que había experimentado en el pasado. El pastor tuvo el privilegio de compartir con él algunas formas cómo podía iniciar su crecimiento espiritual de nuevo. El Espíritu Santo usó un encuentro no planeado para lograr que este joven creyente regresara espiritualmente.

UNA DISPOSICIÓN DE PREPARAR ESPIRITUALMENTE EL ALMA

Pablo les recuerda a los efesios que "nuestra lucha no es contra *seres humanos, sino contra poderes, contra autoridades, contra potestades que dominan este mundo de tinieblas, contra fuerzas espirituales malignas en las regiones celestiales" (6:12). Cuando los pastores guían a la gente espiritualmente, Satanás y sus fuerzas inevitablemente se aparecerán, intentando hacer cualquier cosa para evitar el progreso espiritual. Hacer intervenciones espirituales requiere que un pastor esté preparado. El consejo de Pablo es claro: "Por lo tanto, pónganse toda la armadura de Dios, para que cuando llegue el día malo puedan resistir hasta el fin con firmeza" (v.13).

Un pastor cuyo tanque de combustible espiritual está constantemente vacío, realmente no puede ser de mucha ayuda para otros.

UNA HABILIDAD PARA ESCUCHAR CON UN ENFOQUE PLENO

¿Cuáles son las cualidades necesarias para saber escuchar bien? La mayoría de estos especialistas tienen la habilidad de hacer a un lado todo lo que distrae y de concentrarse en lo que el que habla tiene que decir. Los pastores que predican pudieran pensar que hablar es trabajo difícil. En realidad, escuchar es mucho más complicado porque demanda el enfoque de la plena atención de uno, tanto en las palabras que la otra persona está diciendo como en los mensajes silenciosos comunicados por las expresiones faciales y el lenguaje corporal. Los buenos oyentes resisten la tentación de estar pensando sobre lo que deben responder en lugar de permanecer concentrados en la comunicación de la otra persona.

El poner plena atención a lo que alguien está diciendo es una manera de dejar que la otra persona sepa que le valoramos a él o ella y a su mensaje. Los guías espirituales también son personas que escuchan las impresiones internas del Espíritu Santo mientras interpreta los sentimientos profundos que la persona no está diciendo, de tal manera que podamos entender mejor lo que se está comunicando.

UNA RESISTENCIA A LA TENTACIÓN DE CONTROLAR A LA OTRA PERSONA

Es fácil deslizarse de ser un guía espiritual a ser un padre dominante. Esto es especialmente verdad si el pastor es mayor de edad o ha estado en la fe por más tiempo.

Algunos pastores, en un intento de guiar, han creado una relación de dependencia tan fuerte que la persona que está siendo educada es incapaz de tomar una decisión por sí misma. La gente de la iglesia nunca debe llegar a ser dependiente del pastor, sino de Dios. Y allí está la autoridad de la Escritura a la que todos los creyentes deben someterse. Cuando un pastor ofrece dirección espiritual sobre algún tema, las Escrituras con frecuencia pueden proveerle una respuesta autoritativa. Pero aun en estas situaciones, también es importante ser sensibles a lo que el Espíritu Santo está diciéndole a la persona. Hasta que el Espíritu revele la verdad a un individuo, lo que un pastor pudiera decir no conlleva mucha autoridad. Generalmente, cuando un pastor ofrece alguna sugerencia espiritual sin demasiada presión, la persona es capaz de responder apropiadamente bajo el liderazgo del Espíritu Santo.

UN CONOCIMIENTO DE LAS DISCIPLINAS QUE MÁS BENEFICIAN A LA OTRA PERSONA

Un guía espiritual que entiende y practica las disciplinas espirituales será capaz de dirigir a la gente a experimentar sus beneficios. Los medios de gracia están disponibles para todos los creyentes que deseen madurar en la fe. Un pastor sabio tratará de tener recursos a la disposición o será capaz de sugerir recursos que pueden ayudar a aquellos que les gustaría aprender más sobre cómo desarrollar una o más de las disciplinas espirituales.

UNA DISPOSICIÓN PARA CONFRONTAR AMABLEMENTE ÁREAS DE CAMBIO CON LA DIRECCIÓN DEL ESPÍRITU SANTO

El ministro, como pastor, es responsable por el bienestar espiritual de la oveja. La disposición de un miembro del rebaño para escuchar la guía pastoral es grandemente afectada por la confianza que esta persona tiene en el carácter del pastor.

Requirió valor para el profeta Natán, después de contar la historia de un hombre rico que robó la oveja de un vecino pobre, señalar con su dedo huesudo al rey David y decirle: "Tú eres ese hombre" que ha robado la esposa de otro hombre. Confrontar el pecado o áreas de negligencia nunca es fácil. Los pastores necesitan revisar sus propios motivos y sentimientos para asegurarse que este es el tiempo de Dios y el lugar propio para tal confrontación. Hebreos nos dice que ninguna disciplina es agradable al momento. Algunos pastores, por razón de su naturaleza, les gustaría evitar tal conflicto. Sin embargo, ser un fiel pastor significa que en ocasiones una persona necesita ser confrontada sobre su mal proceder, de un corazón motivado por un profundo amor ágape por la persona.

UNA CONSCIENCIA DE SER UN AGENTE DE LA GRACIA DE DIOS PARA OTROS

Los ministros, de vez en cuando, tienen el privilegio maravilloso, de declarar o dispensar una palabra de la gracia de Dios para otros. Algunos pastores se han sentido tan temerosos, por ser protestantes, de que de alguna manera se atribuyan el poder de perdonar pecados, tanto que evitan proclamar a otros el perdón y la libertad que Dios ha prometido. Es verdad, Jesús mismo dijo que nadie podía perdonar pecados sino solo Dios, pero los creyentes tienen el privilegio de declarar que lo que Jesús ha provisto por su muerte en la cruz ha sido aplicado a las personas

Muchas personas continúan viviendo bajo la condenación de actos de pecados pasados, aun después que han sido perdonados por Dios. "Simplemente Dios no pudo haber perdonado eso", dicen. Si una persona honestamente ha confesado un pecado, el guía espiritual tiene el derecho y la responsabilidad de anunciar: "Por la autoridad de la Palabra de Dios, declaro que tu pecado ha sido perdonado en el nombre de Jesucristo". Jesús lo hizo muy claro en Juan 8:36: "Así que si el Hijo los libera, serán ustedes verdaderamente libres". La gracia de Dios no es sólo libertad del pasado, sino libertad para vivir una vida de libertad gloriosa ahora. El libro de los Gálatas ha sido llamado la Carta Magna de la Libertad Cristiana porque deja claro que ya no vivimos bajo la Ley sino bajo la gracia. Y los guías espirituales tienen el privilegio de animar a la gente a experimentar la libertad real en Cristo.

UN ANIMADOR QUE DA FE PARA VER EL FUTURO

En Hechos 4:36 Lucas le presenta al lector a un hombre llamado José que es mejor conocido por su sobrenombre. A alguna gente se le ha dado sobrenombres como Chaparro o Flaco, por razones de sus características físicas. José recibió su etiqueta porque le encantaba animar a las personas. Alguien probablemente dijo: "Llamémosle Bernabé", que significa Hijo de Consolación, y el nombre se le quedó. La iglesia de Jerusalén lo envió a Antioquía e hizo lo que le venía naturalmente, animó a la iglesia. Cuando Bernabé y Pablo hicieron su primer viaje misionero, Bernabé invitó a su primo Juan Marcos para ir con ellos. Cuando Marcos abandonó el viaje y regresó a casa, Bernabé le animó a tratar de nuevo, aun cuando esto significó que Pablo y Bernabé se dividieran sobre el asunto. Fue el ánimo de Bernabé que ayudó a Juan Marcos para que más tarde llegara a ser un colaborar valioso de Pablo y el escritor del evangelio que lleva su nombre.

La mayoría de la gente puede recordar a alguien que le ofreció una palabra de ánimo en algún momento de desánimo cuando hubiera sido más fácil darse por vencido. Aunque ser una persona que anima es un asunto más natural para algunos en el mundo, la mayoría de las personas tienen que trabajar duro sobre el asunto. Sin embargo, esta es una habilidad indispensable que cualquiera puede dominar con la ayuda del Espíritu Santo. Como animador eres el instrumento del Dios que desea que todos sus hijos resulten victoriosos. Tu palabra puede hacer la diferencia.

▶ El Privilegio de Ser un Guía Espiritual

La subasta parecía ser el memorial final para este hombre de Dios. Tanto él como su esposa habían fallecido dentro de un período corto de tiempo. Ninguno vivió más allá de los sesenta. La vida había terminado muy pronto. Dios le había llamado hacía más de 30 años para ser pastor de una iglesia en una pequeña comunidad de unas 200 personas en el norte de los Estados Unidos. Hasta que sufrió severas heridas en un accidente automovilístico, fue el pastor no sólo de su propia iglesia pero también de toda la comunidad. Este pastor servía con los bomberos voluntarios, se sentó a diario y bebió café con los clientes regulares del café local, oró en las funciones comunitarias, ofició los funerales para gente que no asistía a la iglesia e hizo todas las otras cosas que un pastor con un corazón sensible por la gente del pueblo haría. Su accidente automovilístico y subsecuente lucha con el cáncer le quitó la vida y dejó una tremenda deuda para que la familia pagara de alguna manera. Su esposa murió de cáncer al poco tiempo después. La subasta llegó a ser la responsabilidad de uno de los hijos adultos que vivía allí en la pequeña comunidad.

Artículo tras artículo, la colección de los bienes terrenales que representaron la vida de este pastor y esposa fueron subastados. Mientras la comunidad observaba, algo maravilloso sucedió. Los precios de los artículos empezaron a ser inflados. Algunas cosas se vendieron por mucho más de lo que valían aun si estuvieran nuevas. A alguien de la multitud se le preguntó por qué las licitaciones estaban tan altas. Él dijo: "Para mucha de esta gente, este hombre había sido su pastor incluso cuando ellos nunca pusieron un pie en su iglesia. Es su forma de decir gracias a su familia por los muchos años de ministerio entre nosotros. Estaban diciendo: 'A ti te importó mi vida como persona y esta es una forma cómo puedo ayudar'".

Qué maravilloso tributo para una pareja que dedicó su vida adulta para cuidar una pequeña comunidad de personas y una iglesia local, en un pueblo que no es sino un pequeño punto en el mapa. Esta pareja pastoral entendió el valor del cuidado del alma. Y en cualquier ocasión que sus nombres se mencionan en la región alrededor de aquella pequeña villa, la gente recordará su preocupación espiritual con una sonrisa.

▶ PREGUNTAS PARA REFLEXIÓN

▷   ¿Por qué el cuidado del alma es una función cristiana?

▷   ¿Por qué el cuidado del alma se realiza mejor dentro del contexto de una comunidad cristiana?

▷   ¿Qué puede aprender la gente que entra al ministerio hoy de la preocupación espiritual de Jesús como se muestra en los evangelios?

▷   ¿Cuáles son las cualidades más importantes que un pastor debe demostrar para ser un guía espiritual efectivo?

DESATANDO AL LAICADO

Pete y Heather Johnson estaban exhaustos, física, mental y probablemente espiritualmente. Por más de un año ahora habían sido copastores de su primera iglesia en una comunidad cercana a una gran ciudad. La iglesia había estado muy animada por la venida de los Johnsons y en general habían sido positivos sobre los arreglos de su copastor. Habían sido semanas laboriosas de 75 horas para la pareja. El clímax llegó un domingo después de dirigir la música de adoración, predicar, enseñar clases de escuela dominical, hacer visitas al hospital y, sin parar, cada uno de ellos dirigir un pequeño grupo por la tarde. Heather fue la que primero expresó la voz de sospecha que ambos habían estado sintiendo por algún tiempo.

"Pienso que la verdadera razón que les encanta tener dos pastores", Heather reflexionó, "sienten que han resuelto su problema laboral. Nosotros hacemos todo el ministerio mientras ellos se paran atrás y miran. Es un buen negocio para ellos, diría".

Pete pensó por un momento antes de responder. "He estado escuchando algunas murmuraciones de gente que ya no se siente muy involucrada. Y los nuevos convertidos, realmente no han madurado de la forma que debieran para este tiempo. Mary y J. P. Jones son personas con mucho talento, gente piadosa, pero tal parece que van sólo por inercia. Siento que se están desconectando del compañerismo. Algo definitivamente está mal".

"He notado lo mismo", respondió Heather. "Tal parece que entre más duro trabajamos, menos participa la gente de la iglesia".

"Me recuerda cuando jugaba béisbol en el colegio. Iba con el entrenador, exhausta, durante el medio tiempo. La banda tocaba y la multitud animaba, pero no contribuían con nada más. Muy seguido pensé que si pudiera arrastrar a algunas personas de aquellas que estaban en las bancas al terreno de juego donde se pudieran involucrar, pudieran hacer la diferencia. Eso no era realista, pero sabes qué quiero decir".

Se quedaron en silencio por unos momentos antes de que finalmente Heather hablara. "Pete, ¿crees que nosotros hemos contribuido a nuestro propio problema? Ambos cantábamos en el coro del colegio, así que asumíamos que podía hacer mejor trabajo con la música de lo que ellos podían. Ambos enseñamos las clases de escuela dominical por razón de nuestro entrenamiento, aun cuando hay otros que podrían enseñar".

"¡Tienes razón, Heather!" dijo Pete. "Les hemos quitado su trabajo porque pensamos que nosotros lo podemos hacer mejor. En ocasiones hemos sentido satisfacción al hacer el trabajo bien, pero también les hemos robado el gozo del ministerio. Y además, nos ha llevado al punto de estar exhaustos. Esto pudiera ser la razón que alguna gente parece inquieta e insatisfecha en la iglesia".

"Pudieras estar en lo correcto sobre el problema. La pregunta es: ¿qué podemos hacer al respecto?"

▶ CADA CREYENTE ES UN MINISTRO

En la última parte del siglo los pastores han estado despertando a la verdad que mucho de la historia de la iglesia ha operado con la premisa equivocada, que los pastores pagados son los únicos que podían o debían hacer el ministerio. De hecho, cada creyente es llamado a ser un ministro. Elton Trueblood escribió estas palabras revolucionarias allá en los cincuenta:

> Cualquiera que sea la vocación ordinaria de una persona en el mundo, ya sea en ventas o ama de casa o la agricultura, el ministerio puede ser su otra vocación y quizá su más verdadera vocación. La mayoría de las vocaciones son mutuamente incompatibles, pero el ministerio es compatible con todas las otras, siempre y cuando sean productivas del bienestar humano.[1]

El ministerio laico es esencial para la salud de la iglesia y su habilidad para expresar preocupación por otros. El énfasis de este capítulo establecerá el fundamento para el siguiente capítulo sobre el cuidado pastoral laico.

▶ EL PAPEL DEL NUEVO TESTAMENTO

D. James Kennedy en los setenta recordó a la iglesia cómo los cristianos leyeron mal Efesios 4:11-12: Él mismo constituyó a unos, apóstoles; a otros, profetas; a otros, evangelistas; y a otros, pastores y maestros, a fin de capacitar al pueblo de Dios para la obra de servicio, para edificar el Cuerpo de Cristo".

Nunca fue la intención de Dios para aquellos que habían sido llamados para llenar el papel mencionado en el versículo 11 el estar haciendo todas las "obras de servicio". Los apóstoles, profetas, evangelistas y especialmente los pastores y maestros se les han encargado la responsabilidad de equipar y empoderar "al pueblo de Dios para la obra de servicio, para edificar el Cuerpo de Cristo". Por demasiado tiempo el cuerpo ministerial ordenado eran los "empleados" para hacer el trabajo del ministerio, con la iglesia mirando, esperando ser desafiada para hacer parte del trabajo. Usando una metáfora militar, imaginémonos a un general cuyo país está siendo invadido diciéndole a las tropas: "Yo soy el profesional y he sido empleado para enfrentar al enemigo. Ustedes no han estado en la escuela militar, pero yo sí. Véanme qué tan valiente salgo para combatir al enemigo por mí mismo". Eso es absurdo. Si nuestro país estuviera siendo invadido, cualquiera que pueda hacer algo por ayudar se le llamaría a la acción. Con las fuerzas del mal luchando contra la iglesia, Pablo exhorta a todos (no sólo a los pastores) en Efesios 6 a ponerse toda la armadura de Dios y estar firmes.

En Hechos 6 la iglesia primitiva enfrentó el problema de demasiadas necesidades y muy poco equipo ministerial. Los 12 apóstoles no tenían tiempo para supervisar las distribuciones de alimento diario a las viudas así como dar el liderazgo espiritual a la comunidad creciente de creyentes. En un movimiento que sólo pudo haber sido inspirado por Dios mismo, los apóstoles designaron siete personas que no eran del cuerpo ministerial quienes estaban llenos del Espíritu Santo y sabiduría para que se encargaran del ministerio diario. Y con eso, nació el ministerio laico.

El apóstol Pedro en 1 Pedro 2:5 desafió a la gente de la iglesia para ser "un sacerdocio santo, para ofrecer sacrificios espirituales que Dios acepta por medio de Jesucristo". Aunque Martín Lutero hizo demasiado de este concepto del sacerdocio de todos los creyentes, le tomó a la iglesia protestante casi 500 años aplicarlo al ministerio. Bruce Larson dice: "La mejor medida de una iglesia es cuánta gente sale para ser el sacerdocio real el lunes y martes y miércoles. El producto básico de la iglesia es la gente en el ministerio".[2]

▶ ¿POR QUÉ NO SUCEDE?

Uno pensaría que los pastores estarían emocionados con cualquier ayuda en hacer el ministerio. Sin embargo, frecuentemente son ellos los que arrastran sus pies.

Algunos pastores ven al ministerio laico como una intrusión en el dominio de su trabajo. Significa abandonar el control, y algunos ven eso como una clara amenaza. Para otros, es un asunto de calidad. La gente que no está tan bien entrenada no puede esperarse de ellos que hagan un buen trabajo. Y proveer entrenamiento puede ser un trabajo duro. En ocasiones simplemente es mejor hacerlo tú mismo. También está el asunto de afirmación. Algunos pastores prosperan con la atención que reciben por su trabajo y no quieren compartir eso con nadie más. Luego está el riesgo que si los laicos hacen el ministerio y fracasan, pudiera reflejar negativamente sobre el liderazgo del pastor de la iglesia. Dale Galloway escribe:

> El pastor tiene que cambiar primero su perspectiva y práctica antes que el ministerio laico pueda florecer. Tal cambio puede ser dificultoso porque tantos ministros han estado empapados por años de su preparación y práctica en creer que el ministerio real ha sido hecho por ellos. En este concepto, se les da la bienvenida a los laicos para apoyo, pero la cabeza ordenada de la iglesia es la que hace el ministerio real.[3]

Los laicos también titubean en subir a bordo con el ministerio laico. Algunos sienten que son inadecuados para asumir la responsabilidad para ministrar a las necesidades de otros. Pudiera tomar la forma de una falsa humildad "Oh, simplemente no puedo hacer eso". O, la gente puede ver la educación profesional del pastor y decir: "No hay forma que pueda igualar ese conocimiento y experiencia". El temor al fracaso es otra barrera. Existe la falsa concepción que los pastores tienen todo o a lo menos la mayoría de las respuestas porque son más espirituales y tienen una conexión directa con Dios. Esto realmente es un asunto de fe. El poder para hacer cualquier ministerio viene del Espíritu Santo, no simplemente porque uno tiene el entrenamiento o el título. Nadie tiene todas las respuestas. Todos tienen temores y sentimientos de ser inadecuados de vez en cuando. Pero los creyentes son hechos adecuados a través de Cristo, quien capacita a cada uno para hacer lo que nos llama hacer por el poder del Espíritu Santo.

▶ TÉRMINOS DEFINIDORES

Quizá una razón de por qué muchos luchan con el concepto del ministerio laico se encuentra en el significado del término *ministerio*. Un laico, William Diehl, en su libro *Ministry in Daily Life* (Ministerio en la vida diaria), ha encontrado útil hablar de cuatro arenas de ministerio: la ocupación de uno, la familia, la comunidad y la iglesia. Dice: "Como cristianos, tenemos un llamado, el llamado universal al ministerio. Podemos responder a ese llamado con ministerios simultáneos en las cuatro arenas citadas arriba".[4] Aunque esto parece decir que todo en la vida es ministerio, Diehl dice que cualquier cosa que sea destructivo al reino de Dios o a otros no es ministerio. "Lo que protege o extiende la creación de Dios es *ministerio*".[5] Una manera sencilla de definir el término ministerio sería: cualquier cosa que alguno hace para otros como siervo de Dios que es consistente con los principios bíblicos.

Categorizar al ministerio es también un desafío. Bruce Larson identifica cuatro clases de ministerio: (1) *ministerio material*, que involucra dar dinero o bienes materiales; (2) *ministerio espiritual o evangelismo*, conduciendo a la conversión o discipulado; (3) *ministerio de sanidad*, que lleva a la plenitud mental, física o emocional; y (4) *ministerio profético*, que trabaja para ocasionar cambios dentro de las estructuras sociales o la sociedad como una totalidad.[6]

Es importante no limitar el ministerio a aquellas cosas que se pueden hacer en el contexto de una sola iglesia local. Para que nosotros seamos la sal y luz para otros, el ministerio tiene que extenderse al mundo donde los creyentes viven y trabajan la mayor parte de la semana aparte del domingo.

¿Qué es lo que motiva este nuevo énfasis sobre el ministerio laico? En parte, es porque los laicos han demostrado que son capaces de hacer una amplia variedad de ministerios, tanto fuera como dentro de la iglesia. Hay muchas habilidades y tareas donde los laicos están más calificados en realidad que su pastor. La gente hoy tiene expectativas mucho más altas de lo que la iglesia tiene que proveer en una comunidad. Esto pudiera requerir una competencia técnica que puede estar mucho más allá de la habilidad del pastor. Por ejemplo, la destreza y el conocimiento de un pastor de las computadoras pudieran ser menores de la de un estudiante de preparatoria. Por qué no darle a ese estudiante de preparatoria una oportunidad de utilizar sus habilidades en la tecnología electrónica de una manera que pueda beneficiar a la iglesia completa. Esto puede darle a una persona un sentido de pertenencia al contribuir al ministerio continuo de la iglesia.

Más y más iglesias están poniendo altas expectativas sobre aquellos que se unen a la iglesia. Para ellos, ser un miembro es mucho más que sólo aparecerse el domingo. Involucramiento significa encontrar un ministerio y hacerlo. Los laicos han descubierto que el ministerio provee una oportunidad para hacer una diferencia eterna, y que en sí mismo provee motivación y recompensa. Casi todos los ministerios son de alguna manera, directa o indirectamente, actos de cuidado a favor de otros.

▶ CONVIRTIENDO A LOS DISCÍPULOS EN MINISTROS

Durante la guerra de Vietnam, el gobierno de los Estados Unidos estaba enlistado a hombres y mujeres jóvenes por miles para servir en el ejército. La mayoría que fue a pelear no fueron voluntariamente. Fue un reclutamiento. Hubo algunos que estaban en desacuerdo con la guerra o simplemente no querían ir a donde sus vidas estuvieran en peligro. Algunos huyeron del país en lugar de servir. Muchos que fueron inducidos de mala gana sirvieron no por amor a un país sino porque fueron forzados a hacerlo. La conscripción no levantó la moral y seguido afectaba negativamente la productividad.

A algunos pastores hoy les encantaría instituir una conscripción espiritual para tener gente que trabaje en la iglesia. Si pudieran forzar a todos a asumir un trabajo, la falta de trabajadores en la iglesia se resolvería de inmediato. Pero siendo que una conscripción no funcionaría, tratan tácticas de reclutamiento de mucha presión. Cuando alguna gente ve al pastor o al reclutador de la iglesia caminando por el pasillo del templo, se esconden en el cuarto del conserje. Otros se van a otra iglesia si la presión se vuelve demasiado intensa. Existe un mejor camino.

Un modelo excelente se encuentra en la Iglesia Metodista Memorial Frazer en Montgomery, Alabama. George Hunter III reporta que el 83% de los 7,500 miembros de la iglesia está involucrada en uno de aproximadamente 200 ministerios. Una razón de la figura de alta participación es el concepto del voluntario en lugar del reclutamiento.

Cada noviembre la iglesia distribuye un "Menú de Ministerios" que enlista las oportunidades de ministerio para el siguiente año. La gente puede enlistar su primer y segundo escogimientos del menú. Una vez los voluntarios se conectan con los ministerios, son entrenados en enero para una responsabilidad de un año. Al final del año una persona puede ofrecerse de voluntario para continuar con ese ministerio o escoger otro sin sentirse culpable o intimidado. Si ninguno se ofrece como voluntario para ese ministerio, el liderazgo no se preocupa por ello. Quizá Dios está diciendo que el ministerio ya no se necesita. La responsabilidad primaria del equipo pastoral es entrenar, preparar y facilitar a esos laicos que estarán llevando a cabo el ministerio. La gente de la iglesia con frecuencia escucha testimonios de los laicos que encuentran una gran satisfacción en su ministerio. Pero el ministerio es mucho más que mera actividad. Aquellos encargados del ministerio laico en Memorial Frazer vigilan cuidadosamente cada propósito de cada ministerio. Esta actividad, ¿satisface una necesidad y hará discípulos?[7]

Ed Mathison, el pastor de Memorial Frazer, reporta que al usar el método de voluntarios, Dios hace las asignaciones a los individuos. Los laicos mismos llegan a ser muy creativos cuando toman una responsabilidad para proveer ministerio. Dice: "Si confías en tus laicos y ellos confían en ti, puedes liberarlos para hacer cosas increíbles para Dios. La preocupación es la necesidad de control del pastor. El desafío es dejar libre a los laicos para que piensen, sean creativos y hagan grandes cosas para el Rey".[8]

▶ EQUIPANDO LA FUERZA LABORAL

Servir en el Reino inicia con un entendimiento de nuestros dones espirituales. Cuando uno llega a ser un creyente, el Espíritu Santo da a esa persona uno o más dones espirituales para ayudar a edificar la iglesia de Cristo. El Nuevo Testamento en Romanos 12, 1 Corintios 12 y Efesios 4 menciona un número de dones espirituales dados a los varios miembros de una iglesia. Cuando la gente entiende su mezcla única de dones, tienen una mejor idea de dónde pueden servir mejor en la iglesia. Descubrir los dones espirituales es una forma maravillosa de ayudar a la gente a encontrar ministerios donde se sientan cómodos. Existe un número de libros y otros recursos a la mano para ayudar a una iglesia a identificar los dones espirituales de sus miembros.[9]

Además de evaluar los dones espirituales hay una herramienta efectiva para asesorar el crecimiento espiritual y la madurez del pueblo en la congregación mientras investigan las oportunidades de ministerios. David Slamp ha escrito un cuestionario de 96 preguntas para evaluar el desarrollo espiritual de una persona en 12 áreas de disciplina: adoración, devoción personal, dar, ministerio laico, conocimiento bíblico, misiones, compañerismo, testimonio, actitud hacia el ministerio, estilo de vida distinto, servicio y justicia social. Esta encuesta puede ayudar a un pastor a diseñar un programa de predicación y enseñanza para ayudarle a dirigirse en algunas áreas de debilidad dentro de la congregación.[10]

Cualquier laico que asumirá una nueva tarea en la iglesia necesita ser entrenado para hacerlo efectivamente. El entrenamiento es importante, sin embargo, se estima que más de 90% de los laicos no reciben un entrenamiento para hacer el ministerio. Al proveer entrenamiento para alguien, la iglesia le está diciendo a esa persona: *Tú eres importante y la tarea es lo suficientemente importante como para que la iglesia invierta tiempo y energía para ayudarte a hacerlo bien.* El desafío de Pablo a los pastores en Efesios 4:12 ("a fin de capacitar al pueblo de Dios para la obra de servicio") es muy simple: entrena a la gente para el ministerio.

El entrenamiento es mejor hecho en el contexto de la iglesia local. Algunas iglesias hacen su entrenamiento como parte del programa de educación adulta el domingo por la mañana. Otros entrenan durante sesiones nocturnas entre semana, seminarios de fin de semana, seminarios regionales una vez al mes o sesiones intensivas de un mes. Una iglesia tiene un programa de entrenamiento para el liderazgo laico que requiere un compromiso mínimo de 20 horas por semana por dos años.

El entrenamiento en el salón de clases puede ser muy general, materiales de enseñanza tales como aprender más sobre la Biblia o instrucción muy específica sobre cómo compartir la fe de uno o cuidar a gente necesitada. Una manera efectiva de proveer el entrenamiento técnico para una tarea es tener a las personas que están siendo entrenadas observando, haciendo preguntas preguntas y participando con un veterano en el trabajo. El entrenamiento también tiene un elemento de motivación, obteniendo del mentor la anticipación de hacer el ministerio en el nombre de Jesús.

Jim Garlow cita el estudio de Ken Van Wyke de las iglesias que efectivamente entrenan a los laicos para el ministerio. "Sorpresivamente, (Van Wyke) descubrió que el ingrediente común que siempre estaba presente en la alta función de las iglesias laicas y siempre ausente en las iglesias con bajo funcionamiento laico fue un sentido de ánimo sobre hacer la obra de Cristo que fluía a través de la congregación completa".[11]

▶ EL FACTOR MOTIVADOR

Allá en la era del "ministerio dominado por el clero", la manera cómo las iglesias que crecían expandían sus ministerios era por emplear más equipo pastoral para hacer el trabajo. Hoy, entre más iglesias adoptan el acercamiento del ministerio laico, la estrategia ha cambiado. George Barna, en su libro *The Habits of Highly Effective Churches* (Los hábitos de las iglesias altamente efectivas), revela que estas iglesias altamente efectivas no dependen demasiado de un equipo pastoral pagado. "Su objetivo es facilitar tanto ministerio como sea humanamente posible a través de esfuerzos que la congregación, con tan pocos ministros pagados de tiempo completo sea posible". Barna continúa: "Las iglesias altamente efectivas siempre sospechan una nómina de pago creciente. Aunque entienden que un equipo más grande puede facilitar el ministerio productivo, también reconocen que entre más descansen en un equipo pastoral rápidamente se puede volver en un movimiento de fe a una burocracia religiosa".[12]

¿Cómo mantiene una iglesia a los voluntarios continuamente involucrados en el ministerio? He aquí algunas sugerencias.

• *Establezca la expectativa alta.* La gente necesita saber que la iglesia no es simplemente un cuarto de espera para descansar hasta que el carruaje celestial los lleve al cielo. La gente no es salva por buenas obras, pero son salvos para hacer buenas obras. Si la gente sabe que el servicio es la norma, estarán más que dispuestos a aceptar su papel como siervos.

• *Descubra recursos que se están utilizando poco.* La gente se está jubilando de sus trabajos más pronto, y muchos están descubriendo que estar sentados mirando televisión o jugar juegos de mesa todo el día es muy aburrido. Esta gente está buscando usos legítimos de su tiempo que haga la diferencia. Aunque alguna gente retirada reciénteme pudieran continuar teniendo preocupaciones financieras y necesitan ganar dinero, muchos están dispuestos a tomar voluntariamente responsabilidades que los desafíen mental y espiritualmente. La mayoría de las iglesias tienen gente con tiempo libre que simplemente están esperando que se les ocupe.

• *Respete a los voluntarios.* La gente que está dispuesta a servir es un recurso maravilloso para la iglesia. Pastores, especialmente, necesitan entender que los ministros laicos de ninguna manera son ciudadanos de segunda clase en el trabajo del Reino. Aquellos que se ofrecen como voluntarios para las asignaciones de ministerio son gente especial porque trabajan por un motivo de servir a Dios. Sacrifican tiempo, energía y en ocasiones sus propias finanzas personales para hacer el ministerio.

• *Provea los recursos.* La mayoría de las iglesias no tienen suficiente presupuesto para dar a cada ministerio todo lo que desean para hacer el trabajo. Sin embargo, las iglesias pueden proveer algún dinero para ayudarles a tener éxito. Es importante dar cuentas por el uso del dinero de la iglesia. Pero el apoyar con recursos puede ir más allá de proveerles un presupuesto. Un ministerio voluntario puede necesitar usar el edificio de la iglesia, la vagoneta de la iglesia o equipo de oficina para llevar a cabo su asignación. Las iglesias muestran apoyo cuando hacen todo lo que pueden para hacer que un ministerio tenga éxito.

• *Trabaje en equipo.* La gente se siente mucho mejor sobre el trabajo voluntario si pueden ver cómo se conectan al ministerio total de la iglesia. El poder de un equipo es mucho más grande que simplemente la suma de los miembros individuales. Los pastores desarrollan un espíritu de equipo cuando incluyen las cabezas de los equipos de ministerios regularmente en las reuniones del equipo pastoral. Aun si la iglesia no es lo suficientemente grande para tener un equipo pastoral pagado, los voluntarios pueden formar el equipo. Los ministerios individuales en la iglesia también funcionan mejor si los trabajadores se reúnen para reuniones de equipo. Un espíritu de camaradería y unidad puede ser una fuerza poderosa para el éxito cuando los equipos de trabajo se reúnen.

• *Hagan que los trabajadores se sientan importantes.* Encuentren formas de decir que el ministerio de voluntarios es enormemente apreciado. Planee domingos de reconocimiento cuando traiga a algunos de los trabajadores voluntarios enfrente de la congregación para reconocer sus esfuerzos. Una iglesia utilizaba las cartas circulares para presentar a un trabajador laico del mes en la página de enfrente con una foto grande y una breve descripción de su ministerio. Ofrezca una cena anual para honrar a aquellos que sirven en los ministerios voluntarios.

Otra manera de mostrar la significancia de algunas posiciones voluntarias importantes es ofrecer un título y, si la iglesia tiene espacio, proveer una oficina. Al hacer esto eleva la responsabilidad de la persona ante los ojos de la congregación al mismo tiempo que muestras al trabajador la importancia del trabajo. Recuerda a estos trabajadores del equipo de voluntarios con algún reconocimiento público en Navidad y en sus cumpleaños. Los voluntarios ahorran a la iglesia mucho dinero cuando uno considera lo que se tendría que pagar si se tuviera que emplear a gente para el trabajo. No des por hecho que habrá voluntarios. Pequeños actos de reconocimiento logran mucho en ayudar a los trabajadores a sentirse reconocidos y valorados.

• *Mantenga comunicación.* Nada edifica más un espíritu de equipo que ayudar a los miembros del equipo sentirse conectados. "Cuando la gente activa del ministerio no sabe que está sucediendo pierden motivación para el servicio y no se sienten parte del equipo", escribe Dennis E. Williams y Kenneth O. Gangel.[13]

Los colaboradores necesitan saber que está sucediendo con los otros ministerios de la iglesia de tal manera que sus calendarios no entren en conflicto o competencia. Una buena comunicación elimina rumores y malos entendidos en la iglesia. A la gente le encanta el sentimiento que sabe que está sucediendo y no son tomados por sorpresa. Las reuniones frente a frente son mejores para la comunicación, pero en ocasiones simplemente eso no es práctico. Cartas, llamadas por teléfono, carteles, anuncios, cartas ministeriales y mensajes por correo electrónico puede ayudar como substitutos para mantener informada a la gente. La comunicación efectiva es difícil en el mejor de los casos. Siempre es mejor errar del lado de demasiada comunicación que arriesgar la posibilidad que alguien no reciba el mensaje.

• *Déjelos que hagan su trabajo.* No asigne a la gente tareas y luego se quede detrás de sus hombros, preocupado en caso que cometan algún error o hagan el trabajo pobremente. Alan Nelson escribe: "Cuando tomas decisiones a sus espaldas, su sentido de importancia es minimizado. Echar mano de la posición es una tentación común para los profesionales porque trabajar con y a través de la gente toma más tiempo y esfuerzo, pero recuerda, estás desarrollando a la gente, no sólo programas".[12]

Los pastores necesitan desarrollar métodos para dar cuentas y evaluar a los voluntarios. Sin embargo, si los pastores han hecho un buen trabajo de equipar a los laicos, el potencial para el ministerio será multiplicado muchas veces cuando el pueblo de Dios sea desatado para hacer lo que el Espíritu los ha dotado para hacer. Los laicos pueden hacer muchas cosas mejor que el pastor, y su ministerio libera al pastor para hacer aquellas cosas específicas al papel de pastorear al rebaño.

RETENCIÓN DE COLABORADORES

Un pastor en una nueva iglesia descubrió un serio problema. La iglesia había pasado por un programa de edificación, mucho se había hecho con la ayuda de voluntarios. Una de las víctimas no intencionadas del programa fue el conserje que tenía que mantener el templo limpio mientras el progreso del programa de edificación seguía ensuciándolo. Él era un colaborador de tiempo parcial con un trabajo secular de tiempo completo, y el estrés extra era demasiado. No sólo dejó el trabajo de conserje cuando el proyecto se terminó, sino que sufrió también espiritualmente por un período de dos años. Todos estaban trabajando tan duro en terminar el edificio que no se dieron cuenta que uno de los suyos había pasado más allá del punto de estar exhausto.

¿Cómo pueden los pastores mantener a la gente trabajando sin tener bajas por la frustración, desánimo o estar exhaustos?

• *Defina el trabajo.* Un malentendido de lo que el trabajo incluye puede crear serios problemas. ¿Exactamente qué está pidiendo la iglesia que esta persona haga? Los problemas se desarrollan cuando el líder falla en expresar las expectativas para la tarea y el voluntario entiende el trabajo de manera diferente.

Hay ocasiones cuando una descripción formal del trabajo se puede acordar entre las personas involucradas, deletreando lo específico de la tarea. Algunas tareas son tan obvias que una descripción verbal sencilla de instrucciones es suficiente. En otras ocasiones a una persona se le puede dar un área amplia de responsabilidad y permitirle que desarrolle un ministerio que parece encajar con los dones y personalidad de ese individuo. Ya sea formal o informal, una descripción de trabajo debe describir las responsabilidades, explicar la cadena a la cual dar cuentas o definir el involucramiento del comité. En el programa de edificación mencionado arriba, la iglesia debió haber clarificado lo que el conserje era responsable de limpiar, en lugar de asumir que tomaría toda la carga de trabajo extra.

• *Establezca un tiempo mínimo.* La Iglesia Memorial Frazer le pide a los voluntarios a hacer un compromiso de un año. Algunas otras iglesias eligen miembros para la junta de la iglesia y otros comités para dos o tres años de servicio. Lo largo del tiempo no es tan importante como la idea que hay un punto final. Un estorbo al servicio voluntario es el temor de quedar atorado en una tarea a la que no se encaja o satisface hasta que Jesús regrese de nuevo.

Un tiempo delimitado da al individuo la oportunidad de una salida con dignidad. Dejar un trabajo no significa que un voluntario está dejando la iglesia u olvidándose de la fe. En ocasiones la gente necesita un descanso o le gustaría involucrarse en otro ministerio. Tener un tiempo para el ministerio no implica que la gente tiene que abandonar algo que gozan hacer, a menos que haya términos específicos declarados de servicio. Se pueden enlistar de nuevo para hacer las mismas tareas donde se sienten cómodos en servir a la iglesia.

• *Esté disponible.* Los pastores y los supervisores de los ministerios necesitan dejar saber a los voluntarios que están interesados por estar disponibles a las personas cuando necesiten su trabajo. En el mundo de negocios se le llama liderazgo por andar supervisando. Sea que es antes que la escuela dominical empiece o cuando la gente está reunida para un día de trabajo en la iglesia, sólo por estar allí para visitar, animar y responder preguntas envía un mensaje del pastor al pueblo que no los han olvidado. Deje saber a los colegas trabajadores que la puerta de la oficina está abierta cuando necesiten ver a su pastor.

• *Escuche sugerencias.* Las compañías exitosas han aprendido a recompensar a aquellas personas en la línea de trabajo que ofrecen sugerencias para mejorar la productividad. Se han dado cuenta que la gente en las trincheras tienen el mejor entendimiento de cómo las cosas deben funcionar. En la iglesia aquella gente que está haciendo en realidad un ministerio específico pudiera tener un mejor entendimiento de cómo funcionan las cosas que el líder del equipo o el pastor. Cuando las sugerencias de los voluntarios laicos son implementadas, ellos se sienten que han jugado un papel significativo en el éxito que pueda resultar.

En general es más fácil mantener a alguien trabajando que encontrar un reemplazo. Eso es por qué la retención es tan importante. Pero hay ocasiones cuando una persona no encaja en una asignación. Cuando la persona reconoce que no es la persona correcta para el trabajo, con frecuencia se quiere salir. En lugar de presionar, ayude a aquella gente a encontrar algo más que hacer que encaje con sus dones, intereses y talentos naturales.

Un desafío más difícil es involucrar a aquellos que no quieren dejar el trabajo. Pudieran estar haciendo daño al Reino por alejar a la gente. Aunque algunos líderes inmediatamente confrontan y quitan a la persona, es mucho mejor buscar la dirección del Espíritu Santo para una solución gano-ganas. ¿Cuál es la mejor manera de salvar a esta persona para la iglesia sin crear malos sentimientos? Ore y busque la sabiduría de Dios para una transición. Pero no ignore el problema o las cosas se pueden poner peor. En ocasiones, para que la iglesia pueda seguir adelante, tiene que pasar por una confrontación dolorosa e incluso por una pérdida temporal al quitar a alguien que está haciendo daño.

APOYANDO LA FUERZA LABORAL

Muchas iglesias han descubierto que, con el propósito de usar efectivamente esta fuerza laboral, necesitan a alguien que coordine los esfuerzos de una iglesia local. En su libro *Empoweing Lay Volunteers* (Empoderando a los voluntarios laicos), Douglas W. Johnson sugiere desarrollar a un coordinador de voluntarios. Otras iglesias han llamado a esta posición el director de ministerios laicos, el director del desarrollo laico o coordinador de actividades laicas. "Este es el individuo que coordina el cuerpo creciente de personas que quieren ser parte del ministerio en la línea de batalla. Esta persona eslabona a los voluntarios con el liderazgo para formar una unidad de trabajo. El coordinador de voluntarios provee la levadura para el reclutamiento y el diseño para el entrenamiento, dos necesidades muy importantes para los voluntarios".[15]

Aunque iglesias grandes pudieran hacer que esta posición sea parte del equipo pagado, las iglesias pequeñas pueden buscar un voluntario para que provea este liderazgo. Una clave para el éxito de tal posición es una relación de trabajo cercana con el pastor de la iglesia. Si el pastor no está convencido de la validez del ministerio laico, o está indispuesto a ceder control y autoridad a un coordinador, el concepto está condenado al fracaso.

La tarea de un coordinador voluntario es igualar las necesidades de ministerios en la iglesia con los laicos que tienen los dones y están interesados en aquellos ministerios. Esta persona puede ser responsable de adquirir nuevos miembros con sus dones espirituales y oportunidades para el servicio. La descripción de trabajo también pudiera incluir entrenar a los laicos para tareas específicas. En las iglesias donde la coordinación es voluntaria, las responsabilidades pueden dividirse. Una persona pudiera asumir la responsabilidad para los contactos iniciales y asesoría, mientras que la segunda persona toma control del entrenamiento y la colocación de la gente en los ministerios. Otra alternativa es formar un comité para el ministerio laico que supervise todos los aspectos del trabajo voluntario en la iglesia, en cooperación con el pastor y el equipo pastoral. Si es posible, el coordinador debe ser una persona laica que trabaja con otros laicos. La tarea de desarrollar el ministerio laico puede ser la función más importante de una iglesia local que busca alcanzar su potencial para el Reino.

Sin duda, el pastor es la persona clave en el éxito de cualquier ministerio laico. Algunos pastores desconfían de toda la noción de los laicos sirviendo como ministros. Pudieran estar apegados a entendimientos antiguos y tradicionales que separan al clero del laicado. Unos cuantos incluso pudieran creer que permitir que los laicos sirvan de alguna manera hace menos su papel como pastores ordenados. La mayoría de pastores entran al concepto del ministerio laico pero no están claros sobre cómo implementarlo en la vida de la iglesia. El ministerio laico exitoso principia cuando un pastor está dispuesto a compartir las cargas y bendiciones del ministerio con la gente de la congregación. De alguna manera, los pastores necesitan entender el tremendo potencial en liberar a los laicos de la iglesia para hacer la obra del ministerio, no sólo en domingo, sino cada día; no sólo en la iglesia, sino en el lugar de trabajo, el hogar, la escuela y la comunidad.

▶ El Ministerio Laico en Acción

Jim Couchenour había sido un exitoso hombre de negocios, trabajando para desarrollar una enorme compañía de construcción. Pero Jim también era un laico consagrado, trabajando para hacer a su iglesia local efectiva. Sirvió a su denominación como presidente de la junta de regentes de una universidad cristiana, así como ofreciendo liderazgo en muchas juntas internacionales. Eso hubiera sido suficiente compromiso en el ministerio para algunas personas, pero no para Jim.

Y entonces, a finales de los ochenta Dios puso carga en él con las necesidades de un segmento de su comunidad. La única manera de ayudar a estas personas heridas era forzarle a considerar un ministerio personal poco ortodoxo en su pueblo, Columbiana, Ohio, Estados Unidos.

Inició un martes por la tarde cuando una mujer llamó a Jim para pedirle si podía ir y buscar a su esposo en una taberna local. El Goldie's

Tap Room tenía la reputación de un lugar que ocasionaba problemas para la comunidad. Jim entró a este terreno poco familiar y escuchó la voz del Espíritu Santo hablándole sobre la gente lastimada sentada en la cantina. La siguiente noche regresó, no para predicar, sino para caminar alrededor y demostrar el amor de Jesús a cualquiera que quería hablar. Por los siguientes siete meses fue cada miércoles por la noche y se sentaba al final de la cantina con una soda de dieta mientras la gente hablaba con él sobre Dios y sus necesidades personales. Mientras oía, escuchaba sobre problemas que ni siquiera sabía que existían en su pequeño pueblo.

Las necesidades de la comunidad pesaban tanto sobre su corazón que en 1988 inició el centro de ministerio Way Station (Estación del camino). Allí Jim y otros laicos cristianos principiaron a dirigirse a las necesidades serias de la comunidad como el desempleo, la dependencia de las drogas, el abuso sexual, así como programas para niños y la necesidad de algunos de aprender el inglés como segundo lenguaje. La Way Station ahora tiene un edificio grande y atractivo que incluye la manufacturación y la distribución de alimentos y ropa para proveer trabajos y un negocio de venta de regalos. Pero Jim no se ha apartado de su llamado inicial a la gente herida en las cantinas como el Goldie. Recientemente dijo que su sueño es tener una presencia piadosa cada viernes y sábado por las noches en cada cantina en toda el área. Jim desafía a los laicos a moverse del santuario y a las calles de sus comunidades donde vive la gente necesitada.

La única forma en que la Gran Comisión finalmente será cumplida es liberar el vasto potencial del ministerio laico. La iniciativa para desarrollar el ministerio y equipar a los laicos para hacer el ministerio ha sido asignada al pastor. Hacer el ministerio es una forma de cuidado. Algunos de estos ministerios de cuidado pastoral laico específico se explicarán más plenamente en el siguiente capítulo.

▶ PREGUNTAS PARA LA REFLEXIÓN

▷ ¿Existe alguna diferencia entre el ministerio hecho por los laicos y el ministerio hecho por el equipo pastoral? ¿Cuál es la base para su respuesta?

▷ ¿Cuáles son los obstáculos más grandes para el desarrollo ministerial laico en una iglesia local?

▷ ¿Cuál es la responsabilidad del pastor para desarrollar el ministerial laico en una iglesia local?

▷ ¿Cuáles son las ventajas o desventajas de una iglesia asignando y desarrollando a un coordinador de voluntarios o un director de ministerios laicos?

El Cuidado Pastoral Dirigido por Laicos

Ed Martínez reconoció el toque en la puerta de su oficina. A María le encantaba hacer cosas alrededor de la iglesia y pasaba cada semana, preguntando qué podía hacer. Pero ya había pintado cada cuarto de escuela dominical y limpiado cada superficie en todo el edificio de la iglesia. Ed estaba un poco frustrado hoy. Tenía un sermón sobre el cual trabajar, y ahora cuatro personas de la iglesia estaban en el hospital, de hecho, en cuatro hospitales diferentes. Encima de todo eso, tenía una enorme preocupación, el retiro de la junta calendarizado para el fin de semana en viernes y sábado. Con el retiro a un día, ¿cuándo vería a sus feligreses enfermos?

María tocó de nuevo, y mientras Ed abría la puerta de su estudio, se le vino una idea como una inspiración. ¿Por qué no lo había pensado antes? "María, ¿alguna vez has pensado sobre hacer un ministerio de cuidado en el hospital? Sé que cuidaste a tu mamá cuando estaba enferma después que se quebró la cadera".

"Oh, pastor", dijo María, "siempre sentí como una recompensa cuando he ayudado a la gente que está enferma y en necesidad. Si piensa que puedo hacerlo, en realidad me encantaría".

Ciertamente María podía ser tan efectiva visitando a aquellas cuatro personas hospitalizadas como él, pensó Ed. Pero, ¿qué pensarían los miembros de la iglesia? ¿No se sentirían como que estaba esquivando sus responsabilidades? ¿Valía la pena dejar que María hiciera algunas visitas al hospital esa semana y quizá en otras ocasiones en el futuro?

El siguiente martes el pastor Ed visitó a dos personas que estaban todavía hospitalizadas. En ambos casos, antes que él tuviera la oportunidad de mencionarlo, las personas hospitalizadas mencionaron cómo apreciaban que María los había visitado. Uno de ellos dijo: "María tiene una manera de iluminar el cuarto cuando entra. Y su oración por mí fue tan significativa. Realmente sentí que Jesús vino y puso su mano sobre mí mientras elevaba mi necesidad al Padre. Es una persona tan compasiva".

Mientras Ed dejaba el hospital su mente ya estaba trabajando. Quizá la disponibilidad de María de pintar y limpiar en realidad era una búsqueda para encontrar alguna forma significativa de servir a otros. Era obvio que tenía una habilidad especial para conectarse y cuidar a la gente enferma. Quizá había otros en la iglesia que también gozaban ayudar a la gente de esta forma. ¿Cómo podía involucrarlos?

▶ ¿QUIÉN HACE EL CUIDADO PASTORAL?

¿Es posible que un pastor solo provea un cuidado adecuado por la gente del rebaño? Esta es una pregunta que los pastores se hacen cada vez más.

Los miembros de la congregación batallan contra estreses de sus trabajos, tráfico, expectativas de la familia, congestión y una horda de otras fuentes. El divorcio, el conflicto familiar, el crimen y el abuso de substancias directamente impactan a las familias aun de los asistentes más fieles a la iglesia. Al mismo tiempo, los sistemas de apoyo normales que la gente ha usado en el pasado quizá ya no estén para ellos allí. Los miembros de la familia viven en lugares opuestos del país.Seguido los recursos comunitarios los han estirado por razón de las restricciones de presupuesto. ¿Puede el pastor entrar y proveer el cuidado para todos en la iglesia? Con todas las otras expectativas que la iglesia pone en el tiempo del pastor, la respuesta es probablemente no. George Hunter III escribe en su libro *Church for the Unchurched* (Iglesia para los que no asisten a la iglesia):

> La mayoría de la gente en la mayoría de las iglesias no recibe, y no puede, obtener cuidado pastoral adecuado de su pastor; cuidado en la crisis sí, pero cuidado continuo no. Los cristianos necesitan cuidado pastoral cuando la vida es buena, así como cuando la vida es difícil, pero la descripción de trabajo del pastor ahora lo hace imposible para que el pastor sea el capellán personal de cada miembro. Pocas iglesias tienen, o pueden pagar o pueden encontrar suficientes pastores ordenados y equipo pastoral para hacerlo. Sin embargo, cada iglesia tiene suficiente gente con habilidades apropiadas y dones espirituales para "pastorear al rebaño" dentro de la membresía de la iglesia. Estamos aprendiendo que muchos laicos, con entrenamiento, pueden hacer el 90% de lo que un pastor ordenado hace.[1]

Hunter no está diciendo que los pastores ya no necesitan ofrecer el cuidado a su gente. La mayoría de pastores hace lo mejor para responder en el cuidado de las crisis y emergencias. Pero con todas las otras responsabilidades pastorales, un pastor de 100 personas no puede tener contacto uno a uno con cada persona semanal o incluso mensualmente. Sin embargo, este cuidado pastoral es importante para desarrollar madurez espiritual entre los miembros de la iglesia. Muchas iglesias han luchado con el problema por mantener inconscientemente a sus iglesias pequeñas para que el pastor cuide a cada uno en la iglesia. Los miembros de la congregación están felices si el pastor está allí para ellos. Pero esta filosofía choca contra la Gran Comisión de ir a hacer nuevos discípulos. Existe un mejor camino, el camino del Nuevo Testamento.

▶ EL SACERDOCIO DE LOS CREYENTES

El apóstol Pedro escribió algunas palabras de ánimo a una comunidad perseguida pero creciente. "Pero ustedes son linaje escogido, real sacerdocio, nación santa, pueblo que pertenece a Dios, para que proclamen las obras maravillosas de aquel que los llamó de las tinieblas a su luz admirable" (1 Pedro 2:9). Martín Lutero entendió las palabras *real sacerdocio* como una referencia a todos los creyentes, no sólo los del clero. Howard Stone escribe: "En el Nuevo Testamento los términos *sacerdocio o sacerdote* no se refieren al oficio de un ministro".[2] Desde la época de Pedro hasta hoy, cada cristiano es un sacerdote en el Cuerpo de Cristo. El entendimiento bíblico del papel de los sacerdotes era mediar entre Dios y el pueblo. En el mejor de los casos, el cuidado pastoral es representar a Cristo a una persona y representar a esa persona a Cristo.

¿De qué manera ser un sacerdote encaja con las tareas cotidianas de ser un carpintero, campesino, doctor o secretaria? Martín Lutero entendía que los creyentes tienen un doble papel mientras estén sobre la tierra.

La primera responsabilidad o llamado es lo que llamaba la estación de uno en la vida. "Lutero incluía en este primer tipo de vocación la *ocupación* de uno (maestro, costurera, poeta, ingeniero, bombero), *la estatus* de uno (soltero, esposo, esposa, hijo), o *el lugar en la vida* de uno (rico, pobre, ciego, con visión)... La segunda vocación o llamamiento de cada cristiano es como miembro del sacerdocio de todos los creyentes".[3] La Biblia no sostiene la idea que los laicos simplemente se sientan y miran a los pastores de la iglesia hacer el trabajo ministerial. De hecho, Efesios 4:12 claramente establece que el pastor-maestro debe equipar a los santos para la obra del ministerio. No importa qué hagan vocacionalmente los creyentes, tienen un llamado a ser sacerdotes, conductos del perdón, la gracia y la sanidad de Dios para otros.

El ministerio del cuidado es el privilegio de todo cristiano.

▶ PREPARANDO AL CLERO

La mayoría de los pastores entienden el concepto del sacerdocio de los creyentes, a lo menos en teoría. Pero si eso es verdad, ¿por qué existe un abismo entre la teoría y la práctica de los laicos proveyendo el cuidado pastoral primario?

Aunque hay algunos laicos que piensan que no pueden ofrecer un cuidado con calidad, o simplemente no quieren que se les moleste, la parte más grande del problema descansa en los hombros del clero. Algunos pastores igualan calidad del cuidado pastoral con la preparación profesional. Es el síndrome de "yo puedo hacerlo mejor". Aunque es verdad que alguna consejería de crisis y psicológica requiere un alto nivel de desarrollo de habilidades, los laicos pueden hacer muchos, si no la mayoría, de los tipos de cuidado pastoral regular.

Hay pastores que temen que si los laicos hacen la mayor parte del cuidado pastoral, cualquier fracaso se reflejará en ellos de una manera negativa. Otra preocupación del clero es que parecerían perezosos si ellos dan el ministerio a otros. De igual manera, existe el temor que dejar el cuidado de otros finalmente resultaría en pérdida de control. Muchos pastores en verdad gozan la satisfacción que viene de sus esfuerzos del cuidado pastoral personal y no están dispuestos a compartir esa satisfacción con otros. Sin embargo, otra gente que necesita el cuidado pudiera ser ignorada porque el pastor no tiene el tiempo para llegar a ellos.

▶ PREPARANDO A LOS PASTORES LAICOS

El rostro del ministerio pastoral del siglo veintiuno se verá muy diferente al del pasado. Bill Easum escribe de este paradigma cambiante: "El papel del pastor es primariamente enseñar y equipar a los laicos para el ministerio en el mundo, no para hacer el ministerio a favor de la iglesia... El pastor que equipa hace muy poco ministerio. En lugar de eso, el pastor que equipa se hace a un lado y anima a los laicos a ser los ministros de la congregación".[4] Siendo que la mayoría de los ministros han sido entrenados para ser hacedores, equipar a otros para hacer el ministerio puede ser un verdadero desafío.

Rick Warren cuenta cómo él y su esposa, Kay, trataban de hacer todo cuando iniciaron la Iglesia Saddleback. Después que habían trabajado hasta el cansancio se dieron cuenta que las cosas tenían que cambiar. "A medida que nuestra iglesia crecía, liberé una responsabilidad tras otra a los ministros laicos y a los miembros del equipo pastoral. Hoy sólo tengo dos responsabilidades primarias: *Dirigir y alimentar*, y aun estas responsabilidades ahora son compartidas con otros seis pastores... ¿Por qué? Porque creo profundamente que la iglesia nunca tuvo la intención de ser ¡un espectáculo de una superestrella!"[5]

Los pastores necesitan tomar riesgos y animar a que se tome riesgos entre aquellos que hacen el cuidado pastoral. Sí, las cosas pueden salir mal, pero no hacer nada es la peor alternativa. esús envió a sus discípulos de ministerio en grupos de dos, mucho antes que sus aprendices probablemente se sintieran que estaban listos para la tarea. Los dos podían animarse uno al otro a no darse por vencido o a tener miedo. Bruce Larson escribe: "Jesús nos muestra que un paso esencial en preparar a la gente para el ministerio es animarlos a tomar riesgos, a ir a lugares donde pueden fallar a menos que Dios intervenga".[6]

Uno de los pasos más difíciles para el cuerpo ministerial es abandonar el control personal. Los discípulos tenían este temor. Un día

Juan le dijo a Jesús: "'Maestro,... vimos a un hombre que expulsaba demonios en tu nombre; pero como no anda con nosotros, tratamos de impedírselo'. 'No se lo impidan', les replicó Jesús, 'porque el que no está contra ustedes está a favor de ustedes'" (Lucas 9:49-50). Muchos pastores son adictos al control, temerosos de cualquier cosa que ellos no escriban o dirijan. "Y sin embargo", como observa Larson, "si no delegas al ministerio laico del control del pastor y del equipo pastoral, terminamos con programas tan pequeños que un poco de gente puede dirigir todo el asunto. Perdemos el poder dador de vida de Dios, especialmente aquel que viene a través de los laicos que comparten en el ministerio del cuidado pastoral".[7]

En general no es dificultoso delegar ministerios o tareas que odiamos hacer nosotros mismos a otras personas. Compartir el ministerio que gozamos o donde encontramos satisfacción al hacerlo pudiera ser un asunto diferente. Los pastores necesitan ser honestos consigo mismos en el nivel motivacional. Aunque no se niegan los dones y fortalezas de los dones personales, un pastor necesita decidir si un laico pudiera ser fortalecido por hacer este ministerio. En ocasiones el ministerio necesario es crucial o inmediato y el pastor debe responder. Sin embargo, también es importante entrenar a laicos que serán capaces de responder a una necesidad similar en el futuro. Los discípulos de Jesús aprendieron por ver a su Maestro hacer el ministerio. No pasó mucho tiempo antes de que Jesús delegara la responsabilidad completa del cuidado por la iglesia a aquellos que él entrenó.

Uno de los indicadores del éxito de un pastor es el grado en el que los laicos toman la responsabilidad del ministerio en la iglesia local. Jesús demostró que el camino para desarrollar las habilidades de otros es sirviendo personalmente. Stanley Menking desafía a los pastores de esta manera: "La pregunta de su disponibilidad 'para lavar los pies' no sólo es un llamado para que ustedes expresen su fe. También estimula el desarrollo de su fe... Su desarrollo espiritual puede ser uno de los beneficios al buscar que los laicos ayuden a otros".[8] Un pastor que modela el servicio motiva a la congregación a seguir la misma motivación.

¿QUÉ HACE A UN BUEN LAICO DADOR DE CUIDADO?

Vivimos en un mundo lleno de gente herida. Recuerda el canto popular de Hal David y Burt Bacharach en los setenta, "What the World Needs Now Is Love?" (¿Lo que el mundo necesita ahora es amor?) Todo cristiano está bajo el mandato divino de compartir el amor de Jesús con otros. Y sin embargo, existen aquellos que tienen una habilidad especial de expresar ese amor en formas personales, de ayuda, a la gente en necesidad. Gary Collins escribe en su libro *How to Be a People Helper* (Cómo ser un ayudador de gente): "En cualquier relación de ayuda, la personalidad, los valores, actitudes y creencias del que ayuda son de importancia primaria".[9] Existen varias cualidades necesarias para ser un laico efectivo dador de ayuda.

• *Empatía*. No existe cualidad más importante que la habilidad de responder con un sentimiento de compasión a alguien en necesidad. Leroy Howe escribe: "La palabra empatía sugiere una capacidad de conocer los sentimientos de otros y sentirlos uno mismo, una aceptación de otros con cualquier sentimiento que ellos exhiban, y una expresión del conocimiento y los sentimientos como una parte del cuidado sobre ellos y por ellos".[10]

Una fotografía del anuario de una preparatoria gráficamente ilustra el principio. El fotógrafo capturó el salto en el aire y a punto de pasar la barra de altura del atleta de salto en alto del equipo de atletismo. Pero la atención del vidente es atraída al trasfondo de la foto. Hay cuatro de sus colegas, cada uno parado sobre un pie, con la otra pierna levantada como si ellos estuvieran haciendo el salto. Estos cuatro espectadores probablemente no se daban cuenta que estaban tratando de ayudar a su compañero por levantar una pierna en el aire. En su respuesta empática están tratando de ayudar a su amigo a pasar la barra.

No es suficiente sentir lo que la otra persona siente. La gente necesita saber que el que ofrece el cuidado está preocupado sobre la situación. Y sin embargo, para ser un ayudador efectivo de la gente uno tiene que mantener una objetividad apropiada. Uno que ofrece apoyo necesita sentir el dolor al mismo tiempo que anima a la persona herida hacia un futuro mejor que el momento presente. Empatía significa cuidado, nunca tratar de manipular o controlar a la otra persona. En lugar de eso, la compasión del ayudador provee el incentivo que la persona que está siendo apoyada necesita para moverse hacia una solución del problema.

• *Afecto*. Estrechamente asociado a la empatía, el afecto es la conexión emocional que una persona le comunica a otra en necesidad Puede ser tan abierta como un rostro sonriente o brazos abiertos. En ocasiones es la sutil inflexión de la voz o una mirada a los ojos que dice: "Realmente me importa lo que te sucede a ti".

Desprender afecto es una ciencia inexacta. Lo que pudiera parecer una genuina expresión de preocupación para una persona, pudiera resultar como efusividad insincera para otro. Tenía un amigo que creía que el afecto era poner su rostro a unos centímetros del de la otra persona y mirarla directamente a los ojos. Aunque algunos pudieran haber comprendido su afecto, otros lo encontraban desconcertante porque estaba invadiendo el espacio de ellos. El afecto se expresa mejor cuando simplemente amamos a alguien de la manera como Jesús amaría a esa persona.

• *Autenticidad.* Uno de los seguidores menos conocidos de Jesús, Natanael, sólo es mencionado en el Evangelio de Juan. Algunos le identifican con el discípulo Bartolomé. Felipe ofrece una descripción intuitiva de Natanael a Jesús en Juan 1:47: "Aquí tienen a un verdadero israelita, en quien no hay falsedad". Ser genuino o real significa que una persona que ofrece cuidado vive consistentemente con lo que él o ella dicen. La gente auténtica no es insincera o engañosa sino honesta y sincera en sus tratos con otros.

Leroy Howe escribe: "En términos del pastorado, ser genuino involucra ofrecernos a nosotros mismos como finitos, falibles y criaturas caídas, redimidas por la gracia y el amor de Dios, llamados y equipados para ayudar a otros en el nombre de Aquel que continúa trabajando redentoramente a favor de ellos y el nuestro".[11] Cuando los que ayudan se ofrecen abiertamente a sí mismos en preocupación por otros, la gente que sufre encuentra más fácil el buscar ayuda. La verdadera autenticidad significa permitir a otros que te vean tal como realmente eres, con mezquinos y todo.

• *Habilidad para afirmar.* Nadie en el siglo veinte demostró mejor el significado de la afirmación y respeto que la Madre Teresa de Calcuta. Ella desarrolló un ministerio alcanzando a la clase más pobre de la humanidad. Creía que los rechazados intocables que eran abandonados para morir a solas en las calles merecían la compasión y amor de otro ser humano. Fue la opinión de la Madre Teresa que cada persona estaba creada a la imagen de Dios y merecía ser tratada con dignidad, a pesar de su exterior sucio, mal oliente y repulsivo. Ella estaba siguiendo el ejemplo de Jesús quien salió de su camino para tratar a los leprosos, las prostitutas y los publicanos con el mismo respeto como a los líderes religiosos dignificados de Israel.

Es fácil hacer juicios sobre una persona basados en la apariencia, posición social, acciones o actitudes. Pero aquellos que efectivamente ofrecen cuidado tienen la habilidad de mirar más allá de lo que la persona es, para ver lo que la persona puede llegar a ser por la gracia de Dios.

• *Dando ánimo.* La gente con necesidad está buscando a alguien que crea en ella, animándoles aun cuando ellos mismos pudieran no creer en sí mismos.

Mi maestro de sexto año, Sr. Howard, fue uno de los animadores más grandes de mi vida. Recuerdo sentir toda la primaria que no era buen estudiante. Eso fue, hasta el día que el Sr. Howard me asignó al grupo más avanzado en matemáticas. Matemáticas no era mi mejor materia, así que fui a su escritorio y le dije que había cometido un grave error. Él dijo: "Bruce, tú tienes la habilidad y yo creo que tú puedes hacerlo". Fue uno de aquellos momentos determinantes en mi vida. Hace algunos años descubrí que se había retirado de la docencia pero que todavía vivía en mi pueblo. Después de rastrear su número telefónico le llamé y le conté mi historia. Concluí mi conversación telefónica con estas palabras: "Una de las razones que soy un profesor universitario actualmente es que usted me dijo cuando estaba en sexto año que usted creía en mí cuando yo mismo no creía en mí. Gracias por darme ánimo".

En ocasiones la diferencia entre el éxito y el fracaso es el eco de las palabras: "Yo sé que tú puedes hacerlo", de los labios de un amigo que nos anima.

• *Involucramiento.* El simple hecho de sentir preocupación por otra persona jamás es suficiente. La gente a quien le importa toma acción. Pudiéramos malentender la historia de Jesús en Lucas 10 sobre la víctima que fue asaltada y dejada por muerta en el camino rumbo a Jericó. Es fácil juzgar a los primeros dos hombres que pasaron como siendo personas a quienes no les importó y como centradas en sí mismas. Pudieran haber estado de choque por las heridas del hombre pero también atormentados por qué hacer. Si el hombre en el suelo estaba muerto y lo tocaban, serían incapaces de servir en el Templo hasta que pudieran pasar toda la limpieza ceremonial. En lugar de tomar el riesgo, hicieron un escogimiento, no te involucres. Fue un despreciado extranjero, un samaritano, quien finalmente se detuvo y salvó la vida del hombre.

Involucrarse con las necesidades de alguien es un asunto riesgoso. La gente que ayuda a otros toma riesgos de ser rechazados, malentendidos y explotados en su intento de ayudar a alguien más en necesidad. Aquellos que extienden su mano para cuidar a otro muy a menudo se ven divididos por demandas en competencia, qué persona ayudar y a cuál ignorar. Esto puede llegar a ser un asunto de prioridades. Tal parece que siempre hay más gente necesitada que recursos para responder a las necesidades. Pero en lugar de no hacer nada porque los recursos no son suficientes, la gente que ayuda está dispuesta a dar el salto y hacer algo por alguien más.

• *Habilidades relacionales.* La gente que ayuda ve necesidades conectadas a las vidas de gente real. Collin dice: "La relación de ayuda entre el que ayuda y el ayudado es de gran importancia".[12] Las mejores personas que ofrecen apoyo son capaces de desarrollar relaciones afectivas y de aceptación con otros. De hecho, el poder de la relación pudiera contribuir más a la solución de un problema que cualquier habilidad específica que el ayudador pudiera posiblemente poseer. Un maestro puede ser capaz de influenciar a un estudiante mucho más a través de las conversaciones después de clase que por cualquier otra cosa que el instructor diga en clase. Ayudar, a menudo, toma lugar entre dos iguales, tal y como la relación de dos amigos de la iglesia. El que necesita ayuda, en ocasiones, pudiera buscar dirección de un mentor o autoridad respetada. La meta no es simplemente tener una relación sino permitir que esa relación sea un factor en el cambio o desarrollo personal.

▶ TIPOS DE CUIDADO PASTORAL

Si la observación de Hunter al inicio del capítulo es verdad, que 90% del cuidado que un ministro ordenado hace se puede hacer por laicos entrenados, entonces las variedades del cuidado del ministerio laico son casi interminables. He aquí algunas categorías del cuidado pastoral laico.

• *Visitación.* Hunter cree: "En las iglesias tradicionales virtualmente nada recibe el cuidado pastoral adecuado, continuo, 'regular', semana tras semana (o mes por mes, o temporada por temporada)... El cuidado en crisis mucho más adecuado depende de una relación que está establecida a través del cuidado pastoral regular".[13] Los laicos que visitan a los miembros y amigos de una iglesia local pueden proveer ese cuidado pastoral regular necesario. La visitación contrarresta el sentimiento de aislamiento que penetra nuestro mundo. Es una manera para que el amor de Dios se encarne.

Visitar a las personas confinadas a algún lugar es un tipo especializado de visitación para los laicos que ofrecen cuidado. Los ancianos o aquellos que sufren de problemas físicos debilitantes pueden sentirse que han sido olvidados por la iglesia. Esta gente necesitada puede estar en sus casas o en facilidades de asistencia a los enfermos. Es importante establecer visitas regulares a estas personas confinadas diseñadas para satisfacer tanto las necesidades espirituales como físicas personales de los individuos. Planee visitas cortas con aquellos que están convalecientes y tratando de recuperar fuerzas. La gente que enfrenta problemas crónicos pudiera gozar una visita más larga. Además de la Escritura y la oración, estas personas pudieran estar solitarias y quieren saber sobre las actividades de la iglesia. Los visitantes laicos necesitan escuchar y observar cuidadosamente tanto a lo que la persona está diciendo como a los mensajes no verbales. ¿Está la persona decaída o en necesidad de atención médica especial? La persona que ofrece el cuidado pastoral puede entender preocupaciones especiales que necesitan ser solucionadas por otros profesionales. Estos visitantes laicos que ven a los confinados necesitan mantener un espíritu positivo, alentador que alimente esperanza y ánimo.

• *Cuidado en el hospital.* La mayoría de la gente aprecia en particular el ministerio cuando enfrentan cirugías o se están recuperando de problemas físicos. En años recientes, en un intento de aminorar el incremento de los costos médicos, la gente está gastando menos tiempo en el hospital. Los pacientes muy a menudo se aparecen antes de la cirugía y son despedidos del hospital tan pronto como sea posible en el mismo día. Esto hace la tarea de proveer el cuidado pastoral difícil porque es difícil encontrar al paciente en el hospital. Uno de los momentos más importantes para el cuidado en el hospital es apenas antes de la cirugía cuando el paciente está más nervioso. El visitante laico pastoral puede descubrir que una breve porción de los Salmos y una oración es todo lo que el paciente necesita para enfrentar los momentos desconocidos que vienen.

Una persona que ofrece cuidado también puede proveer un ministerio valioso por quedarse con la familia y los amigos del paciente que están esperando en el hospital mientras se termina una cirugía seria. No olvide que una vez que la cirugía se ha concluido, el paciente enfrenta el desafío de la recuperación. En general el tiempo más difícil es dos o tres días después de la cirugía cuando los efectos de la anestesia y las medicinas para el dolor se han terminado. Esta llega a ser una maravillosa oportunidad para el cuidado pastoral laico, ya sea que la persona todavía está en el hospital o se está recuperando en casa.

• *Consuelo al fin de la vida.* Aunque muchos piensan que el ministerio para la gente que está muriendo o las familias después de la muerte es una responsabilidad exclusiva de los pastores ordenados, los laicos que ofrecen cuidado también pueden jugar un papel importante. El equipo pastoral y los voluntarios laicos unidos pueden asegurarse que una persona que enfrenta la muerte tendrá gente de la iglesia presente tanto como sea posible. Algunos laicos tienen más tiempo que el pastor para dar a aquellos que están enfrentando la realidad de la pérdida de un ser amado.

Cuando la muerte ha ocurrido la familia pudiera recibir mucho apoyo hasta después del funeral. La necesidad más grande para el cuidado y el consuelo pudiera venir en las semanas y meses después que el ser amado ha fallecido. La familia enlutada pasará a través de muchas emociones, tales como depresión, ira y obsesión por la pérdida del ser amado. Ellos necesitan gente que pueda demostrarles su interés al estar presente y estar dispuestos a escuchar. Esta es una maravillosa oportunidad para que los laicos que ofrecen cuidado principien una serie regular de contactos por teléfono y en persona con los miembros de la familia. Alguien que ha pasado por una pérdida similar puede ser especialmente efectivo para entender las heridas y frustraciones de la recuperación del duelo. Si hay varios en la iglesia que han perdido seres queridos, los líderes del cuidado pastoral laico pueden iniciar un pequeño grupo específicamente diseñado para ayudar a aquellos que están pasando por el proceso del duelo. La gente que se recupera de pérdida sentirá emociones acrecentadas en el primer aniversario de la muerte de un ser amado y más allá. Un grupo de recuperación del duelo puede ofrecer apoyo a gente en las varias etapas del ajuste. El capítulo 14 se dirigirá a este asunto con detalles mucho más grandes.

• *Consejería.* Una mala concepción común actualmente es que la consejería sólo se puede hacer por profesionales. De acuerdo a Collins: "A pesar de los muchos profesionales en nuestra cultura llena de estrés, la mayoría de los problemas se pueden manejar por los laicos, ya sea que se sientan o no calificados. Aun si hubiese un número suficiente de consejeros profesionales y pastorales para manejar las necesidades de todos, algunas personas todavía preferirían discutir sus problemas con un pariente, vecino o amigo".[14] Los consejeros laicos no cobran, y algunos se sienten más cómodos para compartir un problema con un rostro familiar de la congregación.

¿Qué hace a un buen consejero laico? Los consejeros efectivos tienen la habilidad de enfocarse en la persona que aconsejan al mantener un buen contacto visual, haciendo respuestas verbales propias, y ayudando a la persona a sentirse relajada. Son capaces de dirigir al aconsejado para compartir los detalles importantes de su problema. Están comprometidos para ayudar al aconsejado a hacer los cambios necesarios para tener un resultado positivo, aun si esto significa confrontar asuntos difíciles que pueden bloquear el progreso. Una iglesia que quiere utilizar a los laicos para la consejería necesita comprometerse a entrenar a estos trabajadores.

Un pastor asociado de una iglesia grande que ministra a cinco mil personas semanalmente dijo que su iglesia principia el ministerio del cuidado laico a través de los grupos pequeños. Aquellos que necesitan cuidado especializado son dirigidos a los grupos pequeños enfocados en necesidades. Para la gente que necesita atención individual, la iglesia ha entrenado a consejeros laicos para ayudar de uno a uno. Si la gente tiene necesidades que requieren ayuda profesional, la iglesia mantiene una lista de psicólogos y consejeros profesionales como referencia. La mayoría de la consejería personal en esta iglesia grande se hace por laicos.

• *Cuidado comunitario.* Muchos laicos están encontrando oportunidades sin límites para el cuidado pastoral a través de los centros de ministerios de compasión. Muchos de estos centros ministran a gente económicamente en desventaja que no puede pagar por servicios médicos, dentales o de consejería. El cuidado comunitario provee oportunidades tanto para profesionales de la salud y laicos preocupados que ofrecen apoyo para utilizar sus habilidades en servicio voluntario. Además de los ministerios obvios de alimentar y vestir a aquellos en necesidad, una solución a largo tiempo del problema de la pobreza es entrenar para el trabajo.

La gente vuelve a tener esperanza y confianza en sí misma cuando aprende a cómo ganarse la vida al desempeñar un trabajo significativo. Los laicos hábiles en la carpintería o la cocina, poner alfombras y computación pueden enseñar un trabajo al mismo tiempo que muestran compasión. El entrenamiento para el trabajo puede ser empoderador para aquellos que buscan escapar de las garras de la pobreza.

• *El cuidado comunitario transcultural.* En ciertas comunidades la iglesia tiene la singular oportunidad de alcanzar más allá de las barreras culturales. En Estados Unidos, las grandes ciudades crecientemente están convirtiéndose en una mezcla cultural porque gente de otras áreas del mundo tratan de unirse en las comunidades.

Collins declara que cuando la gente viene de otra cultura en general pasan por un ciclo de reacción personal de cinco pasos para ajustarse al nuevo contexto. Cuando la persona primero llega, existe una *aceptación entusiasta* de esta nueva cultura. Sin embargo, esta euforia inicial pronto es remplazada por *sentimientos de duda y reserva*. Quizá el nuevo contexto no es tan ideal como primero parecía. Las frustraciones principian a crecer. Entonces la persona pasa a través de un tiempo de *resentimiento y crítica* cuando es fácil encontrar fallas con la gente y las estructuras de la nueva cultura. Es difícil ser paciente, como gente de apoyo, durante este período cuando la crítica pudiera alcanzar niveles intolerables. La mayoría de la gente se mueve a la siguiente fase de *ajuste* al reconocer que las actitudes críticas se deben a las diferencias en la nueva cultura. La última etapa es *acomodación y evaluación*, donde la persona siente un nivel de comodidad al hacer las conexiones con la gente y costumbres del nuevo ambiente.[15]

Algunos ofertantes del cuidado laico pudieran sentir una preocupación profunda interna para trabajar con gente de diferente cultura. Es importante resistir la noción que la cultura de uno es superior porque pudiera ser la única que la persona realmente conoce. Jesús mostró cómo responder con compasión a gente de otras culturas a través de su conversación con la mujer samaritana en Juan 4. La gente que viene de otros lugares en el mundo trae contribuciones valiosas a nuestra sociedad que nos hacen mejores. El cuidado pastoral laico puede ser un medio de establecer un puente en el abismo cultural.

▶ ENTRENANDO A LOS LAICOS PARA EL CUIDADO PASTORAL

Un pastor puede escoger trabajar con un individuo para desarrollar sus habilidades de ofrecer cuidado, pero en la mayoría de las iglesias habrá varias personas que responderían a la oportunidad para el entrenamiento del cuidado pastoral. Cuando los pastores invierten tiempo instruyendo a otros para ser ayudadores de la gente, multiplican su efectividad en el ministerio pastoral de la iglesia. Existen varios asuntos a considerar cuando se entrenan a los laicos para los ministerios del cuidado.

CLASES ABIERTAS VS. CERRADAS

En cualquier ocasión que una iglesia inicia un nuevo ministerio, la calidad del primer grupo de entrenados en gran parte determinará la efectividad del programa en el futuro. Las iglesias han tomado varios senderos para encontrar la gente correcta para el entrenamiento del cuidado pastoral.

Con el método de *invitación abierta* se hace un anuncio a la congregación completa para cualquiera que esté interesado en recibir el entrenamiento. Uno de los problemas con este método es que la invitación abierta puede atraer gente con serios problemas personales que no pueden ofrecer cuidado pastoral, y en algunos casos, en realidad pudieran hacer daño a otros. Es posible usar una invitación abierta y eliminar a los voluntarios que no encajan en algún tiempo posterior.

Un segundo método es el de la *invitación específica*. El pastor y otros líderes sesionan antes sobre aquellas personas que tienen los dones espirituales y habilidades naturales que son necesarios para ofrecer el cuidado pastoral. Entonces el pastor o líder laico pudiera hacer el reclutamiento actual con los contactos para el programa o enviar una carta a aquellos que ha seleccionado. Otras iglesias pueden seleccionar a un grupo existente tal y como un grupo de diáconos o un comité de evangelismo para ser los primeros entrenados para el cuidado laico.[16]

CLASES DE ENTRENAMIENTO

El entrenamiento se puede hacer durante la hora de escuela dominical o en sesiones de entrenamiento durante la semana. Otro acercamiento es hacer el entrenamiento mayor durante un retiro de fin de semana con sesiones de seguimiento una vez al mes.

Jesús enseñó a sus discípulos pero también los envió de dos en dos para obtener un entendimiento práctico, en el campo, de la tarea. El entrenamiento debe incluir el crecimiento espiritual personal así como el desarrollo de la habilidad. Es importante tener experiencias prácticas para suplementar la instrucción del salón de clases. Los capellanes de los hospitales, los administradores de los asilos y los centros de ministerios de compasión normalmente le dan la bienvenida a gente que está obteniendo experiencia con el propósito de servir efectivamente. No se debe ignorar involucrar a los que están entrenándose en experiencias de entrenamiento comunitarias tales como el entrenamiento de primeros auxilios de la Cruz Roja. Explora oportunidades formales de educación en el área, tales como colegios y seminarios que pudieran ayudar a los interesados en el entrenamiento de consejería. La iglesia podría ofrecer becas para aquellos que están comprometidos a usar su entrenamiento para el ministerio. Como parte del régimen de entrenamiento, la iglesia puede incorporar claves avanzadas para aquellos que les gustaría mejorar sus habilidades de cuidado. Cualquier equipo de entrenamiento debe incluir sesiones de evaluación y retroalimentación periódica designadas para animar y mejorar la persona que provee el cuidado.

COMISIONANDO A LOS LAICOS QUE OFRECEN EL CUIDADO

Desde los tiempos más primitivos de su historia, la iglesia ha comisionado a aquellos que han sido seleccionados para ministerios específicos en la iglesia. La iglesia primitiva en Hechos 6 apartó a aquellos para el servicio laico delante de la iglesia. "Los presentaron a los apóstoles, quienes oraron y les impusieron las manos" (v.6). En la actualidad aquellos que entran al ministerio pastoral de tiempo completo son ordenados por la iglesia como un reconocimiento de su llamado. Aquellos que proveen el cuidado pastoral laico también pueden formalmente ser comisionados al final de su entrenamiento.

Un servicio de comisión da un sentido de la bendición y unción de Dios para aquellos que están tomando este papel importante. Esto también es un mensaje a la congregación que un laico que provee cuidado pastoral puede representar a todo el cuerpo de la iglesia y que tiene tanta validez en proveer el ministerio como la persona del equipo pastoral ordenada. Este comisionar puede ser para un período específico como un año o puede estar abierto, mientras la persona sirve en esa capacidad de cuidado. Stone incluye un ejemplo del servicio de comisión en su libro *The Caring Church: A Guide for Lay Pastoral Care* (La iglesia que cuida: Una guía para el cuidado pastoral laico) que pudiera adaptarse para una congregación local.

RECURSOS DE ENTRENAMIENTO

Aunque pudieran existir muchos recursos excelentes para el entrenamiento del cuidado pastoral laico, he aquí una organización y tres libros ofrecidos como ejemplos.

Ministerios Esteban: Esta es una organización de educación cristiana transdenominacional que provee entrenamiento de alta calidad y recursos para fortalecer y expandir los ministerios laicos en las congregaciones. Ofrecen entrenamiento tanto en la Serie Esteban, un sistema de ministerio laico uno a uno, y la Serie ChristCare, un sistema de ministerios de grupos pequeños. Los Ministerios Esteban proveen un rango completo de recursos ministeriales para equipar a los laicos para el ministerio. Para mayor información, vaya a www.stephenministries.org.

How to Be a People Helper (Cómo ser un ayudador de gente), por Gary R. Collins. Personalmente he utilizado el material de la primera edición para el entrenamiento en una iglesia local.[17] Hay 12 sesiones con ejercicios de crecimiento e interacción de grupo que se usan con cada capítulo. Siendo que Collins es un psicólogo cristiano, su material enfatiza la consejería laica y no se enfoca en asuntos del cuidado pastoral.

A Pastor in Every Pew: Equipping Laity for Pastoral Care (Un pastor en cada banca: Equipando a los laicos para el cuidado pastoral), por Leroy Howe. Este excelente libro incluye 20 capítulos de información sobre cómo desarrollar ministerios laicos específicos, así como 10 capítulos adicionales al final en forma de un manual de entrenamiento para equipar a los pastores laicos. El manual de entrenamiento tiene todo el material necesario para conducir las clases de ministerio laico en una iglesia local.

The Caring Church: A Guide for Lay Pastoral Care (La iglesia que cuida: Una guía para el cuidado pastoral laico), por Howard W. Stone. Este libro es más breve, presentando ochos sesiones de entrenamiento. Este material para la enseñanza es excelente. También ha incluido Un Servicio para Comisionar a los Laicos al Cuidado Pastoral en el apéndice.

▶ El Liderazgo para el Cuidado Pastoral Laico

Una clave para el cuidado pastoral laico continuo es tener un liderazgo fuerte. Si la congregación ha de adueñarse de este ministerio, es importante que los laicos asuman posiciones de liderazgo. El líder laico puede servir como la conexión de la estructura de ministerios laicos al pastor y el equipo pastoral de la iglesia.

Stone plantea el asunto de responsabilidad. "Primero, ¿cómo se asignará la gente que será visitada, por el pastor directamente o por el líder laico, o en ocasiones una forma u otra? Un segundo asunto es dar cuentas y retroalimentación después que los laicos que proveen el cuidado pastoral son asignados a sus visitas".[18] Si el pastor no está dispuesto a liberar las oportunidades de cuidado a los laicos, toda la idea del cuidado pastoral laico fracasará. Sin embargo, si el pastor y los líderes laicos trabajan como un equipo, el nivel del cuidado pastoral será mucho más alto en la iglesia.

▶ Precausiones en el Ministerio Laico

Como sería de esperarse con cualquier cosa que tenga que ver con la naturaleza humana, existe la necesidad de unas advertencias cuando viene al asunto del ministerio laico.

CONFIDENCIALIDAD

Correcta o incorrectamente, la iglesia ha desarrollado una reputación de ser un molino de rumores, compartiendo chismes a la velocidad de la luz. Por esta razón mucha gente titubea en compartir alguna cosa de naturaleza personal con alguien más en la iglesia.

Los pastores están moralmente obligados a la tradición de la iglesia del sello del confesionario. Esto significa que cualquier cosa que se comparta en un contexto confidencial está protegida y no se puede divulgar, aun delante de una corte legal. Aunque la protección legal pudiera no extenderse a la consejería laica en todas las jurisdicciones legales, la congregación tiene el derecho de esperar el mismo nivel de confidencialidad de los proveedores del cuidado pastoral laico. Lo que se comparte en confianza durante un encuentro de cuidado laico no debe pasarse sin el permiso de la persona a quien se está ayudando.

Existen dos excepciones al compromiso de confidencialidad: cuando una persona amenaza con hacerse daño serio a sí mismo o a otra persona. Un ayudante necesita tomar pasos para proteger a la persona a quien se percibe en peligro, aun si esto significa romper la confianza. Puede ser de ayuda dejar saber a la persona que está siendo aconsejada al inicio de una sesión de consejería que es la responsabilidad del que ofrece el cuidado de proteger a cualquiera cuya vida o seguridad esté amenazada. Si hay laicos que están interesados en hacer el cuidado pastoral pero tienen una reputación de ser chismosos, sería bueno dirigirlos a actividades con un bajo nivel de exposición a información personal.

Siempre es una buena idea conocer las restricciones del Estado y los gobiernos locales respecto al uso de laicos en la consejería. Algunos restringen el uso del término *consejería* cuando anuncian los tipos de servicios que se ofrecen por la iglesia. Collins sugiere: "Es sabio asegurarse del consejo legal sobre si las personas laicas en el área local pudieran ser demandadas por mala práctica o por lastimar a aconsejados por ofrecer consejo o dirección inadecuada".[19]

AYUDANTES INADECUADOS

Existe buena gente que por una razón u otra no deberían involucrarse en el ministerio del cuidado pastoral. Menking dice: "De todos los problemas con los que tienes que enfrentarte con un ministerio laico, ninguno parece tan difícil como el manejar al laico que *no debe unirse* al ministerio o con el que está en el ministerio pero *debe dejarlo*".[20]

La gente que es chismosa, manipulativa o mentalmente inestable no funciona bien como ayudantes de personas. Si tienes una invitación abierta para cualquiera que quiera participar en el cuidado pastoral, corres el riesgo de tener como voluntarios a gente inadecuada. Algunos rápidamente entenderán que no encajan en el ministerio. Mientras que algunos, por gracia, se retirarán hay ocasiones cuando lo único que queda por hacer es pedir a la persona que renuncie.

EL TRABAJADOR LAICO EXAHUSTO

Ayudar a la gente en necesidad puede, en ocasiones, ser una tarea cansada. Alguna gente en necesidad tomará todo el tiempo y energía que uno puede dar y luego piden más. Los que ofrecen cuidado necesitan un sistema de apoyo para mantener su energía y enfoque en el ministerio. Necesitan a alguien con quien consultar de vez en cuando sobre problemas y ser animados. Si no hay muchos que ofrecen cuidado en la iglesia, el pastor será capaz de ser esa persona que los anima. Sin embargo, también esto pudiera ser parte de la responsabilidad del líder laico y el grupo de líderes.

Es bueno planear educación periódica y eventos de ánimo para mantener a los que ofrecen el cuidado motivados. Esto puede proveer la oportunidad para desarrollar a la gente y sus habilidades de consejería así como ayudar a desarrollar un espíritu de equipo entre los trabajadores del cuidado pastoral.

REFERENCIAS

Los trabajadores del cuidado pastoral obtienen un sentido de su propia habilidad personal y nivel de conocimiento al apoyar a otros. El capítulo 8 discutirá la necesidad de desarrollar una red de referencia en la comunidad. Si el pastor necesita referir, existe una necesidad aun más grande para que los trabajadores laicos reconozcan la necesidad de dirigir a la gente a la ayuda que ellos no pueden proveer. Los que ofertan el cuidado pastoral laico pueden desarrollar su propia lista de recursos comunitarios a los que pueden llamar o cuando existe alguna necesidad. Los doctores médicos hacen referencias todo el tiempo. No es una señal de debilidad sino el darse cuenta que si nosotros no tenemos todas las habilidades necesarias para ayudar a una persona, alguien más pudiera ser capaz de ayudar allí donde nosotros no podemos.

▶ La Manera que se Supone Debe Funcionar

El cuidado pastoral laico es una antigua idea que de nuevo está resurgiendo. Hunter ilustra la importancia de que los laicos se involucren en los ministerios de cuidado al relatar otra historia de Rick Warren en la Iglesia Comunitaria Saddleback. El pastor Warren recibió palabra que uno de los miembros principales había sufrido un ataque del corazón y estaba en el cuarto de emergencia en un hospital local.

Respondió con un salto a su automóvil y corrió al lado del miembro de su iglesia. En el mostrador de las enfermeras dijo: "Soy el Pastor Rick, y estoy aquí para ver a Walt Stevens". La enfermera principal le respondió con una pregunta: "¿Cuántos pastores tiene esta iglesia? Lo siento, pero no puede verlo. Demasiados pastores ya lo han visto". Warren conocía el hospital y se deslizó alrededor del cuarto después que la enfermera se había ido. El paciente vio a su pastor y dijo: "Pastor Rick, ¿qué estás haciendo aquí? Tengo que estar muy enfermo. Cinco pastores laicos ya me han visitado". Después de una breve oración Rick Warren dejó el cuarto profundamente conmovido. "Esta es la manera que Dios quiere que la iglesia opere. Dios nunca tenía la intención que fuera un espectaculo de una persona... Dios trabaja a través del ministerio de los laicos y ellos tienen el derecho de saber que Dios está obrando en sus vidas".[21]

Es tiempo para que los ministros ordenados liberen a los laicos para hacer ministerios de cuidado de tal manera que el Cuerpo de Cristo pueda realmente experimentar el nivel del cuidado pastoral que la iglesia y la gente del mundo necesita y debe correctamente esperar de la iglesia.

▶ PREGUNTAS PARA LA REFLEXIÓN

▷   ¿Por qué la iglesia espera que el trabajo del cuidado pastoral tiene que ser el dominio exclusivo del equipo pastoral ordenado?

▷   ¿Qué tanta responsabilidad tiene que asumir el pastor para promover y proveer oportunidades para el ministerio laico en una iglesia local?

▷   ¿Existen áreas del cuidado pastoral que el equipo pastoral ordenado debe continuar haciendo en un involucramiento máximo?

▷   ¿Qué preocupaciones tiene para desarrollar un ministerio de cuidado pastoral laico en una iglesia local?

EL CUIDADO A TRAVÉS
DE LOS GRUPOS PEQUEÑOS

Casey y Donna Rodgers estaban felices por el potencial de su primera iglesia en la pequeña comunidad de campesinos que ahora era su hogar. Especialmente Donna quería que su iglesia mirara más allá de las cuatro paredes a las muchas personas que no asistían a la iglesia, gente con heridas que vivía a sus alrededores. Pero simplemente desafiar a la gente a alcanzarlos desde el púlpito no sería suficiente. Ella y Casey tendrían que dirigir con el ejemplo.

Donna también estaba haciendo ajustes personales de tener un bebé de 18 meses con mucha energía de nombre Bradley que parecía monopolizar su tiempo y energías. Aun la compra de provisiones con Brad en el automóvil, en ocasiones, era una experiencia agotadora. Ella sonrió mientras veía a una madre que en el supermercado venía en sentido contrario hacia ella, y su niño jalaba cajas de cereal de los estantes. Donna se presento a sí misma y en breve tiempo las dos madres estaban riéndose de los desafíos de los carritos de compras a través de la multitud de cajas y latas tentadoras que sus hijos podías tomar. Tina le confió que se sentía aislada del mundo por razón de las demandas de cuidar a Toby. "Si sólo tuviera a otra mamá con la que pudiera hablar de criar hijos. Soy una madre primeriza y con nuestros padres viviendo a cinco horas de aquí, en ocasiones me siento tan solitaria".

Donna pensó rápidamente. "Tina, sé de otras tres mamás con niños pequeños que en ocasiones tienen los mismos sentimientos. ¿Estarías interesada en reunirte en mi casa una vez por semana como por una hora, digamos los martes por la mañana? Pudiéramos traer a nuestros hijos, sentarnos en el piso, y dejarlos jugar por un tiempo. Estaría feliz en traer un estudio bíblico breve y pudiéramos orar unas por otras".

"No sé mucho de la Biblia. No he ido a la iglesia desde que era una niña", respondió Tina. "Pero me encanta toda la idea de tener alguna conversación adulta con otras mujeres que enfrentan los mismos desafíos de ser madres. Hay otra joven en la cuadra con una niña de dos años que su esposo apenas la abandonó. Creo que estaría interesada en un grupo como este. ¿Quieres iniciar la próxima semana? Si es así, la invitaré a venir conmigo. Ella realmente pudiera beneficiarse de algunas amigas también".

Para el tiempo cuando los números telefónicos se habían intercambiado y dicho los adioses en el estacionamiento del supermercado, Donna estaba planeando la primera reunión. Las tres mamás de la iglesia pudieran darle la bienvenida a esta oportunidad de involucrarse. Un pequeño grupos de mamás no era la forma cómo ella había anticipado un esfuerzo de alcanzar a la comunidad. Pero Dios tenía un plan y todo el asunto se logró naturalmente. ¡Gracias, Dios!

▶ UNA ESTRATEGIA DIVINA

¿Alguna vez te has preguntado sobre la estrategia de Jesús durante su breve ministerio aquí en la tierra? Muchos expertos en relaciones públicas actualmente dicen que Jesús hizo todas las cosas equivocadas. Si ellos hubieran estado en control, Jesús hubiera tenido que enfocar sus energías en grandes eventos tales como la alimentación de los cinco mil donde su impacto se sintiera entre las masas. Hubieran insistido que concentrara su ministerio en los centros de mayor población del Imperio Romano donde hubiera obtenido reconocimiento. Jesús hubiera hecho varios viajes multinacionales demostrando que Él sería el Salvador de todo el mundo. Después de todo, esa es la manera cómo inician las cosas y las prueban en la actualidad.

Pero esa no fue la manera que Jesús escogió. En lugar de grandes multitudes Jesús invirtió la mayor parte de su tiempo de ministerio con individuos y pequeñas reuniones de personas. Raramente se aventuró lejos de los confines rurales de la región de Galilea excepto por viajes anuales con poca frecuencia a Jerusalén. Los centros de poder de Roma y Atenas ni siquiera estuvieron en su lista de destinos. En lugar de amasar grandes seguimientos, Jesús invirtió la mayor parte de su tiempo entrenando un grupo pequeño de 12 hombres que llevarían su mensaje y harían su ministerio después que dejara la tierra. La filosofía del Maestro parece haber sido muy simple, para crecer en grande, tienes que iniciar pequeño.

▶ UN FUNDAMENTO BÍBLICO PARA LOS GRUPOS PEQUEÑOS

Jesús sabía lo que hacía al enfocar sus energías para formar este pequeño grupo de discípulos. Marcos 3:14-15 dice: "Designó a doce, a quienes nombró apóstoles, para que lo acompañaran y para enviarlos a predicar y ejercer autoridad para expulsar demonios". Jesús estaba planeando tomar este grupo diverso con varios temperamentos y moldearlos en una fuerza unida para la tarea y así impactar al mundo entero con su mensaje.

Para lograr esto, el Maestro sabía que necesitaría dedicar mucho tiempo unido con estos 12 hombres. Marcos escribe que Jesús era intencional: "para que lo acompañaran" (v.14). Estos hombres observaron y escucharon a Jesús mientras ministraba y enseñaba. Le preguntaron sobre lo que decía y cómo sanaba. Y en el camino aprendieron a que les importara profundamente las otras personas en el grupo.

Ciertamente no era una colección perfecta de hombres. Murmura-ban entre sí sobre el orden de su relativa importancia en el grupo. En ocasiones les hizo falta la fe básica que su Maestro esperaba. Y cuando Jesús necesitó más su apoyo en oración en el Jardín de Getsemaní, se durmieron. Sin embargo, la noche antes que Jesús fuera crucificado oró en Juan 17: "Ya no voy a estar por más tiempo en el mundo, pero ellos están todavía en el mundo, y yo vuelvo a ti. Padre santo, protége-los con el poder de tu nombre, el nombre que me diste, para que sean uno, lo mismo que nosotros" (v.11). La oración de Jesús fue contesta-da. Este pequeño grupo de individuos diversos, a través del poder del Espíritu Santo, llegó al ser el punto para la expansión del evangelio a través del mundo conocido.

▶ Grupos Pequeños en la Iglesia Primitiva

El nacimiento de la iglesia en el Día de Pentecostés no sucedió por alguna planeación organizacional sagaz. El Espíritu Santo infundió a un grupo de unos 120 individuos con tal poder que tres mil personas respondieron al mensaje de Cristo el primer día. Siendo que no había algún plan organizacional en su lugar, las tareas de nutrir a nuevos cre-yentes y evangelizar a los incrédulos surgieron de la necesidad. George Hunter III dice: "La iglesia primitiva experimentó dos estructuras ne-cesarias y normativas para el movimiento mesiánico. Se reunieron en células (o grupos pequeños) en 'iglesias domésticas'; y los cristianos de una ciudad también se reunieron en una celebración común o con-gregación".[1]

La primera descripción de la iglesia primitiva funcionando se en-cuentra en Hechos 2:42-47. Se comprometieron entre sí a:

- Aprender de la enseñanza de los apóstoles
- Gozar del compañerismo de la comunidad de creyentes
- Recordar la muerte de Cristo a través de una comida de co-munión
- Reunirse para tiempos de oración
- Enfocarse en un propósito común
- Compartir de sus posesiones con otros en necesidad
- Adorar en celebración en el Templo
- Comer informalmente en las casas unos de otros
- Ofrecer acción de gracias y alabanzas a Dios
- Ganar el respeto de la comunidad en grande, y
- Confrontar a los perdidos con el evangelio, resultado en conver-siones

La iglesia de Jerusalén parece naturalmente sentir la verdad que para crecer en grande también tenían que continuar enfocándose en los grupos pequeños de personas dándoles atención a las necesidades de los individuos. Para Hechos 6 esta iglesia local había crecido al punto que algunas viudas que dependían de la iglesia para raciones de alimentos diarios se habían escapado entre las ranuras del sistema y estaban siendo ignoradas. Afortunadamente, la iglesia hizo los ajustes de personal y recursos para responder a esta crisis porque estaban comprometidos al cuidado de los individuos.

▶ EL "MÉTODO" PARA EL MINISTERIO DE JUAN WESLEY

Fue al inicio de la Revolución Industrial que Juan Wesley principió su ministerio a las masas de gente común que no asistía a la iglesia en la Inglaterra del siglo dieciocho. La propia vida de Wesley había sido dramáticamente cambiada por una experiencia personal de fe salvadora en la Calle Aldersgate. Esta conversión lo llevó a compartir su fe de tal manera que otros pudieran gozar lo que él llamó "experiencia sentida por el corazón". La iglesia de Inglaterra en esa época estaba, en el mejor de los casos, espiritualmente tibia. No aprobó los métodos poco ortodoxos de Wesley de predicar a los indeseables de la sociedad en los campos y en las calles. Siendo que Wesley era un estudiante del Nuevo Testamento ahondó en los escritos del apóstol Pablo para encontrar formas de desarrollar a los discípulos de entre gente sin educación a la que estaba alcanzando. Aunque prestó algo de los éxitos de tales grupos como los moravos, el desarrollo de su acercamiento a los grupos pequeños fue singularmente propio.

La pieza central del movimiento metodista de Wesley fue la sociedad, la cual sería comparable al término *congregación* en la actualidad. Las reuniones de la sociedad se enfocaban en el entrenamiento y educación de tal manera que la gente entendiera los métodos de vivir una vida piadosa. En los inicios estas reuniones de las sociedades eran cuidadosamente agendadas de tal manera que no entraran en conflicto con los servicios de la iglesia de Inglaterra, porque Wesley deseaba que fueran leales anglicanos.

Juan Wesley, temprano se llegó a convencer que el desarrollo de los grupos pequeños sería la clave del éxito del nuevo movimiento. La unidad primaria del grupo pequeño era la reunión de clase. Se esperaba que cada metodista fuese parte de una clase. D. Michael Henderson escribe: "La reunión de la clase era la unidad instructora influyente en el metodismo y probablemente la contribución más grande de Wesley a la tecnología de la experiencia de grupo".[2]

A la gente que sinceramente buscaba a Dios se le invitó a unirse a un grupo pequeño especial, llamado banda a prueba, que se enfocaba a aquellos que estaban investigando la fe. Esta gente se quedaba con la banda a prueba hasta que pudiera ser incorporada a la reunión de la clase más tarde. Tom Albin escribe: "En la banda a prueba, encontrabas exactamente la gracia y el poder del sincero buscador que ahora uno encuentra en los grupos de los 12 pasos. ¿Qué se requiere para ser parte de un AA? Tiene que decir: Tengo un problema y necesito ayuda de lo alto".[3] La gente que demostraba fidelidad a la banda de prueba era recomendada a una reunión de clase después de algunos meses.

Las reuniones de las clases eran una olla que unía gente diversa con un propósito común de experimentar la fe personal. Aunque en muchas de las actividades metodistas hombres y mujeres eran separados, las reuniones de clases eran coeducacionales con muchas mujeres tomando papeles de liderazgo. Gente de diferente trasfondo social se sentaba lado a lado en compañerismo. Aun aquellos que de otra forma eran insignificantes en la sociedad podían hablar cuando la clase se reunía. "Al principio, las reuniones de las clases se encontraban en casas, tiendas, salones de clase, áticos e incluso en las minas, dondequiera que había espacio para que 10 o 12 personas se reunieran. Las crónicas del metodismo primitivo documentan historias heroicas de gente piadosa, comprometida con su clase, quienes soportaban grandes acosos, caminaban largas distancias, sufrían asperezas y tenían que aguantar contextos bizarros con el propósito de 'reunirse en clase'".[4]

Aquellos que experimentaban el nuevo nacimiento podían entonces unirse a otro grupo pequeño llamado la banda. Este grupo se enfocaba sobre el crecimiento espiritual y el discipulado en el contexto de confidencialidad. Aunque la clase era abierta para cualquiera, la banda era más homogénea en su composición. Albin nota que en la reunión de las bandas también eran separados por género y estatus marital.[5] En este contexto el nuevo creyente podía aprender a cómo vivir la vida cristiana personalmente como un hombre soltero o una mujer casada entre otros de similar estatus. Las reuniones de las bandas eran más pequeñas que las reuniones de las clases, en general limitadas de cuatro a ocho personas. Este grupo de personas se sentía libre para hacer preguntas penetrantes uno al otro al mismo tiempo que esperaban respuestas honestas y que sondeaban el alma. Los miembros de la banda entendían que el estudio bíblico, la oración y el dar cuentas los unía en el proceso del desarrollo espiritual.

La banda selecta o compañía estaba en la cima de la jerarquía de los grupos pequeños metodistas. "El propósito de este grupo era modelar o ejemplificar aquello de lo de lo que se trataba en el metodismo, especialmente perfeccionar el espíritu humano, y debía proveer experiencia en el entrenamiento de las doctrinas y métodos del metodismo", escribe Henderson.[6]

Cada uno de los grupos pequeños de Wesley servía un propósito específico. De acuerdo a Albin: "El enfoque de la reunión de la clase está en la mente, el enfoque de las reuniones de las bandas en la voluntad, pero el enfoque formativo de la sociedad selecta es el corazón. Los metodistas primitivos verían la sociedad selecta como el equivalente a la adultez espiritual".[7] Wesley incluso desarrolló un grupo pequeño especial, la Banda de Penitentes, para ayudar a aquellos que habían caído de la fe y ahora estaban buscando ser restaurados al compañerismo.

No queda duda que Juan Wesley entendió la importancia de introducir el espíritu del Nuevo Testamento de *koinonia* de la iglesia primitiva a la vida del pequeño grupo de personas en el contexto del siglo dieciocho. Ese concepto continúa siendo significativo para la iglesia en el siglo veintiuno.

▶ DESARROLLOS DEL SIGLO VEITIUNO

Aunque la primera mitad del siglo veinte demuestra algún interés en los grupos pequeños, especialmente YMCA y el Movimiento Voluntario Estudiantil, la Segunda Guerra Mundial llegó a ser un punto crucial. Muchos veteranos del ejército regresaron de la guerra para ingresar a la universidad. En las postrimerías de los 40 y temprano de los cincuenta las organizaciones paraeclesiásticas tales como la Asociación Cristiana InterVarsity, los Navegantes y la Cruzada Estudiantil por Cristo incursionaron en los campus seculares para evangelizar. Los grupos pequeños llegaron a ser una de las herramientas utilizadas por estos grupos para conservar y discipular a los convertidos.

Aunque la iglesia en gran parte ignoró la idea de los grupos pequeños durante los cincuenta, los sesenta y los setenta trajeron un cambio en estrategia. Bruce Larson y Lyman Coleman recordaron a la iglesia que los grupos pequeños eran una parte integral del cristianismo primitivo y necesitaba restaurarse a una posición de importancia. Parte de este renovado interés en grupos pequeños fue una respuesta a algunas voces en la psicología secular quienes estaban enfatizando la necesidad de relaciones interpersonales como un sendero a la salud mental. Muchos grupos pequeños dentro de la iglesia durante este período fueron influenciados tanto por la psicología popular como por la Biblia.

Principiando en los ochenta el movimiento de grupos pequeños se movió a un fundamento más bíblico. Peter Wagner, Carl George y otros en el Movimiento del Iglecrecimiento que se desenvolvía principiaron a ver la conexión entre el uso de los grupos pequeños y el crecimiento correspondiente de una iglesia local.

▶ LOS GRUOPOS PEQUEÑOS ACTUALMENTE

Un nuevo paradigma ha surgido del éxito de los grupos pequeños en la iglesia. Mundialmente, el ejemplo mejor conocido es el de la Iglesia Central del Evangelio Completo Yoido en Seúl, Corea, pastoreada por Paul Yonggi Cho. Hace años el pastor se enfermó y, por necesidad, entregó las funciones del ministerio pastoral cotidiano a los laicos de la iglesia. Después que el Pastor Cho estuvo bien de nuevo, la iglesia continuó funcionando por proveer para la gente a través de los grupos pequeños. Ahora se considera ser la iglesia más grande en la historia del cristianismo con un ministerio de tres cuartos de un millón de personas. El secreto para el ministerio personal en su iglesia es la red de grupos pequeños donde la gente está conectada a una docena más o menos de otros para el cuidado y la contención.

Carl George, en su magistral libro *Prepare Your Church for the Future* (Prepara a tu iglesia para el futuro) acuñó un nuevo término para las iglesia basadas en células, metaiglesia.[8] Una metaiglesia es una iglesia que está hecha de grupos pequeños que funcionan como los ladrillos para el crecimiento. Sólo porque una iglesia tiene algunos grupos pequeños no la hace metaiglesia. El término no se refiere a iglesias de cierto tamaño. Una metaiglesia cree que estructuralmente los grupos pequeños llegan a ser las piedras edificadoras para el ministerio, alcance y cuidado para la iglesia completa. George escribe: "Mi descubrimiento, en pocas palabras, es que el principio organizacional de una Meta-Iglesia permite a la iglesia mantener calidad, no importa qué tanto éxito numérico experimenta".[9]

El desarrollo de un acercamiento de metaiglesia para hacer iglesia verdaderamente es revolucionario. Como William Easum, en su libro *Dancing with Dinosaurs* (Danzando con dinosaurios), atrevidamente declara: "La transición de una congregación basada en programas a una congregación basada en grupos pequeños es el cambio paradigmático más fundamental en la historia del cristianismo estadounidense".[10]

Quizá el mejor ejemplo de una metaiglesia en los Estados Unidos durante la última parte del siglo veinte fue la Iglesia Comunitaria Nueva Esperanza en Portland, Oregón. Bajo el liderazgo del pastor fundador, Dale Galloway, la iglesia creció de sus inicios humildes en un teatro a una iglesia de grupos pequeños, ministrando a una congregación en los miles, hasta más de 600 grupos pequeños. Por ejemplo, los Grupos del Amor Tierno están diseñados para evangelizar, discipular y pastorear a los miembros del grupo. Ochenta por ciento de los miembros de la iglesia nunca habían estado en una iglesia antes de venir a Nueva Esperanza.

El ministerio de grupos pequeños en Nueva Esperanza está basado en Hechos 20:20: "Ustedes saben que no he vacilado en predicarles nada que les fuera de provecho, sino que les he enseñado públicamente y en las casas".[11] Galloway escribe: "Creo que ninguna iglesia con más de 50 miembros puede ser efectiva en el cuidado pastoral sin enlistar y capacitar a los laicos para hacer el trabajo cotidiano de ese cuidado". Argumenta que "la necesidad absoluta del ministerio de grupos pequeños dentro de la iglesia es un concepto que tiene que entenderse e implementarse por los pastores y los líderes de la iglesia si alguna vez equiparemos efectivamente a la iglesia para el ministerio en estos últimos días".[12]

El pastor Rick Warren de la Iglesia Comunitaria del Valle de Saddleback en el Condado Orange, California, ha llegado a ser un nombre familiar para los pastores a través de su libro *Una Iglesia con Propósito*. Para Warren, los grupos pequeños son consistentes con los cinco propósitos de la iglesia de adorar, evangelizar, tener comunión, discipular y servir.

Aunque no estrictamente definiéndose a sí misma como una metaiglesia, Saddleback se ha comprometido fuertemente para involucrar a tanta gente como sea posible en un grupo pequeño. Ellos operan cuatro tipos de grupos para su gente: los grupos comunitarios que se enfocan en el ministerio al grupo, grupos de cuidado para personas que necesitan recuperación o contención, grupos de crecimiento para el discipulado y grupos de misiones que presentan oportunidades para el ministerio.[13] Además, Saddleback ha creado el Estudio Bíblico Faro, grupos pequeños diseñados para encontrarse con buscadores y aquellos con dudas a través de un estudio del Evangelio de Juan.

El pastor Bill Hybels y el equipo pastoral de la Iglesia Comunitaria Willow Creek en la Chicago suburbana se ha comprometido a ser una metaiglesia para satisfacer las necesidades personales de una de las iglesias más grandes de los Estados Unidos. Bill Donahue y Russ Robinson, quienes dirigen el ministerio de grupos pequeños de Willow Creek, escriben: "Willow Creek ha ido de ser una iglesia con grupos pequeños(esto es, grupos pequeños siendo uno de nuestros programas) a ser una iglesia de grupos pequeños. En lugar de 10% a 15% de la congregación conectada a un grupo pequeño, hemos llegado a ser un lugar donde 18,000 individuos están conectados en 2,700 grupos pequeños".[14] Llegar a ser una iglesia de grupos pequeños ha cambiado la forma cómo funciona Willow Creek. El experto en iglecrecimiento George Hunter III observa: "La gente más estratégica en todo el sistema no son el equipo pastoral pagado, sino los líderes de los grupos pequeños. El papel del equipo ha cambiado de primariamente hacer el ministerio a primariamente facilitar los ministerios a los laicos".[15] Los grupos pequeños de Willow Creek están diseñados para crear un sentido personal de comunidad en una iglesia grande. "Lo que toma lugar en cada pequeña comunidad (cada grupo) tiene que producir gente plenamente dedicada a Cristo y a su misión redentora".[16]

Es un error pensar que sólo las iglesias grandes necesitan trabajar para crear un sentido de comunidad. En la más pequeña de las iglesias la gente se puede parar al lado del camino, sin involucrarse, sin comprometerse y sin estar conectada a la vida de la congregación. Aunque los grupos pequeños no son automáticamente la respuesta a los problemas de la pequeña congregación, ellos proveen un cuadro para la compasión, para rendir cuentas y animarse a alimenta a los cristianos crecientes.

▶ INGREDIENTES DE LOS GRUPOS PEQUEÑOS EFECTIVOS

Hace 30 años, la gente no hacía demasiadas preguntas sobre los ingredientes de alimentos preparados en los estantes de los comercios. El nombre al frente era suficiente para decirle al cliente que el paquete contenía salchichas, ejotes o cereal para el desayuno. En la actualidad, la gente consciente de la salud mira la lista de ingredientes en el lado del paquete para ver si los contenidos serán nutritivos para comer.

La hechura de un grupo pequeño también ha llegado a ser muy importante para la gente. Reunir a un grupo de individuos en un cuarto pudiera ser una experiencia positiva o negativa, dependiendo de qué sucede en la reunión. Un grupo pequeño que malgasta su tiempo chismeando, quejándose o condenando puede hacer gran daño a la iglesia y a sí mismo. Por otro lado, una reunión de un grupo pequeño puede hacer un impacto positivo sobre aquellos que asisten.

¿Cuáles son los ingredientes que hacen a los grupos pequeños de ayuda?

• *Compañerismo.* Los estudios han demostrado que una de las razones más importantes por qué la gente se queda con una iglesia particular es que han hecho amigos significativos. Si la gente nueva no ha hecho una conexión personal con otros seis o siete dentro los primeros meses, lo más seguro es que abandonarán el grupo. A la gente le interesa saber que hay otros en un grupo a quien pueden llamar por su nombre, gente con la que pueden estar regularmente. Los grupos pequeños proveen la oportunidad para tener un sentido de comunidad como gente que edifica relaciones unos con otros.

• *Cuidado.* Conocer a la gente inevitablemente lleva a que les importe. Cuando una persona comparte con el grupo que él o ella irá a una entrevista de trabajo la próxima semana, los otros quieren saber cómo resultó la próxima vez que se reúnan. Estás mucho más interesado por la gente que conoces bien. Jesús dijo en Juan 15:13: "Nadie tiene amor más grande que el dar la vida por sus amigos".

En ocasiones un miembro del grupo puede ser el que ofrece el cuidado y en otras ocasiones el que recibe el cuidado. Hace algunos años mi esposa pasó por quimioterapia para combatir el cáncer. He sido un dador de cuidado la mayor parte de mi vida adulta, pero de pronto ambos nos encontramos necesitando el cuidado de otros. Nuestro pequeño grupo oraba por nosotros semanalmente, envió tarjetas e incluso trajo comida. Una persona le prestó a mi esposa una peluca para que usara mientras su cabello volvía a crecer. Descubrimos, en los rostros preocupados y en las acciones de amor de aquella gente que nos cuidaba, una representación del amor de Jesús encarnado en carne humana.

• *Autorevelación.* La mayoría de la gente alimenta el temor que si los otros realmente les conocieran, no les caería muy bien. Como resultado, es fácil construir una armadura exterior que no permite a otros penetrar la imagen que la gente quiere proyectar. Al mismo tiempo queremos intimidad. "Muy profundamente, todos nosotros queremos que la gente sepa quiénes somos, que le importe nuestra historia, nuestro dolor y nuestros sueños".[17]

Una línea de una ceremonia matrimonial favorita dice esto sobre el matrimonio: "El matrimonio provee una unidad que es tan estrecha que nos amamos a pesar de lo que somos. Trae sentido a la vida para ser conocida y amada de todas maneras". Lo que es cierto sobre el matrimonio también es verdad sobre las relaciones dentro del grupo pequeño. La autorevelación realmente es una demostración de confianza y aceptación. Hace posible mostrar a otros su valor personal cuando estamos dispuestos a compartir nuestros fracasos, temores y sueños en la seguridad de una comunidad a la que le importa. Alguien lo llamó "compartir el don de tu necesidad".

• *Hablando la verdad.* Lo que el grupo pequeño le dice a un miembro individual puede tener un impacto significativo. Pablo escribe en Efesios 4:29: "Eviten toda conversación obscena. Por el contrario, que sus palabras contribuyan a la necesaria edificación y sean de bendición para quienes escuchan". Va al motivo de nuestras palabras, a las cuales se dirige anteriormente en el mismo capítulo: *"hablando la verdad en amor"* (v.15, cursivas añadidas).

Hablar la verdad pudiera tomar la forma de animar positivamente. Cuando la gente está escuchando su voz interna de duda propia, necesitan escuchar al grupo decir: "Creemos en ti. Lo vas a hacer. Estaremos a tu lado para ayudarte a tener éxito". En otras ocasiones, hablar la verdad en amor significa amonestar o advertir a alguien en el grupo. Pablo instruye a la iglesia en Colosenses 1:28: "A este Cristo proclamamos, aconsejando y enseñando con toda sabiduría a todos los seres humanos, para presentarlos a todos perfectos en él". Dondequiera que la verdad se dice, el amor tiene que ser el motivo más grande.

• *Rindiendo cuentas.* Cada seguidor de Jesús necesita gente que le pregunta: "¿Estás siendo íntegro, viviendo la vida que profesas?" Los grupos de Wesley fueron instruidos a hacer preguntas muy penetrantes unos a otros, tales como: ¿Qué pecados conocidos has cometido desde nuestra última reunión? ¿Qué tentaciones has encontrado? ¿Tienes alguna cosa que deseas mantener en secreto?[18]

En ocasiones titubeamos en hablar sobre asuntos de las vidas de otros porque tememos que haremos que se enojen, hieran o avergoncemos a la otra persona. "Pero retener la verdad roba a la gente de oportunidades para el crecimiento espiritual. La verdad es el fundamento de cualquier relación auténtica".[19] Proverbios 27:6 dice: "Más confiable es el amigo que hiere que el enemigo que besa". El mantener a la gente responsable realmente es una expresión de amor.

• *Adoración.* Las reuniones de los grupos pequeños proveen una maravillosa oportunidad para encontrar a Dios. Algunos grupos se forman específicamente para estudiar la Biblia. Existen materiales impresos específicamente para el estudio de grupos pequeños, o el grupo puede escoger el viajar a través de un libro de la Biblia utilizando un método inductivo para el estudio bíblico. Roger Elrod sugiere que tal acercamiento necesita poco apoyo a obras de referencia. "Pueden iniciar por *observar* el texto, luego *interpretar* sus observaciones, y, finalmente *aplicar* la verdad que descubren. En un estudio inductivo basamos nuestras interpretaciones sobre observaciones hechas solamente del texto frente a nosotros".[20] También la adoración pudiera incluir oración en grupo, cantar y dar testimonios de la gracia de Dios obrando. Aunque la adoración pudiera beneficiar a los individuos del grupo, el propósito real es traer gloria y honor a Dios.

▶ TIPOS DE GRUPOS PEQUEÑOS

Carl George ha desarrollado una forma para evaluar a los grupos pequeños por lo que desean lograr. Dice: "Cada uno se dirige a cuatro dimensiones del ministerio: amar (cuidado pastoral), aprender (conocimiento bíblico), decidir (administración interna) y hacer (tarea que sirven a aquellos fuera del grupo)".[21] Todos los grupos tienen una mezcla única de estas cuatro dimensiones que ayudan a lograr los propósitos de ese grupo. Los grupos de cuidado dedican la mayor parte de sus energías amándose unos a otros, mientras que los grupos de estudio invierten la mayor parte de su tiempo aprendiendo. Un grupo de ujieres enfatiza el hacer. Un comité o junta puede ser un pequeño grupo con un enfoque sobre decisiones. Sin embargo, cada uno de estos grupos tendrá elementos de las otras tres dimensiones como parte de su dinámica grupal. Algunos tipos específicos de grupos pequeños son:

• *Grupos de mutua contención.* Aunque tengan diferentes nombres, tales como crecimiento, contención o grupos de cuidado, su propósito es promover el desarrollo espiritual de los miembros a través de la oración, el estudio bíblico y la edificación de la comunidad. Estos grupos tienden a enfocarse en los creyentes aunque algunos animarán a los miembros a traer a personas no salvas. Una técnica que seguido se usa es incluir una silla vacía en el círculo como un recordatorio para invitar a una persona necesitada para que venga a la próxima reunión.

• *Grupos de células.* Éstos están diseñados como los bloques de edificación para iglesias que siguen el modelo metaiglesia. Las congregaciones están divididas en células por zonas geográficas o intereses afines. Los grupos celulares pueden funcionar muy parecidos a los grupos de contención mutua. El líder del grupo celular y asistente son responsables del contacto personal y el cuidado pastoral dentro del grupo. Muchas iglesias ahora están utilizando grupos pequeños para proveer una estructura evangelística, de discipulado y ministerial para toda la iglesia.[22]

• *Grupos de Anillo de Cuidado.* El Dr. David Slamp se preocupó sobre un asunto que comparten muchos pastores: "¿Cómo iniciar grupos pequeños cuando ya tenemos clases de escuela dominical?" Mientras servía como director del ministerio de grupos pequeños en una iglesia grande con miles de miembros, Slamp desarrolló un programa llamado Anillo de Cuidado, un acercamiento que unió a los grupos pequeños y las clases de escuela dominical unidas para una mayor efectividad. Notó que la gente que comenzaba a asistir a un grupo pequeño antes de involucrarse en una clase de escuela dominical, cunado lo hacía continuaba asistiendo al grupo pequeño. Además, cuando los nuevos grupos pequeños se formaban ya había una reserva de miembros potenciales en una clase de escuela dominical. Los Anillos de Cuidado de Slamp también proveían un sistema ya edificado de responsabilidad, compañerismo, cuidado y aplicación práctica de las Escrituras, cuando los grupos pequeños estaban conectados a las clases. Las clases de escuela dominical les daban a los líderes del grupo pequeño un contexto apropiado para compartir los valores de los grupos pequeños así como una oportunidad para reclutar para sus propios Anillos de Cuidado.

Los grupos pequeños dentro de las clases de escuela dominical dan el sentido necesario de conexión para aquellos cuyos horarios evitan que asistan a las clases con regularidad. Slamp observa: "Podemos reunirnos temprano en la mañana, en la tarde o mediodía, ustedes escojan. Los Anillos de Cuidado pueden acomodar a aquellos que no pueden llegar a una clase los domingos por la mañana".[23] Para los pastores, no necesita ser un escogimiento de esto o aquello, clases de escuela dominical o grupos pequeños. El acercamiento de Anillo de Cuidado permite a una iglesia tomar ventaja de ambas herramientas para desarrollar una red de relaciones y crecimiento espiritual. Pueden hacerlo mejor de lo que harían una clase de escuela dominical o un grupo pequeño solo.

• *Grupos de integración de escuela dominical.* Tales grupos pueden reunirse los domingos o durante la semana. Pueden utilizar material publicado, discutir el sermón del pastor o estudiar libros de la Biblia. Lo que hace a una clase de escuela dominical en un grupo pequeño tiene menos que ver con la materia que estudian y mucho más con la manera en que interactúan y se cuidan unos a otros.

• *Grupos de recuperación.* Algunos grupos tienden a enfocarse para superar alguna adicción particular, tales como el alcohol o la pornografía, mientras que otros responden a un asunto personal como el ganar peso, divorcio o duelo. A menudo los grupos de adicciones relacionados a la iglesia usan una combinación de la fórmula de los 12 pasos con actividades distintivamente cristianas, tales como la oración y el estudio bíblico. Utilizan la contención mutua de otros con necesidades similares y fomentan la responsabilidad personal. La gente pudiera buscar a los grupos de recuperación porque enfatizan el apoyo del grupo en lugar de la consejería formal para vencer su problema específico. Uno de los programas sobresalientes basados en la iglesia es Celebra la Recuperación, un programa basado en la Biblia, de 12 pasos para problemas tales como la adicción al alcohol, el abuso de las drogas, codependencia, administración de la ira y otros asuntos.[24]

• *Grupos para rendir cuentas.* El propósito de los grupos para rendir cuentas es animar el crecimiento espiritual y el discipulado. La banda selecta de Wesley sería un ejemplo. Los grupos para rendir cuentas en general enfatizan el estudio bíblico a profundidad y otras disciplinas espirituales así como la responsabilidad personal y la preocupación interpersonal.

• *Grupos de ministerios.* En cualquier tiempo que un grupo de personas se unen para hacer alguna tarea específica, pueden formar un grupo pequeño. Tales grupos son de duración corta, tales como un equipo misionero de construcción. Otros, tales como los ujieres, los maestros de escuela dominical, los ministerios a los asilos, y los trabajadores del equipo pastoral, pueden continuar por años. Aunque el enfoque en general es una tarea, la gente que se une para el trabajo puede también proveer ánimo y contención unos a otros.

• *Grupos de alcance.* Muchas iglesias y organizaciones paraeclesiásticas como la Cruzada Estudiantil usan grupos de estudios bíblicos como una forma de enfrentar a la gente no cristiana con las verdades del evangelio. El Estudio Bíblico el Faro de la Comunidad de Saddleback es un ejemplo de gente de la iglesia usando un grupo pequeño para introducir a sus vecinos seculares a la Palabra de Dios en un ambiente neutral de un hogar.

▶ EL TAMAÑO DE LOS GRUPOS PEQUEÑOS

¿Cuánta gente puede cuidar efectivamente una persona que dirige a un grupo? Jetro, el suegro de Moisés, observó que Moisés estaba tratando de enfrentar todas las necesidades de todo el pueblo de Israel por sí mismo. Y estaba agotado por hacerlo. La solución de Jetro fue brillante en su sencillez: "Elige tú mismo entre el pueblo hombres capaces y temerosos de Dios, que amen la verdad y aborrezcan las ganancias mal habidas, y desígnalos jefes de mil, de cien, de cincuenta y de diez personas" (Éxodo 18:21).

El principio aquí es simple: una persona puede personalmente tratar efectivamente con un máximo de cinco a diez personas. Los supervisores pueden dar dirección a no más de 10 líderes. Los hospitales han descubierto que las enfermeras pueden trabajar eficientemente con cuatro pacientes que están enfermos. Las enfermeras tienen que ofrecen cuidado primario a siete o más pacientes no pueden observar los cambios sutiles en un individuo que pudiera hacer la diferente entre la recuperación y la muerte. Los programas más exitosos de grupos pequeños tratan de limitar el tamaño de un grupo a no más de 12 o 16 personas. Cuando los grupos alcanzan ese tamaño, los líderes o los dividen o crean nuevos grupos.

Equipar a los líderes de grupos pequeños para que sean efectivos es absolutamente esencial. Dale Galloway agenda fines de semana de entrenamiento de líderes tres o cuatro veces en el año en preparación para desarrollar nuevos grupos. Muchas iglesias entrenan nuevos líderes de grupos con experiencia práctica en el trabajo pidiendoles que sirvan primero como asistentes al líder de un grupo existente antes de dirigir su propio grupo.

▶ LA ESTRUCTURA DEL GRUPO PEQUEÑO

Es importante no sólo entrenar a los líderes de los grupos pequeños sino también crear una estructura que supervise y apoye a aquellos que dirigen. Sin la supervisión y ánimo los líderes de los grupos pequeños se pueden sentir aislados y olvidados. Utilizando el principio de Jetro, los supervisores o entrenadores pueden efectivamente trabajar con cinco a 10 líderes.

Donahue y Robinson describen el papel del entrenador de Willow Cree como triple: (1) reunirse con todos sus líderes de grupos para desarrollar habilidades de liderazgo, (2) visitar a los grupos pequeños para animarles y dar sugerencias, y (3) pasar tiempo uno a uno con cada líder para animar el desarrollo espiritual. Ellos escriben: "Los entrenadores son primariamente amantes de líderes... Un líder que es amado es un líder que responderá a la corrección o entrenamiento".[25] Desarrollar supervisores-entrenadores es uno de los factores más significativos para desarrollar un ministerio exitoso de grupos pequeños en una iglesia local. William Easum cita a Carl George diciendo que "la meta-matemáticas va algo así. Si puedes dividirlos por 10, llevará a decenas de miles; pero si lo divides por centeneras, se sofocará con miles".[26] Un grupo de una docena más o menos de personas que se cuidan unos a otros por su preocupación y ánimo pueden proveer el 90 por ciento de apoyo en necesidades individuales para sobrevivir y crecer como cristianos.

▶ LOS GRUPOS PEQUEÑOS PUEDEN HACER UNA
GRAN DIFERENCIA

Hace un siglo en los Estados Unidos, la gente se sentaba frente a sus patios o escaleras y visitaban con vecinos que caminaban por las aceras o caminos. La mayoría de la gente tenía al menos algún miembro de su familia viviendo cerca a quién podía recurrir si ocurría alguna crisis. La iglesia y la escuela eran centros de actividad social para la comunidad. Los campesinos se apoyaban unos a otros para cosechar o edificar un granero cuando había alguna necesidad.

Hoy, vivimos en un aislamiento relativo. La gente viaja hombro a hombro en los metros y autobuses, haciendo todo lo posible para no reconocerse uno al otro. La violencia citadina ha corrido a la gente de sus patios a la seguridad de sus casas. Mucha gente se sentiría presionada si tuvieran que dar sus nombres a los vecinos en ambos lados de sus moradas. Cuando entramos a un banco o a una oficina gubernamental, nuestra identidad es un número escrito en una computadora o que se lee de una tarjeta con un escáner. La gente desesperadamente quiere saber que existe alguien más allá afuera a quien le importa. Quieren un sentido de comunidad, aun si no pueden darle un nombre.

Muchas iglesias han descubierto que el concepto del Nuevo Testamento de creyentes reuniéndose en casas repentinamente es relevante para el siglo veintiuno. Sin embargo, no toda iglesia aplaude la idea como ayuda. Algunas iglesias no están dispuestas a cambiar los métodos de su pasado. Otros temen que las reuniones de los grupos fuera de la iglesia pudieran sembrar semillas de descontento y causar divisiones de la iglesia. Si la gente se segrega a sí misma de los otros, pudieran desarrollar grupos cerrados y herir la unidad de la iglesia. Hay pastores que titubean liberar algún cuidado pastoral porque sienten que ellos han sido llamados para hacer todo el pastoreo por sí mismos. Y algunos pastores ven el ministerio de los grupos pequeños como sólo un programa más que tienen que dirigir con una agenda que ya está sobrecargada.

Es injusta y no es realista creer que desarrollar un ministerio de grupos pequeños resolverá todos los problemas que la iglesia enfrenta. De hecho, un programa exitoso de grupos pequeños pudiera crear todo un nuevo grupo de problemas que viene cuando una iglesia experimenta crecimiento. No existe pregunta que los grupos pequeños que estudian las Escrituras, oran, se aman unos a otros y ministran a otros hará una diferencia en las vidas de los individuos que participan y en su iglesia local. Como Donahue y Robinson notan: "Una iglesia edificada sobre grupos pequeños llegará a ser una comunidad que puede alcanzar una comunidad más amplia. Esta es la voluntad de Dios para su gente. Este es nuestro privilegio como líderes. Vale la pena entregarnos a nosotros mismos a una vida a la vez".[27]

▶ PREGUNTAS PARA LA REFLEXIÓN

▷   ¿Cuál piensa que es la razón para la necesidad de grupos pequeños como parte de una iglesia local?

▷   ¿Cuáles son los obstáculos más grandes para implementar un ministerio de grupos pequeños en una iglesia con una asistencia de 75 ó 100 o en una iglesia con 300 personas de asistencia?

▷   ¿Cuáles serían las características que buscaría para seleccionar a las personas para que sean líderes de grupos pequeños? ¿Entrenadores de líderes de grupos pequeños?

UNIDAD 2

LAS FUNCIONES DEL CUIDADO PASTORAL

EL CUIDADO PASTORAL COMO PASTOREO

Joe Franklin había estado en su primera asignación como pastor aso-
ciado de música y adoración por tres semanas cuando Roberta pasaba por
su oficina. Joe había llegado a conocerla porque ella tocaba el piano para
los servicios de la iglesia. Era obvio por su semblante que estaba molesta
y quería hablar. Después de un momento Roberta le compartió a Joe su
preocupación por la familia que vivía al lado de su casa. Había tenido un
accidente y Amy, una niña de cuatro años, se había quebrado un brazo y
sufrido una conmoción cerebral. Roberta había cuidado a la niña varias
veces y se había apegado mucho a ella porque no tenía nietos. "Siento como
si ellos fueran mi familia", dijo Roberta. "Amy pudo haber muerto, y hasta
donde yo sé, ellos no conocen al Señor. ¿Qué podemos hacer para ayudarles?"

Siendo tan novato en su primer trabajo en la iglesia, Joe no había enfren-
tado una situación ministerial parecida a ésta, pero Roberta había buscado
su ayuda. Después que oraron juntos por Amy y la familia, comenzaron a
discutir qué se podría hacer. Quedó claro que Roberta quería entregar la res-
ponsabilidad a Joe porque ella no se sentía calificada para ayudar. Pero Joe
reconocía la preocupación y compasión que Roberta tenía por la familia. Fi-
nalmente dijo: "¿Por qué no trabajamos unidos para ayudar a esta familia?"

Roberta estaba al principio aprensiva que Joe le pidiera que se in-
volucrara en lo que ella pensaba era un trabajo del pastor, pero aceptó
tratar. Joe la encontró en el hospital y Roberta estaba feliz al descubrir
que Amy no estaba tan seriamente lastimada como los primeros reportes
habían indicado. Durante los siguientes días Roberta visitó a Amy y a sus
padres en la cama del hospital. Luego, cuando Amy se fue a casa, Roberta
se ofreció de voluntaria para quedarse con ella mientras su madre traba-
jaba. Seis semanas más tarde en el servicio de adoración de la mañana Joe
se sorprendió al ver a Roberta dirigir a Amy y a su familia a los asientos
enfrente en el santuario. Cuando se iban después del servicio, Roberta le
susurró al Pastor Joe: "Gracias por ayudarme para que me diera cuenta
que podía hacer algo para ministrar a Amy y a sus padres. Siempre había
pensado que sólo los pastores podían hacer estas cosas. Si sabe de algunas
otras personas que necesiten atención personal como ésta, déjeme saber".

▶ ¿UN PASTOR EN EL SIGLO VEITIUNO?

Cuando crecía de niño en la iglesia, sabía que a mediados de noviembre los maestros de escuela dominical iniciaban su reclutamiento de personas en nuestra clase para el programa anual de navidad.
Tenían sentimientos mixtos sobre esto. Todos sabíamos que al final

del programa recibiríamos una bolsa llena con dulces, chocolates y nueces. La parte mala era darse cuenta que teníamos que participar en el programa para ganarnos los dulces. A algunos se les pedía que cantaran mientras otros memorizaban poemas. Un elemento del programa de cada año era una actuación de la historia de Lucas de la primera navidad. Los papeles que se querían mucho era el de María, José y el ángel Gabriel porque se los daban a los niños brillantes y talentosos. Finalmente, después que todas las otras partes habían sido asignadas, los niños que quedaban eran escogidos para el papel al mero final del orden dramático, los pastores.

Todos sabían que no tenías que ser muy brillante para desempeñar el papel de un pastor. Los pastores solían ser conducidos a la plataforma en el momento adecuado por un profesor de una habitación de al lado. Alguien había trabajado duramente para hacer los trajes de María y José. A los pastores se les relegaba a usar la ropa desgastada de la gente, batas viejas de gran tamaño. Las estrellas de la actuación decían cosas. Los pastores se sentaban o se arrodillaban enfrente del pesebre con los ojos fijos en el muñeco que alguna niña había donado y al que le faltaba un brazo. ¿Quién en su cinco sentidos querría quedarse atorado con el papel de un pastor?

Mi idea de ser pastor también sufrió por razón de las imágenes que vi mientras crecía. Especialmente recuerdo un cuadro colgado en el salón de clases de los tiempos de secundaria. Mostraba a Jesús cargando un cordero en sus brazos mientras dirigía un rebaño de ovejas. Se veía muy afeminado, con largos mechones ondulados, color café, con una túnica fluyendo hecha de material que brillaba como seda y se veía como que no soportaría un día de trabajo en el campo. Cantábamos "Quiero Ser Como Cristo", pero esperaba que Jesús no me pidiera que me viera y vistiera así. Y luego, como un joven de 14 años, me llamó al ministerio. Dije sí a ser pastor, pero bien pudiera haber no aceptado si hubiera sabido que el llamado incluía ser pastor del pueblo de Dios.

▶ IMÁGENES DE PASTOREO EN EL ANTIGUO TESTAMENTO

Dos de los más reverenciados líderes en la historia de Israel invirtieron tiempo significativo como pastores. Moisés, mientras vivía en el palacio de Faraón, estuvo expuesto al mejor entrenamiento de liderazgo que Egipto podía proveer en ese tiempo. Sin embargo aprendió las habilidades prácticas de cuidar, nutrir y a sobrevivir en el desierto mientras atendía las ovejas de su suegro en una tierra remota y árida de Madián.

Los muchos años de experiencia práctica de Moisés en el desierto le vinieron muy a la mano cuando Dios lo llamó para que regresara a Egipto para dirigir a Israel a través de los alrededores similares.

Cuando Dios quería un nuevo rey que tomara el lugar de Saúl, envió a Samuel a la casa de Isaí en el pueblo de Belén. Después que Dios había rechazado a los hijos mayores, más altos, más fuertes, Samuel le preguntó a Isaí si tenía más hijos. El hijo más joven de Isaí, David, estaba en el campo cuidando el rebaño de ovejas de la familia. Dios no miraba la apariencia externa que el nuevo rey pudiera exhibir. Miraba el corazón. Sólo uno que estuviera dispuesto a arriesgar su propia vida para proteger las ovejas en contra de un león o un oso sería valiente lo suficiente para unir a la nación. Sólo a uno que estuviera dispuesto a servir humildemente a las ovejas se le podía confiar la responsabilidad de dirigir la nación de Israel. De acuerdo al Salmo 78:70-72, Dios "Escogió a su siervo David, al que sacó de los apriscos de las ovejas, y lo quitó de andar arreando los rebaños para que fuera el *pastor de Jacob, su pueblo; el pastor de Israel, su herencia. Y David los pastoreó con corazón sincero; con mano experta los dirigió". En su inauguración el pueblo de Israel desafió a David: "Ya desde antes, cuando Saúl era rey, usted dirigía a Israel en sus campañas. Además, el Señor su Dios le dijo a su majestad: "Tú guiarás a mi pueblo Israel y lo gobernarás" (1 Crónicas 11:2).

David era un hombre de acuerdo al corazón de Dios. Su tiempo como rey fue conocido como la Era de Oro de Israel. Aun cuando su vida más tarde se vio empañada por el fracaso pecaminoso, el pueblo judío consideró a David, el joven pastor de antaño, el más grande de los reyes que jamás rigió Israel.

Durante el tiempo de los profetas, el término *pastor* con frecuencia se usa para describir los reyes ideales del Antiguo Testamento. Los profetas desafiaron a los reyes a gobernar con fidelidad sobre el pueblo de Dios. No hubo un llamado más alto que el cuidado para el pueblo de la nación con compasión e integridad.

William Barclay, en su Comentario del Nuevo Testamento, describe el equipo de un pastor en tiempos bíblicos. Casi cada pastor tenía una bolsa hecha de piel de animal llena de alimentos, que llama *un resguardo provisional* (bolsa); su *honda*, que se utilizaba para proteger a las ovejas; un cayado, que era un palo corto para alejar a los intrusos; y una *vara*, ese palo largo familiar con un gancho en un lado que se podía utilizar para rescatar a una oveja en emergencia. Durante los tiempos cuando la Biblia se estaba escribiendo, se criaban las ovejas, no tanto para comérselas sino para proveer el vellocino que se podía hacer en lana. Como las ovejas se mantenían por mucho tiempo, muy a menudo el pastor les ponía nombres y hablaba con ellas con una voz cantada que las ovejas podían reconocer.[1]

La gente ha convertido el Salmo 23 en uno de sus pasajes favoritos de la Escritura por las imágenes confortantes de Dios como un Pastor de ovejas. Estas son características maravillosas para el ministerio pastoral en la actualidad.

• *Alimentar. Versículo 2 dice:* "En verdes pastos me hace descansar". Junto a tranquilas aguas me conduce". Una de las mayores responsabilidades de cualquier pastor es asegurarse que las ovejas tienen suficiente alimento y agua. Cualquier pastor digno del nombre predicará y enseñará la Palabra de Dios de tal manera que el rebaño crezca espiritualmente. "En cambio, el alimento sólido es para los adultos, para los que tienen la capacidad de distinguir entre lo bueno y lo malo" (Hebreos 5:14).

• *Restaurar.* Versículo 3 dice: "Me infunde nuevas fuerzas". El pastor espiritual levanta a las ovejas cuando han caído. Animan a aquellos que están deprimidos y desanimados. A aquellos que están cansados les ofrecen la oportunidad de descansar. Los pastores son sensibles a las necesidades personales de las ovejas, sabiendo cuando animar y cuando desafiar al pueblo a seguir adelante.

• *Proteger.* Versículo 4 dice: "Tu vara de pastor me reconforta". Los pastores demuestran gran preocupación por el bienestar del rebaño. Satanás está trabajando para destruir a la gente, y el pastor utiliza el arsenal completo de las armas espirituales para evitar que cada persona caiga de la fe. David Wiersbe dice: "Junto a enseñar lo que es correcto, tenemos que alertar a las ovejas de lo que está equivocado para prevenirles de caer presa de proveedores de las religiones no cristianas".[2]

• *Sanar.* Versículo 5 dice: "Has ungido con perfume mi cabeza; has llenado mi copa a rebosar". Un pastor, cuando unge a una persona con aceite, simbólicamente trae la presencia del Espíritu Santo para ejercer sobre sus heridas físicas o emocionales. Piensa de Santiago 5:15: "La oración de fe sanará al enfermo y el Señor lo levantará". Es un privilegio para cualquier pastor ser un instrumento de sanidad de la presencia de Dios en cualquier situación donde hay heridas.

• *Nutrir.* Isaías 40:11 dice: "Como un pastor que cuida su rebaño, recoge los corderos en sus brazos; los lleva junto a su pecho, y guía con cuidado a las recién paridas". Aunque no es una parte del Salmo 23, este versículo provee una imagen adicional de la compasión pastoral, motivada por un corazón de amor. Las ovejas son seres únicos, con necesidades individuales. Mientras una corporación, al final de cuentas, puede estar interesada en las ganancias, los pastores están en el negocio de personas. Aunque la iglesia está formada por individuos que forman el Cuerpo de Cristo, cada persona dentro del Cuerpo tiene diferentes dones y talentos. Jesús dijo en Lucas 15 que una sola oveja tiene valor porque, si una se ha perdido, un pastor inicia una búsqueda profunda total para recuperar esa oveja.

▶ Imágenes de Pastoreo en el Nuevo Testamento

Jesús desarrolla algunas imágenes interesantes de sí mismo en los pasajes "Yo soy" en el Evangelio de Juan. Dice de sí mismo: Yo soy... "el pan de vida" (6:35), "la luz del mundo" (8:12), "la puerta de las ovejas" (10:7), "la resurrección y la vida" (11:25), "el camino, la verdad y la vida" (14:6), y "la vid verdadera" (15:1). Todas estas descripciones son únicas a la divinidad de Jesús. Sin embargo, existe una figura del lenguaje que tiene aplicación para los pastores en la actualidad: Jesús atrevidamente se identifica en Juan 10:11 como "el buen pastor".

De hecho, Juan 10:1-18 nos da una descripción detallada de los labios de Jesús, describiéndose a sí mismo como el modelo para aquellos que serán pastores en su nombre. He aquí algunas de las adiciones del Nuevo Testamento a las cualidades de pastorear en los Salmos y en cualquier otra parte.

• *Conocer.* Juan 10:3 dice: "Llama por nombre a las ovejas". Nada es más valioso que saber el nombre de una persona. Un nombre habla a la identidad central de una persona. La gente tiene una necesidad básica de ser conocida por alguien más. Obviamente, en una iglesia grande, el pastor no puede conocer a cada uno por nombre. Pero es la responsabilidad del pastor como pastor, asegurarse que alguien conoce y cuida personalmente a cada individuo.

• *Dirigir.* Juan 10:3-4 dice: "Y las saca... va delante de ellas". Los pastores dirigen a las ovejas. No dejan que las ovejas simplemente vaguen sin propósito. Así como los pastores ofrecen dirección al rebaño para alimento y protección, el pastor de una iglesia ofrece liderazgo para nutrir, crecer y desarrollar a la congregación. Los pastores dirigen al frente, nunca empujan al rebaño. Dirigir a la iglesia requiere modelaje, no presión o manipulación.

• *Vulnerabilidad.* Juan 10:14 dice: "Conozco a mis ovejas, y ellas me conocen a mí". Un pastor necesita ser transparente lo suficiente para que la congregación pueda conocer el carácter personal de su líder. La habilidad de dirigir a una congregación principia con un pastor que se gana la confianza de sus seguidores. La gente es lenta para tener confianza en un pastor que no conocen. Toma valor para un pastor permitir a la gente ver cómo la gracia de Dios está personalmente obrando en su vida. Sin embargo, sólo cuando ellos entienden el carácter interno de su pastor verán a su líder como alguien a quien pueden seguir.

• *Servir al rebaño.* Juan 10:11 dice: "El buen pastor da su vida por las ovejas". Jesús dice en el siguiente versículo que las manos asalariadas no son verdaderos pastores porque corren cuando las cosas se ponen difíciles. Los pastores se dan cuenta del valor personal de las ovejas y harán casi cualquier cosa por el bien del rebaño. La meta del verdadero pastor no es el éxito personal sino, al final de cuentas, escuchar la voz de Dios diciendo: "Bien hecho, buen y fiel siervo". Jesús no vino para ser servido, sino para servir y dar su vida por las ovejas.

• *Dar la bienvenida.* Juan 10:16 dice: "Tengo otras ovejas que no son de este redil, y también a ellas debo traerlas". La invitación de Jesús fue más allá de los discípulos judíos que escuchaban. Le dio la bienvenida al mundo gentil que sería impactado en unos cuantos años por la iglesia creciente. Los pastores resisten la noción que el redil está fuera del alcance de los de afuera que les gustaría entrar. Es tan fácil enfatizar la unidad y comunidad hasta el punto que la gente no quiera invitar a nadie más a la santa reunión que han creado. Los pastores tienen pasión para alcanzar a los no salvos de la comunidad, así como alcanzar a las culturas de más allá, a personas que escucharán la voz de Dios y responderán a la maravillosa invitación a venir y ser parte del rebaño de Dios.

• *Cooperar.* Juan 10:16 dice: "Habrá un solo rebaño y un solo pastor". Un pastor debe darse cuenta que la iglesia que él o ella pastorea es sólo una pequeña parte de la iglesia universal más grande de Jesucristo. El reino de Dios es mucho más grande que una iglesia o incluso una denominación. Los pastores trabajan para traer unidad al Cuerpo de Cristo, local y universalmente. En ocasiones los pastores pudieran ser llamados a ayudar a gente que jamás será parte de su congregación local. Es suficiente saber que Dios ve a su rebaño como uno, y sus pastores son llamados para cuidar a todo su pueblo.

Existen otras dos cualidades pastorales que se encuentran en otras partes del Nuevo Testamento:

• *Equipar.* Hebreos 13:20-21 dice: "El Dios que da la paz levantó de entre los muertos al gran Pastor de las ovejas, a nuestro Señor Jesucristo, por la sangre del pacto eterno. Que él los capacite en todo lo bueno para hacer su voluntad". Los pastores son los instrumentos que el Gran Pastor utiliza para equipar al rebaño a llevar a cabo la obra que Dios le ha dado a la iglesia, de acuerdo a Efesios 4:11-16.

• *Modelar.* 1 Pedro 5:2-3 dice: "Cuiden como pastores el rebaño de Dios... no sean tiranos con los que están a su cuidado, sino sean ejemplos para el rebaño". Este es un lugar donde la metáfora de pastor se quiebra. En la vida de la iglesia, el pastor no es una especie diferente de las ovejas. El pastor también es una oveja. Pablo mismo demostró cómo los pastores modelan el estilo de vida de fe cuando dijo: "Imítenme a mí, como yo imito a Cristo" (1 Corintios 11:1).

Usando a Jesús como el modelo para el cuidado pastoral puede ser un poco abrumador a primera vista. ¿Puede alguien que sigue el llamado de Cristo esperar cumplir todas las características enlistadas arriba de la manera cómo Jesús las vivió? Probablemente no. Algunas cosas vendrán naturalmente mientras que otros aspectos requerirán más esfuerzo. Quizá porque el modelo Jesús fue tan asombroso, la iglesia en la última mitad del siglo se ha ido en búsqueda de un modelo diferente para el ministerio.

▶ UTILIZANDO EL MODELO EQUIVOCADO

En su discerniente libro *Escape from Chruch, Inc.: The Return of the Pastor-Shepherd* (Escape de la iglesia, Inc.: El retorno del pastor), E. Glenn Wagner declara el problema muy claro: "Durante las últimas décadas nosotros en la iglesia hemos estados muy ocupados creando, no comunidades, sino corporaciones ¡y hay una vasta diferencia!"[3]

Sigue contrastando el énfasis corporativo (programas, productos, dinero, números, organización, administración y línea de fondo) con lo que debería ser el énfasis de la iglesia (edificación comunitaria, relaciones, ministerio, intimidad, compasión, ser mentores y dar ánimo). Wagner entonces pregunta: "¿En dónde nos perdimos? ¿Cómo fue que terminamos atándonos a un modelo que ve a la iglesia más como una corporación que una comunidad de fe? ¿Cuándo iniciamos a entrenar a ejecutivos en lugar de pastores?"[4]

Parte del problema se ha desarrollado por un deseo sincero de ver a la iglesia local crecer y llegar a ser una fuerza efectiva en el mundo. Muchos pastores se han vendido a la idea que existe mucho que aprender sobre cómo manejar la iglesia de los gurúes del liderazgo del mundo secular. Si la iglesia sólo llegara a ser más organizada y estructurada para el éxito, no podría hacer otra cosa que crecer. Hay principios de liderazgo que los líderes del comercio pueden enseñarnos en el ministerio. El hacer estrategias y planificación tiene un lugar en la iglesia. Pero, ¿usar el modelo ejecutivo es la mejor manera de aprender sobre pastorear?

Obviamente, la persona más importante para implementar y dirigir el modelo corporativo en la iglesia es el oficial ejecutivo principal. Sin embargo, para muchos en el ministerio pastoral este modelo ejecutivo no ha traído un sentido de satisfacción. El número de pastores que dejan sus posiciones por agotamiento y desilusión está aumentando. Joseph Stowell, previo presidente del Instituto Bíblico Moody, dice: "Quizá hemos tomado más el modelo corporativo de liderazgo y hemos impuesto eso al ministerio pastoral, como si Jack Welch (previo presidente de General Electric) fuese el pastor Premium en Estados Unidos. Pienso que eso está creando niveles profundos de frustración para los pastores en Estados Unidos en la actualidad. No pueden vivir a ese estándar".[5]

Muchos pastores están frustrados en el ministerio porque dirigir a una organización no fue a lo que Dios les llamó. Ahora, no hay nada malo con tener una estructura organizacional de tal manera que la iglesia pueda utilizar sus recursos limitados con eficiencia. Guste o no, la administración es una parte necesaria del papel pastoral. Pero fundamentalmente una iglesia es una comunidad de personas, no una corporación que responde a sus inversionistas. La gente no quiere pensar de sí misma como un nombre en una lista de membresía o una abeja trabajadora ocupada en la colmena. Quieren sentir que pertenecen a una familia de creyentes donde alguien conoce sus nombres y les importa saber qué sucede en sus vidas. Sea que los miembros de la iglesia son llamados una familia o un rebaño, todos necesitan un pastor que se asegure que cada persona se siente cuidada y necesitada.

▶ EVITANDO EL MODELO POR COMPLETO

Algunos pastores se han alejado del tema pastoral, diciendo que es una secuela de una época más sencilla de hace mucho tiempo. La gente hoy es demasiada sofisticada y ocupada como para querer que alguien los pastoree. En realidad, lo contrario es verdad.

Como cultura nos hemos alejado de un sentido de comunidad donde la gente conocía a sus vecinos y se ayudaban unos a otros. Los miembros de la familia muy a menudo están separados unos de otros por miles de kilómetros. La gente trabaja en oficinas y en otros lugares de trabajo, aislados en cubículos y divisores, trabajando en su propio ambiente privado. En casa, la gente navega el espacio cibernético en búsqueda de algún tipo de conexión virtual. La socióloga Linda Wilcox escribe de su preocupación en esta área: "El Instituto Stanford para el Estudio Cuantitativo de la Sociedad descubrió que uno de cada siete usuarios en línea está en peligro de perder contacto con los 'seres humanos reales'. Los investigadores en Carnegie Mellon examinaron los usuarios de la Red en Pittsburgh por dos años y descubrieron que los usuarios frecuentes estaban más propensos a deprimirse".[6]

En la separación y soledad de nuestro mundo presente, la gente está desesperada por algún sentido de comunidad. Pero aun los programas reales que aparecen en televisión y que tratan de explorar los sentimientos humanos internos de los participantes fracasan en ayudar a la gente a realmente conectarse con otros.

Quizá el concepto de pastorear no es suficientemente moderno para la gente del siglo veintiuno. Glenn Wagner piensa que "muchos occidentales rechazan el modelo pastoral porque lo consideran primitivo, fuera de moda y poco sofisticado".[7] Estas personas están en busca de un nuevo enfoque vanguardista, una manera de pastorear en la que nadie ha pensado antes. Sin embargo, las verdades bíblicas sobre la gente no están fuera de moda o son pasajeras sino eternas en su visión. Pastorear todavía funciona porque la gente necesita a alguien que los conozca y los cuide.

Hay pastores que rechazan el modelo pastoral porque creen que limita el potencial de crecimiento de la iglesia. Esto es verdad si uno cree que el pastor tiene que hacer todo el pastoreo. Un pastor que hace todo el trabajo pastoral en una iglesia local no será capaz de ministrar efectivamente a más de cien personas. Sin embargo, la Biblia jamás dice que el pastor tiene que hacer todo el cuidado en una iglesia. El capítulo 4 claramente desarrolla la propuesta para el cuidado pastoral o pastoreo. Efesios 4:11-12, el único pasaje bíblico en usar la palabra pastor, nos informa que ellos deben "preparar al pueblo de Dios para la obra del servicio".

▶ PASTOREAR ES UN ESTADO DE LA MENTE

¿Cómo, un pastor de una congregación grande, funciona como pastor cuando las necesidades de las personas están más allá del alcance de lo que cualquier persona puede posiblemente satisfacer? La respuesta es doble.

Primero, el pastor tiene la responsabilidad total para ver que cada persona del rebaño reciba el cuidado personal. Por ejemplo, un granjero que opera una granja no puede ordeñar personalmente y alimentar a cada vaca en la manada. Un buen granjero será responsable en asegurarse, a través de los trabajadores en la granja, que cada vaca sea ordeñada, alimentada y cuidada. Los pastores trabajan para crear y mantener un fuerte sentido de comunidad en la iglesia de tal manera que cada miembro se sienta necesitado y conectado.

Segundo, aunque los pastores no pueden hacer todo el trabajo de pastorear, tienen que mantener el corazón de un pastor. Jesús miró a Jerusalén y lloró porque la gente estaba perdida, como ovejas que no tenían pastor. Ni se tiene que mencionar que para ser un pastor tienes que caminar con las ovejas y tener una preocupación por sus necesidades.

Existe una tensión para un pastor entre ser pastor o siervo, mientras que a la misma vez asume el papel necesario como líder de la iglesia. El pastor puede dedicar todo su tiempo disponible llevando a feligreses individualmente al hospital o al mercado e ignorar el trabajo necesario de preparación del sermón para alimentar al rebaño completo. ¿Qué de la responsabilidad del pastor de cuidarse a sí mismo y e invertir tiempo con su familia. El Pastor Leith Anderson, en una entrevista en la revista Leadership sobre la doble tarea de servir y dirigir del pastor, comparte tres directrices personales:

1. Sirva a la mayor cantidad en lugar de la mayor necesidad. Si puede servir a 100 personas o a una que parece tener la necesidad más grande, como regla, sirva a la mayor cantidad. *2. Dé prioridad a lo básico.* Para los pastores (eso significa) el sermón de la siguiente semana y la oración e ir a las reuniones de la junta y del equipo pastoral y tener tiempo regular y tener márgenes disponibles para una crisis no anticipada. *3. Esté consciente de sus limitaciones.* En ocasiones pensamos: *soy un siervo de todos, por tanto tengo que servir a todos los que me lo pidan*, cuando en realidad pudiera estar haciendo más daño que bien por tratar de servir más allá de su capacidad.[8]

▶ PASTOREAR ES UN TRABAJO ARDUO

Los pastores escuchaban el mismo chascarrillo trillado una y otra vez de la gente que piensa que ellos son más inteligentes. "Ser pastor tiene que ser un gran trabajo. Después de todo, sólo tienes que trabajar una hora a la semana". La verdad es, ser el pastor de una iglesia es un trabajo de tiempo completo, aun para aquellos que necesitan ser bivocacionales con el propósito de proveer para sus necesidades financieras. Y el trabajo es agotador.

Un estudio reciente del grupo ministerial protestante en Estados Unidos indicó que el promedio de los pastores de tiempo completo trabaja 46 horas por semanae invierte cerca de nueve de ellas haciendo el cuidado pastoral. La única categoría que tomó más tiempo (15 horas a la semana) era la predicación y la adoración, que incluía tiempo de preparación.[9] Otras encuestas enlistan el horario de trabajo del pastor promedio más de 60 horas semanalmente. Los pastores modernos del rebaño de Dios ciertamente sienten el agotamiento emocional que viene de ayudar a la gente.

En Lucas 8 Jesús está en su camino para sanar a la hija de Jairo cuando de repente se detiene y pregunta quién le tocó. En un sentido era una pregunta absurda porque había gente en todas partes empujando para ver al Maestro. El versículo 46 dice: "No, alguien me ha tocado le 'dijo Jesús'; yo sé que de mí ha salido poder".

Cuando las personas están en necesidad, ellos toman energía emocional de la persona que les ayuda. Los pastores espirituales pasan el día siendo tocados por la gente y libremente regalan esa energía emocional. Con el pasar del tiempo el mismo acto de servir a otros, especialmente en circunstancias difíciles, pueden mermar los recursos emocionales y físicos del pastor hasta el punto del agotamiento.

Pastorear es difícil porque cuidar a la gente puede ser doloroso. Los pastores pueden ofrecer lo mejor para ayudar a una persona que lo malinterpretará y se volverá en contra del pastor mordiendo la mano que lo ayuda. Un pastor puede invertir tiempo y energía emocional en un individuo sólo para ver que esa persona se va a otra iglesia que parece ofrecerle un "mejor trato". Glenn Wagner observa: "No todas las ovejas son amables, no todas las ovejas traen gozo. Algunas pellizcan nuestros talones y golpean cuando les damos las espaldas, no sólo una vez sino año tras año".[10] Personalmente, he descubierto que las heridas más profundas, los daños más dolorosos como pastor, vinieron no del mundo de fuera, sino de la gente de la congregación durante el proceso de tratar de pastorearlos. Quizá la herida es más grande porque, mientras los pastores esperan los ataques de Satanás, no están preparados cuando el pueblo de Dios los rasga cuando ellos vienen a su pueblo como pastores vulnerables, con manos abiertas.

Pastorear en el siglo veintiuno es especialmente difícil porque nuestra cultura no está orientada a recibir nuestra ayuda. Los valores de la privacidad, independencia y pluralismo son sagrados en las mentes de la gente. Wilcox comenta: "Es más común para nosotros, gracias a CNN, saber más sobre lo que está sucediendo en el otro lado del planeta que lo que está pasando en el otro lado de la barda".[11] Pero entre más creen las personas que pueden funcionar sin necesitar a nadie más, más solitarios se sienten en aquellos momentos quietos cuando están a solas y en necesidad.

Los postmodernos anhelan la comunidad y la conexión con otros. El futurista eclesiástico Leonard Sweet en su libro *Post-Modern Pilgrims* (Peregrinos postmodernos) dice que el poder de conexión es un poder sanador. "Las conexiones sanadoras están aquí, allá y en todos los lugares para recogerse si la iglesia puede ayudar a los postmodernos a entender lo que significa estar conectado, conectados unos a otros, conectados a la creación, incluso conectados a la iglesia misma".[12]

¿Cuál es el papel del pastor en todo esto? Sweet dice:

Tres cuartas partes de todos los pastores se ven a sí mismos como dotados ya sea para la enseñanzao en la predicación. Sin embargo, el ministerio de Jesús tenía tres componentes: predicación, enseñanza y sanidad. Si la transformación moral y espiritual ha de ocurrir comunal así como individualmente, los pastores necesitan ponerse al día en su papel de sanidad y afilar sus habilidades sanadoras a lo menos al mismo nivel como la predicación y enseñanza.[13]

Una de las avenidas primarias para que los pastores traigan sanidad es por ser pastores para la gente.

▶ LAS OVEJAS NECESITAN UN PASTOR

Mientras Jesús veía las multitudes galileas en Mateo 9:36, su preocupación era que "estaban agobiadas y desamparadas, *como ovejas sin pastor*" (itálicas añadidas). Las ovejas son animales extraños. Parecen vacías de alguna habilidad natural para defenderse a sí mismas. A las ovejas les hacen falta los cuernos del carnero, los dientes del lobo, las uñas de un oso, la velocidad de una chita o la sagacidad de una zorra. Ellas necesitan a un pastor para protección del peligro externo.

En ocasiones necesitan protección de sí mismas. Las ovejas tienen una tendencia a vagar. En su deseo enfocado de buscar alimento, se pueden perder el camino y pronto estar perdidas. Isaías 53:6 se refiere a esta tendencia. "Todos andábamos perdidos, como ovejas; cada uno seguía su propio camino". Los pastores necesitan estar constantemente alertas de las ovejas que pudieran estarse desviando demasiado lejos del resto del rebaño. No siempre disciernen lo que están comiendo. El pastor tiene que asegurarse que las ovejas pastan en buenas pasturas y no comen ninguna hierba nociva. ¿No es sorprendente, las similitudes entre las ovejas y los miembros de la iglesia? Quizá ese es el por qué Dios escogió el título de *pastor* para aquellos a quienes se les da la responsabilidad de dirigir al rebaño.

Aunque tiene su parte de dolor y desilusiones, el papel del pastor también puede ser muy satisfactorio. Los pastores funcionan como parteras espirituales cuando los nuevos corderos nacen.

Un pastor recuerda a una pareja joven de preparatoria que comenzaron a asistir a su primera iglesia por invitación de uno de los miembros de la iglesia. Durante un servicio este pastor tenía la fuerte impresión que esta pareja tomaría una decisión por Cristo si se les presentara el evangelio. Después que el ministro argumentó con Dios que tenía otro sermón preparado, cambió el sermón y, como se anticipó, este joven y esta mujer respondieron a la invitación. Qué momento alegre para el pastor y para esta pareja. El pastor los vio crecer mientras el amigo que había invitado a la pareja a la iglesia iniciaba el discipulado. Pronto este joven respondió al llamado de Dios para entrar al ministerio pastoral. Entre la graduación del colegio y entrar al seminario, esta pareja, ahora casada, regresaron a la iglesia para servir en el ministerio de jóvenes. Más tarde, el joven graduó del seminario y el pastor se mudó a otra iglesia.

Después de servir en su primera posición pastoral de una congregación rural en otro estado, el joven pastor recibió un llamamiento para ser el pastor de la iglesia donde habían servido y fueron llamados al ministerio. El pastor-mentor experimentado fue llamado más tarde para celebrar el décimo aniversario de servicio de la pareja en esa iglesia. Era obvio para él que Dios había estado obrando en la vida de esta pareja, moviéndolos del punto de su salvación, a través del proceso del entrenamiento pastoral, al lugar donde este hombre ahora era el pastor de la misma congregación donde había iniciado su peregrinación espiritual. Había un sentido de satisfacción real en el corazón del pastor-mentor también. En su ministerio allí, no sólo había visto nacer ovejas nacer, sino que ahora nuevos pastores servían a la iglesia de Cristo. Su ministerio se estaba reproduciendo y multiplicando.

▶ PASTOREO EN LA ACTUALIDAD

Nuestro mundo está crecientemente llegando a ser impersonal. Trata de llamar a una corporación o negocio. Un mensaje en el teléfono te dará una serie de opciones diseñadas para dirigir al cliente a un departamento para una respuesta necesaria. Sin embargo, las opciones pudieran no encajar exactamente a la situación. El cliente necesita hablar con una persona real, pero en lugar de eso es enviado de opción a opción y finalmente se le anima a que deje un mensaje con la promesa que alguien le devolverá la llamada al cliente más tarde.

Imagínese en una iglesia, un mensaje de voz como ese: "Usted y su necesidad, realmente nos importa. Presione 1 si usted es un miembro, o presione 2 para todos los demás. Si necesitas dirección espiritual, presione el asterisco. Si necesita consejería financiera, presione el botón de número ahora. Si se siente con ansiedad, deprimido o solitario, presione 7 para escuchar un pensamiento inspirador del pastor. Para discutir problemas familiares, presione 9 para nuestro pastor de jóvenes. Para emergencia, vaya directamente a la oficina de la iglesia de Martes a jueves de 9:00 a. m. y 4:00 p. m. Para toda otra necesidad, presione 4 y deje un mensaje, incluyendo una breve descripción del problema. Recuerde, sus necesidades personales son nuestra prioridad número uno".

Lo que la gente realmente quiere en tiempo de necesidad es un contacto frente a frente con una persona real, que escuche en tiempo real, alguien que pueda responder de una manera de ayuda alguien como un pastor. En un día cuando otras profesiones han abandonado el hacer visitas, el pastor tiene la oportunidad singular de hacer contactos personales con la gente en sus hogares o en su trabajo. Los pastores no necesitan normalmente una cita especial o invitación. Es más natural para los pastores ayudar a la gente en contextos donde se sientan más cómodos.

Sin embargo, el contexto del ministerio ha cambiado radicalmente en los últimos 100 años. Pastores iniciando el siglo veinte se relacionaban a las familias de las iglesias de una manera muy diferente. Había pocas familias de padres solteros entonces. La mayoría de las mujeres no trabajaban fuera de casa. Los miembros de la familia extendida muy a menudo vivían cerca. Los que ganaban el sostén viajaban distancias más cortas al trabajo. Las tardes estaban libres sin televisión y de otras formas de entretenimiento familiar actual. Los vecinos visitaban cruzando sus bardas y se ayudaban unos a otros si aparecían necesidades. Y una visita del pastor en la casa era generalmente bienvenida y aun esperada regularmente.

Los tiempos han cambiado. Hay varias razones por qué los pastores hacen menos visitas hoy. Por un lado, hay menos gente en la casa durante las horas del día. Entre ambos padres trabajando, y los niños involucrados en deportes y lecciones de música, un pastor puede encontrar difícil a alguien en casa alrededor de las horas del día. También, cuando la gente viene a casa valoran su tiempo personal. Después de la presión del trabajo y las largas manejadas, lo que quieren es su espacio personal sin interrupciones. Para muchos, el tiempo personal es más valioso que el dinero. La privacidad también es un asunto importante. Porque la gente teme el crimen y la intrusión pudiera ser que vivan en comunidades cerradas o en edificios de apartamentos privados diseñados para la protección de intrusiones. Los pastores tienen que ser más persistentes y creativos para ser capaces de dedicar tiempo personalmente pastoreando a la gente.

Es natural conectar las palabras *pastor y parroquia* en términos de visitas pastorales. Thomas Oden define la parroquia como el "área geográfica de la cual el pastor es responsable a favor de la misión apostólica. Dejar la casa de uno, los alrededores propios seguros y controlados, es por tanto esencial para la definición de una visita".[14] Ser pastor significa ir tanto a los miembros de la iglesia como a la comunidad más grande con el propósito de animar al crecimiento espiritual y el bienestar personal.

▶ ¿POR QUÉ HACER VISITAS ACTUALMENTE?

Jesús, el Buen Pastor, dedicó una gran parte de su ministerio en la tierra en contacto con individuos donde ellos vivían. Visitó los hogares de gente como María y Marta, Mateo, y Simón el Leproso. En otras ocasiones se reunió con la gente en el mercado, en la playa, en el pozo de la comunidad o en un banco de impuestos. Jesús trató de alcanzar a la gente de varios segmentos de la sociedad, tales como los saduceos, fariseos, zelotes, herodianos e incluso romanos. En donde quiera que la gente estuviera, sería mucho más probable que Jesús estableciera un punto en entrar en contacto con ellos en conversación con el propósito de ayudar.

Pasar tiempo con las ovejas todavía es una parte esencial de ser pastor. Los correos electrónicos y correos de voz, aunque ayudan, no sustituyen el contacto frente a frente, personal, con la gente de la congregación. Cuando Dios quería comunicar su amor a la raza humana, no envió simplemente un libro o una serie de predicadores. La Encarnación trata de un Dios que desciende a la tierra personalmente en la forma de una persona Jesucristo. De eso se trata el cuidado pastoral, poner un rostro y una voz humana al amor de Dios. La gente recibe mensajes todo el día por televisión y otros medios electrónicos de tal manera que son solamente una masa humana sin nombre. Lo que desesperadamente necesitan es a alguien que les digan: "Sé tu nombre y me importas".

Los pastores pasan suficiente tiempo con las ovejas de tal manera que conocen a sus feligreses por nombre y las ovejas reconocen la voz de su pastor. En una congregación grande el pastoreo pudiera ser más efectivamente hecho por un pastor laico que toma la responsabilidad de un grupo pequeño de ovejas. Quién hace el pastoreo no es tan importante como el hecho de que cada oveja esté recibiendo algún cuidado personal de la iglesia. Mientras el pastor de una iglesia más grande pudiera no conocer a cada feligrés por nombre, él o ella tienen la responsabilidad de asegurarse que ninguna de sus ovejas es excluida u olvidada.

La visitación pastoral es importante porque a propósito busca a la gente que está en necesidad de consejería y dirección espiritual. Los pastores efectivos no simplemente dan cascajos o entregan una tarjeta de presentación diciendo: "Aquí estoy si necesitas hacer alguna cita". Parte de ser pastor es tomar la iniciativa de ir a donde está la necesidad aun antes que la persona pudiera estar lista para pedir ayuda. La visitación, sea laica o pastoral, le dice de manera concreta a la congregación que la gente es importante.

▶ ¿Quién Necesita una Visita?

Aunque las iglesias necesitan asegurarse que nadie es ignorado, existen ciertos contactos que toman prioridad. Obviamente, la gente que enfrenta crisis, duelo o conflicto serio necesita atención inmediata. Es lo mismo para gente en el hospital. Estos asuntos serán cubiertos en detalle más tarde en el libro. ¿Pero qué de aquellos que tienen buena salud y han sido afortunados en evitar problemas mayores en la vida? ¿Necesita esta gente ser pastoreada?

George Hunter III dice: "El cuidado pastoral regular (mucho más que el cuidado en crisis) es un productor importante de un pueblo que comparte su fe. La mayoría de los cristianos que comparten su fe e invitan a otros a Cristo y a la iglesia están en conversación espiritual y oración regular con otra persona significativa que sirve como su pastor".[15] Mientras el cuidado pastoral laico puede ser efectivo en proveer aquellos contactos regulares, el pastor también necesita hacer contactos regulares que no son de emergencia con miembros de la congregación.

Para ser efectivos en el contacto pastoral, el ministro necesita ser creativo. En lugar de detenerse sin anunciarse en las casas en las tardes, esperando encontrar a alguna persona en casa, trate de hacer citas. Los pastores ocupados también hacen uso de los desayunos o almuerzos para visitar gente al tiempo de comer. Muchas personas le darían la bienvenida al pastor que se detiene en su lugar de empleo para una conversación breve. Esto también le da algún discernimiento al pastor del contexto de la vida real donde la gente pasa la mayor parte de su tiempo. Toma ventaja de momentos no agendados cuando una persona pasa por la iglesia o el pastor cruza senderos con un miembro en algún

centro comercial. Dios pudiera haber planeado ese encuentro para proveer ministerio a la necesidad de la persona.

Los pastores pueden encontrar oportunidades para la visita pastoral durante las horas del día con aquellos que no están en el trabajo o
aquellos que trabajan por las tardes o de noche. La gente en los asilos
y otras facilidades de cuidado enfrentan desafíos especiales de soledad
y aburrimiento. Cuando el pastor o alguna otra persona de la iglesia
se detiene para visitar con regularidad, es un recordatorio que Dios
no los ha olvida a ellos tampoco. El ministerio en los asilos puede ser
una oportunidad maravillosa para amar a los que no son amados en el
nombre de Jesús.

▶ ESCUCHANDO TU CORAZÓN

Una última palabra a los pastores: escucha su corazón. Uno que conlleva la responsabilidad de dirigir espiritualmente al rebaño necesita
ser sensitivo a las necesidades de los individuos. Algunas necesidades
son obvias porque son vocalizadas o expresadas de otras maneras. Otras
necesidades salen a la superficie sólo después de probar o ponerse a la
disposición. El Espíritu Santo tiene su manera de dejar saber a un pastor cuándo alguien específico está en necesidad de cuidado especial.

En Hechos 8 Felipe sintió la dirección de Dios de ir a una remota
localidad desierta. Actuó en obediencia y tuvo la oportunidad de ministrar a un oficial del gobierno de Etiopía. Cuando el nombre de alguien o una situación continúan apareciendo en la mente, pudiera ser
la manera en que Dios está diciendo que esa persona necesita atención
especial. Al responder a esas insinuaciones internas los pastores pueden desarrollar una sensibilidad creciente a la dirección del Espíritu
en el ministerio personal. Pastorear es un acto del corazón, impulsado
por Dios, para cuidar sus ovejas.

▶ PREGUNTAS PARA LA REFLEXIÓN

▷   ¿De qué maneras sientes que pastorear es compatible con el mi-
    nisterio en el siglo veintiuno?
▷   ¿Qué aspecto del pastoreo apelan a usted como ministro o anti-
    cipan un ministerio?
▷   ¿Qué aspectos del pastoreo te ocasionan preocupación o ansie-
    dad? ¿Cómo puedes responder a aquellas tareas difíciles de pas-
    torear?
▷   ¿Por qué es importante involucrar a los laicos en los ministerios
    de pastorear?

CUIDADO PASTORAL
COMO CONSEJERÍA

Tina Short había sido empleada por la iglesia de Central City para ser su pastora, por su habilidad en la predicación tanto como por otras razones. Había sido una maestra de oratoria en la preparatoria cuando Dios inició dirigiéndola hacia el pastorado. Y después que su entrenamiento ministerial había concluido, pararse detrás del púlpito los domingos por la mañana había llegado a ser su más grande gozo. Fue su reciente serie de los Salmos que había comenzado a cambiar su ministerio. Al hablar de la preocupación de Dios por los problemas tales como la depresión, soledad y enojo, la gente empezó a salir de sus proverbiales escondites queriendo hablar con ella. Predicar a una multitud sobre un problema era fácil comparado con tratar de ayudar a alguien que lidiaba con ese problema en la vida real.

Y le tomó demasiado de su tiempo. Con todas las otras responsabilidades de pastorear y cuidar a su rebaño, Tina se estaba frustrando con la carga creciente de la consejería. También, no estaba convencida que estaba ayudando a algunas personas que venían a ella. Algunos parecía simplemente que les gustaba la atención personal que les ofrecía en las sesiones de consejería. Otros no seguían en su totalidad aquello que habían acordado hacer. Con su limitado entrenamiento de consejería Tina sentía que necesitaba dirección para ser una ayuda efectiva para la gente. ¿Cómo su tiempo uno a uno con la gente realmente traería los cambios de vida que esta gente deseaba?

▶ ¿POR QUÉ CONSEJERÍA PASTORAL?

La mayoría de las personas que responden a un llamado al ministerio pastoral no piensa inicialmente sobre el hecho de que la consejería es parte de su responsabilidad. Sin embargo, en la primera asignación se darán cuenta: la consejería es algo que no se puede evitar. Como el profesor y psicólogo del seminario James Hamilton escribe: "Ningún ministro puede evitar la consejería a menos que se encierre a sí mismo en su oficina".[1]

Con todas las responsabilidades del ministerio pastoral, pocos pastores tienen la oportunidad de prepararse a sí mismos adecuadamente para igualar el entrenamiento de aquellos en el campo profesional de la consejería. Sin embargo, esto no parece importarle a los feligreses y a otros que vienen al pastor buscando ayuda. Hamilton continúa:

> Un pastor no es un psicólogo, sin embargo es llamado para la consejería psicológica. No es un consejero vocacional, pero le buscarán para ayudar en esta área. No es un consejero educacional,

pero seguido los jóvenes vienen a él con problemas respecto a sus cursos de estudio. Tampoco es un psiquiatra; sin embargo en ocasiones será confrontado con problemas profundamente arraigados de personas que necesitan el cuidado siquiátrico y tienen que, por tanto, estar al tanto de las manifestaciones de estos problemas con el propósito de hacer referencias inteligentes. Sin embargo, sobre todo lo demás, debe saber cómo aconsejar personas con problemas religiosos, y por tanto debe llegar a ser aplicado en esta área tanto como sea posible.[2]

La pregunta no es "si" un pastor aconsejará, sino "qué tan bien" cumplirá el pastor esta responsabilidad.

La consejería va al mismo corazón del significado del ministerio pastoral. Thomas Oden hace claro esto. "*Therapeia* en el griego significa una relación de ayuda, de servicio, de sanidad. Un *therapon* (de donde nuestro término 'terapista' viene) es uno que ayuda, sirve y sana. La traducción latina para *therapon es ministerium*, de donde nuestra palabra 'ministro' (ayudador, siervo) viene... El oficio pastoral desde sus inicios se ha pensado literalmente como una relación terapéutica".[3]

¿Cómo puede uno distinguir la consejería pastoral de otras funciones del cuidado pastoral? David Benner, en su libro *Strategic Pastoral Counseling* (Consejería pastoral estratégica), define la consejería pastoral como "una relación de ayuda donde, a través de una serie de contactos estructurados, el consejero busca aliviar el estrés y promover el crecimiento en la persona que busca ayuda. Tal consejería intenta ayudar a la persona a pensar, sentir y comportarse diferente, y hace esto a través del diálogo dentro de la relación".[4] El psicólogo Gary Collins explica que la consejería pastoral "es más una parte especializada del cuidado pastoral que involucra ayudar a individuos, familias o grupos mientras enfrentan las presiones y crisis de la vida. La consejería pastoral usa una variedad de métodos de sanidad para ayudar a la gente a lidiar los problemas de maneras que sean consistentes con la enseñanza bíblica".[5] Es esta dimensión espiritual que separa la consejería pastoral de todos los otros tipos de consejería, incluso de la consejería cristiana hecha fuera del contexto de la iglesia. Los pastores están legítimamente preocupados más con el crecimiento espiritual y el desarrollo del individuo. Es la preparación y entrenamiento religioso único del pastor que hace esta área de la consejería espiritual tan valiosa a los miembros de una congregación.

Existen muchas razones por qué la gente se vuelve primero a su pastor cuando necesitan consejo. Primero, el pastor generalmente es conocido por la persona que busca ayuda. Esto significa que ya existe un nivel de relación establecido. El aconsejado ha observado al pastor en el púlpito o ministrando a una familia y siente que el ministro es alguien en quien se puede confiar. Segundo, el pastor pudiera ya conocer al aconsejado a través de contactos en la iglesia. Esto puede ahorrar tiempo necesario para obtener información personal y familiar necesaria para mejor entender la situación de la consejería. Tercero, generalmente el pastor está más disponible para la consejería con poca anticipación. Uno no necesita esperar varias semanas para una cita. Otro factor al buscar consejería pastoral es que normalmente el pastor no cobra por las sesiones. A menudo la gente no busca ayuda para algunos de sus problemas porque no sienten que tienen el dinero a la mano para un consejero privado. Quizá la razón más importante por qué la gente busca a un pastor para la consejería es el entendimiento espiritual que un ministro trae a la situación. Esto obviamente es verdad si el problema es espiritual. Esta gente viene creyendo que necesitan la ayuda de Dios para enfrentar un problema, y la persona mejor equipada para ayudarles es su pastor.

▶ JESÚS, EL CONSEJERO MARAVILLOSO

Una de las tradiciones de navidad gozada alrededor del mundo es la presentación del *Mesías* de Handel. Pero cuando interpreta Isaías 9:6, está equivocada. El coro canta: "Y se llamará Maravilloso, (pausa) Consejero, el Todopoderoso Dios". Aunque el Mesías pudiera llamarse *maravilloso*, esa no fue la intención de Isaías. Jesús es el *Maravilloso Consejero*. (El antiguo espiritual "Gloria Aleluya" le atinó: "Llamo a Jesús el Maravilloso Consejero… gloria aleluya").

Cuando viene a los modelos de consejería pastoral, simplemente no hay nadie mejor que Jesús para ayudar a la gente con sus necesidades. He aquí algunas cuantas de sus características de consejería:

• *Jesús demostró gran compasión por la gente.* En Marcos 8:2 hizo la declaración de su preocupación: "Siento compasión de esta gente porque ya llevan tres días conmigo y no tienen nada que comer".

• *Jesús aceptó a la gente tal cual estaban.* No era raro para Jesús tener una cena con la gente despreciada como los publicanos. De hecho, invitó a uno, Mateo, a ser uno de sus 12 discípulos.

• *Jesús le dio esperanza y ánimo a la gente.* A un grupo de discípulos desanimados en el Aposento Alto Jesús les dijo: "En este mundo afrontarán aflicciones, pero ¡anímense! Yo he vencido al mundo" (Juan 16:33).

• *Jesús enfrentó necesidades reales.* Nicodemo se acercó a Jesús con algunas preguntas religiosas, pero la verdadera necesidad era una relación personal con Dios. Jesús pacientemente le enseñó el significado de nacer de nuevo.

• *Jesús enfatizó el comportamiento correcto.* La mujer sorprendida en el acto de adulterio en Juan 8 no recibió una conferencia sobre su fracaso moral, sino una palabra de perdón y un desafío a seguir una vida nueva.

• *Jesús también urgió a la gente a aceptar responsabilidad.* Al hombre en el estanque en Juan 5 Jesús le preguntó: "¿Quieres quedar sano?" (v.6). Si estás enfermo, la gente te cuidará. Sanar significa que el hombre necesitaría asumir responsabilidad por sí mismo. Jesús le dijo: "Levántate, recoge tu camilla y anda" (v.8).

• *Jesús dio dignidad a la gente.* Los leprosos eran los marginados sociales de la nación, evitados por familia y amigos. Ninguno sentía más rechazo que un leproso. Sin embargo Jesús se acercó a ellos y los sanó y los restauró a la comunidad.

La lista puede seguir. Jesús fue un maestro al ver las necesidades y ayudar a la gente. En Jesús entendemos el significado del título Maravilloso Consejero.

▶ DIRECTRICES PARA LA CONSEJERÍA PASTORAL

Es imposible en un capítulo intentar cubrir todo lo que se necesita decir sobre la consejería pastoral. Existen muchos buenos libros que tratan con acercamientos y técnicas para la consejería efectiva. En lugar de eso, este capítulo se dirigirá a algunas de las directrices fundamentales para la consejería en un contexto pastoral:

Equípate para ser capaz en ayudar a otros.

Una persona que se prepara para el ministerio pudiera sentir que una enorme cantidad de educación es necesaria para ser un consejero efectivo. Aunque sería maravilloso que cada pastor tuviera un doctorado en consejería, existen otras áreas (tales como teología, estudios bíblicos, historia de la iglesia, predicación y liderazgo) que no pueden ignorarse en el proceso de la preparación. Algunos estudiantes al ministerio pudieran tener una oportunidad para obtener un entrenamiento avanzado en consejería, y la consejería pudiera ser del interés especial de un pastor. Sin embargo, la mayoría de los ministros serán aprendices de toda la vida, leyendo libros y asistiendo a conferencias para afilar las habilidades de la consejería pastoral. Es importante entender que el estudio avanzado es sólo un componente en la consejería efectiva. Un pastor que es una persona que sabe escuchar y que le importa la gente puede ser exitoso en ayudar a la gente.

Conozca sus limitaciones.

Pudiera tener buenas habilidades con la gente y un sexto sentido para sentir las necesidades pero no estar familiarizado con la gente que enfrenta severos problemas sicológicos. Un mecánico puede saber cómo cambiar las bujías y balancear las llantas pero estar completamente perdido cuando viene al asunto de los sistemas computarizados del automóvil. Cuando surgen aspectos del auto que están más allá del nivel del mecánico de la familia, el único curso de acción es ver a alguien con un entrenamiento sofisticado que trabaje en esa máquina. Es esencial para el pastor conocer sus competencias y estar dispuesto a buscar ayuda para la persona que necesita dirección adicional. Habrá tiempos, sin embargo, cuando la persona que busca ayuda o no tiene recursos o rehúsa ser referido a nadie más. Si este es el caso, el ministro puede tratar de ayudar hasta los límites de su habilidad de consejería pastoral.

Reconozca que el aconsejado está hecho a la imagen de Dios y tiene valor.

Hay ocasiones cuando el problema del aconsejado o la personalidad o apariencia personal puede ser ofensiva al pastor. Es fácil pensar: *No quiero lidiar con esta persona.* Jesús, por el otro lado, parecía deleitarse en responder a las prostitutas, los publicanos, los leprosos y otros que la mayoría de la población judía rechazaba. Quizá fue porque entendía que el valor de una persona valía todo el mundo. Puede ayudar, cuando se confronte a una persona que personalmente sea repugnante, recordarse a uno mismo que esta es una persona por la que Cristo murió. Como pastor, soy representante de Jesús, enviado para ser de ayuda. La actitud de aceptación no expresada de un pastor pudiera ser el primer paso crucial en ayudar a esa persona a la plenitud.

Busque primero ayudar a la persona en su relación con Cristo, y luego a encontrar una solución al problema.

Una de las cosas que separa la consejería pastoral de otros tipos de consejería es el énfasis sobre una relación correcta con Dios como el fundamento para resolver los problemas. Muchos de los problemas presentados a un pastor tienen un componente espiritual específico. Nunca pida disculpas por ser un líder espiritual. La mayoría de la gente viene a un pastor porque esperan una dirección espiritual. Si alguien es totalmente resistente al uso de la oración y los principios bíblicos, un pastor pudiera encontrar dificultad en ser de ayuda. Los pastores necesitan reconocer que dar dirección espiritual requiere tanto la habilidad como la sensibilidad de la dirección del Espíritu Santo en la vida del aconsejado.

Recuerde que una persona tiene el derecho de aceptar o rechazar la ayuda.

El antiguo adagio: *Puedes llevar a un caballo al agua, pero no lo puedes hacer beber,* ciertamente aplica a la consejería. Un pastor puede ofrecer ayuda pero no puede forzar a una persona a tomarla. Una dimensión de ser creados a la imagen de Dios es la habilidad de una persona de hacer escogimientos morales. Jesús entendió esto cuando se encontró con el joven rico de Marcos 10. Cuando este hombre preguntó sobre la vida eterna, Jesús le dijo los requisitos. La cláusulafinal de dar todos sus bienes terrenales fue demasiado. Tristemente, el joven se fue porque el costo era más de lo que estaba dispuesto a pagar. Jesús no corrió detrás de él con alguna oferta de compromiso. El joven había tomado su decisión. Los pastores necesitan entender que alguna gente no quiere ser ayudada o no están dispuestos a aceptar las condiciones que se requieren para remediar la situación.

Recuerda que tanto el pastor como el aconsejado tienen que trabajar unidos a una solución.

Alguna gente quiere que el pastor les dé todas las respuestas y aun tomar las acciones necesarias para resolver un problema. Cuando el pastor asume la responsabilidad de aclarar un mapa de acción, él o ella corren el riesgo de que se les eche la culpa si no funciona a la satisfacción del aconsejado. Por el otro lado, un pastor que no es demasiado directivo pudiera dar la impresión de que no le importa o que es demasiado desapegado. La consejería es una aventura cooperativa mientras el pastor reflexiona, ofrece sugerencias, apoya y anima al aconsejado para moverse hacia una solución sobre la que están de acuerdo.

Abraza su papel como guía espiritual.

Siendo que la consejería pastoral tiene una dimensión singularmente espiritual, el pastor es la persona natural para guiar al aconsejado en este sendero. William Willimon dice: "Un guía es uno que conoce algo, quizá no todo, pero algo... Se espera que el guía dirija y aconseje. El guía no tiene el poder para forzar a aquellos que buscan su dirección a aceptar el liderazgo y consejo del guía, pero el guía tiene una responsabilidad de guiar".[6] El entrenamiento ministerial especializado, la colección de experiencias pastorales pasadas, y el conocimiento de los feligreses, todo ayuda al pastor para dar dirección. Cualquier pastor que rehúse o ignore ser un guía espiritual a aquellos que están bajo su cuidado está minimizando una responsabilidad mayor.

Pero la dirección no está limitada sólo a aquellos en problemas. Quizá aquellos que se han vuelto fríos espiritualmente o que están cómodos son los que más necesitan la ayuda de un guíac. Willimon reporta escuchar al gran predicador George Buttrick decir: "Exige a un pastor muy especial el visitar a aquella persona que apenas ha sido ascendida al banco, o la persona cuyo hijo ha sido aceptado a la Universidad de Harvard. El pastor habilidoso conoce el peligro espiritual que está en lo que el mundo considera buenas nuevas, o salud, o éxito".[7] La dirección espiritual es una de las responsabilidades que hacen a los pastores únicos entre los que ayudan a la gente.

Utilice los recursos espirituales de la iglesia.

Existe una riqueza de material de apoyo que está a la disposición del pastor en el contexto de la comunidad de la iglesia. La Biblia misma provee un rico recurso para instrucción, ánimo y dirección espiritual en una sesión de consejería así como para asignaciones entre visitas. Un pastor puede ofrecer guía en la práctica de la oración para dirección y fortaleza espiritual. Muchas iglesias tienen grupos de oración o cadenas de oración que intercederán por necesidades específicas, aun si son anónimas. También existen libros cristianos, grabaciones y otros materiales diseñados para ayudar al aconsejado a través de un problema específico. Los aconsejados pueden obtener entendimiento al hablar con una persona de la iglesia que ha enfrentado una situación similar. Algunas iglesias tienen grupos de contención para reunir a varias personas que están tratando con un problema común. Estos grupos proveen discernimientos y ánimo en un contexto amoroso y espiritual.

▶ Habilidades de Consejería Pastoral

Los pastores, sin importar su nivel de entrenamiento, encontrarán las habilidades básicas con la gente en su consejería. De hecho, algunas personas que no tienen entrenamiento formal son excelentes en la consejería simplemente porque han aprendido a relacionarse con otros al utilizar estas habilidades. Cualquiera puede desarrollar estas habilidades que hacen a los consejeros exitosos como ayudantes de personas.

• *Escuchar*. Esta habilidad parece ser tan obvia, tan simple, pero en realidad es un trabajo difícil. Un problema que los consejeros enfrentan es que el cerebro puede procesar información mucho más rápido de lo que una persona puede hablar. Existe una tentación natural a dejar que la mente de uno vague y piense de otras cosas, mientras que al mismo tiempo trata de entender lo que el aconsejado está diciendo. Escuchar es mucho más que oír palabras. Realmente escuchar involucra mirar los movimientos corporales sutiles, notar las inflexiones de la voz, y tratar de entender lo que no se está diciendo. Significa enfocar la mente en las palabras, interpretar su significado con el corazón, y responder a la persona que habla con señales que indican que entiendes lo que se está diciendo. Estas pueden ser señales con la mano o con la cabeza, o ánimos verbales tales como: "y luego qué sucedió" o "dime más sobre cómo te sentías".

• *Estar presente*. El aconsejado necesita tener el sentimiento que la atención del pastor se enfoca en el problema que está a la mano. Es fácil distraerse por la gente que camina, los ruidos del exterior, lo que la persona ya dijo o incluso sobre lo que hay que responder. Por esa razón es bueno tratar no sentarse detrás de un escritorio o mover todo material que estorbe en la línea de visión de uno. Estar presentes deja al aconsejado saber que el consejero está enfocando toda su atención sobre el asunto en turno. Collins lo describe como: "Mirando al aconsejado mientras habla, pero si estar fisgoneando o dejar que tus ojos vaguen por todo el cuarto".[8] La gente se siente confortada cuando sabe que el consejero ha hecho todo a un lado para ayudarlo. Benner habla de la consejería como "estructurado para estar con" una persona. "Para aclarar esto, me permito sugerir, en primer lugar, que ser, en el asesoramiento, implica una prioridad más importante que hacer; segundo, que este ser, en el asesoramiento, toma la forma de ser-con; y, en tercer lugar, que este ser-con, en el asesoramiento, se estructura".[9]

• *Empatía.* Este es el intento del consejero de entender lo que el aconsejado está pensando y sintiendo. Mucha gente confunde la empatía con la simpatía, que expresa compasión y preocupación mientras mira. Un consejero con empatía trata de ver e interpretar la situación desde el punto de vista de la otra persona. Jesús mostró empatía en Juan 11 cuando estaba parado al lado de Marta fuera de la tumba de su hermano, Lázaro, y lloró con ella. Los pastores necesitan ser cuidadosos para no decir: "Sé exactamente cómo te sientes". Es imposible conocer plenamente los sentimientos de otro individuo, aun si uno ha experimentado una situación similar. Sin embargo, los consejeros sensitivos trabajarán duro en tratar de ponerse en la mente y emociones de los aconsejados y preguntarse: "¿Cómo respondería si yo fuera esta persona y enfrentara esta situación?"

• *Siendo reales.* El aconsejado quiere tener el sentido que el pastor es una persona real, genuina y que no está usando una máscara. En ocasiones esto es difícil porque la gente desarrolla expectativas no realistas de un pastor como si éste fuera un superhombre. El pastor necesita entregar al aconsejado el sentido que él entiende, es sensitivo, vulnerable y sincero. La disponibilidad de un pastor para ser genuino con el aconsejado le ayudará a esa persona a sentirse en libertad de compartir las preocupaciones más personales.

• *Aceptación.* Es una creencia común entre aquellos que están fuera de la iglesia que los pastores son gente de mente cerrada y personas que se la pasan juzgando, evaluando la dignidad de la gente para ir al cielo. Ciertamente este no fue el acercamiento de Jesús. Cuando la mujer de Samaria en Juan 4 vino al pozo y vio a Jesús, un judío, sentado allí, no estaba esperando aceptación. A la medida que la historia de sus fracasos matrimoniales comenzó a develarse, Jesús nunca dio la impresión que aprobaba su estilo de vida. El Maestro sí expresó su preocupación y aceptación por ella como persona de dignidad y valor. El versículo 39 resume el resultado de la aceptación de Jesús: "Muchos de los samaritanos que vivían en aquel pueblo creyeron en él por el testimonio que daba la mujer: 'Me dijo todo lo que he hecho'".

Jesús tenía una forma maravillosa de hacer que los pecadores se sintieran amados y aceptados al comer con ellos, aun cuando ellos pudieran no haberse sentido dignos de tales atenciones. Jesús tenía la capacidad de ver el potencial de la gente para recibir su ayuda. Es fácil juzgar a la gente por lo que han hecho en lugar de por lo que pueden llegar a ser por la gracia salvadora de Dios. El maravilloso mensaje del evangelio es que Dios nos acepta como pecadores y nos cambia por su gracia en sus santos. Los pastores pueden ser mensajeros de reconciliación al presentar una actitud de aceptación hacia aquellos cuyas acciones o apariencia no siempre es aceptable. Gary Collins define esto como calidez. "Esta palabra implica cuidado, respeto o poseer una preocupación sincera que no es asfixiante por el aconsejado sin importar sus acciones o actitudes".[10] Esta aceptación crece de un corazón cristiano de amor ágape que expresa el amor de Jesús a la gente en necesidad.

▶ PRECAUCIONES PARA LOS CONSEJEROS PASTORALES

Armado con los principios fundacionales claves y el trato con la gente bien afinado, el pastor debe ser cauteloso cuando se trata de la función de consejero. He aquí unas cuantas recomendaciones.

No use la consejería pastoral como fuente para desarrollar relaciones humanas.

Pastorear puede ser un trabajo solitario. La gente busca al pastor como líder pero no necesariamente como un amigo cercano. En la situación de consejería, algunas de las barreras creadas por el papel pastoral son quebradas, y es más fácil llegar a conocer a una persona en un nivel más profundo. Algunos pastores gozan la cercanía, amistad e intimidad de las sesiones y pueden prolongar la consejería más allá de lo necesario. Aunque pudiera no haber nada de malo con con desarrollar amistad, uno no debe utilizar las sesiones de consejería para la satisfacción personal.

No asuma la responsabilidad por los pensamientos y acciones del aconsejado.

Alguna gente que viene a la consejería realmente quiere que el pastor tome decisiones por ellos. La *transferencia*, como la describe Collins, es "la tendencia de algunos individuos a transferir sentimientos de una persona en el pasado a una persona en el presente".[11] Una mujer que viene a su pastor varón con preocupaciones sobre su matrimonio pudiera ver en él a la persona que escucha, que simpatiza, a la que le importa lo cual su esposo no es. O, un joven inseguro pudiera ser incapaz de tomar decisiones importantes y decir: "Oh pastor, Oh pastor, usted es mucho más sabio que yo. Dígame qué debo hacer". Hacer escogimientos por otros es peligroso. Si lo indicado por el consejero no se demuestra correcto, el aconsejado pudiera ser lento en aceptar alguna responsabilidad por el fracaso. Mientras los pastores aconsejan necesitan constantemente preguntarse si el aconsejado está tratando de manipular para sus propios propósitos. No se deje acorralar a alguna esquina por la falta de voluntad de un aconsejado en hacer una decisión. Los consejeros pueden hacer sugerencias u opciones, pero deje que el escogimiento final sea del aconsejado.

No use las sesiones de consejería para satisfacer sus necesidades personales.

Willimon explica: "El pastor quiere ser un consejero efectivo y de ayuda. Así que, de la necesidad del pastor de ser un poderoso salvador en esta situación, el pastor llega a ser el mesías, la persona que toma una responsabilidad inapropiada y poco realista por el problema del aconsejado".[12]

En ocasiones el problema del aconsejado pudiera ser similar a uno que el consejero enfrenta. Los psicólogos usan el término *contratransferencia* para describir la tentación del consejero de trabajar sus propios problemas en la sesión de consejería. Collins escribe: "Cuando la sesión de consejería llega a ser un lugar para resolver sus propios problemas, es muy probable que no se ayude a los aconsejados, y usted se sienta tentado a hacer declaraciones o actuar en maneras que se arrepentirá más tarde".[13] Un pastor puede desarrollar sentimientos románticos hacia el aconsejado que haga imposible separar las necesidades del aconsejado de los deseos personales del consejero. El psicólogo Archibald Hart lo pone de esta manera: "La contratransferencia ocurre cuando un pastor responde al cliente con sentimientos inapropiados de afecto".[14]

Por esta razón un pastor necesita establecer sus fronteras ante que inicie la consejería con el propósito de proveer protección dentro del contexto de tratar de ayudar a la gente. Los pastores necesitan conocerse a sí mismos, entender sus limitaciones y referir a la gente a otros profesionales de ayuda cuando es necesario, para que no lastimen a otros y no hagan daño a su ministerio.

Resiste el papel de padre o dictador del rebaño.

Ha habido algunos pastores que han distorsionado su entendimiento del papel pastoral de tal manera que incluye el hacer todas las decisiones importantes por individuos del rebaño. Se enfocan en palabras tales como *sumisión y autoridad* como la base para dirigir las vidas de otras personas. Otros pastores tienen la personalidad de rescatistas, tratando de salvar a la gente de las consecuencias de sus propias decisiones. Un pastor tiene el papel de ser un guía espiritual pero no debe cargar con la responsabilidad de decirle a la gente lo que ella necesita hacer. Dios es su Padre, no el pastor.

No te involucres sexualmente con el aconsejado.

En la atmósfera abierta, de compartir, de una sesión de consejería es fácil para el consejero bajar su guardia. La intimidad emocional en el nivel no sexual puede rápidamente transformarse en intimidad sexual si uno no es cuidadoso. El consejero bien puede hacer preguntas de naturaleza sexual que están más allá de lo que es apropiado o necesario, simplemente para gratificación personal. El aconsejado puede hacer giros con gestos o palabras. En ocasiones un abrazo o un toque en esta atmósfera privada, emocionalmente cargada son suficientes para ocasionar que el consejero abandone sus restricciones. El costo de tal mal juicio es inmenso: la pérdida de la posición, reputación, respeto e incluso el matrimonio y la familia. Hay varios casos donde el estado ha tomado acción legal en contra de un pastor que ha utilizado una posición de autoridad y poder para seducir a un aconsejado. Cuando la tentación es fuerte, el único recurso es huir. H. B. London escribe: "La gracia capacitadora de Dios es mucho más grande que las tentaciones del enemigo. Apelar al sacrificio expiatorio de Cristo provee una salida de escape para mantener santificado la más atesorada de todas las relaciones con Él así como aquellas que no tienen precio sobre la tierra".[15]

Evita tomar lados en una disputa.

En ocasiones es una tarea dificultosa para un pastor el permanecer neutral en un conflicto entre los miembros de la familia o gente en la iglesia. Esto es especialmente dificultoso si una persona no es cristiana o ha hecho cosas que están en contra de las convicciones morales del pastor. En ocasiones es difícil determinar quién está en lo correcto cuando usted entiende que la gente a menudo juega creativa o selectivamente con la verdad. Los individuos pueden contar sólo lo que ellos creen que ayudará a sus argumentos. La gente dice y hace lo que les hace sentido, aun cuando no le haga sentido a los otros del otro lado de la disputa o al consejero. El pastor que toma algún lado llega a ser un adversario para la persona que toma el otro lado y a menudo se separa de esa persona. Esto hace más dificultoso el trabajar redentoramente hacia una solución que todos puedan aceptar. En una disputa, si es posible, es bueno que el pastor esté disponible a todos para ser capaz de ministrar a esas personas en el futuro.

Mantener la confidencialidad de la relación de consejería.

La gente necesita tener el sentido de que lo que se dice dentro del cuarto de consejería nunca se compartirá con nadie. Cuando los individuos comparten sus preocupaciones o confiesan su culpa en privado, el pastor actúa como un representante de Dios. Los pastores, en su papel sacerdotal, pueden tomar tal oportunidad de confesión para anunciar la promesa de perdón de Dios al individuo. Tal confesión privada nunca debe ser escuchada más tarde en ningún contexto público. Algunos ministros incluso han tenido que ir a la cárcel por despreciar la corte, en lugar de revelar al juez lo que una persona ha confesado en consejería. La santidad del confesionario es una responsabilidad sagrada de cada pastor. Un pastor que comparte una confidencia, aun como una velada ilustración en una predicación, puede evitar que el aconsejado en otra oportunidad comparta información privada con usted o con otro miembro del equipo pastoral. Otra gente en la iglesia pudiera titubear en compartir alguna cosa por temor que pueda terminar en algún sermón futuro.

Las únicas dos excepciones del principio de confidencialidad son: una, si el aconsejado ha amenazado con lastimarse corporalmente a sí mismo, como un suicidio; o dos, si el aconsejado amenaza hacer serio daño corporal a alguien más. En algunos lugares, los pastores y otros profesiones de ayuda tales como los maestros, doctores y enfermeras se les requiere por ley reportar evidencia o incluso sospecha de abuso infantil. El razonamiento es claro. Los niños, y otros tales como los ancianos o gente incapacitada, puedes ser incapaces de defenderse a sí mismas de tal abuso.

Es de ayuda compartir estas excepciones, cuando es apropiado, con el aconsejado incluso antes de que inicie el proceso formal de la consejería. Cuando un pastor siente que la información personal necesita ser compartida con alguien más, es bueno obtener el permiso del aconsejado primero. Si el aconsejado no da permiso, el pastor al menos debe advertir al individuo que él o ella se siente forzado a reportar la información, incluso sin su permiso.

No aconseje más allá de su entrenamiento o habilidades.

Los pastores son muy parecidos como los practicantes generales en la profesión médica. A ellos se les requiere hacer un número de tareas, tales como predicar, enseñar, dirigir, administrar, financiar y aconsejar. Es posible obtener un Ph.D. en cada uno de estos campos. Unos cuantos pastores por hacer el trabajo han llegado a ser expertos en un área, pero la mayoría afila sus habilidades para ser más o menos competentes en cada área de responsabilidad. Por ejemplo, una persona que ha desarrollado un tumor cerebral que requiere una cirugía delicada no le pedirá a un doctor familiar que haga la incisión. Los practicantes familiares trabajan duro en su entrenamiento para desarrollar un amplio entendimiento de cómo funciona el cuerpo. Pero la mayoría de los pacientes, si necesitan que alguien corte alrededor de tejidos delicados del cerebro, optarán por el mejor cirujano del cerebro que puedan encontrar.

La mayoría de los pastores no tienen el entrenamiento de consejería más allá de tomar algún curso o dos y quizá haber leído unos cuantos libros sobre la materia. Esto bien puede servir a la congregación para la mayoría de los problemas ordinarios que la gente enfrenta. Como los médicos, los pastores necesitan hacer un voto que dice: Sobre todo, no lastimes. Hay ciertos problemas psiquiátricos que están más allá del nivel de la mayoría de los pastores. Es posible hacer daño en lugar de bien cuando tratan de trabajar con algunas enfermedades psicológicas serias sin un entrenamiento adecuado. Una de las habilidades pastorales importantes que será discutida más adelante en este libro es la habilidad de reconocer las limitantes personales y hacer referencias. Los doctores familiares hacen buen uso de los especialistas al hacer referencias cuando es necesario. Los pastores necesitan hacer lo mismo.

▶ COMPETENTE PARA ACONSEJAR

Es imposible tener una discusión completa sobre la materia de la consejería pastoral en un capítulo. Existen libros especializados en el mercado para engrandecer el entendimiento del pastor sobre la consejería. Inicia con materiales que tienen una orientación cristiana y están escritos desde una perspectiva pastoral. Personalmente favorezco un acercamiento a corto plazo en la consejería pastoral. Encaja al tiempo limitado que la mayoría de los pastores tienen para la consejería. El modelo de la consejería a corto plazo también encaja al nivel del pastor, dada la experiencia limitada y entrenamiento que la mayoría tiene en este tema. Haga una meta de llegar a ser el mejor consejero posible con las habilidades que está desarrollando. Si una clase formal no es una opción, trate de asistir a un seminario o hable con pastores experimentados.

Pero más importante, recuerde que los pastores que aconsejan llegan a ser una herramienta del Espíritu Santo. Alguna gente que viene a un pastor buscando un guía jamás buscará ayuda de nadie más. Un pastor puede humildemente entrar en la vida de una persona como un representante de Jesús, el Maravilloso Consejero. Dios envía al Espíritu Santo para iluminar los pensamientos, alumbrar el entendimiento e inspirar las palabras de cualquier verdadero siervo de Jesús. En la medida que el pastor busque la ayuda del Espíritu en la sesión de consejería Él le dará discernimiento que parece imposible en otro contexto. Jesús prometió: "Pero el Consolador, el Espíritu Santo, a quien el Padre enviará en mi nombre, les enseñará todas las cosas y les hará recordar todo lo que yo os he dicho" (Juan 14:26). También envía su poder para capacitar a los aconsejados para hacer los cambios que ni siquiera intentarían por su propia cuenta. El Espíritu da consuelo a aquellos cuyos corazones están siendo quebrantados, esperanza a aquellos que han tratado todo menos darse por vencido, amor para aquellos que desean venganza y valor para aquellos que tienen temor. Cuando los pastores aconsejan, tienen los recursos del cielo a su disposición. Una pieza de mármol sobre mi escritorio tiene un cuadro de un águila y esta cita de Isaías 40:29-31:

> *Él fortalece al cansado*
> *y acrecienta las fuerzas del débil.*
> *Aun los jóvenes se cansan, se fatigan,*
> *y los muchachos tropiezan y caen;*
> *pero los que confían en el SEÑOR*
> *renovarán sus fuerzas;*
> *volarán como las águilas:*
> *correrán y no se fatigarán,*
> *caminarán y no se cansarán.*

Qué gran recordatorio a cada persona en el ministerio. Los pastores predican, cuidan y aconsejan bajo la dirección de Dios. Y este todopoderoso Dios conoce todas las cosas. Tiene el poder o para cambiar la situación o empoderar al pastor para enfrentar la situación.

▶ PREGUNTAS PARA LA REFLEXIÓN

▷ ¿Cómo vence un pastor el sentirse inadecuado cuando hay otros profesionales en la comunidad que tienen más entrenamiento y experiencia en ayudar a la gente a través de la consejería?

▷ ¿Cuáles son algunas ventajas que los pastores tienen sobre otros profesionales de la consejería al aconsejar a la gente de su congregación?

▷ ¿Cuáles son las tres precauciones respecto a la consejería pastoral que le preocupan más, y por qué son éstas preocupaciones para usted?

▷ ¿Cómo determina un pastor cuánto tiempo debe gastar aconsejando cuando hay muchas otras demandas sobre el tiempo en la carga de trabajo de la semana?

El Cuidado Pastoral
Como Colaboración

El pastor Frank Lawson estaba a punto de concluir su trabajo en la iglesia ya tarde un viernes cuando se escuchó que tocaban la puerta de su oficina. Allí estaba una mujer parada, cargando un niño como de seis meses envuelto en una sábana. Frank nunca la había visto en la iglesia. Notó que estaba pobremente vestida, sin ningún abrigo para soportar el invernal clima afuera.

La joven mujer, Jane, le contó una historia familiar. Su esposo la había abandonado a ella y a su bebé, y no podía trabajar con un niño tan pequeño que cuidar. Había sido echada de su pequeño apartamento de un cuarto porque no tenía dinero para pagar la renta. El bebé necesitaba medicina para una gripe, pero no tenía dinero. De hecho, ninguno de ellos había comido ese día porque todo el dinero se les había terminado. Ella tenía familia en un pueblo como a 300 kilómetros pero no tenían dinero para mandar a traerla. Jane dijo con una voz suplicante: "Si tan sólo pudieran darnos $100 dólares para comprar comida y un boleto para irme a casa a lo menos pudiera tener un techo sobre nuestras cabezas y algún alimento para comer... no sé a quién más ir".

La mente de Frank estaba llena de preguntas mientras la mujer hablaba. Le preguntó por qué esperó hasta las 4:30 en la tarde del viernes para pedir ayuda cuando todas las agencias de bienestar social estaban cerradas para el fin de semana. ¿Era una necesidad legítima o estaba tratando de estafarlo? ¿Cuántas iglesias ya habían visitado esa tarde con la misma historia? Pero entonces, ¿qué si esta era realmente la verdad y estaban en una situación desesperada? ¿Qué si ella fuera su hija solitaria y en necesidad en una ciudad lejana? ¿Qué haces en un caso como éste?

La iglesia guardaba como unos $50 dólares en una caja encerrados en otra oficina para emergencias, pero no era suficiente para su necesidad. Frank podría ir a un cajero automático y sacar otros $50 de su propio dinero. Pero, ¿era esto lo correcto? Recordó el libro de notas de los recursos comunitarios que había reunido cuando se movió a la ciudad y lo sacó del librero. El único recurso que pensaba para necesidades como esta era el Ejército de Salvación local. Muchas de las iglesias de la comunidad, incluyendo la de ellos, contribuían mensualmente a un fondo administrado por el Ejército de Salvación para ayudar a la gente que estaba necesitada. El United Way suplía dinero extra para circunstancias especiales. Un capitán del Ejército de Salvación le había dicho a Frank que llamara en caso que tuviera a alguien con una necesidad.

Frank fue a la siguiente puerta para traer a su esposa, y llevaron a la joven mujer con el bebé al Centro Comunitario. El Capitán Bowers hizo algunas llamadas y después de determina que las necesidades de la mujer eran reales, hizo arreglos para lograr que la mujer llegara a casa. Le encontró un buen abrigo, botas e incluso una sábana aislante muy bonita para el bebé. Después que ambos habían comido, Frank y su esposa pusieron a Jane y al bebé en el autobús. Ella dijo: "No sé cómo pagarles alguna vez". Esa noche Frank se dio cuenta que, con las sospechas en su mente, bien pudo haber enviado a Jane y a su bebé sin ninguna ayuda si no hubiera habido otros recursos en la comunidad a los cuales llamar para apoyo.

▶ TRABAJANDO UNIDOS

Nadie entiende la colaboración mejor que el Ejército de Salvación. Desde su fundación en 1865 por William Booth, se ha extendido desde Londres hasta muchas áreas del mundo. Desde sus inicios ellos han enfatizado el evangelismo bíblico y la mejoría social. Su misión es doble: "predicar el evangelio de Jesucristo y satisfacer las necesidades humanas en su nombre sin discriminación".[1]

El compromiso del Ejército de Salvación de satisfacer las necesidades de gente herida los ha llevado a conectarse con otros que comparten preocupaciones comunes. Desde los líderes comunitarios que sirven como voluntarios para tocar las campanas frente a ollas en Navidad, hasta las corporaciones que donan sus productos para respuestas en emergencias, el Ejército se nutre de muchos recursos más allá de su propia gente. ¿Cómo puede esta comunidad religiosa, con los recursos de su propio pueblo, satisfacer todas las necesidades que ven, desde ayuda en los desastres y apoyo en refugios, hasta el hambre y la falta de vivienda? El Ejército de Salvación ha desarrollado una reputación sorprendente de integridad financiera unida con una compasión incluyente por la gente necesitada. Por esta confianza han sido capaces de reclutar a otros para ayudarles a satisfacer las necesidades de la gente. ¿Todos los que ayudan al Ejército de Salvación son cristianos? No, pero el ejército ha encontrado áreas de preocupación común en donde gente con diferentes puntos de vista pueden colaborar para trabajar unidos.

▶ SIENDO PUENTE PARA LA COMUNIDAD

A través de las épocas ha habido aquellos que dentro de la iglesia han promovido una mentalidad de fortaleza, los que dentro de la iglesia se esconden de los problemas e influencias negativas del mundo. Es más fácil darle la espalda a los problemas sociales y la gente herida que confrontarlos con respuestas.

Otras iglesias han tratado de medir su efectividad al desarrollar ministerios que los hará ver exitosos ante otras iglesias al tener el edificio más grande o la asistencia más grande en el pueblo. Y sin embargo, como Robert Lewis observa: "Un iglesia exitosa a menudo permanece ajena a su propia comunidad".[2] La mayoría de los recursos y energía en algunas de estas iglesias son invertidos en mantener la imagen en lugar de hacer puentes a la comunidad con una mano de ayuda.

Pero el cuadro completo no es tan gris. Muchas iglesias están edificando puentes para ayudar a sus comunidades locales. Aunque existen críticos que dicen que la iglesia en los Estados Unidos se beneficia más de pagar menos impuestos de lo que da a la comunidad, un estudio reciente revela que lo opuesto es la verdad. Ram Cnaan, profesor de trabajo social en la Universidad de Pennsylvania, estudió el impacto de 300 congregaciones locales sobre sus comunidades.[3] Descubrió que el valor mensual de los servicios comunitarios de una congregación promediaba $15,307 dólares por mes basado en el valor del uso del edificio y el trabajo de los voluntarios.

Al comentar sobre el estudio, Marshal Shelly dice: "El descubrimiento más importante es que casi todas las congregaciones en el estudio proveen alguna forma de servicio social y comunitario, más comúnmente con niños, los ancianos, los pobres y los desposeídos".[4] Muchas congregaciones subestiman el impacto que están teniendo en su comunidad. Cnaan dice sobre las congregaciones: "Descubrí que las cosas que ellos piensan que *no* son programas sociales realmente *son* programas sociales. Las congregaciones usan otras palabras: ministerios, grupos de mujeres, grupos auxiliares tienen un sin fin de nombres. En la mente de la congregación, 'servicios sociales' son grandes proyectos en colaboración con el gobierno. Para nosotros, un servicio social es algo que se hace de una manera consistente para ayudar a los necesitados".[5] Si las iglesias se fueran a retirar de repente de los programas comunitarios, la mayoría de los albergues, cocinas, programas de apoyo para los adictos, y programas para niños después de la escuela pronto desaparecerían.

Las iglesias tienen una maravillosa oportunidad para colaborar con los líderes comunitarios para proveer servicios a sus vecinos. Las iglesias pueden dirigirse a las preocupaciones del vecindario al proveer programas de verano para los niños y después de la escuela, programas de enriquecimiento atlético y cultural para los adolescentes, y programas de salud y actividad para los adultos. En general hay gente en el vecindario que necesita alimento, ropa, techo o apoyo en utilidades. La iglesia también puede poner a disposición consejería personal y en grupo para aquellos que no pueden encontrar ayuda en ninguna otra parte. He escuchado de Robert Schuller, pastor de la Catedral de Cristal en Garden Grove, California, decir: "Encuentra una herida y sánala. Encuentra una necesidad y satisfácela".

Cada iglesia tiene sus dones singulares, intereses y habilidades que emergen de los miembros, el edificio y los recursos. También, cada comunidad es única en sus necesidades. Es fácil tratar de copiar lo que alguna otra iglesia ha hecho con éxito en otra localidad. Pero Dios quiere que tu iglesia edifique diferentes puentes que satisfagan preocupaciones que nadie más ha tratado de resolver. Robert Lewis escribe: "Jesucristo era un edificador atrevido de puentes de otra clase. En contra de las posibilidades abrumadoras, se imaginó un puente de influencia espiritual sin precedentes uno que podía salvar el abismo que rugía con escepticismo, indiferencia, hostilidad e incluso persecución".[6] En su Sermón del Monte desafió a sus seguidores a ser "la sal de la tierra"[7] y "la luz del mundo"[8] para demostrar la importancia de hacer una diferencia en la cultura a su alrededor.

Colaboración significa que la iglesia toma el primer paso en ofrecer sus recursos y energías a la comunidad como una expresión amante de preocupación y compasión. Servicio es una manera en que la iglesia completa puede expresar el cuidado pastoral al vecindario.

Siendo que los pastores no son especialistas en todos los problemas serios que la gente trae a la oficina de la iglesia, se enfrentan con un escogimiento difícil. ¿Es mejor tratar de ayudar a la persona aun cuando el pastor le hace falta los recursos o habilidades para ayudar la situación, o debe el pastor tratar de encontrar a otros que están mejor capacitados para enfrentar el asunto? Hay ocasiones cuando un pastor trata de proveer alguna ayuda porque simplemente no hay nadie más a la disposición o el que está buscando ayuda no está dispuesto a ser referido a nadie más. Sin embargo, generalmente una persona con una preocupación seria está dispuesta a ir a cualquiera que pueda ayudarle a resolver el problema. Mientras el capítulo previo se ocupó de cómo el pastor responde a una necesidad por medio del consejo, este capítulo discutirá acerca de cómo las necesidades de los individuos pueden ser mejor satisfechas por otros. La mayoría de los pastores que toman en serio su responsabilidad de cuidar su rebaño, cuando deciden si deben o no referir a una persona, tratan de poner el bienestar de la persona lastimada primero.

► EL TIEMPO CORRECTO PARA REFERIR

Uno de mis colegas que no pertenecen al cuerpo ministerial estaba en una discusión sobre el papel del pastor en la consejería y ayuda a otros. Dijo: "La consejería pastoral es fácil refiere, refiere, refiere". A su manera jocosa estaba dando voz a una falsa concepción que los pastores simplemente pasan todos los problemas que no quieren confrontar por sí mismos. En ese sentido estaba equivocado. La mayoría de los pastores no tratan de evitar los asuntos poco placenteros que enfrentan sus feligreses. Parte de ser pastor es tratar compasivamente con aquellos que están heridos. Pero en otro sentido estaba correcto. Aunque la consejería pastoral nunca es fácil, el papel general del pastor discutido en el último capítulo naturalmente lo lleva a referir a algunas personas con necesidades a otros que pueden proveerles mejor apoyo.

Un pastor debe considerar hacer alguna referencia cuando el problema presente es más complejo que el entrenamiento y experiencia de el para tratar con el asunto. Imagínese pilotear un pequeño aeroplano y descubrir que la máquina no está corriendo suavemente. Un adolescente que hace trabajos esporádicos en el aeropuerto dice: "He visto a algunos mecánicos y pienso que pudiera ser capaz de corregir el problema". ¿Confiaría algún piloto a alguien que tiene mucha confianza pero ningún entrenamiento para diagnosticar y reparar un avión? Uno bien pudiera dejar a un muchacho de 15 años sin habilidades reparar el parabrisas en un auto, pero la mayoría de los pilotos quieren la confianza de que un motor de avión ha sido puesto a punto por un profesional para que funcione en perfectas condiciones cuando las ruedas se levanten de la pista.

Pudiera haber razones personales para que un pastor haga una referencia. Cada pastor trae al contexto de la consejería las muchas experiencias de la vida, buenas y malas, que forman su vida personal. Por ejemplo, un pastor que ha experimentado el abuso físico de un padre cuando niño pudiera descubrir que es demasiado dificultoso ser objetivo si este es el asunto a considerar en una sesión de consejería. Es posible que un pastor sienta un conflicto de personalidad o una reacción fuertemente negativa que nubla la habilidad para ver a su feligrés con objetividad. En ocasiones el pastor simplemente siente que alguien más haría mejor trabajo enfrentando este problema. Sin embargo, los pastores no deberían descontar su propia efectividad demasiado pronto. William Oglesby Jr. correctamente observa: "Existen aquellos ministros que son demasiados prontos para referir, fallando al no darse cuenta del potencial de su propia relación con su feligrés".[9] Tener a alguien que conocen y pueden confiar puede ser una herramienta poderosa para sanar en la mente de una persona necesitada.

Otra razón legítima para referir es la falta de tiempo. Por razones de que el pastor tiene muchas tareas en la iglesia, las necesidades de la consejería necesitan encajar con otras responsabilidades. Cuando un problema serio se levanta, el pastor pudiera no tener tiempo para hacer más que un estudio rápido del problema antes de encontrar a alguien que tiene el tiempo y habilidades para hacer el seguimiento propio. Algunos asuntos pueden estar dentro del nivel de competencia del pastor, pero las otras demandas del ministerio no dejan suficiente tiempo para invertir en el trabajo con este problema específico. Todos en el ministerio tienen que enfrentar el uso más efectivo de su tiempo dado. Aun antes de que las necesidades se levanten, un pastor sabio pondrá límites sobre la cantidad de tiempo que se le dará a la consejería durante una semana para que haya suficiente tiempo para otras responsabilidades ministeriales para toda la congregación.

Pudiera haber tiempos cuando la consejería pudiera poner al pastor, a otros miembros de la iglesia, o la iglesia misma en peligro. Un feligrés pudiera necesitar compartir detalles íntimos que, si el pastor supiera, pudiera hacer dificultoso para el pastor tener el mismo nivel de respeto. En ocasiones la gente siente que necesitan ir a otra iglesia porque el ministro conoce demasiados detalles muy vergonzosos de sus vidas. También tal vez sería mejor referir cuando se enfrenta un asunto que pudiera tener ramificaciones legales o de responsabilidad para el pastor o la iglesia.

Casi siempre es necesario pedir ayuda externa cuando una persona tiende al suicidio o al homicidio. Cuando una persona amenaza con una acción tan drástica, las vidas de otras personas pudieran depender de la acción correcta del pastor. En cualquier tiempo que el aconsejado incluso insinúa hacerse daño a sí mismo o a alguien más, las palabras tienen que tomarse en serio. A menudo, estas personas necesitan ser llevadas a un hospital o a otros lugares de seguridad para su protección personal. En cualquier ocasión que otros están en peligro, debe notificarse a la policía para proveer protección. Esta es una de las ocasiones cuando es propio romper el juramento del silencio con el propósito de proteger el bienestar de aquellos que están en peligro. Situaciones como el conflicto doméstico pueden rápidamente convertirse en violencia. Un pastor hará mucho mejor si busca apoyo antes de que el aconsejado lleve a cabo las amenazas, que vivir con el remordimiento de no haber actuado lo suficientemente rápido para evitar una tragedia.

Si un pastor sospecha que alguien tiene algún desorden físico serio, no debe titubear en referir a la persona a un médico para una revisión. En uno de mis pastorados, una mujer sufrió un repentino cambio emocional. En lugar de su visión optimista de costumbre, se había convertido en depresión y se sentía físicamente letárgica. Ante mi insistencia, fue a ver a su médico de familia, quién descubrió un grave problema de tiroides. Se sometió al tratamiento y pronto recupero su estado normal.

La gente con severos disturbios mentales o emocionales necesitan ser referidos a los profesionales competentes. En general la gente con preocupaciones paranoicas, comportamiento compulsivo, los desorientados, severamente deprimidos, o aquellos que están fuera de contacto con la realidad necesitan la ayuda de un psicólogo. Algunos problemas psicológicos pudieran requerir a un psiquiatra (un doctor médico que se especializa en el comportamiento mental o emocional) quien puede prescribir medicamento para ayudar en la recuperación. Es triste que algunas personas cristianas estigmatizan a cualquiera que use medicinas para corregir una enfermedad mental. En realidad, el uso de drogas propiamente administradas para corregir el desbalance químico en el cerebro es similar a un diabético tomando una droga para corregir el desbalance de la glucosa. El psicólogo Jim Pettitt dice: "Los pastores sin un título de graduado en una área específica de consejería debe evitar el tratar con la patología psicológica, dejando tal consejería a los profesionales entrenados y con licencia".[10]

La consejería sexual con personas de cualquier sexo claramente está fuera de la experiencia del consejero pastoral promedio y debe referirse a otros más habilidosos. David Switzer dice que debemos también referir cuando "nosotros nos sentimos sexualmente atraídos a la persona al punto que nuestra atención en él o ella como un ser humano en problemas es consistentemente (o con mucha frecuencia) interrumpido y nuestras respuestas de ayuda disciplinadas (la condición facilitadora) está comprometida".[11] El pastor sin entrenamiento está mal equipado para abordar tales asuntos y debe admitirlo abiertamente al aconsejado frente a frente. Es mucho mejor referir que tratar de caminar la línea fina de ayudar y ser sorprendido por la fascinación y atracción sexual, que pudiera llevarlo a una tragedia incalculable.

Es importante entender que referir no significa abandonar. Aun cuando un pastor puede referir a una persona a un especialista, él o ella continúan mostrando interés y ayuda a la persona en cualquier forma posible. Es importante proveer nutrición espiritual al miembro de la iglesia y una conexión colaborativa al profesional que continúa trabajando con el feligrés. Switzer usa el término *transferencia* en lugar de *referencia*. "En tales casos no solamente estamos haciendo recomendaciones y buscando aclarar la cooperación de otros al tomar su iniciativa para seguir por completo cualquier acción que sea apropiada. En la transferencia, continuamos trabajando activamente con y para la persona con la responsabilidad primaria hasta que él o ella esté en contacto personal con el profesional o agencia u hospital que luego asume tal responsabilidad".[12] En ocasiones esto significa contactos periódicos con la agencia referida para saber del progreso del feligrés. La agencia pudiera tener sugerencias para que el pastor haga un seguimiento con el individuo en una fecha posterior. En el sentido más verdadero, la referencia es un ejercicio colaborativo.

▶ ENCONTRANDO LOS RECURSOS CORRECTOS

Un pastor que se mueve a una nueva iglesia debe principiar un directorio de referencias a individuos profesionales en práctica privada, agencias comunitarias y organizaciones religiosas que pueden formar una red colaborativa de recursos para una iglesia. Una manera efectiva de iniciar este proceso es edificar relaciones para encontrarse con aquellos que pudieran potencialmente ser usados como referencias. En general doctores, consejeros y otros ayudantes dan la bienvenida a la oportunidad de presentar sus servicios a un pastor porque las referencias son la manera en que ellos expanden su práctica. Cuando se edifica un archivo de referencia, enliste el nombre de la agencia u organización, un número de teléfono, el nombre de una persona contacto, el costo de los servicios, y cualquier información adicional que pudiera ser de ayuda para hacer una referencia más tarde. Si pastorea en un pueblo pequeño, el radio de la red de referencia pudiera expandirse a otras comunidades cercanas que ofrecen servicios necesarios. Los pastores no deben ignorar los recursos de otras iglesias en su área. Las iglesias muy a menudo se combinan para proveer apoyo cooperativo que pudiera no ser posible individualmente. Cuando deje la iglesia, considere pasar la información de referencias como un regalo para el siguiente pastor.

Un pastor tiene la responsabilidad de conocer a los individuos a quien él o ella harán una referencia. ¿Tiene buena reputación esta persona en la comunidad? ¿Otros pastores usan a esta persona? ¿Qué experiencia y entrenamiento posee la persona? ¿Existen agencias crediticias u organizaciones profesionales que han aprobado las habilidades de esta persona? ¿Cuál es la filosofía de este individuo sobre aplicar sus habilidades? ¿Cuál es la fe de esta persona? Si la persona no es cristiana, ¿cuál es su acercamiento para trabajar con gente de fe? No debes hacer una referencia a ninguno que hará pedazos o desanimará el sistema de fe de un miembro de la iglesia.

Los recursos comunitarios caen en una de tres categorías generales: práctica privada, agencias comunitarias y organizaciones religiosas.

PRÁCTICA PRIVADA

Los psicólogos y consejeros profesionales bien pueden estar conectados a una comunidad o agencias religiosas, pero muchos funcionan independientemente con sus propias oficinas. El entrenamiento de un psicólogo licenciado incluye un doctorado, así como cientos de horas de consejería supervisada para completar el proceso licenciado requerido por el gobierno. En la mayoría de los casos, los consejeros tienen que tener a lo menos un nivel de maestría en consejería también porque el estado requiere consejería supervisada para recibir una licencia. La consejería pastoral es una categoría especial de consejería profesional. Aunque aquellos que se anuncian como consejeros pastorales normalmente tienen un entrenamiento educado tanto en teología y consejería, este campo no está cuidadosamente regulado. El término pudiera indicar una orientación religiosa pero no significa que el consejero ha tenido experiencia pastoral o entrenamiento adecuado en consejería. Es especialmente importante investigar ambos, las credenciales y el entrenamiento de aquellos que utilizan el título de *pastor consejero*.

Los psicólogos o consejeros pudieran ser cristianos pero variarán en su acercamiento y filosofía. Los consejeros pastorales se pueden sentir más cómodos utilizando la Escritura y la oración que los psicólogos cristianos. La personalidad del cliente pudiera encajar mejor con un consejero que otro. Descubrirás que algunos consejeros son más efectivos que otros. Habla con otros pastores, visita al consejero, y luego desarrolla una lista de dos o tres con los que te sientes más cómodos en utilizarlos como consejeros a los que remites.

Los psiquiatras y los doctores médicos pueden prescribir medicamento para los desórdenes mentales. Ellos tienden a tratar con los más serios problemas de psicosis, retardados mentales, heridas al cerebro, depresión, ansiedad, u otros problemas psicológicos que pudieran requerir hospitalización. Aunque en el pasado muchos dentro de la comunidad religiosa veían la psiquiatría con una gran desconfianza, esta actitud ha cambiado. Oglesby declara: "Apoyados por grupos cuyo propósito ha sido traer representación de cada disciplina para un diálogo frente a frente, ha surgido un entendimiento más responsable de parte de ambos respecto a las preocupaciones y responsabilidades del otro".[13] Algunos siquiatras pueden hacer consejería, aunque a menudo es para determinar el uso y efectividad del medicamento. El costo de usar un psiquiatra suele ser mayor que el mismo tiempo con un psicólogo o un consejero.

Los doctores médicos también pueden ser una fuente de referencia maravillosa para el bienestar de un feligrés. A menudo, el pastor puede ser el primero en observar la necesidad que tiene un individuo de algún tipo de atención médica. Howard Clinebell escribe:

> Es importante para los pastores edificar relaciones de trabajo con uno o más doctores en la comunidad. Un aconsejado que no ha tenido una revisión física recientemente se le debe animar a hacerlo si el pastor tiene alguna sospecha que la persona pudiera necesitar atención médica. Si existe la menor sospecha que problemas neurológicos, endocrinógenos u otros problemas médicos pudieran estar detrás o complicando los conflictos psicológicos o interpersonales, el pastor debe *insistir* que la persona consulte a su médico.[14]

> Es de ayuda conocer bien al médico para poder discutir sus preocupaciones pastorales personales y lograr que el feligrés vea al doctor tan pronto como sea posible.

¿Deberían los pastores hacer remisión sólo a doctores o consejeros cristianos? La respuesta corta es no. Pudieran haber profesionales cristianos en la comunidad que son competentes, pero habrá problemas físicos especializados donde la única persona que puede ser de ayuda pudiera no ser cristiano. En general, es mejor referir a la persona que tiene la más grande habilidad y experiencia mientras esto no sea para detrimento o compromiso del fundamento espiritual del feligrés. Una manera de asegurarse de esto es hablar con el profesional sobre las preocupaciones y asegurarse que esta persona será cooperativa.

AGENCIAS DE LA COMUNIDAD

En las comunidades más grandes existen organizaciones privadas que abordan muchas de las necesidades más comunes que la gente enfrenta. Algunas agencias, tales como la Cruz Roja, tienen un enfoque más amplio, tratando con asuntos tan diversos como recoger sangre y responder a las crisis comunitarias, tales como inundaciones o tornados. Otras agencias se dirigen a un solo asunto, tales como el cáncer, el abuso, o el SIDA. El apoyo para la mayoría de estas agencias viene de donaciones privadas y apelaciones muy amplias a la comunidad, tales como el United Way. Muchas agencias locales son parte de organizaciones nacionales o internacionales que pueden proveer apoyo adicional y entrelazar oportunidades. Mucho de su fuerza laboral viene de voluntarios que creen fuertemente en enfrentar las preocupaciones de la agencia.

Las agencias locales, estatales y federales también están preocupadas con el bienestar de la comunidad. Un pastor necesita conocer qué servicios pueden proveer estas agencias para la gente que necesita ayuda. La mejor manera de estar informados es entrevistar al director de la agencia para conocer cómo funciona esa agencia.

A menudo la gente que viene a usted por ayuda no saben qué tipo de asistencia está disponible para ellos. ¿Hay honorarios? ¿Cómo se puede calificar para los servicios? Usted puede convertirse en su defensor, investigando y representando a las personas a las agencias apropiadas.

ORGANIZACIONES RELIGIOSAS

Además del Ejército de Salvación, que provee una amplia gama de servicios continuos y de crisis, en las comunidades existen otros ministerios localizados en las iglesias. Jesús habló muy a menudo de las necesidades de los pobres que se encontraban por dondequiera que iba. El pueblo cristiano históricamente ha respondido a las necesidades humanas del hambre, vestido y techo. Pero en ocasiones es dificultoso para una iglesia solitaria proveer para las muchas necesidades en su área de responsabilidad. En muchas comunidades las iglesias se han unido para formar organizaciones de ministerios sociales para combinar sus recursos y protegerse en contra de duplicaciones. Un grupo ministerial local puede servir como el catalizador, uniendo tanto las iglesias como las organizaciones necesarias para abordar necesidades comunitarias específicas.

Otras organizaciones cristianas enfocan sus energías sobre un asunto social solitario, tales como el aborto o crisis de embarazos. Siendo que representan una variedad de iglesias, pudieran obtener algo de su sostén directamente de los presupuestos de aquellas iglesias que apoyan. Al colaborar unidos, los cristianos pueden proveer tales servicios como el cuidado de los niños después de clases, clínicas médicas de bajos costos, tutoría para jóvenes, colocación de empleos y clases sobre administración financiera o cómo ser padres. Una iglesia local puede proveer un grupo de contención e invitar a miembros de otras iglesias para participar. Otra iglesia puede abrir sus edificios a una tropa de los Boy Scout hecha de jóvenes de varias congregaciones. Una tercera iglesia pudiera operar un centro de distribución de ropa y alimentos con otras iglesias contribuyendo sus haberes. Al unirse en programas cooperativos, las iglesias presentan un frente cristiano unido a la comunidad que refleja el Espíritu de Jesús de una manera poderosa.

▶ DESAFÍOS DE CONECTAR A LA GENTE CON LOS RECURSOS

A primera vista, remitir pudiera parecer tan fácil como hacer una llamada telefónica. Pero existen algunos desafíos para el pastor.

Primero, en ocasiones es dificultoso conocer exactamente qué tipo de ayuda necesita la persona. Por ejemplo, si la depresión de una persona tiene una fuente física, entonces alguien con un entrenamiento médico es la fuente lógica de ayuda. Pero si la depresión parece venir de asuntos personales no resueltos, un consejero es un mejor escogimiento. ¿Y qué hará el pastor si la persona parece estar luchando tanto con asuntos físicos como psicológicos? Un pastor tiene que hacer una evaluación de referencia en base a lo que parece ser el mejor primer paso hacia la sanidad, al darse cuenta de que en el futuro pudiera existir la necesidad de referir a otras personas.

Un segundo desafío que enfrentan los pastores, especialmente en localidades más remotas, es encontrar los recursos que el feligrés verdaderamente necesita. Pudiera requerir varias llamadas telefónicas a otras comunidades con el propósito de encontrar la persona o agencia que realmente puede ayudar a esta persona en su problema. Si la fuente de ayuda está a alguna distancia, el individuo pudiera estar sopesando si vale la pena el tiempo y el costo para obtener ayuda. En ocasiones las personas se tendrán que contentar con menos que la mejor ayuda simplemente porque lo mejor es demasiada inconveniencia.

Una tercera preocupación para el pastor es el individuo que no tiene recursos financieros para obtener la ayuda. En los Estados Unidos no ofrece en este tiempo un plan médico universal para todos sus ciudadanos.

Esto significa que muy a menudo las personas con las necesidades más grandes no tendrán cobertura de salud adecuada. Los especialistas en general no trabajan por nada. Han gastado tiempo y mucho dinero para obtener sus capacidades. Tienen muchos costos y con toda justicia se sienten que deben ser reembolsados propiamente. Aunque los hospitales en los Estados Unidos están obligados legalmente a ofrecer tratamiento de emergencia a cualquiera que se aparezca en sus puertas, no se les requiere que provean cirugía electiva simplemente porque el paciente lo requiere. Los pastores necesitan hablar con los hospitales, doctores y otras agencias de apoyo para aclarar la ayuda de una persona necesitada. Los médicos, en ocasiones, donarán su tiempo y recursos para trabajar con alguien que tiene una necesidad especial. Las agencias gubernamentales en ocasiones entran para proveer algún apoyo para las necesidades de los indigentes. Como pastor, usted puede convertirse en un abogado, presentar un rostro humano a un problema médico o mental.

Pero también pudiera haber ocasiones cuando la iglesia demuestra una preocupación cristiana e intercede por proveer ayuda financiera. En la parábola de las ovejas y los cabritos de Mateo 25, los justos le preguntan al Rey en el versículo 39: "¿Cuándo te vimos enfermo o en la cárcel y te visitamos?" La respuesta que Jesús da en el siguiente versículo muestra la importancia de la intervención humana: "Les aseguro que todo lo que hicieron por uno de mis hermanos, aun por el más pequeño, lo hicieron por mí" (v.20).

El cuarto desafío que enfrentan los pastores es este: la remisión es casi imposible si la persona necesitada no está dispuesta a ir y hablar con alguien que no sea el pastor. Puede haber muchas razones para esta resistencia. La persona no quiere iniciar el proceso con otro consejero. Puede haber alguna desconfianza de alguna otra persona que no comparta los mismos valores del pastor. El ministro puede obtener el sentimiento que si él o ella no ayuda a este individuo, nadie más lo hará. La gente que rehúsa seguir por completo una remisión ha tomado una decisión sobre el problema, será resuelto sólo si los recursos y ayudantes encajan con su aprobación. Francamente, habrá gente a la que un pastor no podrá ayudar porque está, por cualquier razón, indispuesta en buscar la ayuda que necesitan. Un pastor que ha ofrecido la mejor ayuda a la disposición y se le ha rechazado, tiene que dejar ir al individuo y no sentirse responsable por los escogimientos que se han hecho.

Esto puede llevar al quinto desafío. Un pastor puede desarrollar un complejo mesiánico, nadie puede ayudar a esta persona como yo. Cuando este sentimiento viene, el pastor necesita hacerse esta pregunta: "¿Qué necesidades personales estoy tratando de satisfacer al ayudar a esta persona?" Switzer dice: "Cuando nos descubrimos principiando a sentirnos de esta manera, en general es la señal que definitivamente se necesita la remisión".[15]

▶ PRINCIPIOS PARA REMITIR

Deje saber temprano a la persona la posibilidad de remitirla. Clinebell dice: "Las personas que han reunido todo su valor para venir a su pastor esperando ayuda, generalmente sienten algún grado de rechazo si llega a ser necesario remitirlos".[16] Si puedes explicar tan temprano como sea posible por qué se necesita una ayuda más especializada, el feligrés tiene tiempo para acostumbrarse a la idea.

Aclare las razones para la remisión. La razón puede ser la falta de habilidad o experiencia con el problema a la mano. Remitir puede ser el mejor curso de acción porque la agencia de ayuda ha tenido mucho más éxito trabajando con este asunto especializado. De acuerdo a Randy Christian: "Aumentamos la posibilidad de una remisión con éxito al responder todas las preguntas legítimas directamente y dar a los aconsejados tiempo para pensar sobre la remisión".[17] Cuando se haga una remisión, explique el costo aproximado y cualquier otra expectativa requerida para los servicios de la agencia a la que se remite.

Remita a una persona en lugar de a una agencia. Muchas veces la persona necesitada siente temor o se siente intimidada de ir a una organización impersonal para pedir ayuda. Pero si el pastor conoce que el nombre de la persona contacto es Mary Long, será mucho más fácil enviar al aconsejado directamente a la persona correcta pidiendo ayuda. Preguntar por Mary Long puede ayudar a la persona necesitada a obtener el recurso para la ayuda mucho más rápido que ir a través de secretarias y recepcionistas cuyo trabajo es filtrar las llamadas telefónicas. Cuando se crea un directorio de recursos de remisiones para el futuro, hágase notas de los nombres de la gente que es muy probable que den asistencia al necesitado.

Cuando es posible permita que el aconsejado haga el contacto. Esto puede empoderarlo, dándole a la gente el sentimiento que tienen algún control y se adueñen de lo que toma lugar en el proceso de ayuda. Si existe más una posible fuente de remisión, dé al aconsejado la información sobre cada uno de los recursos y deje que el individuo escoja al que él o ella prefieren. En ocasiones el pastor puede hacer el contacto inicial con la agencia o individuo, explicando la situación, pero será la responsabilidad del aconsejado hacer la cita.

Ayude a preparar al aconsejado para el mejor posible resultado de la remisión. El feligrés puede tener expectativas no realistas de lo que la agencia a la que lo remite puede hacer o cuánto tiempo pudiera durar el proceso. Cuando sea posible, el pastor debe ayudar al individuo a tener un entendimiento realista de lo que debe esperar. Si las expectativas de la persona son bajas, el papel del pastor puede ser crear un sentido de esperanza y optimismo que existe luz al final del túnel. Es importante ayudar a la persona a comprometerse y seguir por completo las citas y las asignaciones que le den.

Deje saber al feligrés que usted continuará ofreciéndole apoyo y ánimo. Una llamada telefónica periódica o una investigación cuando vea a la persona privadamente en la iglesia le comunicará su preocupación pastoral con su progreso. No es necesario andar fisgoneando en cada uno de los aspectos personales del aconsejado o su tratamiento. Sólo saber que el pastor está todavía interesado puede ser muy consolador mientras el feligrés continúa trabajando hacia la plenitud. Como pastor, el pastor continúa proveyendo el apoyo espiritual que el miembro de la iglesia necesita para lidiar con el problema.

Asegure al aconsejado que la relación pastor-feligrés no cambia. Muchos miembros temen que una vez que el pastor conoce sus problemas personales y su tratamiento, esta relación cambiará por siempre. Algunos pudieran sentir que ir a otra iglesia es la única opción. Sin embargo, la actitud de aceptación y preocupación del pastor puede aliviar este sentimiento de ansiedad. Caminar con ellos en su hora de necesidad puede hacer el vínculo pastor-feligrés aun más significativo que antes.

Revise la agencia o individuos de remisión periódicamente. Pregunta cómo está progresando la persona. Vea si hay algo que pueda hacer para ayudar a la persona a continuar trabajando sobre una solución al problema. Si asuntos de confidencialidad evitan que el profesional divulgue demasiada información personal, puede pedirle a tu feligrés que firme alguna liberación de documento de información para permitir a la agencia compartir información pertinente con usted. Siendo que la mayoría de agencias de apoyo dependen de las remisiones para permanecer en el negocio, en general están ansiosas de trabajar con los pastores locales como profesionales colegas que están preocupados con el bienestar de su cliente.

▶ Siendo un Colabolador

Cuando se mueve a una nueva iglesia un pastor tiene una maravillosa oportunidad en hacer un estudio objetivo de la iglesia y su papel potencial en la comunidad. Periódicamente a través del tiempo del pastor en esa iglesia, algunos asuntos iguales deben revisarse y evaluarse.

¿Cuáles son las necesidades dentro de la comunidad que no están siendo abordados por alguna otra iglesia? Estas necesidades pudieran ir desde el cuidado de niños inadecuado y ropa usada, hasta grupos de apoyo para el luto y apoyo a madres solteras embarazadas. ¿Existen recursos humanos dentro de la iglesia que pudieran ser usados para abordar estas necesidades? ¿Pudieran los edificios de la iglesia o la propiedad utilizarse de alguna manera para alcanzar a la comunidad y ayudar a su gente? ¿Están siendo estas preocupaciones abordadas por la iglesia local a solas o una colaboración con otras iglesias o agencias es una mejor opción? ¿Quiénes son aquellos ayudantes en la comunidad que pudieran formar la mejor red de remisión? Conózcalos. Pregunte sobre sus requisitos y cobro por sus servicios. Déjeles saber que usted está a la disposición como ministro para ayudarles si necesitan apoyo. Pudiera haber tantos compañeros colaborativos en la comunidad que simplemente están esperando que se les pida. El ministro de una iglesia local ciertamente puede ser fortalecido al utilizar estos recursos.

▶ PREGUNTAS PARA LA REFLEXIÓN

▷ ¿Por qué piensa que los pastores en ocasiones titubean en colaborar con otros en la comunidad para ayudar a resolver alguna necesidad?

▷ ¿A dónde se vuelve para referir a una persona que viene a usted amenazando cometer un suicidio?

▷ ¿Cómo obtendría ayuda para un hombre que amenaza matar a su esposa porque le ha sido infiel?

▷ ¿Existen algunas agencias comunitarias a las que dudaría apoyar o usar para remisiones y por qué las rechazaría?

EL CUIDADO PASTORAL
Y LOS MEDIOS DE GRACIA

Cuando el Pastor Michelle Jennings finalmente tuvo una oportunidad de encontrarse con el visitante misterioso de la iglesia, fue a través de un encuentro por casualidad en el mercado local y la gasolinera. Michelle había visto a esta mujer por varios domingos entrar al servicio diez minutos después que la adoración había iniciado y luego salía antes de la bendición final. Nadie en la congregación conocía la identidad de esta mujer de cabello oscuro, delgada con ojos tristes que parecía estar a mediados de sus 20. En dos ocasiones los ujieres le habían pedido que llenara una tarjeta de visitante, movió su cabeza y se salió. Michelle le dijo a los ujieres después del segundo rechazo: "Déjenla venir en paz y respeten su privacidad. Cuando esté lista a identificarse, lo hará".

Y eso hacía el encuentro en el mercado tan especial. Michelle había ido hasta la parte trasera del negocio para sacar algo de leche cuando la mujer misteriosa de pronto apareció. Estiró su mano, se introdujo a sí misma como Donna Franz, y le pidió si podían hablar. Había tres mesas pequeñas con paraguas fuera de la tienda y rápidamente Michelle llevó dos bebidas a donde Donna estaba esperando.

Por la siguiente hora Donna le contó su historia, al principio con titubeos, luego con un sentido de descanso. Había crecido en una pequeña granja como parte de una familia que asistía a la iglesia. Después de la preparatoria Donna había trabajado como secretaria en un negocio local y gozaba su nueva libertad, aunque todavía vivía en casa. Conoció a un hombre de nombre Jason en el trabajo cuando vino para venderle a su compañía algunas copiadoras. Él era siete años mayor y no tenía ninguno de los valores que ella había sido enseñada de niña. Siendo que sus padres objetaron su noviazgo, ella y Jason huyeron a una ciudad más grande y se casaron. Donna le dejó saber a sus padres lo que había sucedido, pero Jason insistía que cortaran todos los vínculos con su familia. La pareja se movió varias veces antes de establecerse finalmente en su localidad presente, casi 2 mil kilómetros de su pueblo.

Donna le dijo que hacía tres años dio a luz a una niña que le pusieron por nombre Kaitlin. Desde el principio hubo problemas con su salud. Cinco meses atrás los doctores encontraron una masa que crecía rápidamente en el cerebro de la bebé y Kaitlin murió unas semanas después.

Donna dijo: "Jason no me deja llamar a mis padres. Dijo que él podía manejar esto solo. Luego, tres semanas después de la muerte de Kaitlin, Jason me dijo que no podía soportar que estuviera llorando y toda la presión. Empacó sus maletas, me dijo que podía quedarme con todos los muebles, y luego se fue".

Michelle tomó algunas servilletas del servilletero cerca a la mesa. Donna secó sus lágrimas y continuó: "Comencé a venir a tu iglesia hace unas semanas para que de alguna manera me conecte con algo del pasado que pudiera traerme alguna seguridad y estabilidad. Simplemente no me puedo convencer de hablar con alguien. Algo me sucedió mientras estaba sentada en su iglesia semana tras semana. Algunos de los cantos que entonaron me trajeron memorias de mi pasado. Comencé a tener un sentido de la presencia de Dios mientras lees las Escrituras. Aunque usted no lo sabía, las oraciones de la iglesia parecían diseñadas específicamente para mí. Pero para mí, probablemente el asunto más importante en el servicio ha sido su sermón semanal, especialmente ese sobre el hijo pródigo el último domingo. Usted me recordó que Dios me ama y entiende mi dolor. Cuando dijo que nunca es demasiado tarde para retornar a la Casa del Padre, inicié mi regreso a Dios. Comencé a leer de nuevo la Biblia que traje de casa. He comenzado a orar, realmente pidiéndole al Padre Celestial fortaleza y ayuda. Dijiste que van a servir la Comunión el próximo domingo. Por primera vez en muchos años, estoy esperando participar.

Michelle tomó las manos de Donna y ofreció orar por sanidad para ella. Cuando terminó se regocijaron unidas por unos cuantos minutos, aun cuando era obvio que Donna todavía estaba sufriendo. Luego Donna dijo: "Se me olvidó decirle, llamé a mis padres anoche y hablamos por más de una hora. Me invitaron a regresar a casa por un tiempo y he decidido hacer eso. Mi papá viene en su camioneta en dos semanas para llevarme con mis cosas a la granja hasta que me establezca en mi propio lugar cerca de casa. Pastor, quiero que sepa que esto no hubiera sido posible excepto por usted, y su congregación que me aceptó, que me dio el tiempo para comenzar a sanar mientras asistía a sus cultos. ¡Gracias!"

▶ EL CUIDADO PASTORAL TOMA MUCHAS FORMAS

Los pastores tienen un lugar muy singular entre los que ofrecen cuidado por nuestra responsabilidad del cuidado de las almas. William Willimon dice: "Los pastores cuidan al pueblo en el *nombre de Jesús.* El pastor es responsable no sólo al rebaño, sino también a Dios por el rebaño. Nos preocupa no sólo la salud y felicidad de nuestro pueblo, sino también su salvación".[1] Es común asociar el cuidado pastoral con la consejería formal u otros trabajos intencionales del ministerio dirigidos para ayudar a un individuo. Lo que es menos obvio es el cuidado pastoral provisto indirectamente a través de los medios de gracia.

En su excelente libro *Pastoral Care and the Means of Grace* (El cuidado pastoral y los medios de gracia), Ralph Underwood dice: "Los medios de gracia son formas en que encontramos al Dios de trascendencia, orden y libertad formas que explícitamente son puestas apartes, diseñadas y verdaderamente experimentadas. Tales medios de gracia no imponen límites en Dios, Dios da la gracia de Dios de formas incontables. Sin embargo, por generaciones el pueblo de Dios ha afirmado formas particulares para esperar de Dios, formas que no deben ser ignoradas".[2] Underwood sigue y menciona las actividades de fe, tales como la oración, la Escritura, la reconciliación y los sacramentos como medios específicos de gracia.

Underwood señala particularmente a Juan Wesley como "representativo de aquellos que procuran combinar el alto aprecio de los medios de gracia y un énfasis sobre la transformación radical".[3] A través de su ministerio Wesley animó a su pueblo "a buscar la gracia de Dios a través de las varias señales externas, palabras y acciones que Dios ha ordenado como canales 'ordinarios' para entregar su gracia salvadora a la humanidad".[4]

Aparentemente, antes de la Reforma la iglesia occidental había limitado los medios de recibir la gracia a los siete sacramentos de la iglesia. El teólogo Randy Maddox escribe:

> Wesley estaba convencido de la comunicación efectiva de la gracia de Dios a través de los sacramentos del bautismo y eucaristía, y a través de los medios como la liturgia y las oraciones formales que habían llegado a ser enfatizados por el anglicanismo... En verdad, uno de los aspectos centrales del avivamiento metodista era la expectativa de Wesley que su pueblo echara mano *tanto* de los medios tradicionales de gracias presentes en la adoración anglicana como de tales medios distintivos como las reuniones de las clases, las fiestas de amor y los servicios de renovación del pacto.[5]

Wesley entendía la necesidad que la gente respondiera a los medios de gracia por la fe. Condenó a aquellos que deseaban el resultado de la gracia sin echar mano de los medios de gracia por ejemplo, "aquellos que esperan crecer en la fe y santidad sin la participación regular de los medios a través de los cuales Dios ha escogido dar su gracia".[6]

Para algunos, proveer cuidado pastoral por los medios de gracia es un concepto difícil entender. Por una razón, es difícil de medir. Los pastores pueden contar el número de horas en las sesiones de consejería o el número de latas de sopa que se han entregado en el centro ministerial. Sin embargo, es difícil medir la efectividad de un sermón o una oración en las vidas de individuos específicos. De hecho, la mayoría de los pastores han sido en alguna vez culpables de casi pedir disculpas por decirle a alguien en necesidad: "Oraré por ti", como si orar es una trinchera sustituta cuando ya no hay nada tangible más que se pueda hacer. Es fácil apoyar esa actitud citando Santiago 2:17: "Así también la fe por sí sola, si no tiene obras, está muerta". Pero lo opuesto también es verdad: La acción, si no está acompañada por fe, también está muerta. Y en ocasiones es más fácil hacer la acción que apropiarse de la fe. La gracia de Dios puede traer resultados que jamás podrían lograrse solo por las actividades individuales.

Otro aspecto desconcertante para algunos está centrado en el mismo concepto de la gracia. La gracia es la respuesta benévola de Dios a nuestra necesidad. Aunque podemos participar proveyendo formas en que Dios pueda dispensar su gracia, en un sentido la dispensación actual está fuera de nuestras manos. Dios actúa en formas soberanas que los humanos no pueden siempre programar o predecir, para hacer su voluntad en las vidas del pueblo. Y sin embargo, Dios puede y usa las varias actividades humanas como avenidas a través de las cuales su gracia se libera.

Pedro y Juan encontraron a un paralítico mientras caminaban al Templo en Hechos 3. El hombre estaba mendigando dinero como su solución a las limitaciones físicas que enfrentaba diariamente. El curso más fácil de acción para Pedro y Juan era abrir sus carteras y dejar caer un poco de dinero frente al mendigo. Afortunadamente, ellos no tenían ningún dinero con ellos, así que tenían que depender de Dios para que actuara en su gracia a favor de este hombre. Pedro le dijo a este hombre paralítico: "No tengo plata ni oro, pero lo que tengo te doy. En el nombre de Jesucristo de Nazaret, ¡levántate y anda!"[7] Pedro había dicho las palabras, pero él no tenía poder para sanar. Fue la gracia de Dios que capacitó al hombre paralítico a saltar sobre sus pies y caminar al atrio del Templo con los dos apóstoles.

Los medios de gracia implican un compañerismo divino-humano. El elemento de la gracia obviamente es la iniciativa de Dios. Él nos provee diariamente lo que nosotros ni merecemos ni ameritamos por nuestra propia bondad. Pero algunos de los medios por los cuales la gracia puede venir hasta nosotros se encuentran en las actividades de la iglesia. En otras palabras, los humanos no podemos proveer la gracia, pero la iglesia puede proveer los medios, las actividades que Dios puede utilizar para dispensar su gracia. Willimon escribe: "Uno de los más grandes dones que tenemos que ofrecer a personas que luchan a través de su vida es el Cuerpo de Cristo, ese pueblo que Jesús ha formado como su presencia en el mundo".[8]

Aunque la gracia de Dios puede venir a nosotros de muchas formas, para muchos propósitos, el enfoque de este capítulo se centrará sobre las actividades específicas o prácticas que permitirán que la gracia de Dios fluya al pueblo en necesidad del cuidado pastoral.

▶ LA ADORACIÓN COMO CUIDADO PASTORAL

Si el cuidado pastoral ha sido entendido históricamente como el cuidado de las almas, entonces la adoración es el contexto natural para que tal cuidado tome lugar. Los pastores que dirigen la adoración están enfatizando, en las palabras de Willimon, "la dimensión *sacerdotal* del cuidado pastoral".[9] Es interesante que con los grandes avances en las habilidades de la consejería y las medicinas para corregir casi cada malaria emocional, mucha gente todavía se vuelve primero al pastor y a la iglesia cuando se levantan serios problemas. Quizá es una indicación que la gracia preveniente está obrando para atraerlos a un lugar donde todavía se pueden encontrar respuestas reales.

Darius Salter dice que el pastor tiene una tarea específica, "de asegurarse que toda la gente entiende que uno se puede acercar a Dios. Todos los laicos y los ministros tienen el derecho de enviar una invitación a acercarse a Dios. Es la responsabilidad del sacerdote proclamar este invitación en público".[10] El pastor tiene la responsabilidad de liderazgo global para todo lo que sucede cuando el rebaño se reúne para adorar unido. Es un privilegio dirigir a la congregación a experimentar al Dios viviente, que habla, que está a la mano y está ansioso de satisfacer a todos los que invoquen su nombre.

La adoración es un contexto ideal para que el pueblo experimente la gracia de Dios. Después de todo, en cualquier tiempo que la iglesia se reúne, el pueblo de Dios trae sus necesidades y preocupaciones con ellos al servicio. En ese momento cuando la adoración inicia, aquellos presentes cesan de ser simplemente un grupo de individuos en un cuarto. Los individuos llegan a ser una unidad: la iglesia, "los llamados fuera", el Cuerpo de Cristo, la comunión de los creyentes. La adoración disipa la idea que estamos aislados y solos. Nuestra atención cambia del auto-enfoque a una consciencia de otros en esta comunidad de fe reunida. "En la adoración ya no es sólo 'yo y Dios' enfrentando al mundo; es 'Dios y nosotros'".[11] Pablo da esta preocupación comunal compasiva cuando escribe: "Ayúdense unos a otros a llevar sus cargas, y así cumplirán la ley de Cristo".[12]

Pero este cuidado unos por otros en ocasiones se hace difícil cuando nuestra cultura dice: "Permanece privado y no dejes a nadie saber lo que realmente estás sintiendo". Demasiada gente son como la mujer en Marcos 5 que sufre heridas desesperadas pero prefiere tocar el manto de Jesús secretamente que abiertamente confesar su necesidad frente a otros. Es interesante que Jesús gentilmente forzó a que ella salga de las sombras y se identifique frente a la multitud. Willimon dice: "Un papel pastoral importante es ayudar al dolor que se vuelva público, animando el proceso público del dolor. Hacemos esto en nuestro liderazgo de la adoración cuando urgimos a la congregación a entrar en la confesión pública y el perdón; cuando recibimos la ofrenda monetaria; cuando nosotros, a través de los varios actos de adoración, urgimos al pueblo a poner sus vidas sobre el altar de Dios para ser bendecidos, quebrantados y entregados al mundo como el Cuerpo de Cristo".[13] Hay algunos asuntos que es mejor revelarlos en un contexto más pequeño, tales como un pequeño grupo o una clase de escuela dominical. Pero el principio es claro: las cargas son más fáciles de llevar cuando son compartidas con Dios en el contexto de otros creyentes a quienes les importa.

La iglesia, desde sus días más primitivos, ha entendido que el reunirse en adoración es un medio importante de la gracia de Dios. Santiago ofrece estas palabras de instrucción a la iglesia:

> ¿Está afligido alguno entre ustedes? Que ore. ¿Está alguno de buen ánimo? Que cante alabanzas. ¿Está enfermo alguno de ustedes? Haga llamar a los ancianos de la iglesia para que oren por él y lo unjan con aceite en el nombre del Señor. La oración de fe sanará al enfermo y el Señor lo levantará. Y si ha pecado, su pecado se le perdonará (Santiago 5:13-15).

Nota que compartir problemas o enfermedad o gozo debe hacerse en el contexto de los creyentes reunidos en adoración. Santiago es muy claro cuando dice que la confesión y oración públicas son medios por los cuales podemos experimentar la gracia sanadora de Dios. En ocasiones la confesión y sanidad toman lugar frente a la congregación entera mientras que otras ocasiones pudiera ser en un grupo más pequeño reunido para un tiempo de oración específica. Un elemento importante, en cualquier contexto, es una voluntad de compartir nuestras vidas personales unos con otros en cuidado y compasión. Dios puede obrar cuando dos o tres personas se reúnen y le invitan a estar presente con ellos.

Dondequiera que el pueblo de Dios se reúne en adoración debemos anticipar la obra de Dios en nuestro medio. La verdad es, mucha gente viene a la iglesia llevando los problemas y cargas de las semanas anteriores. Se sienten desanimados y sin esperanza en lugar de optimistas y con esperanza. Esta gente pudiera no estar esperando que nadie cambie como resultado de su venida. Paul Anderson dice: "La adoración rompe ese círculo por requerir que la gente haga algo positivo y con esperanza dé gloria a Dios".[14] La alabanza es un antídoto poderoso del desánimo. David escribió estas palabras cuando enfrentaba una situación dificultosa: "Engrandezcan al SEÑOR conmigo; exaltemos a una su nombre. Busqué al SEÑOR, y él me respondió; me libró de todos mis temores" (Salmo 34:3-4).[15] Crear el sentido de esperanza en la presencia de Dios debe ser un resultado natural de la verdadera adoración. Cuando Dios hace conocida su presencia en medio de la alabanza, las Escrituras, las oraciones y la predicación, el efecto puede ser transformador en los corazones de la gente que adora. Howard Rice dice:

> Es innecesario crear un temperamento artificial o hacer que la gente se sienta bien. El asunto de la transformación reside en el poder del evangelio proclamado con fidelidad a su mensaje y aplicación cuidadosa a las vidas de aquellos presentes... La adoración

crea el espacio en los corazones y las almas de la gente para que el poder transformador pueda alcanzarlos.[16]

En el encuentro divino-humano de la adoración Dios da su gracia de maneras que la gente no puede incluso anticipar. No hay manera que un pastor pueda saber de las profundas heridas que se esconden detrás de las caras sonrientes de aquellos que se sientan en las bancas. Si conociéramos, nos sentiríamos abrumados y desanimados. ¿Cómo pueden los pastores dirigirse a todas aquellas necesidades que son tan serias y urgentes? Y sin embargo, como Pablo Anderson escribe: "Jesús, el 'Maravilloso Consejero', sabe mejor que yo cómo llegar a la gente. Él envía al Paracleto, el Ayudador, para que venga al lado del pueblo. Así que, aunque no ponga en mi agenda citas para la consejería el domingo, Dios seguido lo hace exactamente durante el servicio de adoración".[17]

▶ LA PREDICACIÓN COMO CUIDADO PASTORAL

Más de 400 años antes que Pablo iniciara su misión de predicación itinerante, el poeta griego Eurípides dijo: "La lengua es más poderosa que la espada". Pablo se encontró a sí mismo haciendo batalla en Grecia en dos frentes: uno, un grupo de dogmas religiosos sostenido por los judíos, y dos, la visión filosófica de la cultura griega que dominaba al mundo romano de su tiempo. En 1 Corintios 1 resume para sus lectores en Corinto el asunto que enfrentaba la iglesia: "El mensaje de la cruz es una locura para los que se pierden; en cambio, para los que se salvan, es decir nosotros, este mensaje es el poder de Dios" (v.18). Continúa su argumento en versículos 21-25:

> Ya que Dios, en su sabio designio, dispuso que el mundo no lo conociera mediante la sabiduría humana, tuvo a bien salvar mediante la locura de la predicación, a los que creen. Los judíos piden señales milagrosas y los gentiles buscan sabiduría, mientras que nosotros predicamos a Cristo crucificado. Este mensaje es motivo de tropiezo para los judíos, y es locura para los gentiles, pero para los que Dios ha llamado, lo mismo judíos que gentiles, Cristo es el poder de Dios y la sabiduría de Dios. Pues la locura de Dios es más sabia que la sabiduría humana, y la debilidad de Dios es más fuerte que la fuerza humana.

Pablo está declarando que el reino de Cristo será edificado, su iglesia será establecida, no por vastos ejércitos sino por palabras que se hablan. Se refiere al plan de Dios para la victoria como "la locura de la predicación" (v.21). La respuesta no es simplemente decir palabras. Los filósofos griegos habían tratado eso por siglos. El poder de las palabras se encontraban en el mensaje específico: "predicamos a Cristo crucificado" (v.23) como el poder para la victoria. Funcionó en el mundo romano, y funciona en el mundo del siglo XXI también.

El uso de palabras continúa siendo una de las herramientas más poderosas a la disposición para proveer ayuda y esperanza a la gente en necesidad. Willimon lo pone de esta manera: "El mundo pertenece a aquellos que pueden describir al mundo verdaderamente, aquellos que son capaces de nombrar correctamente que está sucediendo entre nosotros. Así que, el pastor trabaja con palabras fielmente para describir al mundo como el mundo de Dios, la esfera de la actividad del Espíritu Santo, esa amada pero atribulada esfera por la cual Jesús murió".[18] Es un gran desafío hacer lo que John Stott refiere como "predicar entre dos mundos" tomando las verdades escritas en un mundo antiguo y hacerlas relevantes para nuestro mundo contemporáneo. "Nuestra lucha básica, el domingo por la mañana, da vueltas alrededor de las preguntas: ¿Quién nombra al mundo? ¿Quién está autorizado para contar la historia de lo que está sucediendo entre nosotros? Esto es por qué creo que nuestra predicación es primaria, incluso a nuestro cuidado".[19]

¿Es presuntuoso para nosotros pensar que el cambio puede ocurrir sólo porque hablamos palabras? Quizá lo sea, si los predicadores simplemente están haciendo discursos basados sobre la opinión o visión personal. Pero si la predicación es la proclamación de la principal historia, las buenas nuevas que Jesús fue crucificado, muerto y luego resucitó de la tumba en victoria, la mera narración de la historia tiene un poder que cambia la vida.

De hecho, después que Pedro y Juan administraron la gracia de Dios al paralítico en las gradas del Templo en Hechos 3 fueron arrastrados al Sanedrín. Pedro se puso de pie sin temor delante de la corte judía y proclamó la crucifixión y resurrección de Jesús sin pedir disculpas. Estos líderes judíos estaban alarmados que dos hombres a quienes ellos veían sin escuela y ordinarios pudieran tener tal poder con las palabras. El Sanedrín pensaba que podían silenciar a Pedro y Juan con una advertencia que no predicaran más sobre Jesús. "Pero Pedro y Juan replicaron: ¿Es justo delante de Dios obedecerlos a ustedes en vez de obedecerlo a él? ¡Júzguenlo ustedes mismos! Nosotros no podemos dejar de hablar de lo que hemos visto y oído. Después de nuevas amenazas, los dejaron irse. Por causa de la gente, no hallaban manera de castigarlos: todos alababan a Dios por lo que había sucedido" (Hechos 4:19-21).

Para que la predicación llegue a ser un medio de gracia, la Escritura necesita trabajar su camino en las heridas y preocupaciones del predicador. Thomas Oden dice: "El predicador debe primero entrar profundamente en su propio proceso de sentimiento y experiencia si es que quiere tocar profundamente los corazones de los demás. Lutero hablaba cándidamente de ponerse en contacto con su ira como un ejercicio emotivo que estimulaba y mejoraba su predicación".[20] En verdad, el ministerio de Jesús estaba caracterizado por su profunda preocupación por el pueblo herido a su alrededor. Parecía que tenía alguna forma de mirar los corazones de sus oyentes y sentir sus preocupaciones. Uno puede sentir su entendimiento profundo, compasivo, del dolor de la gente en sus palabras: "Vengan a mí todos ustedes que están cansados y agobiados, y yo les daré descanso. Carguen con mi yugo y aprendan de mí, pues yo soy apacible y humilde de corazón, y encontrarán descanso para su alma. Porque mi yugo es suave y mi carga es liviana" (Mateo 11:28-30).

También los pastores deben predicar del contexto de su propio dolor. John Piper escribe: Dios ha ordenado que nuestra predicación llegue a ser más profunda y más atractiva a la medida que nosotros somos quebrantados, humillados y desesperadamente dependamos de la gracia por las tribulaciones de nuestras vidas... Dios intenta quebrarnos de todas las pretensiones de autosuficiencia, y hacernos humildes y semejantes a un niño en nuestra dependencia de Dios. Este es el tipo de predicador a quien le viene el sufrimiento.[21] Piper sostiene que cuando predicamos de nuestra propia debilidad la gente puede ver a Cristo y entender que ellos en verdad son amados. También, nuestro propio sufrimiento como predicadores nos obliga a ir a las Escrituras buscando una palabra de esperanza para la congregación.[22]

Escuché a John Piper hablar en un servicio en una capilla del colegio sobre el dolor personal de ver a su hijo adolescente dejar la casa y vivir la vida del pródigo por un tiempo, alejado de su familia. Cualquier padre que haya escuchado el sermón sabía que Piper podía entender la ansiedad y el sufrimiento involucrado en criar hijos.

El cuidado pastoral en la predicación inicia cuando compartimos con otros el consuelo que hemos recibido de Dios a través de nuestras propias asperezas. Pablo lo describe de esta forma en 2 Corintios 1:3-4: "Alabado sea el Dios y Padre de nuestro Señor Jesucristo, Padre misericordioso y Dios de toda consolación, quien nos consuela en todas nuestras tribulaciones para que con el mismo consuelo que de Dios hemos recibido, también nosotros podamos consolar a todos los que sufren". En ocasiones es difícil aceptar el hecho que el sufrimiento personal puede usarse para ayudar a otros. Pero es lo que Pablo dice en versículos 6 al 7: "Si sufrimos es para que ustedes tengan el consuelo y salvación, y si somos consolados, es para que ustedes tengan el consuelo que los ayude a soportar con paciencia los mismos sufrimientos que nosotros padecemos. Firme es la esperanza que tenemos en cuanto a ustedes, porque sabemos que así como participan de nuestros sufrimientos, así también participan de nuestro consuelo". Para dejar que otros experimenten la gracia de Dios, los predicadores necesitan estar dispuestos a ser vulnerables y honestos sobre la obra de Dios en nuestras propias vidas.

También los pastores necesitan estar dispuestos a permitir a nuestros feligreses que provean consuelo para nosotros cuando lo necesitamos. Esta no es una señal de debilidad, sino de fortaleza, mientras abandonamos el mito de la invencibilidad pastoral. Cuando el pastor es vulnerable y abierto para recibir el cuidado y consuelo de otros, la congregación encontrará más fácil el buscar consuelo del pastor cuando ellos lo necesitan.

Edificar relaciones con la congregación hará que los sermones del predicador sean más efectivos para proveer el cuidado pastoral. Donald Capps se refiere al libro del finado Henri Nouwen, *Creative Ministry* (Ministerio creativo) como dirigiéndose a esta necesidad de relaciones con la congregación. "Nouwen dice que la predicación necesita reflejar los discernimientos que el pastor obtiene de su involucramiento en las vidas de sus feligreses... A través de las palabras, los predicadores efectúan un diálogo entre sus propias experiencias de la vida y aquellas de sus oyentes".[23] Nouwen también enfatizó la importancia de la habilidad del pastor de poner "el rango completo de sus experiencias de la vida sus experiencias en oración, en conversación y en sus horas solitarias a la disposición de aquellos que le piden sea su predicador".[24] Esto no es fácil porque al ponernos a la disposición verdaderamente nos abrimos a otros a inspeccionar personalmente nuestras vidas y a tener acceso a nuestro tiempo y energías.

¿De qué manera puede la predicación llegar a ser una herramienta para el cuidado pastoral de la gente en el nuevo milenio? Quizá debemos iniciar aprendiendo a hacer preguntas. Más específicamente, los pastores necesitan escuchar las preguntas del pueblo que en el contexto cultural más amplio están haciendo hoy. ¿Cuáles son las preguntas en las mentes de aquellos en la congregación cuando escuchan las palabras del texto?

Los oyentes antes de la época postmoderna estaban interesados en que cada pregunta real fuera contestada. Estaban buscando evidencias y argumentos para de alguna manera convencerlos de las verdaderas que buscaban descubrir. La gente de la era postmoderna no está tan interesada en respuestas reales. De hecho, están acostumbrados a vivir con ambigüedades, con hechos que no siempre armonizan. El pastor Michael Slaughter escribe: "Los predicadores que entran en contacto con la cultura del siglo 21 afirmarán el misterio y paradoja del evangelio... La iglesia nació en la paradoja. Jesús era totalmente Dios y totalmente humano... Dios es uno sin embargo existe en tres personas".[25] Los postmodernos están haciendo preguntas. ¿Qué dios de los muchos dioses debo seguir? ¿Cómo puedo experimentar este Dios de la Biblia? ¿Puede hacer una diferencia el conocer a este Dios mientras enfrento los problemas de mi vida?

La predicación efectiva hoy seguido involucra contar historias. Dan Kimball, en su libro *The Emerging Church* (La iglesia emergente) dice: "Cuenta la gran maravillosa historia, una y otra vez. No podemos asumir que la gente conoce toda la historia. Tenemos que pintar constantemente el gran cuadro de la historia de la Biblia y contarla en tantas maneras como sea posible a través de nuestra predicación".[26]

Ha habido un gran crecimiento en el interés sobre el uso de pasajes narrativos en los últimos 15 ó 20 años. Edward Wimberly escribe sobre la importancia de contar historias en el cuidado pastoral. "Narrar historias normalmente no se asocia con la consejería pastoral, pero por más de una década el contar historias y usar metáforas en la consejería ha estado creciendo. Estas historias nos ayudan a aprender de Jesús cómo sentirnos sobre nosotros mismos, nuestras relaciones y nuestro ministerio".[27] Las narrativas, especialmente las parábolas de Jesús, pueden ser muy efectivas en ayudar a la gente a buscar cambios en sus vidas. "Las historias de las parábolas se cuentan de tal manera que el punto de vista del mundo de la persona es minado y él o ella están dispuestos a aceptar otro punto para ver las cosas".[28] La gente de hoy es atraída a las historias donde se pueden identificar con uno o más de los personajes mientras luchan con la vida.

¿Cómo puede la historia o personaje de la Biblia dirigirse a los asuntos de la vida que son comunes en la vida de hoy? Slaughter dice: "Los postmodernos no se preocupan por la infalibilidad de la Biblia tanto como su integridad y valor moral. No están buscando comparaciones teológicas sino una conexión espiritual y relevancia para la vida. El comunicador del siglo XXI actuará como guía en ayudar al buscador postmoderno a encontrar la integridad de la eterna sabiduría revelada en el texto bíblico sin comprometer la verdad bíblica".[29]

La predicación de hoy promete muchas grandes oportunidades para que la gracia de Dios sea aplicada a la gente que busca al Dios que pueden conocer y experimentar. Este Dios cuida de ellos y de sus problemas verdaderos de la vida.

▶ LA ESCRITURA COMO CUIDADO PASTORAL

La Biblia es una de las más valiosas herramientas que los pastores pueden usar para ayudar a la gente necesitada a descubrir el plan y voluntad de Dios para sus vidas. La Escritura es lo que Ralph Underwood llama "la substancia del cuidado pastoral".[30] Pablo instruye a su pastor joven, Timoteo, sobre el uso propio de la Palabra de Dios: "Toda la Escritura es inspirada por Dios y útil para enseñar, para reprender, para corregir y para instruir en la justicia, a fin de que el siervo de Dios esté enteramente capacitado para toda buena obra" (2 Timoteo 3:16-17). Existe una obvia conexión entre la Escritura y la predicación, pero los pastores jamás deben ignorar el uso privado de la Biblia como un medio de gracia.

A través del Antiguo Testamento, y especialmente en los Salmos, el pueblo de Dios ha sido animado a pensar y a meditar en la Palabra de Dios. El primer canto en el Salterio de Israel felicita al sabio seguidor de Dios. "Sino que en la ley del SEÑOR se deleita, y día y noche medita en ella" (Salmo 1:2). En el Salmo 119, el salmista ofrece varias oraciones respecto a su actitud hacia la Escritura: "En mi corazón atesoro tus dichos para no pecar contra ti" (v.11). "¡Cuánto amo yo tu ley! Todo el día medito en ella" (v.97). "Guía mis pasos conforme a tu promesa; no dejes que me domine la iniquidad" (v.133). Hay un gran valor en estudiar, meditar y orar las Escrituras como medio de la gracia de Dios.

Uno de los antiguos y tradicionales acercamientos a la Escritura que está retornando hoy es la *lectio divina*, o lectura divina. Hay cuatro dimensiones en el proceso: "(1) *lectio*, leer y escuchar el texto; (2) *meditatio*, reflexionar en la Palabra; (3) *oratio*, orar para que la Palabra toque el corazón; y (4) *contemplación*, encuentro del silencio demasiado profundo para palabras".[31] La lectio divina no es simplemente una técnica sino una manera de abordar las Escrituras que involucra tanto la oración como la exégesis para la iluminación divina. Este acercamiento pudiera ser enseñado a aquellos que deseen encontrar a Dios en su Palabra.

Aunque existe poca discusión entre los pastores sobre la importancia de la Biblia, en ocasiones están en desacuerdo sobre cómo se usa la Escritura. Abundan las caricaturas de cristianos con buenas intenciones que figurativamente usan la Biblia para golpear al pueblo en la cabeza en condenación, o atoran la Palabra en las gargantas del pueblo antes que estén listos para recibirla. Salter escribe que "algunas personas en cada congregación sientes que la vida les ha dado malos golpes. Perciben que Dios es el causante de estas malas fortunas. Desesperadamente necesitan el Dios de esperanza".[32] Aunque la Escritura ofrece esperanza, la Palabra de Dios no puede ser levantada y regada encima de una situación como polvo mágico, diseñada para hacer todas las cosas bien y felices. "Al contrario, las palabras bíblicas pueden ser incluso más dolorosas que gozosas cuando se escuchan por primera vez. Sin embargo, nos mueven hacia la realidad en Cristo".[33] La Biblia tiene que primero trabajar en la vida del pastor. "La comprensión de la Biblia sensibiliza a los pastores, los prepara para estar en la presencia de Dios y les enseña qué buscar en los demás y en sí mismos, incluso en los menos probables recovecos de la vida de las personas.".[34] Creemos que la Biblia provee el antídoto para el pecado, y así, es la esperanza final para todos.

¿Cómo pueden utilizar las Escrituras en el cuidado pastoral como la Palabra *autoritativa* de Dios, sin ser *autoritario*? Edward Wimberly contrasta los dos acercamientos. "Los usos autoritarios de la Escritura busca hacer a los hijos de los aconsejados y a frustrar el crecimiento de las personas hacia sus plenas posibilidades como seres humanos. Los usos autoritativos de la Escritura intentan apropiarse de aquellas dimensiones de la Escritura que apoya el empoderamiento de los humanos para llegar a ser plenos y responsables participantes de la vida".[35] La Biblia tiene autoridad porque, aunque los hombres escribieron las palabras, la fuente final es el Dios Creador y Redentor. Aparte del Hijo de Dios, Jesucristo, la Biblia es la revelación más completa que tenemos de quién es Dios y qué desea de nosotros. Así que, ¿cómo usamos la Biblia como medio de la gracia de Dios?

Donald Capps, en su libro *Biblical Approaches to Pastoral Counseling* (Acercamientos bíblicos a la consejería pastoral) sugiere tres usos efectivos de la Biblia en el cuidado pastoral:

• El primero es el uso de la Biblia como un instrumento de *diagnosis.* Wimberly describe esto como el acercamiento dinámico, donde "los pasajes de la Biblia son escogidos por su relevancia a las dinámicas psicológicas en la vida del aconsejado".[36] A menudo se le pide a la gente que dé su historia bíblica favorita o versículo bíblico. Pudieran verse a sí mismos en la historia identificados como unos de los personajes o pidiendo la promesa de un versículo favorito. Un pastor puede explorar con los individuos por qué un pasaje de la Escritura es tan importante para ellos y en dónde se ven a sí mismos en el pasaje.

• El segundo uso de la Biblia es *instructivo.* Capps explica este acercamiento: "En ocasiones esto significa ayudar a los feligreses a entender el significado intencional de un texto bíblico particular que han malentendido o distorsionado, tales como pasajes bíblicos sobre el matrimonio y el divorcio. En otras ocasiones, esto significa introducir un texto bíblico o referencia que se relaciona con el problema del aconsejado".[37]

La Escritura tiene la autoridad para influenciar el comportamiento moral. Recuerdo tratar a una persona que estaba proponiendo hacer algo que era totalmente inconsistente con las enseñanzas de la Biblia. Al abrir unos cuantos pasajes de la Escritura esta persona llegó a entender que este plan no podía ser la voluntad de Dios porque contradecía las llanas y claras enseñanzas de la Biblia.

• Un tercer uso de la Biblia es dar *esperanza y consuelo.* Cuando la gente enfrenta serias crisis, enfrentan enfermedades físicas debilitantes, o tratan con los resultados de un duelo continuo, los pastores necesitan recordar que estas personas a menudo quieren escuchar una Palabra de Dios. Es común para la gente herida volverse a los Salmos para palabras de consuelo. Algunos ven a los escritos de Pablo que ofrecen esperanza, incluso en circunstancias difíciles. La gente pudiera encontrar ánimo y contención continua al memorizar pasajes que dan esperanza y consuelo. Esas Escrituras permanecerán dentro de la mente para que los individuos pueda sacar fortaleza en cualquier tiempo que ese versículo entre a su consciencia.

Tanto Capps como Wimberly animan al pueblo a usar los grandes pasajes narrativos de la Biblia. Wimberly dice: "La identificación con historias y personajes bíblicos particulares a menudo se relaciona con el poder de atracción de la historia bíblica y el personaje en sí... Las historias bíblicas seguido contienen una invitación al lector para adoptar la perspectiva, los sentimientos y las actitudes de los personajes como una forma de influenciar la vida del lector y oyente".[38]

La belleza de las grandes narrativas bíblicas es esta: aunque los personajes pudieran haber vivido hace dos a cuatro mil años, la naturaleza y los predicamentos humanos no han cambiado para nada. Estos fueron gente real, viviendo con familias reales, enfrentando problemas reales y teniendo que tomar decisiones difíciles. Aunque no todo personaje bíblico fue heroico, ni cada persona tomó las decisiones correctas, la Biblia revela maneras en las que Dios interactuó e intervino con su gracia y misericordia con aquellos que le buscaron con fe. La Biblia finalmente es una historia de esperanza; Dios ha puesto la salvación a la disposición de todos los humanos, incluso cuando nadie la merece. En eso, la Biblia es un medio de gracia. No tenga temor en usarla en conversaciones pastorales.

▶ ORACIÓN COMO CUIDADO PASTORAL

Aunque la oración es una parte vital de la propia jornada espiritual del pastor, la oración como un medio de gracia seguido se entiende sólo en el contexto de la comunidad de fe. Pero la oración puede comenzar en privado cuando un pastor intercede por las necesidades del rebaño delante de Dios. Luego se mueve a áreas más públicas, tales como hospitales y hogares donde el pastor ora con los individuos. El papel público más obvio del pastor es dirigir a la congregación en oraciones dentro de la experiencia de adoración. Martín Lutero enfatizó la importancia de la oración pública cuando dijo: "Una congregación cristiana nunca debe reunirse sin la predicación de la Palabra de Dios y la oración, no importa qué tan brevemente".[39]

La oración pública no es una oportunidad para que el éste muestre una serie de palabras muy elaboradas enfrente de los que adoran, diseñadas para impresionar a los oyentes humanos. Los pastores necesitan orar con un sentido de humildad porque están dirigiendo a su rebaño al mismo trono de Dios. Salter escribe: "La oración sacerdotal es pedirle a Dios que tome las palabras planeadas para una adoración corporativa y las use más allá de nuestras intenciones para traer palabra, evento y establecer juntos de formas que ni siquiera nos hemos imaginado. Así el ministro tiene que confesar que la sabiduría humana es inadecuada y la planeación es miope".[40]

A través de la oración pública el pueblo llega a una consciencia que lo que pudiera haber sido un espacio común ahora es un espacio sagrado. Esto es especialmente importante cuando la iglesia adora en un edificio rentado tal y como una escuela u oficinas que pudieran utilizarse para otras actividades durante la semana. Pero aun cuando la gente se reúne en un santuario de la iglesia necesita ser recordada que han venido a un encuentro con Dios. Dondequiera que el pueblo de Dios se reúne en la oración pública necesitan estar conscientes de una presencia divina en sus medios.

Moisés experimentó esto en un día ordinario cuando atendía las ovejas en el desierto de Madián. De repente una zarza irrumpió en llamas pero no se quemaba. Cuando Moisés fue para investigar, la voz de Dios habló desde la zarza. "No te acerques... Quítate las sandalias porque estás pisando tierra santa" (Éxodo 3:5). Arena común llegó a ser tierra santa. Cualquier lugar, no importa qué tan común, llega a ser un espacio sagrado cuando Dios se revela a sí mismo a su pueblo en oración. El acto de oración mismo es un don de la gracia de Dios para su pueblo. En gracia nos invita a venir atrevidamente delante de Él en oración con nuestra adoración y nuestras peticiones. Además, Jesús, nuestro hermano mayor, está intercediendo por nosotros cuando no podemos poner en palabras los anhelos más profundos de nuestros corazones.

La oración comunitaria también estimula la oración privada. Howard Rice dice: "La oración pública es un medio de gracia que fortalece, se extiende y prepara a los creyentes para la oración privada. Sin la oración pública, las oraciones privadas con frecuencia llegan a ser centradas en sí mismas, egocéntricas... La disciplina de la oración pública llama a la congregación más allá de sí misma y sirve como una revisión sobre la pereza y el olvido individual".[41] Los discípulos de Jesús un día observaron a Jesús orando, y cuando había terminado ellos pidieron: "Señor, enséñanos a orar, así como Juan enseñó a sus discípulos" (Lucas 11:1). Jesús procedió a enseñar a sus seguidores una oración, comúnmente llamada el Padrenuestro. Jesús tenía la intención que la oración fuera un modelo para sus discípulos cuando ellos oraran en privado. En la oración pastoral el pastor también modela para la congregación la forma y contenido general que deben usar cuando ellos oran individualmente.

Cuando era pastor, uno de los componentes más significativos del culto de oración era la oración pastoral. Fue el momento cuando asumía mi papel pastoral-sacerdotal como el pastor intercediendo al Padre por el rebaño bajo mi cuidado. Siendo que este era el tiempo cuando públicamente intercedía por la congregación, no cedía este papel a nadie más, aun a los miembros del equipo pastoral o a los pastores visitantes. Siendo que yo era el representante del pueblo de Dios, mi papel era dar voz a lo que la congregación como una totalidad oraría.

En general el tiempo de la oración pastoral inicia con una invitación para todos los que quieran venir hacia adelante y arrodillarse en el altar con cualquier petición personal que les gustaría presentar a Dios en oración. Aunque no escribía mi oración literalmente, tenía un bosquejo que trataba de seguir en oración. En general el orden iniciaba con adoración y acción de gracias, seguido con una breve Escritura de alabanza. Luego venían las oraciones en favor de la congregación, dirigiéndoles a confesar los pecados y debilidades. Luego oraba por las necesidades específicas de la congregación que previamente había notado en mi bosquejo de oración. La oración concluía o reconociendo a la Trinidad o con la frase: "en el nombre de Jesús. Amén".

Aunque este modelo trabajaba bien con mi entendimiento del papel sacerdotal, cada pastor necesita desarrollar completa y creativamente formas efectivas para representar al rebaño delante del Padre Celestial.

Willimon dice: "El ministerio pastoral de la oración pública estará basado en gran parte en la propia vida de oración del pastor, la práctica continua del pastor de la presencia de Dios en oración".[42] También provee una oportunidad para que el pastor instruya a la congregación sobre la importancia de la oración individual a través de la semana.

La adoración llega a ser personal cuando el pastor le da a la congregación la oportunidad de representar sus necesidades personales públicamente, ya sea por ponerse de pie, o por pasar adelante a la oración. La gracia de Dios está obrando en necesidades especifican que son representadas en el altar. La gracia también está presente mientras los miembros de la congregación que conocen de la necesidad individual vienen a su lado y ponen sus manos sobre la persona orando, mostrando su preocupación y apoyo. La gente puede experimentar sanidad física, hacer decisiones espirituales, y enmendar relaciones rotas. Algunos experimentan que sus oraciones secretas son contestadas, oraciones que nunca fueron expresadas en voz alta.

Neil Wiseman sugiere una variación interesante. Un pastor que conoce invita a los visitantes y gente necesitada de la congregación a encontrarse con él al frente del santuario al final del culto. Escucha cada una de las necesidades individuales y luego ofrece una oración personal. Este pastor luego le da un Nuevo Testamento a cada visitante. La gente que viene al frente es impactada por la voluntad de este pastor de mostrar el cuidado personal por sus necesidades.[43]

La bendición a menudo es ignorada por completo o se hace a un lado como meramente una forma oficial de terminar un culto. Otros pastores han comenzado a ver su importancia en el culto de adoración.

Personalmente, la bendición tomó un nuevo significado para mí después de adorar en varios cultos con el capellán del colegio y autor Richard Allan Farmer. Farmer enfatizaba la despedida como una bendición de Dios proclamada a la congregación por el pastor.

Aunque existen varias bendiciones de la Escritura, tales como Judas 24-25, prefiero las oraciones extemporáneas. Un pastor puede iniciar pidiendo a la congregación ponerse de pie para recibir esta bendición de Dios. Siendo que el pastor se está dirigiendo al pueblo de Dios, él o ella deben asegurarles que Dios estará con ellos, que su gracia estará obrando en sus vidas. Cuando es apropiado, inyecte un elemento positivo del sermón en la bendición. La congregación va al mundo para ser la iglesia dispersa. Recuérdeles que van con el poder y la bendición del Espíritu Santo. Ciertamente es apropiado levantar ambas manos hacia la congregación a través de la bendición, indicando que la gracia de Dios está siendo extendida a ellos.

Un pastor reportó recibir una de esas temidas llamadas a la media noche. Uno de los jóvenes en la iglesia había estado en un accidente y estaba siendo llevado en la ambulancia, inconsciente y en condición crítica, al hospital local. Este pastor fue para estar con la familia y juntos oraron para que Dios le salvara la vida. Por los siguientes días la iglesia se unió a la familia en oración de intercesión, tanto pública como privadamente.

Luego un día el hombre herido de repente abrió sus ojos y estaba despierto, consciente de nuevo de su familia que estaba allí parada. Mientras el pastor y la familia se regocijaban, el doctor entró al cuarto y dijo a la madre: "No fue nada que nosotros hiciéramos. Esto fue el poder de Mamá".

"No", respondió ella, "este fue el poder de Dios".

La familia y el pastor sabían que en respuesta a sus oraciones, Dios había escogido traer sanidad a este joven. La oración fue el medio por el cual la gracia de Dios se dispensó.

▶ LOS SACRAMENTOS COMO CUIDADO PASTORAL

LA COMUNIÓN

Cuando se trataba de los medios de gracia, Juan Wesley jamás dio una lista de aquellos que fueran más importantes en su mente. Sin embargo, Maddox recuenta que "claramente él tenía un aprecio muy particular por la contribución de la Santa Cena para este fin. Se refería a ella como el 'gran canal' por el cual la gracia del Espíritu es entregado a las almas humanas, e identificó participar en la comunión como el primer paso de nuestra salvación".[44] Para Wesley, "la Cena del Señor verdaderamente era un *sacramento* que entrega a los creyentes el don de gracia de Cristo".[45]

Un pastor tiene el maravilloso privilegio de invitar a la iglesia a reunirse en la mesa de Cristo y comer con él y con otros del Cuerpo de Creyentes. Willimon usa la imagen de Pablo ofreciendo comida a los colegas pasajeros que han estado detenidos en una tormenta por 14 días (Hechos 27). Pablo "tomó pan, bendijo el pan, quebró el pan, dio el pan a aquellos abordo. En esta cuádruple acción familiar, este gesto eucarístico de tomar, bendecir, quebrar y dar pan, Pablo alimenta a las temerosas multitudes de la misma manera que Jesús alimentó a las multitudes antes de él".[46]

Ya sea que esto era una comida de Comunión o no, es un recordatorio para nosotros que algo único y especial toma lugar al quebrar el pan. Es un medio por el cual la gracia viene a nosotros. "Los dones de Dios (pan y vino) son transformados como señales de la presencia real de Cristo entre nosotros. La iglesia (gente ordinaria de carne y sangre) es transformada en el Cuerpo de Cristo... Una comida de sólo pan y vino llega a ser un banquete de sorprendente victoria para el reino triunfante de Dios".[47]

En la mesa de la Comunión encontramos a Jesús uniéndose a todos los que se reúnen allí en un cuerpo. Y sin embargo, los creyentes sinceros a menudo trazan la línea allí, excluyendo a aquellos que no son de su comunidad de fe particular. Una reunión de líderes de la iglesia de varios cuerpos eclesiásticos estaba mirando formas de ser capaces de cooperar unidos para el ministerio efectivo como el Cuerpo de Cristo. Mientras la reunión progresaba, todos se sentían bien sobre el espíritu de unidad entre las varias denominaciones reunidas. Esto es, hasta que alguien sugirió que sería apropiado compartir una cena de Comunión antes que todos se fueran. Varios líderes dijeron que les estaba prohibido por la política de su iglesia participar en la Eucaristía con ciertos otros representativos, y toda la idea finalmente fue abandonada.

Personalmente experimenté la respuesta opuesta en una cumbre de oración de pastores de cuatro días en las montañas de Idaho. Más de 50 ministros de una docena de denominaciones se reunieron para un tiempo de oración intensa por las necesidades personales e invocar a Dios para un avivamiento espiritual en la región. Cada tarde las actividades concluían con la Comunión. El grupo había llegado como pastores de diversos trasfondos: wesleyanos y calvinistas, de las denominaciones históricas y evangélicos, carismáticos y fundamentalistas. Pero cuando los participantes venían a la mesa, de repente éramos uno, ministros colegas del evangelio de Jesucristo. En aquellas tardes mientras participábamos de la Cena del Señor, aquellos pastores se convertían en la respuesta de la oración de Jesús por la iglesia en el Aposento Alto, "para que todos sean uno. Padre, así como tú estás en mí y yo en ti" (Juan 17:21).

La Cena del Señor tiene poderosas implicaciones para el cuidado pastoral. La más obvia es el dramático cambio de vida que viene cuando uno verdaderamente recibe salvación por la fe a través de Jesucristo. Mientras probamos las representaciones físicas del cuerpo y sangre de Jesús, se nos recuerda que Dios nos ha perdonado y que ahora estamos experimentando la vida espiritual. El pastor David Hansen describe el efecto de la Eucaristía: "La gente es liberada para novedad de vida, vida nueva con Dios y nueva vida unos con otros. La Mesa es una fiesta. Es una celebración de nuestra vida unidos encontrada en la obra de Dios en Cristo. Nos reunimos como una comunidad rota por nuestros pecados y nos vamos como una comunidad sanada por el perdón de Dios".[48]

En la Comunión la iglesia recuerda la voluntad de Cristo, el Hijo de Dios, de poner su vida por la humanidad pecadora. Es difícil ver el sacrificio de Cristo sin responder con una plena consagración de nuestros dones y habilidades para el uso de Cristo en el mundo. Pablo escribe en Romanos 12:1: "Por tanto, hermanos, tomando en cuenta la misericordia de Dios, les ruego que cada uno de ustedes, en adoración espiritual, ofrezca su cuerpo como sacrificio vivo, santo y agradable a Dios". La Cena del Señor debe proveer motivación para todos los creyentes para tomar sus lugares como "sacrificios vivos", las manos y pies de Jesús, sirviendo a otros como Él nos serviría. Maddox dice: "En la Cena del Señor nosotros no aceptamos meramente el perdón de *gracia* de Cristo como Sacerdote, renovamos nuestra lealtad en *respuesta* a Cristo como Rey".[49]

En el tiempo de Juan Wesley la Cena del Señor había llegado a ser para muchos una manera de certificar la conducta moral de uno y la buena reputación en la iglesia en lugar de ser un medio para recibir la gracia de Dios. El asunto de ser dignos detenía a mucha gente sensitiva de venir a la mesa por temor de la ira de Dios. Wesley creía que Dios ofrecía tanto la gracia que convierte como la gracia que salva a través de la Cena del Señor. Pero esto creaba un problema. ¿Deben aquellos que sienten la necesidad de recibir la gracia salvadora de Dios ser animados a venir a la mesa en lugar de ser excluidos como siendo indignos?

"Wesley comenzó a hacer precisamente esto, ofrecer una 'mesa abierta' para la cual el único requisito inicial del recipiente era un deseo de recibir la gracia de Dios para vivir en respuesta fiel, no alguna salud o seguridad previa".[50] Wesley enseñó que con el propósito de que tal gracia sea efectiva, uno debería responder a ella. Así, el pastor tomaba el papel de animar a los individuos a responder a las oportunidades para la gracia, especialmente a través de la Cena del Señor. La Comunión ofrece a aquellos que están siendo despertados a las cosas espirituales, la oportunidad de recibir la gracia, gracia preveniente, que puede atraerlos a la salvación. Este entendimiento hace a la Cena del Señor un medio importante de gracia para todos los que sinceramente desean recibirla.

Existen varios métodos para servir la Comunión en el culto de adoración. Las congregaciones pequeñas pudieran preferir venir a un altar y participar de los elementos mientras están arrodillados. El tiempo necesario para servir a todos mientras están arrodillados pudiera hacer este acercamiento difícil para las iglesias más grandes. También, algunos santuarios no tienen altares a la disposición para que la gente se arrodille. Una variación de este acercamiento que está logrando aceptación es servir los elementos por intención, que significa sumergir. Que los participantes se mueven al frente del santuario o a los lugares designados para servir donde primero reciben el pan, que desprenden de un pan más grande. El pan luego es sumergido en el vino y y lo comen de inmediato o cuando regresan a su asiento. Otras iglesias como costumbre distribuyen primero el pan, dividido en pequeñas piezas y servidos en platos. Luego pasan los platos con pequeñas copas individuales que contienen el jugo. A menudo estas copas son desechables. Otros equipos para servir la Comunión tienen los platos solos que contienen lugares tanto para el pan como para las copas del vino. Algunas iglesias compran contenedores pequeños individualizados que tienen ambos elementos sellados separadamente. La ventaja es que los elementos son higiénicos y no se pueden derramar antes del uso. Los elementos de la Comunión pueden ser distribuidos cuando la congregación entra al santuario o apenas antes de participar de la Cena del Señor. Aunque algunas congregaciones pudieran utilizar un sólo acercamiento para servir, otros encuentran benéfico variar los métodos de servir para traer frescura a la Eucaristía.

La cena de la Comunión puede proveer una conexión con los miembros del Cuerpo de Creyentes local que no pueden asistir al culto de la iglesia. Underwood escribe: "Si la bendición en la Eucaristía une a la comunidad que ha expresado reconciliación y paz unos a otros, entonces la Eucaristía tomada del santuario a los marginados y vulnerables que no pueden asistir a la adoración, los une y los hace uno con la comunidad que adora... En algunas iglesias cuando la Eucaristía es celebrada aquellos que han de recibir el sacramento después del culto en los hogares e instituciones son incluidos específicamente en las oraciones de intercesión".[51] Un pastor sirviendo la Comunión en un hospital, en un centro de convalecencia, o un hogar está participando de un símbolo tangible de la gracia de Dios a aquellos que lo necesitan más. A menudo los ojos cerrados de la gente de repente llegan a estar alertas mientras el pastor les extiende los elementos y habla aquellas palabras de ánimo y esperanza conectadas con este sacramento.

BAUTISMO

El bautismo, el otro sacramento para la mayoría de los protestantes, también es un medio de gracia. Como tal, Ralph Underwood argumenta que "el bautismo es el fundamento o 'prefacio' del cuidado pastoral. Este rito de iniciación representa la realidad fundamental de la fe y vida del cristiano, y consecuentemente representa la base del cuidado pastoral como una expresión de la vida y servicio cristianos".[52] Es un ritual tangible, físico que significa que una persona ha llegado a ser parte de una comunidad de creyentes, la iglesia.

Existe un simbolismo poderoso cuando uno es sumergido en el agua, representando la muerte a la antigua vida de pecado, y es levantado de nuevo del agua, testificando de la nueva vida en Cristo. Existen elementos de tumba y matriz, muerte y vida fresca. La muerte es confirmada en la pregunta que se hace en algunos rituales hoy: "¿Renuncias a Satanás y a todas sus obras y a todas su promesas huecas?" El candidato responde: "Sí". Pablo usa estas imágenes de muerte y vida en Gálatas 2:20: "He sido crucificado con Cristo, y ya no vivo yo sino que Cristo vive en mí. Lo que ahora vivo en el cuerpo, lo vivo por la fe en el Hijo de Dios, quien me amó y dio su vida por mí".

El bautismo testifica de la gracia que viene a través de la presencia divina en la vida del creyente. A través de su historia la iglesia ha sostenido que el bautismo es más que cosmético. Tiene que reflejar el cambio radical, de comportamiento en la vida del creyente. El obispo del cuarto siglo Gregorio de Nisa escribió: "Si el 'nacimiento de arriba' es la nueva formación de la naturaleza del hombre, tenemos que preguntarnos qué cambios es hecho para traer la gracia de la regeneración a la perfección... Si la vida después de la iniciación (bautismo) es de la misma calidad como la vida no iniciada, entonces, aunque fuese un asunto atrevido para decir, lo digo sin fruncirme; en el caso de tales personas el agua es meramente agua, porque el don del Espíritu Santo de ninguna manera se mostró a sí mismo en lo que tomó lugar".[53]

El bautismo provee muchas implicaciones para el cuidado pastoral. Una se encuentra en la renuncia de las prácticas malas del pasado. Recuerdo a un joven que de alguna manera llegó a la iglesia donde estaba pastoreando. Mientras la iglesia le alcanzaba era obvio que había un anhelo por una vida más satisfactoria de la que en ese tiempo estaba experimentando. Entre sus muchos vicios personales, ganaba dinero extra vendiendo drogas a las personas de la fábrica donde trabajaba. Un día, finalmente, tomó el paso importante de recibir a Jesucristo como su Señor y Salvador. La vida para él dio un giro de 180 grados. Olvidó todas sus prácticas pecaminosas que le habían prometido tanto pero producían poco. Lo que él no podía hacer por el poder de su voluntad, Dios le capacitó para cambiar por la gracia divina.

El bautismo de este hombre llegó a ser una oportunidad para que él profesara su fe a la comunidad. Tanto sus amigos de la iglesia como sus compañeros en el trabajo podían ver que había sido transformado a una nueva y diferente persona de lo que era en el pasado. De esta manera, su bautismo llegó a ser un medio para que otros incrédulos fueran tocados por el poder de la gracia de Dios que atrae.

Siendo que el bautismo toma lugar públicamente en el contexto de la comunidad de fe, también provee un impacto positivo en la iglesia. Los creyentes que miran a menudo vuelven a vivir sus propias experiencias bautismales. El Cuerpo de Creyentes es fortalecido por la nueva resolución de ser fiel a las promesas bautismales. El bautismo es un recordatorio para todos los que ven que hay otros que necesitan conocer la salvación transformadora de Cristo en sus vidas. El evangelismo debería ser el resultado natural del bautismo, en la vida tanto del candidato bautismal como de la iglesia que testifica.

▶ DIOS UTILIZA MUCHOS MEDIOS

Este capítulo no tiene la intención de ser una discusión exhaustiva de los varios medios por los cuales la gracia de Dios se extiende al pueblo. Dios administra su gracia a través de tales cosas como la música cristiana, los grupos pequeños, las clases de la escuela dominical, los campamentos de la iglesia, las comidas de compañerismo, los ministerios de varones, los amigos a los que damos cuentas, la escuela bíblica vacacional, los libros devocionales, los estudios bíblicos de mujeres, el servicio a otros, los grandes eventos en los estadios, y conversaciones uno a uno tomando café. La lista casi es interminable. Quizá la pregunta más importante es esta: ¿Está la iglesia usando efectivamente los varios medios de gracia para llevar a la gente a la salvación y a una relación que se desarrolla y crece con Cristo?

▶ PREGUNTAS PARA LA REFLEXIÓN

▷ ¿Por qué debe estar preocupado el pastor sobre los medios de gracia al proveer cuidado pastoral?

▷ ¿Cuáles son algunas formas que ve que la adoración le ayuda en el cuidado pastoral?

▷ ¿Cómo puede el uso de la oración y la Escritura ayudar a un individuo que está luchando con un problema físico serio, como el cáncer?

UNIDAD 3

La Presencia Pastoral

LA PRESENCIA DEL PASTOR
PARA RESOLVER CONFLICTOS

Esta fue la última cosa que el Pastor Ricky López esperaba que sucediera en el estacionamiento después de un culto de la iglesia. Dos de los miembros de su iglesia entraron en una discusión que escaló a gritos, y luego a golpes. Si otros hombres de la iglesia no hubieran intervenido cuando se quitaron los sacos, la congregación hubiera presenciado una pelea real sobre el pavimento detrás del templo. Para cuando el pastor salió, los ánimos ya habían pasado y ambos se habían ido.

Ricky recuerda la conversación con Joe y T. J. tres meses antes. Estos dos hombres, que se habían conocido desde niños, decidieron entrar al negocio de la jardinería. Ambos eran recién convertidos a la fe pero fervientes. Y porque ambos eran cristianos le dijeron al pastor, su negocio tenía el éxito garantizado. Lo que ninguno de ellos tenía era una comprensión de cómo administrar un pequeño negocio.

Iniciaron con pequeños problemas. Joe estaba molesto por la el derramamiento de gasolina de T. J. en el jardín que les ocasionaba perder una cuenta de negocios. Algunos clientes estaban recibiendo el cobro dos veces, y T. J. sentía que Joe debería poner más atención a las finanzas si es que tendrían éxito.

El Pastor Ricky estaba sentado en una cena de domingo cuando T. J. llamó por teléfono. Los siguientes 45 minutos el pastor escuchó cómo T. J. ventilaba su frustración sobre su compañero. Joe debería tomar todos los cobros de la semana previa al banco para depositarlos, de tal manera que pudiera cada uno sacar su salario y pagar algunas cuentas. En lugar de eso, Joe dejó el sobre en su pickup mientras compraba en un negocio algo de leche para su nuevo bebé. Cuando salió tres minutos después el sobre con el efectivo y los cheques habían desaparecido.

"Cuando lo confronté sobre el problema", explicaba T. J., "Joe se volvió realmente defensivo. Dijo que fue un robo y no había nada que pudieran hacer para poder recuperar el dinero. ¿Cómo sé que Joe no se embolsó el dinero? Esta unión de negocios simplemente no está funcionando. Quizá tenga que llevarlo a la corte para obtener el dinero que hace falta debido a su descuido. ¿Estarías de mi lado sobre esto, Pastor?"

Apenas Ricky había colgado el botón del teléfono cuando volvió a sonar. Era el turno de Joe. La unión que parecía tan prometedora no estaba funcionando bien. T. J. no tenía ni la menor idea de cómo cuidar las el negocio, y creaba problemas para la clientela que Joe había edificado con su trabajo cuidadoso. Joe estaba recibiendo llamadas de clientes enojados quienes estaban llevando su negocio a otro lado.

"Estoy trabajando tan duro como puedo", Joe se quejaba, "tratando de mantener a todos felices. Pero T. J. quiere que sea un contador también, que mantenga la documentación y cuentas por el trabajo que hemos hecho. Y ahora me está acusando de haber perdido el dinero o habérmelo robado. No pude evitar que me robaran el dinero del auto". Joe terminó la conversación rogándole, "Pastor, necesita ayudarme a decirle a T. J. que si no se retracta, abandonaré la compañía. ¿Hará eso por mí?"

▶ ¿POR QUÉ NO PODEMOS LLEVARNOS BIEN?

Un arresto en las calles de cualquier gran ciudad en Estados Unidos en general sólo ocasionará algunas miradas pasajeras de los transeúntes. Pero un incidente el 3 de marzo de, 1991, cambiaría la constitución de Los Ángeles para los años venideros. Rodney King, un afroamericano, fue detenido por la policía mientras manejaba su auto. Aunque King tenía una historia de combatividad, los oficiales de la policía (tres blancos y un latino) fueron demasiado lejos al patearlo y golpearle con macanas repetidamente hasta que finalmente fue sometido.

El incidente pudiera haber pasado desapercibido si no hubiera sido por una persona que pasaba con una cámara y grabó el evento. Las noticias mostraron parte de la golpiza una y otra vez a los televidentes alrededor del mundo. Los policías que golpearon a King más tarde fueron exonerados de las acusaciones de usar exceso de fuerza, por un jurado que no incluyó a afroamericanos. Cuando las noticias del veredicto llegaron a las calles de Los Ángeles, irrumpió un disturbio en toda la ciudad, resultando en la muerte de 50 personas y un billón de dólares en pérdidas. En la cima del conflicto, Rodney King salió frente a las cámaras de la televisión y suplicó a los que conducían el disturbio que pararan. Sus palabras formulan una pregunta que debería hacerse cada vez que aparece un conflicto. "¿Por qué no podemos llevarnos bien?"

Entre las enseñanzas más familiares de Jesús hay una serie de pequeñas declaraciones en Mateo 5 llamadas las Bienaventuranzas. Estas breves descripciones se combinan para formar un bosquejo compuesto de la persona ideal del Reino de Jesús. Nota, una de estas características se dirige al asunto del conflicto: "Dichosos los que trabajan por la paz, porque serán llamados hijos de Dios".[1] Jesús bien pudo haber estado reflexionando sobre las palabras de David en el Salmo 34:14: "Que se aparte del mal y haga el bien; que busque la paz y la siga".

Pero sería inocentón pensar que si los cristianos en la iglesia simplemente fueran espirituales o llenos del Espíritu, nunca habría conflictos entre individuos. La verdad es que las iglesias están compuestas de gente con fallas humanas, puntos de vista opuestos, y con juicios muy falibles. A menudo el conflicto corta el proceso del cuidado entre la gente, miembros hermanos del Cuerpo de Cristo, porque no pueden pasar sus diferencias para ver sus preocupaciones comunes. Nunca he olvidado un poema corto que Chuck Swindoll citó en su programa de radio hace muchos años:

Habitar arriba con amigos que amamos,
Oh sí, eso será la gloria.
Habitar abajo con amigos que conocemos,
Bueno, eso es otra historia

Desde los primeros días de la iglesia en el libro de Hechos, el conflicto ha sido un catalizador para el crecimiento. En los primeros capítulos Pedro y Juan difirieron con el Sanedrín por el derecho de predicar a Jesús como el Cristo. Estos dos hombres continuaron proclamando las buenas nuevas a pesar de las objeciones de otros. El capítulo 6 nos cuenta del conflicto de la iglesia entre las viudas judías locales y las viudas helenas por la distribución diaria del alimento. Los apóstoles no tenían tiempo para dedicarse a este problema y señalaron a personas para que se dirigieran a esta preocupación. Este es el primer ejemplo de laicos siendo asignados para dirigir un ministerio de la iglesia.

El apóstol Pablo no no fue ajeno a los conflictos. Aun antes de su conversión, cuando todavía era conocido como Saulo, estaba en conflicto con la iglesia en Damasco sobre su creencia que Jesús era el Mesías. Esto llevó a Saulo a viajar a la ciudad para arrestar a aquellas personas del Camino. Mientras viajaba en el camino, empujado por el conflicto, llegó a estar frente a frente con Jesús y se convirtió. Más tarde, Saulo (ahora Pablo) y Bernabé confrontó a Pedro y a la iglesia de Jerusalén sobre los requisitos que los convertidos gentiles tenían que vivir bajo la ley judía. El Concilio de Jerusalén en Hechos 15 resolvió la disputa y estableció la plataforma para el crecimiento del cristianismo en el pueblo gentil alrededor del mundo. Incluso Pablo y Bernabé tuvieron un fuerte desacuerdo sobre llevar consigo a Juan Marcos mientras planeaban su segundo viaje misionero. Porque no lograron llegar a una solución, Pablo escogió a Silas y Bernabé tomó a Marcos en equipos misioneros separados. En cada uno de los casos, el conflicto forzó a la gente a hacer cambios y abrió la posibilidad para que la iglesia se expandiera más en su base ministerial.

No todos los conflictos en la iglesia son positivos. Un estudio que investiga el impacto del conflicto en las iglesias sobre los pastores reportó que el 10 por ciento de los pastores dicen que le dan más del 40 por ciento de su tiempo a administrar el conflicto. Un 26 por ciento de los pastores dijeron que entre 20 y 40 por ciento de su trabajo semanal fue gastado lidiando con asuntos conflictivos en su iglesia. Esto significa que una tercera parte de los pastores gastaron el equivalente a un día entero cada semana del año en resolución de conflictos.[2]

El conflicto en las iglesias puede exigir un número de víctimas mucho mayor que la pérdida de tiempo. Los desacuerdos pueden traer sentimientos endurecidos, malos entendidos, enemistades, chismes y ataques emocionales. La gente se retira del liderazgo, mina los programas de la iglesia, retiene su apoyo financiero, o en realidad deja a una iglesia cuando están en conflictos con otros.

Siendo que algunos conflictos son inevitables porque somos humanos interactuando unidos, cómo lidiar con estas diferencias llega a ser muy importante. Hugh Halverstadt escribe: "Los entendimientos cristianos del amor de Dios significa mucho más que el respeto interpersonal, pero el comportamiento respetuoso de partidos en un conflicto es una manera necesaria para aproximarse al amor de Dios".[3]

¿Qué transforma un conflicto potencialmente destructivo en una experiencia constructiva, que produce crecimiento, para individuos y la iglesia? El profesor David Kale nota dos conceptos teológicos como fundamentales: *transformación y comunidad*. Escribe: "Nuestra meta es transformación en el conflicto donde se le permite a Dios trabajar a través del conflicto para traer nueva vida a la iglesia, proveyéndole poder y recursos que antes no tenía para lograr su comisión".[4] Sobre el concepto de comunidad Kale dice: "Para que la transformación en el conflicto ocurra, los miembros tienen que poner el bien de la iglesia por encima de sus propias necesidades e intereses. Cuando los miembros están dispuestos a hacer esto, el poder transformador de Dios a menudo traerá satisfacción a las profundas necesidades personales de maneras que nunca hubieran imaginado".[5]

Nuestra discusión del conflicto primero se dirigirá a las diferencias interpersonales entre dos o más personas que son parte de una iglesia, luego se moverá a conflictos que involucran asuntos más amplios dentro de la iglesia como una comunidad.

▶ "HABITAR ABAJO CON AMIGOS QUE CONOCEMOS"

Uno de los cánticos graduales de David comienza de esta manera: "¡Cuán bueno y cuán agradable es que los hermanos convivan en armonía!"[6] Suena bien, ¿no es así? Pero las relaciones se pueden mover de "buenas y agradables" a "malas y feas" cuando el egoísmo o el malentendido se añade a la mezcla. Hay ocasiones en que pueden surgir serios conflictos entre dos personas que sostienen puntos de vistas buenos y válidos, pero opuestos. Gente buena puede diferir en lo que valoran como importante o en el resultado que desean.

En la ausencia de Pablo, su pastor fundador, la nueva iglesia en Corinto luchaba para resolver los desacuerdos entre los miembros. Algunos estaban usando el sistema de cortes locales para resolver disputas entre creyentes individuales. Fuertemente Pablo les urge que no se lleven a corte unos a otros. L. Randolph Lowry, un abogado cristiano, escribe: "En una resolución judicial siempre habrá un ganador y un perdedor cuando se lee el veredicto. Pero Pablo contiende que el cristiano pierde en esta clase de resolución de disputas, sin importar el veredicto. Esta pérdida puede ser económica o emocional; puede ser también la pérdida de la reputación o ministerio de uno".[7]

El razonamiento de Pablo era muy claro: los cristianos jamás deben lavar su ropa sucia delante de los incrédulos y luego pedir a los impíos que decidan sobre sus disputas. Pudiera haber tiempos cuando una corte se puede usar para decidir sobre un punto fino de la ley civil. Sin embargo, era la opinión de Pablo que los casos eran triviales y convertía a estos litigantes en el hazme reír de la vecindad. Si una decisión tenía que alcanzarse, hay que crear una corte dentro de la iglesia con jueces cristianos para tomar la decisión. Pero existe un asunto más profundo aquí. Pablo pregunta: "¿No sería mejor soportar la injusticia? ¿No sería mejor dejar que lo defrauden?" (1 Corintios 6:7). Se necesita una persona madura espiritualmente para decir: "No tengo que estar en lo correcto todo el tiempo. Incluso puedo ser la víctima, si es necesario por el bien del Reino".

¿Cómo trata un cristiano el conflicto que involucra a un hermano o hermana en Cristo? El escritor del Evangelio de Mateo estaba preocupado con la forma cómo la joven iglesia que pastoreaba trataba con el conflicto interpersonal. Le contó a sus lectores, y a nosotros, las instrucciones de Jesús sobre el asunto.

> Si tu hermano peca contra ti, ve a solas con él y hazle ver su falta. Si te hace caso, has ganado a tu hermano. Pero si no, lleva contigo a uno o dos más, para que "todo asunto se resuelva mediante el testimonio de dos o tres testigos". Si se niega a hacerles caso a ellos, díselo a la iglesia; y si incluso a la iglesia no le hace caso, trátalo como si fuera un incrédulo o un renegado (*18:15-17*).

El pasaje parece indicar que este proceso de reconciliación ya estaba bien establecido para el tiempo cuando Mateo escribió estas palabras de Jesús. La palabra "pecados" utilizada en versículo 15 es muy general en naturaleza y podría interpretarse como cualquier fallo al blanco que pudiera llevar a los malos entendidos. Existe un proceso de cuatro pasos en el texto para trabajar diferencias entre individuos en la iglesia.

1. Conversación personal (v.15)

Muchos cristianos sienten que cuando han sido tratados injustamente por otro creyente, lo mejor que pueden hacer es ignorarlo. Esto pudiera ser verdad si puedes perdonar y olvidarlo inmediatamente. Pero, ¿qué si la herida no desaparece? William Barclay dice: "La peor cosa que podemos hacer sobre una injusticia es acariciarla. Eso es fatal. Puede envenenar toda la mente y la vida, hasta que no podamos pensar nada más sino nuestro sentido de herida personal".[8]

Algunas personas se sienten en libertad de contar a otros, aun a su pastor, sus heridas. Sin embargo fallan en dejar saber a la persona que les lastimó sus sentimientos. La fuente de muchos conflictos interpersonales es una mala interpretación de las palabras y acciones de la otra parte. La gente hace y dice cosas que les hace sentido a ellos, aunque puedan ser malinterpretadas por aquellos que observan. La mayoría del tiempo existe una combinación compleja de información e ideas que corren a través de nuestro cerebro que nos ayuda a tomar una decisión. No hay forma que una persona que nos escucha pueda tener acceso incluso a un pequeño porcentaje de los pensamientos influyentes que corren a través de nuestras mentes.

Jesús dijo que una conversación privada, personal, con otra persona es la mejor avenida para iniciar la discusión de las malinterpretaciones, deslices, heridas que pueden crecer fuera de proporción si no se revisan.

Hace algún tiempo me frustré por las acciones de uno de mis colegas en la universidad donde enseñaba. Me parecía que la mejor manera para registrar mi queja era escribir al presidente un mensaje por correo electrónico y enviar una copia de la carta al colega que me ofendió. El siguiente día mi amigo escribió una respuesta a mi carta. "Recibí una copia de tu correo electrónico ayer", escribió. "¿Por qué no me hablaste primero, antes de enviar una carta al presidente?"

No tenía respuesta. Me hizo pensar sobre cómo me sentiría si él me hubiera hecho la misma cosa. En lugar de pensar el proceso, estaba más preocupado sobre expresar mi frustración a alguien que pudiera hacer algo sobre el asunto. Con el dedo del Espíritu Santo detrás de mis espaldas, pedí disculpas por correo electrónico a mi colega por no pensar bien y por mi insensibilidad. Más tarde en el día lo vi cruzando el plantel y le pedí disculpas en persona. Mi amigo hizo lo correcto por confrontarme con mi "pecado" en contra de él. Si no le hubiera interesado lo suficiente para tratar con el problema, nuestra relación hubiera sido dañada y no hubiera sabido el por qué.

Jesús dice en versículo 15: "Si te hace caso, has ganado a tu hermano". Esto no significa que has convencido a tu hermano que tú estás en lo correcto. Pudiera ser que tú y tu hermano jamás estén de acuerdo plenamente sobre el asunto. Algunos conflictos crecen por diferencias de personalidad. Keith Huttenlocker escribe: "Ya sea entre los miembros de la iglesia o entre el pastor y los miembros de la iglesia, el conflicto centrado en personalidad tiene su base en expectativas prescriptivas. Uno no está dispuesto a aceptar que el otro es sea diferente".[9] En general somos menos tolerantes con aquellos con quienes tenemos conflictos de personalidad. Aun si ustedes jamás son mejores amigos con el hermano o hermana que te ha lastimado, puedes llegar a un entendimiento de resolución. Y con ese entendimiento de resolución, la relación es restaurada. Esta es la meta más importante de todos los conflictos interpersonales.

2. Resolución en grupos pequeños (v.16)

Si el conflicto con el hermano o con la hermana no se resuelve en el nivel personal, Jesús nos instruye a "llevar con nosotros uno o dos más, para que todo asunto se resuelva mediante el testimonio de dos o tres testigos".[10] El mensaje aquí es muy claro: no abandones el proceso de resolución si el primer encuentro no ha sido exitoso. El propósito de involucrar "uno o dos más" no es cambiar el peso del argumento a tu lado. Por esa razón, es útil que las personas invitadas a entrar en el proceso sean conformes a las otras personas. Al involucrar a otros con sabiduría y sensibilidad para que entren a la discusión, todos todos pueden trabajar juntos para traer reconciliación. Esta gente puede traer una objetividad necesaria al debate. Es fácil ver la paja en el ojo de la otra persona y estar ciego a la viga en el nuestro.

Si un pastor está ayudando en la negociación de este proceso, sería mejor hacer que todas las partes involucradas se reúnan en un lugar neutral como la oficina pastoral. Es importante que el pastor, como pastor, muestre igual interés en todos. En el conflicto inicial, tanto T. J. como Joe esperaban que el Pastor López se pusiera de su lado. El Pastor López sería sabio en invitar a dos personas de la iglesia que tengan algún entendimiento de los negocios y conocimiento personal de ambos lados para ayudar a esclarecer los asuntos. La resolución en este nivel a menudo involucra algún compromiso en el que los dos estén de acuerdo, aun si no fuera posible tener la solución que ambos lados desean.

3. Una discusión pública (v.17a)

La meta de cualquier conflicto es encontrar resolución tan pronto como sea posible con tan pocos involucrados como sea posible. Pero si las diferencias no se pueden resolver en la presencia de un pequeño grupo de personas, Jesús da la instrucción de tomar el siguiente paso. "Si se niega hacerle caso a ellos, díselo a la iglesia".[11] Este es un movimiento serio porque implica una exposición del conflicto a un grupo más grande de personas. Esto pudiera resultar en encender las emociones, distorsionar los hechos y forzar a los miembros de la iglesia a tomar diferentes posturas. Antes de tomar este paso todas las partes involucradas deben ser animadas a orar y a buscar la sabia dirección del Espíritu Santo.

En el caso de T.J. y Joe, el conflicto involucra alguna información financiera sobre sus negocios que quizá no quieran que esté a la disposición del conocimiento público. Y siempre existe el peligro de los chismes entre la gente que no conoce todos los hechos.

Traer el asunto delante de la iglesia no necesariamente implica a toda la membresía de la iglesia. La mayoría de las iglesias tienen algún tipo de junta representativa que hace la planeación espiritual y conduce los negocios a favor de la congregación. Este pudiera ser el mejor lugar para que la iglesia considere todos los aspectos del conflicto. Otra opción es que la junta de gobierno escoja un comité más pequeño para manejar el conflicto. Dependiendo del contenido de la disputa, la junta puede tener su reunión abierta al público o escuchar el asunto en una sesión ejecutiva con sólo miembros de la junta y participantes invitados presentes. La responsabilidad de la junta de la iglesia en esta etapa es escuchar las historias de todas las partes en la disputa, incluyendo los testigos neutrales de la etapa previa. Si el propósito es resolver el conflicto, la junta pueda ofrecer su consejo, pero el asunto no será resuelto hasta que toda la gente involucrada esté de acuerdo con una resolución.

4. La decisión de la iglesia (v. 17b)

Hay algunos conflictos que no se pueden resolver, aun después que la junta de la iglesia ha tratado de traer una solución al problema. En esta etapa final, Lowry dice: "Los dos lados admiten su incapacidad de resolver el conflicto y 'se lo dicen a la iglesia'. En un sentido, la iglesia, o su liderazgo, llega a ser al árbitro que tiene que hacer una decisión sabia respecto a un comportamiento particular y la naturaleza del compañerismo".[12] Si no hay asuntos morales involucrados, la iglesia puede decidir no tomar partido o establecer una decisión en el asunto. Pablo y Bernabé sintieron que sus diferencias eran lo suficientemente serias como para irse al ministerio, cada uno por caminos diferentes, inluso cuando Pablo más tarde habló altamente de la utilidad de Juan Marcos en el Reino. El conflicto no significa que una persona tiene que ser el villano. La iglesia pudiera simplemente decidir dar un paso atrás en lugar de tomar partido.

Sin embargo, cuando un conflicto ha brotado de un pecado serio, públicamente conocido, la iglesia pudiera tener la responsabilidad de llamar al arrepentimiento y restitución. Un buen principio que debe recordarse es que aunque los pecados más privados requieren confesión privada, el pecado público, o el pecado que afecta al público, necesita un reconocimiento público de haber hecho mal.

Hace algunos años una conocida persona estuvo involucrada en el trabajo con un líder evangélico reconocido nacionalmente quien fue acusado de comportamiento inmoral con una mujer. Este hombre fue traído frente a la iglesia donde asistía, y avergonzado admitió su pecado. Para el crédito del líder, después que confesó su mal se sometió a sí mismo a la iglesia para un plan de restauración. La iglesia se puso en contacto con varios ministros para desarrollar un proceso comprensivo de responsabilidad y consejo para reedificar la relación espiritual de este hombre con Dios y la comunidad de creyentes. En la conclusión de este proceso la iglesia celebró un culto de restauración que permitió a este hombre de nuevo servir a la iglesia. Esta iglesia llegó a ser un instrumento de la gracia y misericordia de Dios extendida a un individuo. Sin el papel vital de la iglesia local requiriendo que este hombre aceptara responsabilidad por sus acciones, él hubiera perdido la posibilidad de regresar al ministerio en el futuro.

Hay ocasiones cuando una persona traída delante de la iglesia por el comportamiento pecaminoso rehúsa reconocer su pecado y arrepentirse. O, la iglesia pudiera titubear en confrontar abiertamente el pecado en una persona que está en el liderazgo. Pablo escribió a la iglesia de Corinto[13] pidiéndoles que se dirigieran al comportamiento inmoral de un miembro que tenía relaciones sexuales con la esposa de su padre. Toda la iglesia sabía sobre ello pero habían escogido ignorar lo equivocado de la situación. La preocupación de Pablo era que al tolerar públicamente el comportamiento inmoral conocido entre aquellos que deberían haber sabido mejor, estaban dando permiso a otros a ceder a la tentación. Las instrucciones de Pablo era difíciles, pero claras: "No deben relacionarse con nadie que, llamándose hermano, sea inmoral o avaro, idólatra, calumniador, borracho o estafador".[14] Pablo no está diciendo que la iglesia debe echar fuera a todos los impíos que necesitan saber de la presencia transformadora de Jesús. Pero, una persona que dice ser cristiano se trata diferente, con un estándar más alto. La iglesia siempre debe manejar tales asuntos con un espíritu de compasión, con la meta de restaurar a esta persona a caminar en la fe.

Lowry considera que las iglesias utilicen un proceso para trabajar los conflictos puede ser efectivo incluso hoy. Dice que hay varias opciones: Uno es evitar o ignorar el problema, si los asuntos del conflicto no valen la pena pelear por ellos. Una segunda opción es negociar algún arreglo haciendo que las partes hablen y se comprometan a un resultado más o menos de acuerdo. Una tercera es la mediación donde una tercera parte ayuda a mover las partes en conflicto para encontrar una solución. Una cuarta opción, ser árbitro, da a la tercera parte el poder de hacer una decisión. Lowry observa que las cuatro opciones corresponden a los cuatro pasos encontrados en Mateo 18.[15]

▶ "CELOS Y CONTIENDAS ENTRE VOSOTROS"[16]

Cada creyente probablemente se ha hecho la pregunta en un tiempo u otro. Si la iglesia realmente es la Novia de Cristo, ¿por qué es tan susceptible al conflicto entre sus filas? No olvides, la iglesia está hecha de individuos, cada uno viniendo de un trasfondo singular y teniendo una perspectiva única del asunto. Hay aquellos que desarrollan una expectativa egoísta de lo que la iglesia debería estar haciendo, basados en sus propias necesidades o deseos personales. Su mantra es: *Dame... Dame. Necesito... necesito.* Algunos valoran las tradiciones y la historia. Otros les encantan la innovación y la planeación de punta. Las personas sinceras pueden tener diferencias honestas y aún amar a Dios. El conflicto se desarrolla cuando un lado le da valor espiritual a la diferencia no espiritual de la opinión. En otras palabras, pintar las paredes de azul en lugar de verde no es un asunto espiritual, aun si una persona intenta argumentar diciendo: a Dios le gusta el azul, porque cuando miras los cielos, los cielos son azules.

FALTA DE COMUNICACIÓN

Hay varias causas del conflicto en una iglesia local. Una de las más comunes es mala comunicación o falta de comunicación. Tuve la oportunidad un domingo por la tarde de ir a una iglesia que antes había pastoreado. Era un fin de semanas feriado y pensé que el grupo estaría más pequeño. Sin embargo, no estaba preparado para el estacionamiento vacío cuando llegue en mi carro. Mi reloj me indicaba que el tiempo para iniciar estaba a 10 minutos. Después de revisar cada puerta para ver si alguna estaba abierta, inicié mi camino de regreso a mi auto. Alguien salió de una de las puertas cerradas y me informó que el culto había sido cancelado por el día feriado. Me reí sobre eso y me fui. No había manera de haber sabido el cambio. Pero ¿qué del miembro que había salido del pueblo por dos semanas y regresó para el culto? Siendo que no había anuncios sobre la cancelación en la puerta de la iglesia, un miembro pudiera estar molesto que no se le informó.

Cuando la iglesia falla en comunicar los hechos de un asunto claramente a todos, es fácil que los rumores y mala información se riega como fuego. ¿Recuerdas el desastre minero de Sago en Virginia Occidental? Salió la palabra que 12 de los 13 mineros atrapados estaban vivos, y aun los medios reportaron las noticias gozosas. Desafortunadamente los rumores eran falsos; sólo un minero había quedado con vida.

Conociendo sólo los hechos no puede resolverse el conflicto. Varias personas pueden ser testigos del mismo accidente, pero no están de acuerdo exactamente qué sucedió. Los que escuchan pueden oír el mismo discurso y sacan diferentes conclusiones sobre lo que se dijo. Aun la declaración tan repetida del Sargento Joe Friday del programa antiguo de televisión Dragnet ("simplemente los hechos, señora") resulta estar equivocado. (Lo que en realidad decía era: "Todo lo que queremos son los hechos").

Lo que cada persona ve y escucha se filtra a través de una serie compleja de experiencias del pasado, y lo que sale es una perspectiva que ayuda a la persona para hacer sentido de este nuevo asunto. Usando todos los ahorros de la iglesia para compran una camioneta de la iglesia pudiera considerarse como un uso descuidado de los fondos para una persona que vivió durante la Gran Depresión de 1930 en Estados Unidos. Los tiempos se pueden poner difíciles de nuevo. Esta persona puede creer que tú necesitas quedarte con algo de dinero para otro tiempo. Los jóvenes pudieran ver la misma cuenta de ahorros y pensar firmemente que cualquier dinero que la iglesia tiene debe usarlo ahora mismo, no dejarlo en algún banco en algún lugar. ¿Quién tiene la razón? Todo depende de tu perspectiva, que pudiera estar surgiendo de tu pasado.

DIFERENCIAS CULTURALES

Es fácil para el conflicto desarrollarse en medio de un clima de estreses o cambios culturales. Una iglesia en una ciudad cerca a donde vivo había menguado a unos cuantos miembros fieles y ancianos. Existía muy poca esperanza de que esta iglesia sobreviviera. En días recientes un joven pastor de una diferente denominación inició el proceso de plantar una nueva iglesia en la misma vecindad de esta iglesia moribunda. La congregación de la iglesia moribunda, antigua, hizo una oferta al joven pastor: "Puedes quedarte con nuestro edificio si nos dejas llegar a ser parte de tu iglesia". Pero lo que pudiera verse como una bendición en la superficie pudiera ser un estorbo para esta iglesia que se plantaba. ¿Por qué ha fracasado la iglesia antigua en alcanzar nueva gente en el pasado reciente? Pudiera ser que ellos echaron fuera a cualquiera que trataba de traer algún cambio positivo para alcanzar a la comunidad. Para algunas personas en esa iglesia, la posibilidad del cambio pudiera ser demasiado dolorosa para comprenderlo. Hay iglesias que escogen morir en lugar de enfrentar la necesidad del cambio. Los conflictos por el cambio pueden ser muy acalorados e hirientes.

ASUNTOS DE PODER

Muchos conflictos en las iglesias se pueden reducir a un asunto de poder. Grupos en la iglesia pueden luchar para obtener el gobierno de la iglesia. Existen iglesias que han existido por años bajo la tiranía de una familia e incluso de un individuo quien hace todas las decisiones en la iglesia. David Kale observa: "Las luchas por el poder entre el pastor y la junta u otros miembros influyentes tienen la capacidad de hacer gran daño a la efectividad y futuro de la iglesia. Algunos casos resulta en que el pastor o los miembros de la iglesia (y en ocasiones ambos) dejen la iglesia, seriamente trastornando la habilidad de la iglesia de alcanzar su misión".[17]

Es natural, en cualquier grupo humano, que alguna gente ejerza una influencia más grande que otros. A través de la Biblia Dios ha levantado líderes que han usado el poder e influencia para hacer cosas. Eso no es necesariamente un abuso de poder. Sin liderazgo una iglesia tenderá

a ser inerte y hacer nada. Algunas personas ven todo poder como co-
rrupto, pero ese es un entendimiento inocente de la manera cómo los
humanos interactúan. El poder llega a ser conflicto cuando la gente
percibe que ha tomado lugar algún abuso por algún tipo de ganancia
personal. Y la única manera para que tal conflicto se resuelva es desarrollar una atmósfera de confianza. En una sociedad libre los ciudadanos
voluntariamente dan un poder limitado a los oficiales del gobierno tales
como la policía para proveer seguridad para el bien de todos. De igual manera, sin ese sentido de confianza, la iglesia opera con sospechas, en lugar
de tener un sentido de confianza en los otros miembros del Cuerpo.

FINANZAS

En los matrimonios una fuente de conflicto es el asunto de las finanzas, y eso es verdad de muchas iglesias también. Si hubiese recursos
financieros ilimitados en la iglesia, poca gente se preocuparía sobre el
gasto. Sin embargo, hay pocas, si es que hay alguna, iglesias que tienen
más dinero de lo que pudieran usar. Y por esa razón, conflictos acalorados se desarrollan sobre la distribución de recursos limitados para
lograr el bien mayor. Las iglesias pueden meterse en serios problemas
cuando son descuidadas en dar cuentas por el dinero que reciben y
desembolsan. En cualquier tiempo cuando los miembros de la congregación se vuelven sospechosos de cómo se gasta el dinero o cómo se toman
las decisiones financieras, su primera respuesta es dejar de dar. Un pastor
llevaba la chequera de la iglesia con él a donde quiera que fuera, personalmente escribiendo cheques como le parecía necesario. Aunque pocas
personas acusaron al pastor de mal uso financiero, nadie sabía a dónde se
había ido el dinero. Eventualmente la gente comenzó a dejar esa iglesia
por la falta de confianza en la administración de las finanzas.

La gente se molesta sobre cómo se gasta el dinero de la iglesia. La
mayoría de los miembros son apasionados sobre su área favorita de
ministerio y quiere un presupuesto adecuado para que ese programa
pueda crecer y desarrollarse. Pero, ¿debe la iglesia estar más preocupada
sobre la comodidad de sus miembros, o en tratar de alcanzar a los que no
asisten? En realidad, el presupuesto de la iglesia es una clara reflexión de
lo que una iglesia cree que es importante. Una iglesia local que dice ser
evangelística pero gasta poco de su presupuesto en alcanzar a los perdidos está haciendo una fuerte declaración sobre sus valores.

Los conflictos sobre el presupuesto vienen de dos fuentes. Uno se
levanta de una filosofía en conflicto sobre la mejor manera de lograr
los propósitos de la iglesia. ¿Podemos alcanzar a la mayoría de los no
salvos con una escuela bíblica vacacional, un evento juvenil a nivel de
la ciudad, o un avivamiento extendido en la iglesia? Buena gente puede
diferir fuertemente sobre la estrategia y metodología.

Segundo, los conflictos pueden desarrollarse cuando la iglesia no tiene los recursos básicos para hacer más que mantener las puertas abiertas. Existen iglesias viejas en comunidades económicamente pobres con historias maravillosas que apenas sacan suficiente dinero para pagar las utilidades y sostener al pastor. Han eliminado ministerios del presupuesto que antes habían establecido, y esto crea un sentido de frustración e incluso desesperación.

VALORES CENTRALES

Los conflictos más serios pueden brotar sobre los asuntos de valores centrales. Existen congregaciones en perpetuo conflicto sobre estilos de adoración, activismo social, responsabilidad a la comunidad, pasión por el evangelismo, y otros asuntos locales. Aun más doloroso son los conflictos dentro de las denominaciones sobre tales asuntos como los derechos de los homosexuales, el aborto y los ministros homosexuales. Tales conflictos están tan cargados emocionalmente que amenazan con dividir a esas iglesias en pedazos. Kale dice: "Para aquellos involucrados, las peleas de la iglesia no son incidentales sino que tratan con los valores centrales sobre los cuales la iglesia está fundada. Y es por eso exactamente que a menudo se vuelven tan desagradables".[18] Estas iglesias pueden preocuparse mucho sobre si deben dejar la conexión y tradiciones denominacionales del pasado sobre un asunto divisorio. La pregunta se resume a esto: Siendo que no puede dar su vida por cada asunto polémico, ¿cuáles son aquellas cosas por las que está dispuesto a morir? ¿Cuándo dice con Martín Lutero: "Aquí me paro. No puedo hacer otra cosa"? Cuando se trata las creencias fundamentales de una iglesia, hay gente que está dispuesta a luchar hasta la muerte, así como una osa madre defendería a sus cachorros, porque creen que si pierden aquí, han, perdido todo.

▶ "VIVAN EN PAZ UNOS CON OTROS"[19]

Es importante entender que el conflicto no siempre es una fuerza negativa en una iglesia. Como dijimos antes, puede traer cambios positivos. William Willimon dice: "En el conflicto, un grupo recibe energías. Como un pastor anciano una vez me dijo: '¡Puedes apagar un fuego más fácil que resucitar a los muertos!' Donde no hay absolutamente ninguna insatisfacción, hay una visión de algo mejor, no hay dolor, hay pocas posibilidades de acción"[20] El conflicto puede ser la base del crecimiento y el cambio. Sin embargo, también puede ser la fuente de dolor y heridas, desilusión y destrucción. Pablo le dijo a Tito que le recordara a la iglesia "a no hablar mal de nadie, sino a buscar la paz y ser respetuosos, demostrando plena humildad en su trato con todo el mundo" (Tito 3:2). Cómo responde la gente ante las diferencias determinará si el resultado final del conflicto es negativo o positivo. He aquí 10 pasos que se pueden usar para responder al conflicto en la iglesia.

1. Reúna tanta información como sea posible sobre el asunto.

Willimon dice: "Este paso inicial es un gesto que relativamente no amenaza a las partes involucradas en el conflicto donde uno sólo busca entender mejor lo que está en juego".[21] Es fácil tener una visión distorsionada del problema cuando sólo se ha escuchado un lado del argumento. Sin tratar de ser Sherlock Holmes, intente reunir tanta información factual, objetiva, como sea posible sobre el asunto bajo conflicto. Esta etapa de encontrar los hechos puede en realidad proveer un período de enfriamiento donde las partes tienen un poco de tiempo para reflexionar sobre el asunto.

2. Trate de obtener un entendimiento sobre la gente involucrada.

Si no conoce a los principales involucrados en el conflicto, ayude descubrir su historia en los conflictos pasados. Hay algunas personas que tienen una compulsión interna para crear problemas. En realidad disfrutan de la adrenalina que viene en un conflicto. Otras personas que han sido etiquetadas como alborotadores pueden simplemente tener un punto de vista diferente de la mayoría y la valentía de expresar su posición.

También, la gente pudiera responder de maneras diferentes a las acostumbradas en situaciones especiales. Un hombre del que fui pastor podía tratar con la mayoría de los asuntos en una manera a a nivel mental excepto cuando se trataba de su hijo. Internamente, el hombre se frustraba y se avergonzaba por el comportamiento impredecible de su hijo adolescente. Sin embargo, sentía que tenía que defender las acciones de su hijo, aun cuando obviamente eran equivocadas. La mayoría de las personas tienen áreas de la vida, áreas ciegas donde las emociones dominan la lógica. Una abuela vivía en un vecindario de la ciudad que estaba controlado por un vendedor de drogas. Se enfadó por la manera cómo esta mafia joven estaba aterrorizando su vecindario. Una tarde no pudo soportar más, sacó su pistola y les disparó a los muchachos que habían escalado en la barda frente a su patio. En su temor y enojo ella percibió el peligro, aun cuando no había ningún peligro inmediato. La resolución del conflicto comienza por entender los motivos y perspectivas de aquellos involucrados. Recuerde, la gente responde de maneras que a ellos les hace sentido.

3. Concéntrese en el tema principal.

Con frecuencia, el problema que primero se presenta no es el asunto real. Los padres que vienen quejándose con un maestro que a su niño del cuarto grado no le dio una parte especial en el drama de navidad pudieran realmente estar preocupados porque el niño no es aceptado por el resto de la clase. Una madre pudiera quejarse con el pastor que su pequeña niña no fue invitada a una fiesta de cumpleaños con el resto de su clase de escuela dominical, y la familia está amenazando con dejar la iglesia. Pero, ¿cuál es el verdadero problema aquí? El asunto realmente puede ser un conflicto con el director del coro porque la madre desea que cante un solo.

Es fácil, que en el medio de la resolución de un conflicto, que la gente vea esto como una oportunidad para dejar salir todas sus quejas con la gente y programas de la iglesia. Esto llega a ser frustrante para las otras partes del conflicto original que se preguntan: ¿Qué tiene que ver esto con nuestro conflicto? Cuando se ayuda a la gente a resolver un conflicto, es importante traer continuamente la discusión de nuevo al asunto y no dejarse nublar con otros problemas. Se puede decir algo como: "Permítanme recordarles a todos ustedes por qué estamos aquí hoy".

4. Trabaje una buena comunicación entre las partes involucradas.

Cualquier comunicación tiene cuatro componentes: uno que envía, uno que recibe, un medio y un mensaje. Pero la comunicación llega a ser confusa en medio del conflicto. El que envía puede estar gritando. El que recibe está tan ocupado pensando en una respuesta que no está escuchando. El medio es un collage de expresiones faciales, gestos y sonidos que se vuelven muy confusos. El mensaje puede ser más una intimidación o una apelación emocional que información. Keith Huttenlocker dice que la buena comunicación es estratégica porque promueve el diálogo, hace que la tensión baje y procura resolver problemas, no procesar a las personas.[22]

El diálogo tiene que ser abierto, sin mensajes escondidos que nublan el proceso. El término *diálogo* implica que todos tienen la oportunidad de expresar sus pensamientos con el fin de que su posición sea entendida. Cuando la gente comienza a hablar frente a frente, la tensión baja porque ellos bajan la distorsión y exageración que pudiera ser parte de su argumento. El diálogo se enfoca en la solución que puede venir en el futuro. Aún Dios se comunica con nosotros para traer cambios. Isaías escribió: "Vengan, pongamos las cosas en claro (dice el SEÑOR). ¿Son sus pecados como escarlata? ¡Quedarán blancos como la nieve!"[23] Huttenlocker concluye: "Hay pocos conflictos en la iglesia que no se puedan resolver cuando aquellos involucrados dominan las buenas habilidades de la comunicación. Cuando podemos usar la comunicación para hacerla parte de la solución en lugar de parte del problema, todas las relaciones en la iglesia adquieren una mayor autenticidad y una intimidad más profunda".[24]

5. Ayude a que en el conflicto unos a otros se traten justamente.

Muchos escritores sobre el tema conflicto en la iglesia enfatizan la necesidad que la gente pelee justamente. Kale describe la pelea justa como una expresión honesta de los sentimientos y pensamientos de uno, así como adueñarse de aquellas ideas y ser responsables por lo que se dijo. También significa dirigirse a los asuntos en lugar de atacar a la gente.[25] Los mediadores necesitan proteger la integridad de la discusión y no permitir que alguna de las partes sea violento verbalmente. La buena comunicación no permite el comportamiento pobre, o tratar de producir culpabilidad. No sólo son tales tácticas injustas, sino que minan los estándares de la conducta cristiana bosquejada en el Nuevo Testamento.

6. Trabaje para sanar y fortalecer las relaciones.

Recientemente dos descendientes de Alexander Hamilton y Aaron Burr repitieron el famoso duelo entre aquellos líderes políticos americanos primitivos. Ambos eran estrategas políticos brillantes que estaban en los polos opuestos en sus creencias de cómo la nueva nación debería ser gobernada. Como sucede a menudo en los conflictos, la combinación de celos y sentimientos endurecidos sobre ataques políticos forzó a Burr a desafiar a Hamilton a un duelo con pistolas con el propósito de salvar su honor. En un momento del duelo Hamilton estaba mortalmente herido y Aaron Burr, el vicepresidente de los Estados Unidos, en ese mismo momento, puso fin a su carrera política. Trágicamente, las explosivas pistolas no ayudaron a resolver nada, pero una discusión frente a frente pudiera haber ayudado a suavizar la discordia.

Una forma muy efectiva de manejar el conflicto es enfatizar la importancia de la relación por encima de la importancia de los asuntos en la disputa. Uno de los problemas en el conflicto continuo israelí-palestino es que en lugar de hablar y tratar de conocerse unos a los otros, ambos lados ha levantado murallas físicas y psicológicas de separación. Una iglesia es una comunidad de fe hecha de gente en relación unos a otros. En el pasado, los miembros de una iglesia acostumbraban a recordarse de sus conexiones familiares espirituales al llamarse unos a otros hermanos y hermanas. Hoy, aun con nuestras diferencias, todavía nos mantenemos juntos en relaciones unidos por el amor ágape.

¿Cómo puede la iglesia edificar sobre aquellas relaciones dentro del Cuerpo de Cristo para resolver conflictos? Comienza por aceptarnos unos a otros como valiosos aun cuando pudiera haber diferencias. Pero va más allá de ese cuidado y contención genuina cuando alguno está en necesidad. "'Todos para uno y uno para todos' en ningún lugar es más aplicable que dentro de la iglesia. En dondequiera que se demuestra compromiso, la comunidad es fortalecida".[26] Las relaciones de la iglesia son más fuertes cuando vivimos unidos con integridad, lo que genera respeto. Recuerdo haber comprado un automóvil usado de un vendedor que asistía a la iglesia. El hombre no era el vendedor estereotipo, que habla rápidamente, que le pega a las llantas. Sin embargo, él era el principal vendedor de automóviles usados de esa agencia, principalmente porque la gente sabía que era honesto. Una vez le pedí que me diera el mejor trato que pudiera, y cuando me dijo el precio, compré el automóvil allí mismo sin ningún regateo. Su palabra era suficiente para mí. La credibilidad es una cualidad importante que la gente busca cuando se forman sus opiniones acerca de la gente de la iglesia. Entre más su valoren relación unos con otros los miembros de la iglesia, tenderán más a ignorar o resolver sus diferencias fácilmente.

7. Encuentre puntos de preocupación común o acuerdos mutuos.

Muy a menudo también el conflicto se enfoca sobre lo negativo, los desacuerdos que separa a la gente. Las iglesias se han dividido y los miembros se han ido por caminos diferentes sobre cosas tan triviales como tener una cocina dentro del templo. Uno de los miembros más ancianos de la iglesia en mi pueblo recientemente murió. Mientras reflexionaba sobre su vida recordé que él había mantenido la posición que la gente no debería comer en el templo. Este asunto pudo haber sido lo suficientemente importante como para que su familia dejara la iglesia. Pero la familia de la iglesia valoraba su presencia en el Cuerpo, y él decidió que ser parte de esa iglesia era importante para él. Así que, el conflicto ya no fue importante. Cuando la iglesia tenía alguna cena de compañerismo, no venía y ellos tampoco esperaban algún platillo caliente de su familia. Él y la iglesia tenían muchas cosas valiosas en común como para dejar que este asunto periférico los separara y arruinara más de 50 años de compañerismo.

8. No seas demasiado rápido para entrar en un acuerdo sobre un asunto si no ha sido resuelto.

Existen algunos que irán hasta donde sea para evitar el conflicto abierto en la iglesia. Si les preguntas si se sintieron lastimados en un incidente, generalmente dirán que no aun cuando fueron profundamente heridos. Responderán: "Lo que quieran", cuando se les pide una opinión, mientras secretamente alimentan resentimiento por lo que sucedió. Esta gente pudiera sentirse intimidada para estar de acuerdo con una decisión que no es la de ellos. Cuando se toma un voto en voz alta en una reunión y una persona, cabizbaja, no dice nada, es obvio que no es una decisión unánime. En ocasiones es de ayuda esperar una decisión de tal modo que la gente pueda estar en paz en sus propias mentes. Forzar a una persona para que esté de acuerdo a la larga puede tener un efecto más perjudicial que simplemente esperar para que la persona llegue a la decisión. Sin embargo, una iglesia puede ser estorbada por una persona que está arrastrando sus pies.

9. Trabaje hacia una solución de ganar-ganar si es posible.

Una razón por qué a la gente no le gusta el conflicto es que piensan de los resultados en términos de ganadores y perdedores. O, peor aun, piensa que ambos lados pierden. En el duelo Burr-Hamilton, ambos perdieron. Burr perdió su futuro político mientras que Hamilton perdió su vida. Una mejor manera de resolver el conflicto es permitir que el perdedor "no pierda su dignidad" de tal manera que la derrota sea suavizada de alguna manera. Sin embargo, la mejor solución es encontrar una respuesta de ganar-ganar donde ambos lados sientes que han ganado algo. Si una familia que tiene un solo automóvil tiene dos hijos adolescentes que ambos quieren usar el Automóvil la noche del viernes, una solución es decir que siendo que hay un conflicto ninguno de los dos conducirá, una solución de perder-perder donde todos se quedan desilusionados. Ambos pudieran ganar si uno obtiene el Automóvil este viernes y el otro la próxima semana. O, quizá pudieran ir juntos a un evento. Desarrollar una estrategia de ganar-ganar involucra que ambos lados revelen lo que realmente quieren y qué áreas está dispuesto a comprometer. La gente siente que han tenido éxito si algo se logra del conflicto. Sin embargo, cuando el asunto por el que se discute involucra un principio moral serio, como el caso del incesto mencionado en 1 Corintios 5, pudiera existir muy poco lugar para el compromiso.

10. Haga un pacto para permanecer dentro de la decisión del grupo si es posible.

En 1 Corintios 6 Pablo se dirige al problema de los miembros de la iglesia resolviendo conflictos en la corte civil. Pablo sarcásticamente declara en el versículo 5: "Digo esto para que les dé vergüenza, ¿Acaso no hay entre ustedes nadie lo bastante sabio como para juzgar un pleito entre oyentes?" Su punto es inconfundible: los cristianos deben ser capaces de trabajar sus diferencias en el contexto de la iglesia. El secreto a la solución es un acuerdo por todos los interesados a vivir dentro de la decisión de la iglesia. La racional está enraizada en la creencia que el Cuerpo de Cristo representa una comunidad amorosa que desea lo mejor para cada uno de sus miembros. La iglesia valora los conceptos bíblicos de la misericordia, gracia, amor, aceptación y perdón. Siendo que todos fallamos alguna vez en hacer todo bien como nos gustaría, la iglesia tiene que ser el lugar donde todos pueden venir pidiendo ayuda. Pablo escribió a los efesios: "Sométanse unos a otros, por reverencia a Cristo" (5:21). Los conflictos se pueden resolver más fácilmente cuando cada persona desea el camino de Cristo por encima de su propio camino.

▶ VIVIENDO EN ARMONÍA

¿Cuál es la respuesta a la pregunta de Rodney King: "¿No podemos llevarnos todos bien?" Si creemos que los cristianos son humanos con fallas, entonces la respuesta es probablemente: "No, no todo el tiempo". Mientras todos los que son parte de la iglesia afirmen estar unidos en el amor de Jesús, existe una amplia variedad de gustos e ideas personales, cosas que les agrada y desagrada. En ocasiones estar juntos en esta comunidad de fe es una aventura. El escritor a los Hebreos se dirige a este asunto con un buen consejo: "Busquen la paz con todos, y la santidad, sin la cual nadie verá al Señor" (12:14). Aprender a resolver los conflictos con los hermanos y hermanas que son parte del Cuerpo de Cristo es una manera de vivir la vida del Espíritu Santo que mora dentro de cada creyente.

▶ PREGUNTAS PARA LA REFLEXIÓN

▷ ¿Cuál es el papel del pastor para implementar el proceso de Mateo 18 para lograr una solución pacífica en un conflicto entre dos cristianos?

▷ ¿Hay algunas cosas que una iglesia puede hacer para minimizar el desarrollo de un el conflicto?

▷ ¿Cuáles son los riesgos y recompensas para un pastor que toma el papel de pacificador en un conflicto serio de la iglesia?

LA PRESENCIA DEL PASTOR EN LAS CRISIS

En su corta carrera ministerial, la pastora Jane Farmer había desarrollado un temor a las llamadas telefónicas tarde por la noche. En general la gente no llama a media noche con buenas noticias. Esa clase de información puede esperar hasta la mañana. Pero una crisis no puede esperar. El teléfono que sonaba la sacó de su sueño en un estado grogui de consciencia. Divisó la mesa. Su reloj decía 1:47 a.m. Jane gimió mientras se estiraba al ruidoso teléfono. Era Frank Walker, con pánico en su voz, tratando de contar que había otra crisis que involucraba a su hijo adolescente, Jason. ¿Podía venir y ayudarles?

Cuarenta minutos más tarde Jane caminaba en el cuarto de enfrente de la casa de los Walker para encontrarse con Frank y su esposa, Brenda, sentados en el sofá en un estado de conmoción. La madre de Frank y el hermano de Brenda estaban allí para ofrecer su apoyo. La pastora Jane comenzó a reunir datos de los eventos de las últimas dieciocho horas mientras estos padres compartían detalles de su preocupación. Jason se había metido en un argumento ayer por la mañana con su madre por su percepción que sus padres estaban tratando de controlar y arruinar su vida. Salió tempestuosamente de la casa, diciendo que iría a la casa de su amigo Brian, donde a lo menos no le molestarían todo el día. Brenda y Frank no se preocuparon demasiado cuando no se apareció para cenar. Muy a menudo se quedaba unas seis u ocho horas como una manera de preocupar a sus padres. Pero se habían preocupado cuando no llegó a su hora de las 12:30. Frank descubrió que el automóvil de Brenda hacía falta en la cochera. Llamaron a la casa de Brian y descubrieron que tampoco estaba Brian.

Con la ayuda de la pastora Jane hicieron una revisión completa del cuarto de Jason. Su bolsa de dormir y su mochila no estaban, así como ropa y un reproductor de música . El mosquitero había sido quitado de la ventana del cuarto de Jason. Entonces Brenda revisó su cartera. Su tarjeta de crédito y el dinero no estaban. Parecía obvio que Jason se había escurrido por la casa, tomado lo que necesitaba y desaparecido con el automóvil. Frank dijo que no tenía opción sino ponerse en contacto con la policía y reportar a estos muchachos como fugitivos.

Después de casi dos semanas. El automóvil fue hallado abandonado como 60 Km en una gran ciudad, la máquina destruida. La tarjeta de crédito de Brenda fue usada un par de veces los primeros tres días, pero desde entonces no había tenido alguna actividad. La Pastora Jane había venido a la casa cada día junto con otra gente de la iglesia, pero no se vislumbraba una solución. Frank y Brenda deseaban recibir una llamada telefónica que dijera que Jason estaba vivo y bien. Descansaban en gran parte en sus amigos de la iglesia, y especialmente en su pastora, para con-tención. El comentario de Brenda resume sus sentimientos: "Si tan sólo Jason se pusiera en contacto con nosotros y dejara saber que está vivo, la peor parte de la crisis terminaría".

▶ CRISIS: TODOS LAS TIENEN, NADIE LAS QUIERE

El diccionario define crisis como un tiempo crucial o un punto gi-ratorio en la vida de una persona. El psicólogo Gary Collins declara: "Una crisis es cualquier evento o serie de circunstancias que amenazan el bienestar de una persona e interfiere con sus rutinas cotidianas. Las crisis son estresantes porque alteran nuestras vidas, a menudo tienen complicaciones a largo plazo, y nos obligan a encontrar formas de so-portar lo que no tratamos antes antes".[1] Swilhard y Richardson ofrecen esta explicación del origen de una crisis: "Se precipita por algún even-to que incomoda el equilibrio espiritual y emocional. Básicamente es el desequilibrio producido por una amenaza percibida o ajuste que que se nos hace difícil manejar".[2]

Muchos escritores sobre el tema describen dos tipos de crisis. El primer tipo y más común es una crisis de *desarrollo*. Estos son tiempos de cambios que vienen en el desarrollo normal del crecimiento de una persona. Howard Clinebell dice: "Estas experiencias estresantes son las ocasiones de crisis para un individuo hasta el punto que representan problemas para los cuales las previas habilidades para enfrentarlas son inadecuadas. Cada etapa de desarrollo y crisis es la ocasión para una variedad de oportunidades de cuidado y consejería".[3] Algunas de estas pudieran incluir el nacimiento, el iniciar la escuela, la adolescencia, dejar el hogar, cambiar de trabajo, casarse, tener hijos, jubilarse y en-frentar la muerte de uno mismo. Estas pudieran ser ocasiones gozosas o dificultosas, pero siempre requieren un esfuerzo extra o un estrés para la persona que pasa a través de la experiencia del cambio.

El segundo tipo de crisis es *accidental* o *situacional*. Estas pudieran ser un accidente automovilístico inesperado, la pérdida del trabajo, el descubrimiento del cáncer, un divorcio, un incendio; la lista puede seguir. Estas son menos predecibles y tienen un gran impacto. Ta-les crisis pueden crear dificultad para una persona en cualquier edad. Howard Stone dice: "Son tribulaciones emocionales y disfunciones que resultan de circunstancias poco comunes". Por razones que las crisis accidentales en general vienen de repente, casi siempre demandan una respuesta inmediata.

Aunque algunos pudieran pensar que experimentar una crisis es el resultado de vivir en una sociedad contemporánea, incluso los ances-tros de la Biblia enfrentaron momentos críticos. Piense en Abraham, viendo a su hijo prometido Isaac, mientras estaba a punto de ofrecerlo como sacrificio; ciertamente fue un momento crucial. Cuando David se dio de voluntario aceptando el desafío de Goliat de una pelea hasta la muerte, enfrentaba una de las crisis más difíciles de su joven vida. Un gran momento crítico en la vida de Jesús vino cuando se arrodilló en el jardín y se rindió al plan eterno de morir por la humanidad. Este momento fue tan intenso que los vasos sanguíneos de su frente se rompieron y su sangre se mezcló con el sudor que caía al piso. Un joven judío de nombre Saulo fue derribado al suelo mientras viajaba a Damasco y luego fue confrontado por la aparición del Cristo resucitado. Esa crisis llegó a ser el punto crucial para el hombre que más tarde llegaría a ser Pablo, el apóstol de los gentiles.

En los siglos pasados, la gente que enfrentaba crisis tendía a buscar a su familia inmediata o extendida para contención y dirección. Hoy, en nuestra sociedad móvil, los miembros de la familia están regados a través del país e incluso a través del globo. Con la familia tan distante, la gente a menudo se siente aislada y solitaria, sin nadie a quien volverse por ayuda. Por esta razón la iglesia, y los pastores específicamente, son los primeros invitados cuando golpea una crisis.

"Ayudar a aquellos en una crisis puede ser una fase muy importante en el ministerio de uno", escribe Norm Wright. "Dos de las tareas del ministerio de la iglesia son equipar a todos los miembros para que manejen mejor sus propias crisis y equiparlos para ayudar a otra gente en crisis".[5] Haddon Robinson le llama a esto el "efecto halo" en el ministerio, la alta estima que los miembros de la iglesia pudieran tener para su pastor y la importancia del pastor en ayudarlos a enfrentar una crisis. Esta fe y confianza se desarrollan mientras un pastor está involucrado con los individuos y familias a través de las experiencias de crisis. Aunque a un ministro se le puede dar el título de pastor cuando llega a una iglesia, no es sino hasta que un pastor se sienta con la gente en la sala de espera del hospital o ayuda a las familias a través de tiempos de conflicto que principiarán a decirlo con sentido: "Este es mi pastor".

Una de las razones por qué la gente se vuelve a menudo a la iglesia o a un pastor es la creencia profundamente sostenida que la gente de fe de alguna manera puede traer esperanza a situaciones aparentemente sin esperanza. Mientras asistía a un pequeño colegio cristiano tuve el privilegio de escuchar al mundialmente renombrado psiquiatra, el Dr. Viktor Frankl. Frankl fue llevado a un campo de concentración nazi durante la Segunda Guerra Mundial, simplemente porque era judío. Una vez allí, notó que cuando los prisioneros individuales perdían esperanza, morían rápidamente. Más tarde observó: "Hay de aquel que no veía más sentido en esta vida, ninguna meta, ningún propósito... Pronto estaría perdido".[6] Sin embargo, para aquellos que podían encontrar algún propósito para vivir, algo en qué enfocarse más allá de la crisis presente, las oportunidades de sobrevivencia aumentaban dramáticamente. Frankl mismo dijo que cuando los días eran difíciles por razón del arduo trabajo y la falta de comida tenía que buscar algo esperanzador para enfocar su mente. A menudo, lo hacía imaginando un cuadro de sí mismo después de la guerra, parado en un auditorio cómodo, dando una conferencia sobre la psicología de los campos de muerte nazis.

▶ LA FUENTE DE UNA CRISIS

¿De dónde vino esta crisis? La mayoría de la gente levanta esta pregunta en sus mentes cuando una crisis, especialmente una accidental o situacional, se cruza en su vida normal. Algunos han comprado la idea que somos meras marionetas en un hilo y Dios, el autor, escribe todo lo que nos sucede, tanto bueno como malo. El problema con esta posición es que no sólo ignora el libre albedrío que Dios dio, sino que hace a Dios el autor del mal. Aunque pudiera ser que no entendemos por completo la providencia de Dios, conocemos su carácter. Sería inconsistente con la naturaleza de Dios que Él diseñara y planeara el abuso o asesinato de un individuo. Por otro lado, Dios no tiene una filosofía de no involucrarse con los humanos aquí en la tierra. Íntimamente está interesado e involucrado en su amor, misericordia y gracia.

Desde una perspectiva bíblica, existen tres fuentes posibles de una crisis.

1. Origen divino

Puede haber momentos de crisis en nuestras vidas que vienen del plan de Dios para nosotros como individuos. Uno de los ejemplos más obvios es el momento crítico de la salvación. Dios no quiere que nadie se pierda, sino que desea que todos experimenten perdón de pecados y una relación personal con Él. Es una crisis, porque en ese momento la vida es radicalmente cambiada y llegamos a ser hijos del Padre Celestial. Sin embargo, Dios no nos obliga a esta relación en contra de nuestra voluntad. Respondemos a su oferta de gracia por fe. Dios también pudiera llevar a otros momentos críticos para revelar su voluntad para nuestras vidas en una pareja de matrimonio, un llamado a una carrera, o una mudanza a una nueva localidad.

Este es el por qué los cristianos deben buscar conocer y entender la voluntad o dirección de Dios en aquellas decisiones importantes de la vida. En ocasiones las directrices de Dios son muy claras. En ocasiones Dios espera que nosotros tomemos decisiones sabias basadas en nuestro entendimiento de la verdad revelada en la Biblia. Es maravilloso ver nuestro pasado más tarde y ver que Dios ha ordenado nuestros pasos en una situación de crisis, aun cuando no pudimos entenderlo plenamente en ese tiempo. En momentos significativos de decisión en mi carrera pastoral Dios me ha revelado su voluntad de alguna manera a través del liderazgo del Espíritu Santo. Hubo momentos de crisis cuando sentí que debía permanecer. En otras ocasiones sentí moverme a una nueva asignación, aun cuando significó irme muy lejos de la familia y amigos.

2. Origen natural

Vivimos en un mundo creado que está gobernado por ciertas leyes naturales. Recientemente un amigo de la infancia me recordó del tiempo cuando tenía como siete años. Nuestra familia estaba visitando a su familia para una comida en domingo y estábamos trepando un árbol enfrente de su casa. Mientras subía el árbol puse todo mi peso en una rama y se rompió. La ley de la gravedad me jaló a tierra firme y caí de espalda, teniendo dificultad para respirar porque me sacó la respiración. Dios pudo haber suspendido la ley de la gravedad por unos cuantos segundos, pero mi amigo que estaba sentado en el árbol pudiera haber flotado del árbol al espacio. Dependemos de estas fuerzas naturales tales como la gravedad que sean siempre consistentes.

Muchas crisis se desarrollan porque vivimos en esta creación natural de Dios. Pegarle a nuestro dedo con el martillo tiene un resultado inevitable, dolor. Aunque a nadie le gusta el dolor, también puede tener un efecto positivo. Sin finales de nervios funcionando en la mano, pudiéramos poner nuestra mano en un horno caliente y sufrir severas quemaduras sin estar conscientes de ello. El dolor sirve como una herramienta efectiva para advertirnos, diciéndonos que algo está mal.

Alguna gente quiere acusar a Dios de un accidente automovilístico cuando el verdadero culpable puede ser un error humano o un equipo que está funcionando mal. ¿Puede Dios prevenir el accidente? Sí. Y en ocasiones lo hace. Pudiéramos no estar conscientes de las veces cuando el tardarse en un semáforo puede haber evitado un accidente que pudiera haber pasado más adelante. Y sin embargo Dios no siempre previene los accidentes. Existen casos en la naturaleza, tales como las inundaciones, terremotos, huracanes, sequías y fuegos que son parte natural de los patrones del clima global. Las compañías aseguradoras en ocasiones etiquetan a éstos como "actos de Dios" para evitar pagar los daños. Aun éstos son parte de vivir en el mundo natural a nuestro alrededor.

Tenemos que reconocer que la creación natural del mundo de Dios ha sido corrompida por la Caída. Los humanos no han conquistado totalmente todavía las enfermedades del cáncer, SIDA, y algunas enfermedades infecciosas que quitan las vidas de millones de personas cada año alrededor del globo. No siempre es fácil explicar por qué Dios ha intervenido para traer liberación del cáncer de un amigo cercano, mientras otro buen amigo está en los días finales de su vida, debido a alguna forma rara de cáncer. Mientras vivamos en este planeta tendremos que lidiar continuamente con el dolor de las crisis naturales mientras esperamos el cielo donde estas preocupaciones quedarán en el pasado.

3. Origen pecaminoso

Es un hecho que muchas crisis vienen como resultado del pecado. El Dr. Frankl sufrió el resultado de un sistema político impío que secuestró y mató millones de personas, simplemente porque eran diferentes de la mayoría. A través de los siglos de historia de la iglesia, comenzando con Esteban en el libro de los Hechos, se le ha pedido a los mártires sacrificar sus vidas antes que negar su fe. En tiempos recientes cristianos africanos, asiáticos y árabes han muerto en el cruce de fuego de las guerras religiosas o persecución individual.

Para la mayoría de la gente, las crisis causadas por el pecado son mucho más personales. Algunos enfrentan crisis como resultado de ser víctimas de crímenes que no cometieron. Hay una mujer anciana que perdió sus pequeños ahorros de toda la vida porque alguien la engañó quitándole sus pocas inversiones. Considere la joven que ha sido abusada por un tío durante cinco años y ahora no puede confiar en ningún hombre. O, está el esposo que perdió a su esposa e hijo en un accidente automovilístico por un chofer borracho. Estas personas sufren por el pecado de otros. Pero el pecado en nuestras propias vidas puede causar una crisis. Una esposa que es indulgente en una aventura amorosa extramarital y termina perdiendo su matrimonio y el cuidado de su hijo necesita aceptar la responsabilidad por sus acciones.

Pastores y consejeros laicos pudieran necesitar ayudar a la gente a entender el origen de la crisis que enfrentan. Howard Stone sostiene que "todas las crisis son religiosas en su núcleo; involucran asuntos que uno tiene que enfrentar si la vida de uno ha de ser plena. La consejería del ministro es en su preocupación final y básica, una preocupación espiritual".[7]

▶ EL DESARROLLO DE UNA CRISIS

Es útil entender cómo, normalmente, se desarrollan y crecen las crisis.

• *Un evento precipitado.* Si bien es cierto que las crisis del desarrollo tales como la adolescencia o la senilidad ocurren gradualmente durante un período de tiempo, el origen de la mayoría de las crisis situacionales o accidentales usualmente se puede remontar a un solo evento. Este evento puede ser positivo. Una boda generalmente es una ocasión muy feliz. Sin embargo, pueden precipitar una crisis situacional mientras dos personas, que vienen de diferentes costumbres y creencias familiares, comienzan a edificar una vida unida. En ocasiones las expectativas de una persona para el futuro pueden cambiar en un momento. Una pariente mía se casó con un joven talentoso y físicamente fuerte que tenía la oportunidad de jugar como defensa en la Liga Nacional de Fútbol Americano. Miraba el futuro como teniendo una carrera exitosa jugando el deporte que amaba. Pero una sola jugada en el curso de un juego cambió su futuro. Se lastimó seriamente una rodilla mientras bloqueaba a su oponente. Su recuperación lo sentó en la banca por tanto tiempo que nunca pudo regresar a su equipo para satisfacer su sueño. En cualquier ocasión que un evento cambia el equilibrio en la vida de una manera significativa, tenemos de lo que las autoridades en consejería llaman un evento emocionalmente peligroso. Wright escribe: "Un evento peligroso es algún caso que inicia una reacción de eventos en cadena culminando en una crisis".[8]

• *La comprensión de la situación.* Cada persona tiene un punto de vista único del evento de la crisis. Digamos que un hombre de nombre Bill muere de repente. Su esposa puede ver la pérdida como el fin de un compañerismo íntimo y un apoyo económico. Una hermana puede ver esta muerte como el fin de un vínculo familiar de toda una vida que jamás será reemplazado. Un asociado de negocios puede pensar de buscar a alguien que llene la posición de Bill en la compañía. Aunque diferente, cada punto de vista es legítimo para esa persona en la crisis común. Stone dice: "La importancia de la pérdida a la persona enlutada, por ejemplo, determina en gran medida si se desarrollará una crisis o no".[9]

• *Una reacción molesta.* Aunque la gente puede enfrentar varios eventos molestos en el curso de una semana, tiene que haber algo más para desatar una crisis. Una persona puede experimentar el rechazo de una idea en una reunión o escuchar a su médico sobre la necesidad que tiene de una cirugía menor y hacerla a un lado como uno de los altibajos de la vida. Sin embargo, si mi trabajo está en peligro, pudiera estar preocupado que mis ideas no son bienvenidas, o en el tiempo que estoy fuera del trabajo por la cirugía la compañía pudiera emplear a alguien más. Enfermedad o depresión también pueden disminuir nuestra habilidad de lidiar con un asunto sin llegar a estar estresado. Existen algunos eventos que por su misma naturaleza son perturbadores (la muerte de un miembro de la familia, enfrentar un divorcio, la pérdida del trabajo) eso naturalmente precipita una crisis. En otras ocasiones el evento perturbador parece insignificante, "la gota que colmó el vaso", después de una serie de eventos serios que la persona ha manejado sin dificultad.

• *Una respuesta incierta.* La gente hace preguntas como: "¿Qué se supone que debo hacer sobre este evento?" "¿Qué recursos tengo?" "¿A qué amigos puedo llamar?" "¿Cómo puedo enfrentarlo?" Es común para la gente sentir las emociones de apuro, ansiedad e ira cuando su mundo alrededor parece hundirse. Muy a menudo están convencidos que la vida jamás retomará el curso normal. Es fácil echar la culpa, ya sea a uno mismo o a otros: Si tan sólo... hubiera hecho esto. Si tan sólo... ella no hubiera hecho eso.

• *Una crisis existe.* Cuando una persona no puede administrar la situación sola, la crisis ha iniciado. Norman Wright da cuatro indicadores de que un individuo está en una situación de crisis.

1. Síntomas de estrés. Estas incluyen depresión, ansiedad y dolores de cabeza.

2. Un sentimiento de pánico o derrota. La persona o ha tratado de todo y nada funciona o es incapaz de tratar cualquier cosa para encontrar una solución. Muchos se vuelven a las drogas y al alcohol o se retiran a dormir excesivamente.

3. Un enfoque en el descanso, a cualquier costo. Esta persona no es capaz de administrar las cosas racionalmente y puede exhibir algún comportamiento muy extraño.

4. Un tiempo de eficiencia baja. Algunas personas en crisis pueden funcionar normalmente, pero su efectividad puede bajar al 60% de lo que pueden hacer bajo circunstancias menos estresantes.[10]

▶ GENTE EN MEDIO DE LA CRISIS

Cuando un pastor se pone en la posición de ayudar en una crisis, el enfoque principal está en las personas y no en el problema. El estrés los ha dejado abrumados y a menudo son incapaces de arreglárselas. Pudieran querer llegar a ser dependientes del pastor para todas las decisiones, no queriendo que se les deje solos. O, pudieran rechazar cualquier intento de cualquiera que quiere ayudar por temor que pierdan su independencia. Incluso la validez de la fe personal puede llegar a ser un problema. Una crisis puede hacer que una persona tome cada momento de su tiempo para leer la Biblia u orar. Otras personas se pueden preguntar si Dios realmente los cuida porque se sienten solas en la lucha.

Algunos que observan a una persona en crisis pueden concluir que la persona está mentalmente enferma. Howard Stone observa:

> Es importante enfatizar que el conflicto y la infelicidad no son necesariamente sinónimos con la enfermedad mental... Tiene que notarse, sin embargo, que aunque las personas en crisis no están necesariamente enfermas mentalmente, pudieran experimentar reacciones muy fuertes tales como la ansiedad, depresión, tensión, pánico, un sentido personal y social de confusión y caos, sentimientos de estar perdidos, impotencia, desesperanza, o desorganización, etc.[11]

El estrés que trae una crisis es acumulativo dentro de un tiempo breve. Thomas H. Holmes y R. H. Rahe, profesores de psiquiatría en la Universidad de Washington, desarrollaron una escala para determinar el impacto del estrés de las experiencias de la vida común. Llamada la Escala para Calificar el Reajuste Social Holmes y Rahe[12] asignaron un valor en puntos al impacto del estrés conectado con experiencias comunes de la vida. El valor más alto, 100, se da a la muerte de un cónyuge. A la mitad de la escala, el matrimonio estaba en 50. Cuarenta y tres experiencias fueron evaluadas, con vacaciones y navidad entre las que causan menos estrés con 13 y 12 respectivamente. De acuerdo al estudio 50% de la gente que acumuló una calificación de estrés entre 150 y 200 dentro de un año, se enfermaron. El nivel de enfermedad se elevó hasta más del 80% para aquellos que sumaron más de 300. Esta escala puede alertar a los pastores y laicos que ofrecen cuidado a individuos que han enfrentado varios cambios en la vida y están en peligro de cargas de acumulación de estrés.

Entre más mecanismos de defensa y contencion tiene una persona, menos severa será la crisis y más rápido volverá la persona a la vida normal. De acuerdo a Stone: "Una crisis ocurrirá sólo cuando los intentos tempranos de una persona en enfrentar la amenaza fallan. Donde falla el poder tradicional de arreglárselas, la alteración de la amenaza considerada permanece y de hecho aumenta".[13] Como ayudante, un acercamiento efectivo puede ser, en realidad, enlistar algunas de las cosas que un individuo puede hacer para soportar o lidiar con la situación.

Pasar por una crisis puede cambiar los valores y visión de la vida de una persona. Una persona puede aprender la forma cómo la gente se reunió a su alrededor y le ayudó, que no es bueno ir por la vida como un solitario, aislado de otros. Es común, por ejemplo, para alguien que ha superado el cáncer convertirse en un defensor de la prevención del cáncer y unirse a una unidad local de la Sociedad Americana del Cáncer y participar en actividades para recaudar fondos. Una crisis también puede tener un impacto negativo. Frank perdió a su esposa a causa de una muerte repentina. Aunque Frank había ayudado a otras personas en sus momentos de crisis, cuando su crisis golpeó, tuvo mucha dificultad en recuperarse. Desarrolló un enojo y resentimiento profundos hacia Dios por no hacer nada para salvar a su esposa. Frank era un hombre que siempre estaba en control de las situaciones, y ahora tenía que tratar con asuntos que en su mayor parte estaban fuera de su control. Un par de años después se casó con una mujer que había conocido la mayor parte de su vida, pero no le trajo la satisfacción que desesperadamente buscaba y pronto se divorció. Trató la consejería profesional, pero tampoco le ayudó. Este hombre que en algún tiempo había servido a Dios fielmente, ahora había abandonado su antigua fe y valores en una búsqueda vana para encontrar la felicidad que parecía eludirle. Algunas personas que pasan por una crisis mayor no salen al otro lado como eran antes.

Stone cree que uno de los conceptos más importantes en la intervención de las crisis es lo que llama "accesibilidad psicológica intensificada". Cuando la gente está en crisis son "menos defensivos y más vulnerables al cambio de lo que son cuando están en períodos sin crisis".[14] La gente está dispuesta a escuchar sugerencias e intentar nuevos acercamientos porque se dan cuenta que lo que estaba haciendo no funcionará más para ellos.

Esto es especialmente cierto cuando se trata asuntos espirituales. Un hombre vino a la oficina para hablar sobre el estrés provocado por su reciente divorcio. Aunque había sido educado en un hogar cristiano y había estado asistiendo a una iglesia de una diferente denominación, no tenía una relación personal con Cristo. Le había hablado a este hombre meses antes y parecía en aquel tiempo ser una persona que no responde al evangelio. Sin embargo, en medio de la más grande crisis de su vida que producía el estrés más grande, este hombre confesó sus pecados y recibió a Cristo por fe. Muy a menudo, la gente es más receptiva al evangelio cuando están en el hospital o en la oficina del pastor discutiendo su crisis. La mayoría de la gente en momentos de crisis no tiene conversiones superficiales que pronto se olvidan una vez que la crisis ha pasado. Una crisis provee la apertura que el Espíritu Santo utiliza para permitir que la gracia traiga un cambio duradero.

El trabajar en una crisis puede ayudar para hacer a una persona más fuerte o la crisis puede destruir a la persona desde adentro. Esta es la amarga o dulce consecuencia. El personaje José de la Biblia es un ejemplo maravilloso de uno que se benefició de la adversidad. De lo que las Escrituras revelan de él, llega a ser una de las personas más semejantes a Cristo en el Antiguo Testamento. ¡Habla de crisis! La puntuación Holmes-Rahe de José pudiera haberse salido de la gráfica. Sus hermanos lo vendieron para ser esclavo desde su adolescencia. La esposa del hombre que lo compró como siervo falsamente lo acusó de acoso sexual. Languideció en la prisión, olvidado, hasta que Faraón lo hizo el segundo en poder en todo Egipto. Finalmente, después de salvar a su familia de la hambruna al traerlos a Egipto, sus hermanos tenían que enfrentar sus malos hechos. Después que su padre, Jacob, había muerto ellos le rogaron a José misericordia. En una de las más poderosas declaraciones de perdón de toda la Escritura, José le dijo a sus hermanos: "Es verdad que ustedes pensaron hacerme mal, pero Dios transformó ese mal en bien para lograr lo que hoy estamos viendo: salvar la vida de mucha gente" (Génesis 50:20).

Muchos dirían que José tenía todo derecho de estar amargado por lo que sus hermanos habían hecho. En lugar de eso permitió que sus crisis lo formaran, por la gracia de Dios, en uno de los hombres más admirados de todo Egipto. Hay pocos cristianos grandes cuyas vidas no hayan sido templadas de alguna manera por los fuegos de la adversidad para llegar a ser resistentes, fuertes, gente de fe confiada. Esto es lo que el escritor de la carta a los Hebreos quiso decir cuando escribió: "Ciertamente, ninguna disciplina, en el momento de recibirla parece agradable, sino más bien penosa; sin embargo, después produce una cosecha de justicia y paz para quienes han sido entrenados por ella" (12:11).

▶ El Patrón de una Crisis

Aunque cada crisis es única, todas las crisis tienden a seguir un patrón muy predecible. Norm Wright ha desarrollado una secuencia de la crisis compuesta de cuatro fases que la mayoría de las personas siguen mientras atraviesa un evento que cambia la vida.[15]

1. El impacto

La fase uno generalmente es muy breve, de unas cuantas horas a unos cuantos días. Cuando una crisis viene, la persona lo sabe. De hecho, la mayoría de las personas no pueden pensar en otra cosa. Hay un entumecimiento y conmoción mientras la realidad del evento comienza a asentarse. En esta fase es difícil pensar claramente. La persona está luchando para decidir si enfrenta la situación o trata de escapar. Si la crisis es la muerte de un ser amado, el individuo verá los cuadros y recordará el pasado. Él o ella pueden tener sentimientos de culpa sobre cosas que se hicieron pobremente o no se hicieron. La gente incluso se siente culpable si han evitado el dolor o las dificultades que un ser amado tuvo que enfrentar. La ayuda viene cuando una persona puede aceptar sus sentimientos personales como normales.

2. Retiro y confusión

La fase dos generalmente está acompañada por un descenso en el nivel emocional. Esta fase es más larga, medida en días y semanas. Wright dice: "Cuando esto ocurre, generalmente hay sentimientos desgastados o depresión. La persona ya no tiene más sentimientos para experimentar".[16] Sin embargo, es común expresar sentimientos de ira, resentimiento e incluso ira.

Una de las memorias más vívidas de oficiar un funeral es de una madre que había recibido un pobre cuidado médico en el hospital. Una viuda joven de unos 40 años que, había dejado siete hijos. Por razón que la familia no tenía una iglesia, el director del servicio funerario me pidió oficiar un breve culto en una pequeña capilla en el cementerio. Mientras compartía un pequeño sermón hice una pregunta retórica: "¿Qué hace en un tiempo como éste?" Estaba listo para dar la respuesta: "Nos volvemos a Jesús", cuando el hijo mayor, probablemente de 13 años, explotó: "Llevamos a la corte a esos fulanos doctores, ¡eso es lo que hacemos!" La respuesta del adolescente era normal, dada en una profunda pérdida y un futuro inseguro.

La gente estresada que comparte sus sentimientos con los amigos en esta etapa pudiera sorprender y ofender. Cuando ellos ven cómo responde la gente a sus sentimientos, pudieran tomar la respuesta opuesta y tratar de reprimir sus emociones. Pero Dios nunca se sorprende. Nos entiende y acepta con nuestros sentimientos. Es en esta fase que la persona pudiera necesitar el contacto más físico con sus amigos, y sin embargo estos contactos importantes pudieran alejarse conforme pasa el tiempo. Wright ofrece una maravillosa sugerencia. Después del funeral, un ministro "escribe el nombre de la familia en el calendario de su escritorio cada tres meses por los siguientes dos años para recordarse en continuar alcanzándolos y ministrarles por ese período de tiempo".[17]

Esta también es una fase de confusión. Una mujer lidiando con la quimioterapia pudiera evitar salir al público en lugar de manejar su pérdida de cabello usando una peluca. Un hombre que lucha con la pérdida de trabajo pudiera ofrecer toda clase de excusas de por qué no sale y aplica a otro trabajo. A menudo una quiere reemplazar lo que perdió casándose nuevamente o por vender la casa y moverse a una nueva área como un intento rápido de volver a tener un sentido de normalidad. El problema es que la persona todavía no ha liberado las emociones de la pérdida pasada. Es común para una persona que hace cambios drásticos en este tiempo, arrepentirse más tarde de la decisión.

3. El ajuste

La fase tres toma más tiempo. Las cosas empiezan a mejorar. La depresión ya no es tan constante. La esperanza y emociones positivas lentamente comienzan a crecer. La vida comienza a tomar un nuevo sentido después de escalar el pozo de la desesperación. La persona puede comenzar a resolver problemas. Wright dice: "Fluctúa y tendrá tiempos bajos en ocasiones. Todavía necesita a alguien que esté cercano".[18] Es posible comenzar a introducir discernimientos espirituales porque la persona ahora es capaz de mirarse más profundamente en su interior.

4. Reconstrucción-reconciliación

La fase cuatro puede iniciar porque hay un nuevo sentido de esperanza y confianza. A menudo la ira y la amargura del pasado han sido reemplazadas con un nuevo optimismo. Habrá tiempos de tristeza, especialmente en los aniversarios o eventos especiales que le recuerdan a uno del pasado, pero éstos tenderán a ser momentáneos. Aunque la vida pudiera no ser la misma de antes de la crisis, la persona puede sentir una anticipación de un nuevo futuro que incorpora los cambios que han venido.

► INTERVINIENDO EN UNA CRISIS

Si vas a llenar el papel de un ayudante en una crisis verdaderamente seria, hay varios pasos efectivos que tomar. Éstas son directrices generales y pueden necesitar ajustarse a cada situación individual.

1. Responde inmediatamente.

Cuando sea notificado sobre una posible crisis, necesita valorar inmediatamente la seriedad de la situación. Hay personas que lea encanta crear un escándalo de la nada. Algunos les gusta la presencia del pastor porque puede añadir importancia a una situación insignificante. Sin embargo, si la gente enfrenta una crisis severa, tan como como un accidente automovilístico o un niño que accidentalmente se ahogó, entre más rápida sea la respuesta, mejor. Aunque el poder de la oración por teléfono no se cuestiona, es mucho más importante que el pastor o alguien de la iglesia estén presentes personalmente, si es posible. Aveces se necesita abandonar la comida o levantarse de la cama a la media noche para estar con una familia en una sala de espera en la emergencia de un hospital. Llegar 12 horas después pudiera ser demasiado tarde y la familia pudiera pensar que ellos al pastor no les interesan. Es insensible tratar de poner en la agenda una sesión de consejería dos o tres semanas más tarde para una persona que está amenazando con suicidarse. Entre más severa sea la crisis, más urgente es el tiempo para responder.

La gente en crisis tiene una vívida memoria de aquellos primeros momentos. Por siempre recordarán la presencia del pastor en sus momentos de necesidad. No hace mucho, recibí un hermoso ramo de flores de una familia que ministramos hace más de 20 años. Su hijo casi había muerto y tuvo que pasar por un largo período de recuperación. La nota con las flores simplemente decía: "Gracias por estar allí con nuestra familia cuando más lo necesitábamos". Toda la iglesia ministró a esta familia durante de la crisis. Sin embargo, la figura de la preocupación de la iglesia ellos la centraron en el pastor.

2. Evalúe la situación.

El pastor que viene a una situación de crisis necesita descubrir qué sucedió o qué está pasando. La gente puede estar en un estado de pánico o conmoción y puede ser difícil descubrir los hechos. Hay personasque les encanta sacar fuera de proporción un evento insignificante y convertirlo en un drama mayor. Un gato de tres años que sube a un árbol y no quiere bajar no está en la misma categoría de un niño de tres años que ha sido seriamente herido en un accidente automovilístico. Una pareja que tiene un desacuerdo sobre comprar un sofá rojo o negro pudiera venir a la oficina la próxima semana para arreglar sus diferencias. La gente bajo estrés pudiera no tener todos los hechos en la perspectiva correcta o pudiera tener sólo parte de la información. Los pastores necesitan funcionar como una operadora de teléfono de emergencias quienes hacen una evaluación rápida para determinar cuál debe ser la primera respuesta para ayudar. Si hay alguna duda, responda con un apoyo más grande que lo necesario en lugar de descubrir después que no le dio la consideración seria a la crisis.

3. Traiga calma a la situación.

En ocasiones esto significa venir al contexto y simplemente estar presente por unos cuantos minutos. Tendemos a querer caminar demasiado rápido en una situación tensa. Los compañeros de Job fueron de mucha ayuda al principio, sentados con su amigo mientras sufría. Hicieron su gran error cuando abrieron sus bocas. A menudo un toque en el hombro o la mano puede tener una influencia calmante más grande que cualquier discurso que podamos ofrecer. Una persona en crisis pudiera ni siquiera oír nuestras palabras, pero él o ella pueden sentir nuestra presencia mientras tomamos sus manos. Alguien ha llamado al toque físico "el lenguaje de la crisis". hable, sus, tus primeras palabras deben traer seguridad.

4. Establezca relación.

Si la persona en crisis es una parte activa de la iglesia o es bien conocida del pastor, esto pudiera no ser necesario. Pero A menudo los pastores y otros ayudantes son llamados para apoyar en una crisis de extraños porque nadie está a la disposición. El efecto halo que un pastor goza con la iglesia pudiera no significar nada aquí. He descubierto que es de ayuda presentarme tan pronto como llegue al lugar de la crisis. Iniciar con el que parece que está encargado o el que es el foco de atención, luego hago mi trabajo alrededor de ello, introduciéndome con los otros que se han reunido. Un pastor puede obtener mucha información, tanto verbal como no verbal, con la gente en el cuarto. Si el contexto de la crisis es un hospital, es bueno presentarse con las enfermeras y doctores también.

5. Sea un buen oidor.

Es un error tratar de dar respuestas prescriptivas en los momentos iniciales de la crisis. Use las buenas técnicas de atender el contacto de los ojos, inclinándose hacia adelante para indicar su interés, reflexionando sobre lo que la persona está diciendo para aclaración, y quizá dándole un vaso de agua a la persona. Si es apropiado, tome la mano de la persona como un punto de contacto mientras la persona habla.

Stone suguere: "Es importante no distraerse con los ruidos externos, interrupciones y llamadas telefónicas, o las distracciones internas tales como pensar sobre todas las cosas que tienes que hacer ese día. Sus feligreses generalmente estarán conscientes si está distraído, y como resultado no revelarán mucho de sí mismos".[19]

6. Determine qué acción inmediata debe tomarse.

Algunas crisis médicas requieren una respuesta rápida. Las víctimas de infartos que reciben atención inmediata tienen más oportunidad de recuperación de recuperación. ¿Es necesario llamar la ambulancia, o ya viene el personal médico para ayudar? ¿Puede la persona ser llevada en automóvil a un hospital o al consultorio de un doctor? ¿Debe llamarse a la policía en una disputa doméstica que amenaza con convertirse en violenta? ¿Necesitamos un abogado ahora mismo? ¿Hay miembros de la familia a los que se deben llamar? Otras personas en el lugar de la crisis pueden ayudar.

Si la muerte es inminente, la familia pudiera enfrentarse con decisiones que necesitan hacerse rápidamente. ¿Debe entubarse a la persona si tiene problemas para respirar? ¿Qué opina de la donación de órganos? ¿Tiene la persona un testamento? ¿Existe alguna persona que tiene la autoridad legal para autorizar cirugía para una paciente que es menor? Estas preguntas pudieran no tener respuestas obvias.

Las personas involucradas en la crisis pudieran no estar pensando claramente sobre tales decisiones, o quizá quieran evitarlas por completo. En cualquier ocasión que sea posible, anime a la persona en la crisis a tomar estas decisiones. Sin embargo, hay tiempos cuando el pastor o líder pueden dar apoyo e incluso ayudar en el proceso de tomar decisiones. Gary Gulbranson ofrece este consejo: "En el apoyo a las familias de lidiar con los doctores, directores de funerales y abogados, recuerde: Si lo que dicen estos profesionales no nos hacen sentido, casi seguro que no le hará sentido a las víctima de la crisis, quienes normalmente está demasiado intimidadas como para hacer preguntas aclaratorias. Así que, necesitamos hacer las preguntas a favor de la víctima y ayudar a interpretar el lenguaje técnico, procedimientos y decisiones".[20]

No tenga temor en pedir los recursos de otros en la iglesia. Pudieras necesitar que alguien cuide a los niños o ayude a encontrar un lugar para recibir a miembros de la familia que vienen de otra ciudad. En ocasiones un pastel o una ensalada y algunos sándwiches pueden permitirle a la gente que está pasando una crisis enfocarse en otros asuntos más importantes. Generalmente, el Cuerpo de Cristo está más que dispuesto para ayudar en una emergencia cuando se les pide.

7. Ayude a la persona a establecerse metas para el futuro.

Mientras habla sobre la crisis, comience a enfocarse sobre lo que se podría hacer para construir un futuro diferente a la situación actual. Si la persona no puede pensar en el futuro con optimismo, el pastor puede hacer algunas sugerencias para ver si el individuo las encuentra de su interés. Asegúrese de hacer varias alternativas de tal manera que no parezca como que está tratando de determinar su futuro. Los objetivos distantes pueden ser demasiado para una persona en crisis, incluso imaginarlos. Las personas en crisis pudieran considerar metas a corto plazo, obtenibles, y luego edificar sobre sus primeros éxitos. Es importante que las personas en crisis se adueñen de sus metas futuras. Haga preguntas sobre las ventajas y desventajas de perseguir estas metas. Sin un sueño, es difícil avanzar hacia el futuro con confianza.

8. Desarrolle un plan de acción para moverse a la meta.

Recuerda el antiguo adagio: "El viaje de mil kilómetros inicia con un solo paso". Muy a menudo el futuro se mira tan amenazador que la gente jamás inicia el viaje. Pregúntele a la persona: "¿Cuál es el primer paso que tomará para lograr su meta?"

George vino a mi oficina, desesperado pidiendo ayuda. Se separó de su esposa, y ella quería divorciarse. Durante el curso de la consejería George vino a la fe en Jesucristo como su Salvador personal. Después que inició su plática con el Señor, dijo que le gustaría ver restaurado su matrimonio. Su esposa no era cristiana y no sabía nada sobre los cambios que George había tomado en su vida. Mientras discutíamos sobre una estrategia, George decidió que invitaría a su esposa a una cena y le contaría sobre su transformación. Algo tiene que haber sucedido en esa cena porque ella vino a la iglesia el siguiente domingo y pronto recibió a Cristo en su vida. Unos cuantos días después de su conversión se reconciliaron y comenzaron a criar a sus hijos en su ahora, hogar cristiano. Recientemente me encontré con esta pareja por casualidad en un restaurante y tuvimos un momento para revisar lo que había sucedido en sus vidas. Mientras me mostraban fotografías de sus nietos, reflexionaba sobre cómo una crisis que amenazaba con destruir su matrimonio hace casi 20 años les había dado un futuro que ni siquiera soñaban posible en aquel tiempo. Y todo comenzó cuando George le pidió a su alejada esposa que fueran a una cena y le compartió su testimonio.

9. Evalúe el sistema de apoyo de la persona.

A menudo los factores que han traído al individuo a un punto de crisis son difíciles de cambiar o superar sin apoyo. Una familia que enfrenta la crisis de bancarrota pudiera necesitar la ayuda de un consejero financiero con el propósito de evitar repetir los mismos errores financieros. Muchos que han superado las adicciones son capaces de mantenerse sobrios sólo por un grupo de apoyo a quienes dan cuentas. El apoyo viene de muchas maneras. Una familia con un hijo joven que enfrenta una enfermedad grave encuentra apoyo en la gente que puede venir y leerle libros. Los miembros de una iglesia se turnaron para llevar a un adulto mayor al hospital regional a casi 150 km para un tratamiento médico. Las personas en crisis, sin una red de apoyo les resultará mucho más difícil el proceso de recuperación. Cuando naturalmente no existe ningún grupo de apoyo, el pastor tiene que organizar uno.

10. Ayude con aceptación.

Un hombre que ha perdido un brazo en un accidente nunca tendrá ese brazo totalmente funcionando de nuevo, no importa cuánto quiera u ore. La ciencia moderna ha dado pasos tecnológicos maravillosos en desarrollar prótesis que pueden capacitar a las personas para hacer funciones que se pensaban imposibles hace una generación. Pero un brazo artificial no será lo mismo como el brazo que el hombre tenía cuando nació. Parte de vencer el trauma de tal herida es finalmente enfrentarse con el hecho que la vida ahora necesitará vivirse con un brazo natural y el otro artificial. Gary Collins escribe: "Aceptación, como sanidad, toma tiempo. A menudo involucra un pensamiento doloroso, consciente, sobre la situación, una expresión de sentimientos, un reajuste del estilo de vida, la edificación de nuevas relaciones, y planear para el futuro".[21] La aceptación es darse cuenta que la vida será diferente de lo que era. Una mujer cuyo esposo murió en la guerra pudiera más tarde conocer a otro hombre y casarse de nuevo. La vida puede ser feliz y satisfactoria de nuevo, pero no será la misma. Cuando la gente acepta lo que es, no lo que pudiera haber sido, pueden seguir adelante.

11. Alimente un sentido de esperanza.

Las personas que han sido devastadas por una crisis pudieran sentir que nada cambiará jamás. Antes que puedan creer en sí mismas, necesitan tener un entendimiento que alguien más cree en ellos. Podemos usar incluso una pequeña medida de éxito como la base para mostrar a las personas que ellas pueden tenerlo. Otra manera de animar a una persona es enfatizar que usted está trabajando con él como equipo. Usted asume el papel de darle ánimo y apoyo. Wright declara: "Usted está desarrollando un esfuerzo en equipo en planear y evaluar la situación. La confianza en sí mismo viene del aconsejado cuando se involucra en la planeación".[22] Una vez las personas ganan confianza, comienzan a creer que pueden tener éxito por sí mismas.

12. Comprométase a darle seguimiento.

La mayoría de los expertos en consejería del duelo sugieren que un pastor planee el seguimiento mientras la idea está fresca. Después de la muerte de un cónyuge o un niño, debe ponerse en contacto con los sobrevivientes por teléfono o visitarles cada tres meses por el siguiente año y por lo menos dos veces el siguiente año. Después de hacer una boda, programe por lo menos dos contactos de consejería postmarital dentro del primer año de matrimonio. Planee un seguimiento futuro con las personas y escriba las fechas en un calendario. Algunas personas que enfrentan crisis simplemente pudieran necesitar una palabra de ánimo cuando los vea en la iglesia o en la comunidad. El seguimiento deja saber a la gente que no ha sido olvidada y les recuerda de la gracia que Dios mostró a través de sus crisis.

▶ LA INTERVENCIÓN EN UNA CRISIS ES UN MINISTERIO

Es natural que los pastores se involucren en las crisis que afectan a los miembros de su congregación. Después de todo, es común que el pastor reciba la primera llamada. Pero ofrecer cuidado en la crisis no necesita estar limitada al equipo ministerial y a los trabajadores médicos y a los profesionales de la salud mental. Muchas iglesias están entrenando laicos en atención en crisis como parte de su equipo de cuidado pastoral laico. Stone escribe: "La intervención en las crisis, ya sea ya sea hecha por los miembros de la congregación, el ministro, o ambos, es una forma especializada de ministerio que tiene como intención animar y cuidar a aquellos en crisis".[23] Qué manera tan maravillosa de ser agentes del amor, la sanidad y la compasión de Dios a aquellos en tiempo de gran necesidad.

▶ PREGUNTAS PARA LA REFLEXIÓN

▷   ¿Qué le diría a alguien que está convencido que una crisis como un cáncer en el colon, que es de origen natural, realmente fue enviada por Dios?

▷   ¿Por qué es que la gente en las etapas iniciales de una crisis seria encuentra difícil tomar decisiones o hacer tareas que serían fáciles para ellos en otro tiempo?

▷   ¿Cómo debería responder un pastor a un feligrés que está en medio de una grave crisis pero rehúsa la ayuda del pastor o cualquier otra persona de la iglesia, prefiriendo enfrentar la situación solo?

LA PRESENCIA DEL PASTOR
EN LA CELEBRACIÓN

Ed White no había pensado mucho en lo que involucra oficiar matrimonios en su primera iglesia. En el fundo de su mente estaba consciente que los pastores casan y entierran personas. Simplemente no estaba familiarizado con el proceso de casar. Aun su propia boda en gran parte fue el producto de su esposa, Dawn, y su suegra. Aunque Ed terminó haciendo lo que le dijeron, tenía que admitir que la ceremonia había sido significativa y hermosa.

A través de los estreses de la escuela Dawn había sido una fuente de fortaleza para él. Y ahora, cinco años y dos hijos después, se dio cuenta que su matrimonio era el asunto más importante en su vida, aparte de su relación con Dios. El éxito del matrimonio tenía que haber sido sólo la gracia de Dios porque había tenido poca preparación. Los padres de Dawn eran maravillosos cristianos, pero el trasfondo de su propia familia era un desastre. Su mamá y su papá se habían separado antes que él cumpliera tres años y su madre hizo tres intentos de matrimonio para cuando él había terminado la preparatoria. Fue sólo por la iglesia, que asistió como adolescente, y su nueva fe que evitó caer en las profundidades. Aunque el pastor de la pequeña iglesia que asistía era una maravillosa persona, hizo muy poco para ayudar a Ed y Dawn mientras se acercaba su boda. Dawn, con sabiduría y paciencia, había cargado con la responsabilidad más grande en lograr que su matrimonio iniciara bien.

Cuando Todd y Heidi vinieron a él diciéndole que estaban pensando en casarse, Ed entró en pánico. ¿Cómo podía ayudar a esta pareja a iniciar bien su matrimonio? No tenía mucho que ofrecerles de su niñez, viendo cómo cada uno de los matrimonios de su mamá se derrumbó. Los padres de Dawn, por otro lado, habían hecho su matrimonio fuerte por su compromiso y devoción uno al otro. Después de su boda Ed decidió que quería un matrimonio como el de sus suegros, aun cuando no sabía exactamente cómo hacerlo. Pero, ¿cómo podía comunicar a Todd y Heidi las cosas que aprendió y que todavía estaba aprendiendo sobre el matrimonio? ¿Qué responsabilidad tenía hacia esta pareja en prepararlos para la boda y la experiencia del matrimonio?

Parecía muy obvio para el Pastor Ed que necesitaba más recursos para hacer un adecuado trabajo de preparación. Primero, llamó por teléfono a uno de sus profesores del colegio para pedirle cualquier material que pudiera ser de ayuda. Luego, revisó algunas de las librerías para ver qué recursos impresos y videos estaban a la disposición. La siguiente semana, cuando los pastores locales de la pequeña comunidad se reunieron para su café mensual, Ed les preguntó cómo estaban haciendo la preparación prematrimonial.. Ninguno de los pastores estaba realmente satisfecho con su acercamiento presente. Para el fin de la mañana todos acordaron que para preparar parejas para el matrimonio en su comunidad tenían que trabajar unidos para tener dos veces al año, series combinadas de clases de preparación para el matrimonio. Ellos pactaron que ninguno de ellos haría una boda sin un certificado de consejería prematrimonial firmado por uno de los pastores locales. Ed fue puesto como encargado de diseñar el formato y reunir los recursos para el programa comunitario.

El Pastor Ed se había convencido que necesitaría tener un contacto personal con una pareja además del programa comunitario. ¿Cómo podía hacer esas reuniones significativas? Entonces pensó en su esposa Dawn. Ella podía ser de gran ayuda para guiar a la pareja a través de los planes de la boda. Y, juntos, podían hablar sobre lo que habían aprendido durante sus cinco años de matrimonio. De hecho, decidió que le pediría a Dawn que fuera la coordinadora de matrimonios para la iglesia, canalizando sus habilidades artísticas y creativas para ayudar a las parejas en la planeación del día más importante de sus vidas. Ed ya se sentía mejor sobre la boda de Todd y Heidi dentro de seis meses.

▶ LA BODA ES UNA CELEBRACIÓN

Uno de los momentos más importantes de la vida de una pareja es ese día en que están frente a un ministro, una congregación y, más importante, Dios, para jurar su amor uno al otro y aceptar el vínculo unificador del matrimonio. Esa fecha será recordada por siempre, marcada en el calendario como la fecha de su aniversario, celebrando su compromiso uno al otro. Jesús entendió lo importante de esta celebración cuando asistió a las bodas en Caná escrita en Juan 2. Para esta pareja, probablemente campesinos pobres en la villa, este sería uno de los momentos más grandes de sus vidas. Las familias probablemente habían reunido tanto dinero como podían para demostrar su hospitalidad a los invitados. Y que se les acabara el vino en un momento como éste era una vergüenza que jamás superarían. Jesús convirtió el agua en vino, no porque su madre le pidió sino para ayudar a los recién casados a iniciar sus vidas unidos con una nota positiva.

Las celebraciones de las bodas han llegado a ser hermosas oportunidades para el ministerio pastoral. El finado Dr. W. A. Criswell dijo: "El arreglo para la hermosa ocasión le abre la puerta para que el pastor entre al mismo corazón de toda la gente involucrada. Es un pastor sabio el que toma ventaja de la providencia en aconsejar a la pareja en para hacer un hogar cristiano y de animar a las partes para hacer de Cristo y su iglesia el centro de sus vidas".[1]

Centrar el matrimonio en Cristo pudiera parecer obvio para aquellos que son parte de la iglesia. Sin embargo, a los pastores a menudo se les pide que oficien bodas para personas que no asisten a los servicios pero que han escogido la iglesia, quizá por su localidad o belleza. Esto pudiera ser una oportunidad para ayudar a la pareja que no asiste a la iglesia a ver la necesidad de Dios en su hogar mientras inician juntos su vida matrimonial. David Wiersbe advierte: "Pero las parejas de fuera de la familia de la iglesia a menudo están más interesados en una boda que en un matrimonio. Por tanto, nuestro folleto de planeación de bodas de la iglesia declara claramente que nuestra inversión está en un matrimonio para toda la vida y no en un evento de un solo día".[2]

▶ El Matrimonio es un Compromiso

Existe una buena razón de por qué los pastores toman en serio su responsabilidad de hacer de la boda un servicio espiritual y preparar a las personas para vivir en una unión permanente. "En los treinta, uno de cada siete matrimonios terminaron en divorcio. En los sesenta era uno de cada cuatro. De las 2.4 millones de parejas que se casarán este año en los Estados Unidos, se predice que al menos el 50% no sobrevivirá".[3] Demasiadas personas aceptan el sentimiento predominante que si un matrimonio no funciona, uno siempre puede encontrar a otra pareja. El compromiso pasa a un segundo plano ante la felicidad personal. Cuando vengan los problemas, e inevitablemente se vendrán, será más fácil pagar la fianza que trabajarlos.

Si la gente piensa que el asunto del divorcio es sólo un problema serio para aquellos que están fuera de la iglesia, se engañan a sí mismas. El investigador cristiano George Barna, en una investigación de 1996, descubrió que el porcentaje de los cristianos nacidos de nuevo que se habían casado y admitieron estar divorciados (27%) era más alto que el porcentaje de los no cristianos que habían estado casados y para entonces divorciados (23%).[4] a menudo las parejas pasan a través de la ceremonia de un matrimonio y luego simplemente esperan lo mejor.

Por razones de que el divorcio ha sido aceptado como una consecuencia inevitable del cambio de valores de la sociedad, el entendimiento común de lo que hace a una familia ha cambiado. Wright dice: "Sólo el 25% de los hogares son 'tradicionales', dos padres con hijos. Hay tantos hogares unipersonales que ya son tradicionales". Ve un rayo de esperanza para el matrimonio debido al hecho que la edad para los primeros matrimonios se ha elevado considerablemente. "La proporción de divorcio para nuestro país se ha estabilizado y, por razones de retardar la edad del matrimonio, la proporción puede bajar".[5]

Uno de los problemas con el declive del matrimonio tradicional es que hay menos modelos de un matrimonio exitoso. La comprensión que la gente tiene acerca del matrimonio está más influenciada por los matrimonios que observaron cuando crecían, en particular su propia familia. Tristemente, demasiados se acercan a su boda sin jamás observar en realidad un buen matrimonio en acción. El pastor Ed White, de la introducción, es un ejemplo; habiendo sido educado en un pobre modelo de matrimonio, los padres de su esposa, afortunadamente le proveyeron un contraste positivo de un matrimonio saludable.

Los pastores pueden avanzar decididamente en contra de las tendencias culturales y ayudar a las parejas a desarrollar matrimonios permanentes y satisfactorios. Incluso las personas que no tienen buenos modelos de matrimonio, con la ayuda de Dios pueden aprender vivir juntos en armonía. Los hombres y mujeres jóvenes que se van a casar están mucho más motivados en aprender a cómo tener un buen matrimonio que un los esposos que han vivido en conflicto por muchos años. Las personas que nunca han experimentado la vida matrimonial no pueden anticipar plenamente la clase de asuntos que están en el futuro. Sin embargo, una buena preparación prematrimonial puede proveerles técnicas para manejar los desafíos. Puede prevenir que la gente caiga en algunas dificultades que llevan al fracaso matrimonial.

En el Jardín del Edén Dios presidió la primera ceremonia de una boda uniendo a Adán y Eva, y con su bendición indicó a la humanidad que esta unión tenía dimensiones tanto físicas como espirituales. Aunque Dios sigue estando presente en cada boda, los ministros llegan a ser el agente de Dios, uniendo y bendiciendo a las parejas en el matrimonio. Los pastores tienen que tomar en serio su papel como representantes de Dios en el proceso de la boda. Aunque los pastores no pueden garantizar que todas las ceremonias que conducen serán uniones permanentes, pueden hacer todo lo posible para clarificar la importancia que el Creador pone en las promesas hechas delante del altar. Cuando los pastores dicen estas palabras de Jesús a una pareja: "Por tanto, lo que Dios ha unido, que no lo separe el hombre",[6] les están recordando que Dios firma el certificado de matrimonio aun antes que el ministro.

Siendo que el porcentaje de divorcio ha estado aumentando, aun entre los miembros de las iglesias, algunos líderes de la iglesia han estado promoviendo el concepto del matrimonio de pacto. La idea detrás de este movimiento es animar a la gente a renovar sus matrimonios y a fortalecer sus familias a través de un compromiso más firme al declarar que sabiamente han escogido a su pareja de por vida. Un matrimonio de pacto limita de alguna manera las bases que se pueden usar para el divorcio, en la mayoría de los casos sólo abuso, abandono o adultero. Se requiere de una pareja que escoge un matrimonio de pacto que complete un programa de consejería prematrimonial. Si vienen problemas en el matrimonio, se les requiere que tengan consejería y un período de dos años de espera antes de peticionar un divorcio. Los estudios en Estados Unidos han demostrado que los dos factores más grandes que ocasionan la pobreza son el divorcio y los hijos que nacen fuera del matrimonio. En respuesta a esta preocupación, varios estados han promulgado leyes que permiten a las parejas escoger los votos del matrimonio de pacto como una forma de prometer su compromiso moral a un vínculo permanente. Las indicaciones tempranas parecen demostrar que la gente que entra a un matrimonio de pacto tiene un promedio más bajo de divorcio.[7]

▶ ¿ES NECESARIA LA PREPARACIÓN PREMATRIMONIAL?

En la cultura occidental, el proceso de cortejo que lleva al matrimonio es muy interesante. Las parejas inician su noviazgo, invierten mucho tiempo divirtiéndose juntos, y finalmente desarrollan una relación. Pero el noviazgo no es la vida real. Las personas están tratando de poner su mejor cara enfrente, para hacer todo lo posible de convencer a la otra persona. El título de la canción de Oscar Hammerstein en el musical El Rey y Yo expresa bien este sentimiento: "Conociéndote".

Pero la relación del noviazgo puede ser engañosa. "Consecuentemente", dice el psicólogo James Dobson, "la novia y el novio entran al matrimonio con una gama de presuposiciones privadas sobre cómo se vivirá la vida después de la boda. Los mayores conflictos ocurren unas cuantas semanas después cuando descubren que difieren radicalmente sobre lo que cada uno considera ser los asuntos que no entran en negociación".[8] El proceso de la preparación prematrimonial le permite al pastor abiertamente explorar con la pareja algunos de los posibles conflictos que se pudieran suceder después dela boda. Todo el período de compromiso debería de caracterizarse por descubrir tanto como sea posible los pensamientos, sueños y valores de la de la otra persona. Todo esto nos prepara mejor para el matrimonio. La ceremonia de la boda que he usado por muchos años tiene estas líneas: "El matrimonio provee unidad que es tan estrecha que somos amados a pesar de lo que somos. Trae importancia a la vida ser conocidos y ser amados de todas maneras".

El consejero y autor Norman Wright ofreció el siguiente consejo en el programa radial *Focus on the Family* (Enfoque a la familia) respecto a los asuntos de la consejería prematrimonial: "Las parejas no deben anunciar su compromiso o seleccionar una fecha para la boda hasta que hayan completado, al menos, la mitad de las sesiones de consejería. De esa manera, si surgen conflictos y problemas no resueltos, cada uno, puede seguir se camino".[9] La consejería prematrimonial puede ayudar a afirmar el escogimiento de la pareja o prevenir el desastre del matrimonio donde hay serios asuntos de incompatibilidad.

▶ EL ENFOQUE DE LA CONSEJERÍA PREMATRIMONIAL

Cuando una pareja viene al pastor anunciando su interés en el matrimonio, una de las responsabilidades que el pastor tiene que asumir es considerar si están listos para casarse. Existe mucha emoción en torno a la idea del compromiso. En el grupo de solteras en una iglesia, había dos o tres mujeres jóvenes que se comprometieron más o menos al mismo tiempo. Esto parecía disparar un torbellino de interés entre algunos de los otros solteros, de conseguir rápidamente un compañero potencial para no quedarse atrás. Como resultado, al menos una persona tomó una decisión prematura, se casó rápidamente, y vio ese matrimonio fallar dentro de unos meses.

Es fácil quedar atrapados por la atracción física de un novio o novia sin pensar por completo lo que será tener que vivir unidos por toda una vida. Una pareja de novios pudiera venir a un pastor con la noticia de un embarazo inesperado y asumir que "tienen que casarse". Pero si en el mejor de los casos, las posibilidades de éxito en ese matrimonio son mínimas, habrá mayores problemas en el futuro si se casan. Dos acciones equivocadas no suman una acción correcta.

La soledad no siempre es una buena motivación para el matrimonio. La Biblia dice: "No es bueno que el hombre esté solo" (Génesis 2:18). Pero hay algunas cosas peores que estar solos. La incompatibilidad en el matrimonio puede hacer a una persona anhelar la soledad nuevamente. Un pastor, cuando por primera vez se entrevista con la pareja, necesita saber que parte del proceso de la consejería será las posibilidades de éxito en el matrimonio. Si existe alguna razón poderosa para creer que es muy posible que este matrimonio fracase, el pastor se reserva el derecho de no casar a la pareja, incluso si la fecha para la boda está puesta y las invitaciones han sido enviadas. Además, esta pareja necesita saber que uno o ambos se pueden retirar de la consejería o posponer la boda si tienen serias reservas sobre su matrimonio.

Otro aspecto muy práctico de preparación prematrimonial es la discusión de los detalles de la ceremonia de la boda. Como pastor necesita aclarar la fecha en el calendario de la iglesia así como discutir el lugar y la recepción de la boda. Es de ayuda escribir los nombres de aquellos que participarán, cuántos invitados se esperan, la música para la ceremonia y otros detalles que son necesarios. Ponga esta información de la boda en un archivo al que pueda referirte rápidamente, y guárdelo hasta que la ceremonia se haya terminado.

PROBANDO LOS RECURSOS

Existen dos pruebas excelentes que ayudan en la consejería prematrimonial. Una es el Análisis de Temperamento Taylor-Johnson (T-JTA por sus siglas en inglés).[10] El T-JTA ayuda al consejero a entender al individuo y sus relaciones con otros al medir el temperamento y los patrones de personalidad. También hay una escala cruzada que permite al consejero ayudar a ambas personas a evaluar su percepción del otro individuo. Esto le da al consejero un discernimiento sobre cómo cada persona ve e interactúa con su pareja potencial. Un ministro tiene que tomar un curso de entrenamiento donde califique para administrar y trabajar con el T-JTA. He descubierto que esta prueba es muy útil en la consejería prematrimonial.

Una segunda herramienta en la consejería premarital es PREPARE II, Evaluación prematrimonial Personal y Relaciones.[11] Esta evaluación, ahora ya utilizada por más de un millón de parejas, se enfoca en seis metas para el matrimonio. Esta herramienta evalúa las relaciones de la pareja, habilidades de comunicación, técnicas para resolver el conflicto, preocupaciones financieras, relaciones con la familia extendida, y el establecimiento de metas. PREPARE II ha sido muy efectiva para predecir el éxito matrimonial. Ahora es posible para las parejas tomar el examen por Internet y hacer que los resultados sean enviados al pastor. Este material ha llegado a ser muy popular con los pastores porque se enfoca exclusivamente en la relación marital. Los pastores tienen que tomar una sesión de entrenamiento de un día para calificar en el uso de PREPARE II. Tanto el T-JTA y PREPARE II son muy efectivos en ayudar a la pareja, tanto como para entenderse a sí mismos como a su futuro compañero.

ROLES EN EL MATRIMONIO

Una fuente común de conflicto en el matrimonio es el malentendido de los roles. maritales. El esposo y la esposa entran al matrimonio con sus ideas individuales propias preconcebidas de lo que se supone deben hacer y cuál es el papel del cónyuge en el matrimonio. El hombre pudiera creer firmemente que es la responsabilidad de la esposa cocinar porque es lo que su mamá hacía mejor. Por otro lado, la esposa, bien pudo haber sido educada en una casa donde el esposo asumía el papel de cocinero. Una de mis cuñadas es excelente en la limpieza de la casa pero odia tener que cocinar. Los estereotipos maritales simplemente no se aplican a todas las personas. Dado que los individuos están tratando de presentar su mejor lado cuando se andan cortejando, el asunto de quién hace qué en el matrimonio pudiera no tratarse, a menos que el pastor lo trate en la consejería.

Los malos entendidos se pueden extender aun a las diferencias entre la gente de la mañana y de la noche. Algunas personas se levantan en la mañana con los ojos bien abiertos y llenos de energías, mientras que otros encuentran que el sol es una seria intrusión. Estas diferencias en los relojes biológicos de la gente pueden llegar a ser una seria fuente de conflicto. Es de ayuda descubrir el patrón del sueño del futuro cónyuge. Un Un noctámbulo nocturno no necesariamente tiene que casarse con otra persona de la noche para ser feliz. La pregunta real es, ¿qué ajustes se pueden hacer de tal manera que la individualidad de una persona pueda honrarse sin desarrollar resentimientos y conflictos? Es importante para la pareja trabajar su propio entendimiento de sus roles en el matrimonio y el hogar. No existe una lista correcta de expectativas excepto lo que la pareja decida funcionará mejor para ellos.

ANTECEDENTES FAMILIARES

Los antecedentes familiares de ambos individuos necesita ser totalmente explorado en la consejería prematrimonial. Una persona no sólo se casa con un cónyuge sino también con la familia de la pareja. ¿Dónde pasará la pareja recién casada los días de fiesta? ¿Qué tan bien se lleva la pareja con los padres y futuros suegros? ¿Existe una tendencia en algún miembro de la familia de ser entrometido o dominante? Haga preguntas como: "¿De qué manera se expresaron los sentimientos amorosos en tu hogar? ¿Cómo te gustaría que los sentimientos cálidos y de ternura se expresen hacia ti en público y en tu hogar?"[12] La gente tiende a tener las mismas expectativas después que se casan de las que experimentaron en la familia donde crecieron. O, quizá una persona quiere que la pareja responda diferente a un padre porque le era irritante o por un pasado doloroso. Aun la enfermedad o herida de un padre mientras crecía pueden cambiar las expectativas de lo que es el comportamiento normal en la mente de la persona que está por casarse. El pastor puede guiar a la pareja a establecer un terreno neutral para que puedan desarrollar su propia vida como familia. Es de ayuda tratar los asuntos familiares más grandes antes que el matrimonio suceda. En la consejería, el pastor puede animar a cada persona a trabajar diligentemente para desarrollar una fuerte relación con su futura familia política.

HABILIDADES DE COMUNICACIÓN

Un asunto clave para determinar el éxito futuro de la relación matrimonial es desarrollar fuertes habilidades de comunicación. Como Les y Leslie Parrot escriben: "En una reciente encuesta, casi todos (97%) que calificaron la comunicación con su pareja como excelente están felizmente casados, en comparación con el 56% que califican su comunicación como pobre."[13] Siguen para decir que ciertos tipos de comunicación son inefectivos:

- *Aplacar,* que significa decir "sí" o "lo que tú quieras" todo el tiempo en lugar de hablar con la verdad.
- *Acusar,* que siempre critica usando amplias generalizaciones, tales como "tú siempre..." o "tú nunca..." para cubrir sus propias deficiencias.
- *Robótica,* significa que la persona funciona impersonalmente y sin emoción, siempre está en lo correcto y nunca admite errores.

- *La persona que distrae evitando tensión* y cambia la conversación para llevarla aun terreno más seguro.

La buena comunicación se centra alrededor de tres términos que también caracterizan las buenas habilidades de consejería: *calidez, autenticidad y empatía.*[14] Un pastor puede acercarse al asunto por hacer preguntas como: "¿Qué hace o dice tu futuro cónyuge para animar la comunicación entre ustedes? ¿Cómo mejorarías tu comunicación personal con tu pareja?"

MANEJANDO EL CONFLICTO

Las parejas necesitan estar preparadas para lidiar con los desacuerdos que naturalmente surjan en un matrimonio. Pudieras iniciar con preguntas tales como: "¿Cómo se manejaron los conflictos en tu casa mientras crecías? ¿Cómo te gustaría manejar los desacuerdos en tu familia?" El conflicto es normal y debe esperarse. Pero entender cómo enfrentarlos es importante para que los individuos no vayan creando resentimientos a largo plazo. Los pleitos se pueden desarrollar por el sexo, el dinero, los niños e incluso sobre a dónde ir de vacaciones. Aprender a pelear limpio inicia con dirigirse al conflicto sin atacar a la otra persona. Los buenos conflictos no dejar cicatrices permanentes porque los individuos no acusan o callan al otro. Puede ser un tiempo para expresar las diferencias honestas y llegar a un compromiso. En ocasiones las parejas incluso pueden estar de acuerdo en estar en desacuerdo. Haga un compromiso de resolver diferencias rápidamente. La Biblia amonesta: "No dejen que el sol se ponga estando aun enojados" (Efesios 4:26). Alguien le dio un giro contemporáneo a esto: "No pongas tu cabeza en la almohada hasta que esté limpio el aire". Aprende a argumentar sobre cosas que realmente son importantes y deja pasar algunas cosas que realmente no son importantes en el gran esquema de las cosas.

NECESIDADES ESPIRITUALES

Los pastores descubren que este tiempo antes del matrimonio provee una excelente oportunidad para dirigirse a las necesidades espirituales. Aun cristianos fuertes quieren saber qué pueden hacer para asegurarse que su hogar honrará a Cristo. Para aquellos cuya fe no es evidente, las sesiones de consejería pueden proveer una plataforma para confrontar sus necesidades espirituales. La gente en momento de cambios está más abierta para hacer decisiones espirituales. Las parejas tienen la oportunidad de establecer patrones familiares y de adoración comunitaria al inicio de su matrimonio que puede fortalecer su vida matrimonial. El psicólogo Andrew Greeley encuestó a gente casada y descubrió que las parejas más felices son aquellas que valoran la oración como una parte de su vida unida. "Las parejas que con frecuencia oran... también reportan una mayor satisfacción sexual y ¡más éxtasis sexual!"[15]

ORACIÓN

Orar juntos no siempre es fácil. Los horarios e incluso diferencias en conflicto pueden trabajar en contra de la vida de oración de una pareja. Pero cuando unidos en oración una pareja desarrolla una intimidad con Dios, se abren a sí mismos a una intimidad más grande uno con el otro. Una variación del dicho familiar realmente es verdad: "La pareja que ora unida, se queda unida".

▶ COMPROMISO CON LA PREPARACIÓN PREMATRIMONIAL

Recuerdo cuando, como joven pastor, me di cuenta de la necesidad de ser más efectivo como consejero prematrimonial. Traté de trabajar con parejas antes de sus bodas, pero existía muy poco buen material en aquel tiempo que el pastor pudiera utilizar. Esta necesidad quedó claramente enfocada cuando una viuda de edad mediana vino con la noticia que se iba a casar. Me reuní con la pareja y traté de prepararlos para el matrimonio pero me sentía muy inquieto sobre sus posibilidades para el éxito matrimonial. Cuando los casé traté de consolarme con el entendimiento que, después de todo, ésta realmente era la decisión de ellos. El matrimonio duró menos de tres meses antes que se separaran y se divorciaran. ¿Había alguna cosa que un pastor pudiera hacer en situaciones como éstas, para evitar divorcios y preparar a la gente para el matrimonio?

Más o menos en ese tiempo H. Norman Wright escribió un libro sobresaliente para los pastores, *Premarital Counseling*[16] (Consejería prematrimnial). En este libro Wright estableció el contenido de un programa de consejería prematrimonial con cinco sesiones. También abogó usar el Análisis Taylor-Johnson de Temperamento como una herramienta efectiva de consejería. Estos recursos han ayudado a incontables pastores a desarrollar sus propios programas de consejería prematrimonial para equipar mejor a las parejas para el matrimonio. Hoy, existen muchos excelentes materiales a la disposición para ayudar al pastor a proveer una consejería prematrimonial de calidad.

• *Recursos.* Requiere planeación y compromiso desarrollar una preparación prematrimonial efectiva para tu iglesia. Una de las mejores referencias para crear un programa pastoral comprensivo es *Premarital Counseling Handbook* (Manual de consejería prematrimonial) de Wright. El libro provee sugerencias de contenido para desarrollar de cuatro a seis sesiones de consejería. También ayuda darle lecturas para que la pareja use entre sesiones. Uno de los mejores es el libro de *Les y Leslie Parrott Saving Your Marriage Before It Starts: Seven Questions to Ask Before (and After) You Marry*[17] (Salvando tu matrimonio antes de que inicie: Siete preguntas qué hacer antes (y después) que te cases).

Existen dos manuales con el mismo título a la mano, uno para hombre y otro para mujeres. El libro y los manuales proveen un recurso maravilloso para la discusión en las sesiones de consejería. El material de prueba como PREPARE II puede proveer apoyo suplementario para las parejas en consejería. Los pastores también pudieran recomendar material de lectura adicional y recursos en video sobre temas como las finanzas, comunicación o sexualidad humana en el matrimonio.

• *Esfuerzos unidos.* En algunas comunidades, varias iglesias se han unido para producir un programa de consejería prematrimonial único para cualquier pareja comprometida del área. El Pastor Ed hizo esa sugerencia en la introducción. Para casarse en cualquiera de las iglesias que de la comunidad, la pareja necesita presentar un certificado que demuestra que han completado el programa. Al combinar recursos, las iglesias son capaces de ofrecer una serie comprensiva de clases. Como resultado, estas comunidades han visto que el entendimiento y calidad de matrimonios se ha elevado porque las parejas se han preparado más adecuadamente. Algunos estados han aprobado leyes que requieren la consejería prematrimonial como una condición para obtener una licencia para casarse.

• *Honorarios.* Cualquier discusión de consejería tiene que incluir el asunto del costo. Una pareja que recibe consejería premarital de un consejero profesional puede esperar pagar $300 dólares o más. Sin embargo, un pastor que recibe salario de la iglesia debe evitar cobrar a los feligreses por los servicios de consejería prematrimonial. Es apropiado que una iglesia cobre un costo de consejería para cubrir los costos de los materiales, incluyendo libros, materiales impresos y pruebas necesarias para el programa. Aunque algunas parejas titubean en ir y comprar libros sólo porque el consejero los sugiere, pagarán los costos necesarios para la consejería requerida y los materiales son entonces provistos como parte del costo. Otra idea es dejar que la iglesia desarrolle una biblioteca que ponga a disposición los materiales necesarios a todas las parejas que se preparan para el matrimonio.

• *Política paras boda.* Una de las mejores maneras de establecer la importancia de la preparación para el matrimonio en una iglesia local es desarrollar una política oficial para bodas eclesiásticas, adoptada por la junta de la iglesia o cualquier grupo que gobierne. Esta política debe incluir los requisitos de la consejería prematrimonial para cualquier pareja que desee casarse en la iglesia. Es de ayuda indicar el número requerido de sesiones de consejería prematrimonial y cualquier costo por los materiales de consejería. La pareja también debe estar consciente de cualquier restricción de la iglesia, tales como el uso de bebidas alcohólicas y tabaco, así como cualquier costo adicional por el uso del edificio, personal tales como el técnico de sonido, y el equipo para la boda misma. Pudiera ser de ayuda incluir en la redacción de la política que el pastor se reserva el derecho de rehusar casar a una pareja que no coopere en la consejería prematrimonial o, a el juicio del pastor, demuestran pocas posibilidades de permanencia en el matrimonio. Simplemente asistir a las sesiones de consejería no garantiza una boda en la iglesia.

Oficiar una boda para gente que no asiste a la iglesia puede ser una oportunidad para ministrar y evangelizar. Con buena voluntad y viendo el potencial de alcance al lograr que gente de la comunidad entre al edificio de la iglesia, al establecer la política, la junta debe balancear el costo que ocasiona a la iglesia ser anfitriona de una boda. Una política cuidadosamente elaborada para las bodas minimizará la posibilidad de malos entendidos. Es importante presentar una copia escrita de la política de bodas en la iglesia cuando una pareja pregunta sobre bodas, o en la primera sesión de consejería prematrimonial.

• *Legalidades.* Siendo que una boda tiene importancia espiritual y legal, un pastor que preside una boda firma documentos legales de tal manera que el matrimonio sea reconocido por el gobierno local, estatal o nacional. Las formas de las licencias para el matrimonio varían de un área a otra, y es la responsabilidad del pastor cumplir cuidadosamente los requisitos de la ley. Algunas jurisdicciones requieren que el ministro se registre antes de oficiar cualquier boda. Algunas localidades piden que los testigos firmen la licencia de matrimonio, mientras que otros requieren las firmas de la novia y el novio. el certificado de matrimonio no se llena adecuadamente y se retorna a la oficina gubernamental, la legalidad de la boda pudiera estar bajo cuestionamiento. La iglesia y el pastor deben también mantener un archivo de la boda. Las cortes han reconocido como legal la documentación de una boda del archivo de la iglesia para establecer la validez del matrimonio cuando otra documentación fue extraviada.

▶ PREPARACIÓN PARA LA BODA

Para la mayoría de la gente casada, el servicio nupcial es uno de los momentos claves de la vida. Marca una transición importante en la vida donde dos personas prometen vivir unidos bajo el compromiso mutuo y el vínculo del amor mientras los dos vivan sobre la tierra. Siendo que es un momento clave, a menudo acompañado con una gran gran cantidad de gente, es común tener ensayos, generalmente el día antes de la boda.

El pastor que preside la boda normalmente está encargado del ensayo. Algunas iglesias tienen un coordinador de bodas que trabaja con la pareja para planear los detalles del día de la boda. Esta persona apoya al pastor en el ensayo de la boda. Los detalles de la boda son normalmente discutidos como parte de una de las sesiones de consejería prematrimonial. Es la responsabilidad del pastor asegurar que los planes de la pareja, discutidos con el pastor, sean llevados a cabo en la boda. Esto inicia por tomar notas detalladas y diagramas de los lugares en donde se parará la gente. Es de ayuda asegurar a la pareja de antemano que usted, como pastor, protegerá la integridad de su planeación en el ensayo. Si la pareja necesita hacer cualquier cambio, todo lo que necesitan hacer es hablar con el pastor que está dirigiendo el ensayo. La mayoría de los ensayos pasan rápida y suavemente si el pastor asume el liderazgo en el ensayo y con seguridad sigue los planes de la boda que la pareja ha hecho.

Para iniciar el ensayo el pastor debe reunir a los participantes y darles una instrucción personal, dándole la bienvenida a la iglesia o a otro lugar. Ayuda establecer el ambiente espiritual para el ensayo al recordar a los participantes que la boda es un culto de adoración y luego haga una oración pidiendo que Dios bendiga, incluso el ensayo. Después de la oración, la novia y el novio deben presentar a sus familias y personas que participarán en la boda y no se conocen. El pastor entonces puede dar una breve explicación de los varios elementos de la boda y pedir si hay alguna pregunta.

La mayor parte del ensayo es ayudar a los participantes a saber dónde pararse y cuando se han de mover. En la mayoría de las bodas tradicionales la novia y sus asistentes se paran a la izquierda del centro mientras uno está de frente a la iglesia, mientras que el novio y todos sus acompañantes varones están a la derecha. Si estos lugares están asignados en la planeación previa, los participantes comienzan por moverse a donde han de estar parados durante el culto, y luego practique moverse a esos lugares. Repase todos los elementos del servicio al menos una vez para que todos entiendan cómo fluye el culto y a dónde se mueve la gente en cada parte de la ceremonia. Las ceremonias nupciales pueden necesitar sólo una revisión del culto, mientras que las bodas que involucran a mucha gente pudieran requerir un segundo ensayo. Si la boda es fuera del templo, trate de representar las condiciones de la boda durante el ensayo. Es una delicia que los niños caminen por el pasillo, pero por razones de su corto tiempo de atención, generalmente es mejor tenerlos sentados con alguien en la congregación cuando terminan con su parte. Al terminar el ensayo pregunte si hay alguna duda antes de recordarles el tiempo que necesitan estar en sus lugares para la boda. Un buen ensayo da un sentido de confianza que todos entiendan su papel en el culto.

▶ La Celebración de la Boda

En medio de flores perfumadas, velas encendidas y hermosa música en la iglesia es fácil olvidarse de lo sagrado del momento. David Larsen nos recuerda: "La boda misma no es principalmente una actuación o un espectáculo de opulencia. Es, ante todo, un culto para adorar a Dios donde la familia y los amigos se reúnen gozosamente alrededor de la pareja que se casa y los encomiendan a Dios en su viaje a través de la vida unidos como esposo y esposa".[18] Aunque la novia y el novio pudieran ser el centro de todas las miradas, Dios es el enfoque de nuestra atención.

• *El orden del servicio.* Aunque algunas tradiciones religiosas pudieran tener variaciones singulares de las bodas, este es un orden típico del servicio (con añadiduras, cambios en el orden y adaptaciones para las costumbres locales y preferencias individuales): El preludio musical; sentar a los padres y abuelos; el procesional; saludos y encargos (dando la novia, preguntas al novio y a la novia); música especial; pronunciación de esposo y esposa; bendición; presentación de la pareja; y recesional.

• *Sermón.* Algunas tradiciones tienen un ritual prescrito sin una un sermón. Otros sugieren un sermón nupcial individualizado como parte del servicio. Ciertamente no existe nada en la Escritura que prohíba o anime un sermón nupcial. "Los sermones nupciales deben tener algunas características definitivas, incluyendo (1) brevedad; (2) una teología que claramente represente el diseño de Dios para el matrimonio; (3) adecuado para la ocasión, formal o informal; y (4) un blanco apropiado, ya sea en la pareja o en la congregación".[19] Este sermón no es la ocasión para el sermón típico de tres puntos y un poema. Cinco a siete minutos, optimista y enfocado en una verdad de la Escritura, debe ser suficiente. Aunque pudiera dirigir el enfoque del sermón hacia la pareja que se casa, las parejas casadas de la congregación a menudo unen sus manos y aplican las palabras del servicio en reafirmación de sus propias promesas nupciales.

• *Fotografía.* La novia y el novio generalmente quieren que se recuerde este momento especial. Actualmente pudiera ser que haya tanto un fotógrafo como un persona tomando video. Un principio general debe aplicar a todos los que graban el evento: No hagas nada que distraiga de alguna manera lo sagrado de este culto de adoración. Se pueden tomar fotografías del costado o de atrás del santuario sin luces o flash que distraiga la atención de la boda. La antigua costumbre de que el novio no vea a la novia antes de la boda ya no es válida para la mayoría de la gente. Las parejas ahora tienen sus fotos nupciales antes de la ceremonia en lugar de esperar hasta que se termine la boda. Descarte la idea de que los invitados esperen en la recepción hasta que el cortejo nupcial llegue. Además, todos se ven más frescos, con sus peinados en su lugar, antes de la boda. En general, el fotógrafo entonces tiene mucho tiempo para tomar todas las fotos programadas sin que nadie se sienta apurado.

• *Preparación pastoral.* Como pastor, asegúrese que sabe exactamente que hará y que dirá durante el culto. Muchos pastores imprimen un manuscrito completo de todo lo que se dirá durante la ceremonia. Aprendí una penosa lección cuando por error me olvidé de borrar un nombre de otra boda que había escrito con lápiz en el libro que estaba utilizando en esa ocasión. Después de la ceremonia el novio me dijo: "Pastor, gracias por oficiar nuestra boda, pero ¿quién es 'Jane' que usted mencionó a la mitad de la ceremonia?" Hoy es fácil tener la ceremonia básica en la computadora. Antes del ensayo repase la ceremonia añadiendo todos los aspectos extras del servicio y escribiendo los nombres propios de las personas en dondequiera que tenga que utilizarlos. Ponga el manuscrito en un cuaderno y manténgalo enfrente de usted mientras conduce la boda.

• *Música.* La música nupcial es una parte importante de la mayoría de las bodas. Como pastor, se puede evitar un momento penoso y tomarse un tiempo antes del culto para revisar el texto de la música para determinar si las palabras son apropiadas como parte de un culto de adoración. Las parejas en ocasiones seleccionan un canto porque tiene alguna conexión romántica con su cortejo, sin considerar el significado de toda la letra. Una manera de lidiar con este asunto es incluir una declaración en la política de las bodas de que el pastor revisará toda la música antes de la boda.

• *Elementos especiales.* Una pareja puede ver elementos de otras bodas que quieren incluir en su propia ceremonia. Algunas personas usan una vela de unidad en el servicio. Esto pudiera tener un gran significado simbólico para la pareja mientras toman dos velas encendidas separadamente representando sus vidas separadas, y unidos encienden la tercer vela simbolizando sus propias vidas uniéndose como una. Otras parejas demuestran su espíritu de servicio mutuo al lavarse los pies uno al otro.

• *Comunión.* Servir la Santa Cena a la pareja nupcial después de la oración ha llegado a ser una práctica común en las bodas. Sin embargo, Larsen cree que servir la Santa Cena sólo a la pareja nupcial "seriamente viola los principios protestantes. Sería mucho mejor si un servicio de Santa Cena para los creyentes en la boda se hace en una capilla o cuarto de la iglesia antes de la boda misma".[20] Otra opción sería servir a todos en la congregación como parte del culto de adoración.

• *Seguimiento.* Un pastor debe planear dar seguimiento a la consejería prematrimonial más o menos alrededor de su primer aniversario. Esta sesión puede edificarse sobre la relación que el pastor edificó antes de la boda. Puede ser una oportunidad para hablar sobre cualquier asunto que se haya dado durante su primer año de casados así como un momento para celebrar su primer triunfo en su matrimonio.

▶ CELEBRANDO LOS SACRAMENTOS

Aunque los fundamentos teológicos para el uso de los sacramentos en el cuidado pastoral fueron abordados en capítulo 9, material adicional se incluye en este capítulo para hacer de su uso una celebración para la iglesia.

CELEBRANDO LA COMUNIÓN

Para los cristianos, lo más importante de la venida del Hijo de Dios a la tierra no se encuentra en sus enseñanzas y milagros. Son sus acciones que tienen un lugar central, su amor demostrado por nosotros al estar dispuesto a morir en la cruz por nuestros pecados. Jesús inició una ceremonia al ofrecer pan y vino a sus discípulos para que nos recordáramos constantemente de su muerte sacrificial y su resurrección victoriosa. El sacramento de la Cena del Señor es una celebración de Jesús proveyendo para nosotros lo que no podemos proveernos por nosotros mismos.

Existe un hambre hoy de encontrar significado en el poder de los símbolos. El psicólogo Rollo May argumenta que la pérdida de los símbolos constituye una de las principales dificultades de nuestra cultura. "Sin las señales o símbolos en este mundo que nos muestren otro mundo o un medio de soportar las tribulaciones y presiones de este mundo, no tenemos a ningún otro lugar para volvernos excepto la desesperación y lo absurdo".[21] Afortunadamente, algunos hoy están comenzando a redescubrir el rico poder de los símbolos. Una indicación de esto es el creciente interés en la práctica de la Santa Cena como una parte importante del culto de adoración.

Mi denominación provee la Santa Cena a todos los que se han arrepentido y recibido la salvación por la fe, sea que son o no miembros de la iglesia local. Es una celebración del compañerismo que gozamos como miembros de la familia de los que han nacido dos veces. En cualquier ocasión que compartimos juntos esta cena celebramos el perdón de pecados y la nueva vida provista por su muerte en la cruz y su resurrección al tercer día. La Santa Cena también es un anticipo de su Segunda Venida para recibir a su Novia, la iglesia. "La Cena del Señor es una fiesta que celebra la vida. Anticipa el día cuando hombres y mujeres vendrán del oriente y del poniente, del norte y del sur y se sentarán a la mesa en el reino de Dios".[22]

Una forma de aumentar la anticipación y celebración de la Cena del

Señor siendo creativos. Jeffrey Arthurs sugiere un ejemplo: Ponga una máquina de hacer pan atrás del santuario programada y que el pan esté cocinado apenas antes del fin del servicio. "Mientras predicas sobre el Cuerpo de Cristo y cómo somos 'un pan', o cómo nuestras oraciones son un dulce aroma a Dios, el olor del pan penetra el templo. Después del mensaje, use ese pan para la Santa Cena".[23] Para aquellos que no pueden estar en el culto de adoración por razones físicas, llevarle la Cena del Señor a la casa les permite celebrar con el resto de la comunidad de fe.

CELEBRANDO EL BAUTISMO

El sacramento del bautismo es fundamental para nosotros porque Jesús, el Hijo de Dios sin pecado, él mismo fue bautizado mientras se identificaba con la humanidad pecaminosa. "Jesús usó la palabra 'bautismo' para referirse a su propia pasión (Mateo 20:22) e instituyó el bautismo en el contexto de su muerte y resurrección (Mateo 28:18-20)".[24] Para la iglesia primitiva, el bautismo llegó a ser un rito importante de iniciación a la fe cristiana. En el principio los bautismos eran conducidos sólo en la mañana del domingo de resurrección pero más tarde se expandió a otras épocas del año. "El bautismo es una celebración de la gracia de Dios, no del logro humano... Siempre apunta más allá de sí mismo para celebrar la gracia y el pacto de fidelidad de Dios... Es una acción comunal de la congregación reunida, que representa la iglesia en todos los tiempos y lugares".[25]

Las metodologías de este sacramento varían grandemente de acuerdo a la tradición y recursos a la mano. Existen tres modos de bautismo reconocidos por las iglesias cristianas: afusión, aspersión e inmersión.

A los infantes siempre se les bautiza rociando o derramando el agua en sus frentes. Actualmente, los bautismos por inmersión se realizan en muchos lugares, tales como los bautisterios de las iglesias, lagos, ríos y piscinas. Algunos creen que los bautismos deben de hacerse con agua que corre. Si bautizas por inmersión en un río o arroyo rápido, siempre baja la cabeza contraria a la corriente. La modestia siempre es una preocupación cuando se sumerge a la gente en el agua. Aunque algunas iglesias usan togas viejas del coro o túnicas especialmente diseñadas para los bautizados, ropa oscura casual con un traje de baño usado por debajo ciertamente es apropiado. Si el bautismo ha de ser en el bautisterio de la iglesia la temperatura del agua debe ser cómoda, cerca a la temperatura del cuerpo. Instruya a la gente a usar una mano para tapar su nariz y la otra mano para tomarse de su muñeca. Luego, ponga su mano sobre las manos de ellos mientras sostiene el cuerpo con su otra mano en la espalda antes de sumergirlos. Cuando bautice a alguien que es muy grande en un contexto externo, trate de moverse más profundo que el agua normal que llega a la cintura porque un cuerpo sumergido es más liviano y más fácil de manejar.

Para que el bautismo tenga sentido, un pastor debe tomar tiempo para instruir a los participantes sobre la importancia del acto y revisar los compromisos del ritual. Ya sea que el culto se tiene en el santuario fuera de él, debe haber un sentido de reverencia en el culto. Si este es un culto separado del culto de adoración dominical, inicie cantando himnos apropiados o estribillos que hablen de la salvación y nuestra fe. Incluya las Escrituras, especialmente las referencias del evangelio al bautismo de Jesús. Las instrucciones de Pablo en Romanos 6:1-11 y otros pasajes que hacen referencia a la consagración.

La mayoría de las denominaciones tiene un ritual que el pastor les lee a los candidatos. La ceremonia generalmente requiere una respuesta de los candidatos. Antes que cada persona sea bautizada, pídale al candidato que dé su testimonio de conversión y fe personal. Mientras la persona es sumergida en el agua, el pastor hace una declaración como esta: "(Nombre completo), por razón de tu confesión de fe y tu obediencia al mandamiento bíblico, yo te bautizo en el nombre del Padre, y del Hijo y del Espíritu Santo".

La persona es bajada lentamente hasta que sea sumergida completamente y luego levantada lentamente de las aguas hasta que esté totalmente parada. "Entre más lenta y suavemente se hace este acto, más se percibirá como un acto de adoración".[26] Siendo que la gente puede perder su balance después de salir de las aguas, el pastor u otra persona debe estabilizarlos con una mano hasta que estén listos para alejarse del pastor o salir fuera del agua.

Algunas iglesias han convertido el bautismo en una oportunidad para el preevangelismo al imprimir material para invitaciones formales para el culto bautismal. Cada candidato puede entregar invitaciones a sus amigos y familiares inconversos para que vengan mientras la persona testifica de su fe personal. Esto puede ser un poderoso testimonio para aquellos que han visto cómo el estilo de vida de la persona cambia después de la conversión. Otras formas de hacer este culto significativo sería incluir fotos del bautismo para los candidatos y proveer certificados para documentar el evento. También, considere servir la Santa Cena a la congregación como parte del culto de adoración bautismal.

Uno de los eventos bautismales más memorables que he visto tomó lugar una mañana dominical de junio en la Iglesia Comunitaria Willow Creek en el área de Chicago. Aunque el bautismo por inmersión tendría lugar por la tarde al aire libre en el estanque frente a la iglesia, el culto del domingo por la mañana se centró en este evento especial. Aproximadamente unas 150 personas pasaron, cada uno acompañado por alguien más que había sido clave para que esa persona viniera a Cristo. Cada persona clavo un pedazo de papel, enlistando algunos de sus pecados de su pasado, a una cruz de unos dos metros antes de ser rociados con agua por uno de los cuatro pastores sobre la plataforma. Mientras observaba a los candidatos jóvenes y adultos pasando, me sorprendió el poderoso testimonio que esto estaba haciendo sobre las personas no salvas que estaban en el culto ese domingo. Mientras que el bautismo es un gran momento de celebración, tanto para el que ha recibido a Cristo como Salvador y la comunidad de fe que es testigo del testimonio, también es una oportunidad para declarar a los incrédulos que Jesús es el Señor.

▶ OTRAS CELEBRACIONES

CELEBRANDO A LOS NIÑOS RECIÉN NACIDOS

Uno de los días especiales para los nuevos padres es el primer domingo que un nuevo niño es traído a la iglesia. Los padres y abuelos brillan de orgullo al mostrar felices al bebé que es nuevo en la familia y en la iglesia. Cuando visito a los nuevos padres y al bebé en el hospital, le pido a la pareja que le avisen a un ujier la primera vez que el bebé está en la iglesia. En ese domingo el ujier me notificará, y yo voy a pedir a los padres que pasen para mostrar al bebé a la congregación. Generalmente sostengo al bebé yo mismo y felicito a los padres. Esta introducción puede ser el inicio de un vínculo que se forja entre este bebé y la congregación que promete cuidar al niño en el futuro. "A menudo, esto satisface la necesidad de los padres no cristianos que quieren que su niño reconocido por la iglesia, pero que pudieran no estar dispuestos a llevar a cabo las promesas de las ceremonia de dedicación/bautismo."[27] Para hacer el primer domingo del bebé memorable, la iglesia puede entregar un pequeño regalo a los padres como recuerdo de ese momento de celebración.

Mi propia denominación permite hacer el rito del bautismo infantil o la dedicación infantil. No tengo espacio aquí para debatir los méritos de cada posición. Las referencias históricas al bautismo infantil se pueden encontrar en la historia de la iglesia tan temprano como el tercer siglo. La iglesia oriental primitiva tenía este rito en el octavo día de nacido cuando los padres traían al niño a la iglesia, le ponían nombre, y recibían una bendición. Mi propia preferencia pastoral personal ha sido la dedicación infantil, aunque he bautizado a niños si es la preferencia de los padres. El alma de un niño inocente está protegida por la gracia previniente de Dios, y la dedicación provee una oportunidad más tarde para que la persona declare su fe personal a través del bautismo de creyentes. Ambos rituales del bautismo y dedicación pueden ser momentos significativos en la vida de la iglesia.

Aunque la dedicación infantil realmente es una promesa hecha por los padres, un niño recibe la gracia de Dios por ser educado en la fe cristiana y llevado a la iglesia. En mi tradición, el rito exige que los padres asuman la responsabilidad de guiar personalmente al niño a Dios por el uso de las Escrituras, la protección de las influencias impías, así como asegurarse que el niño está participando fielmente en la iglesia. Cuando los padres dedican a su niño, reconocen el hecho que este niño no es suyo, sino de Dios. La comunidad de la iglesia también puede tomar parte en criar al niño. El pastor puede incluir una promesa que la congregación acepta su responsabilidad en enseñar al niño y apoyar a sus padre. "La ceremonia es una expresión de agradecimiento a Dios por el don del niño y es un acto de obediencia a la Palabra de Dios (Lucas 2:22-24)".[28]

Un ritual de dedicación debe incluir una pronunciación de bendición sobre el niño, como Jesús la dio en Marcos 10:16. Algunos pastores prefieren sostener al niño pequeño, mientras otros pastores ponen sus manos sobre el infante mientras él o ella son sostenidos por uno de sus padres. Himnos, música especial y lecturas antifonales pueden añadir importancia a la ceremonia de celebración. Isaías 54:13 es una maravillosa promesa que puede usarse en la conclusión de la bendición. Como Bruce Petersen escribe:

> La ceremonia de dedicación y bendición puede ser un medio especial de vincular a los dos padres y a su infante con su Dios. También crea una relación singular entre usted como pastor y esa familia. La dedicación o bautismo de un infante puede convertirse en un momento espiritual profundo, recordado para siempre, si el pastor prepara a los participantes para lo sagrado que es.[29]

LA CELEBRACIÓN DEL MATRIMONIO Y LA FAMILIA

Algunas iglesias celebran regularmente la institución del matrimonio con oportunidades para que las parejas renueven sus votos matrimoniales. Una iglesia tiene un servicio de renovación matrimonial el primer domingo de cada año. Una iglesia puede invitar a todas las parejas casadas a pasar al frente del santuario donde esposos y esposas se toman de las manos para prometer su amor y fidelidad continuos uno al otro. Otras parejas pudieran querer renovar sus votos en un contexto privado. Esto puede ser especialmente efectivo si la pareja ha estado separada o ha experimentado una discordia matrimonial y luego han decidido continuar su relación juntos. Renovar los votos matrimoniales puede ser parte de un hito especial, tal como un aniversario de boda de plata o de oro.

Cuando mi esposa y yo celebramos nuestros 25 aniversarios, nuestra iglesia lo hizo una ocasión especial. Mi esposa se puso su vestido de novia y nuestra hija usó uno de los vestidos de las damas de compañía. Renovamos nuestros votos y toda la iglesia vino para una recepción.

Los aniversarios de boda significativos proveen una oportunidad para que la iglesia se una con miembros de la familia honrando el compromiso de la pareja. Las celebraciones de aniversarios hablan positivamente de la permanencia del matrimonio en una cultura que ha hecho del divorcio una salida fácil cuando las cosas se ponen difíciles.

CELEBRACIÓN CONGREGACIONAL

Cuando el pueblo de Dios se reúne el domingo, el acto de adoración es una celebración de la muerte de Jesús en la cruz y de la resurrección de la tumba. Los creyentes no necesitan ser recordados que nuestra salvación y vida comunitaria como el Cuerpo de Cristo sólo es posible porque Dios ha extendido su gracia a nuestras vidas. Las iglesias especialmente gozan celebrar las temporadas de navidad y resurrección con servicios únicos y música especial. Además, existen aquellos momentos en la vida de la iglesia, como cuando se paga la hipoteca o se dedica un nuevo edificio, cuando la congregación toma tiempo para regocijarse en el hecho de que Dios los ha ayudado a obtenerlos.

Uno de los momentos más sagrados para aquellos que entran al ministerio es el servicio de ordenación. Ya sea que la iglesia local o la denominación ordenen a una persona a en un servicio cristiano especial, ese día nunca será olvidado por los ministros ordenados. Con esta ceremonia la iglesia está afirmando que el ministro ha demostrado los dones y gracia para el ministerio. La iglesia también reconoce el llamado de Dios sobre la vida de esta persona para toda una vida de servicio.

CELEBRACIONES ESPECIALES

El pueblo de Dios a menudo toma la oportunidad para celebrar momentos especiales de logros individuales. Muchas iglesias toman el tiempo para honrar a los graduados de preparatoria y colegio con servicios de reconocimiento o recepciones especiales. Estos llegan a ser momentos significativos para los jóvenes y de pasaje a una nueva etapa en sus vidas. Fiestas de jubilación celebran el valor del trabajo duro y diligente de toda una vida. Aunque algunos marcan el fin del empleo vocacional, también es apropiado reconocer a la gente que ha dado largos años de servicio en la iglesia local. Incluso aquellos logros significativos de la vida, tales como el cumpleaños 90 ó 100, proveen una maravillosa oportunidad para honrar la vida y logro de alguien. Las celebraciones claves recuerdan a la iglesia que el logro individual también es una victoria comunal, digna de regocijo.

Como cristianos, somos privilegiados en recibir tantas bendiciones de Dios. Como pastores en ocasiones debemos tomar el papel del tambor mayor, dirigiendo el desfile de celebración. La iglesia necesita aquellos momentos festivos cuando gozosamente nos reunimos para regocijarnos y tener una fiesta.

▶ PREGUNTAS PARA LA REFLEXIÓN

▷ ¿Cuáles son las responsabilidades que un pastor asume cuando consiente en aconsejar a una pareja antes del matrimonio?

▷ ¿Cómo puede un pastor asegurar que la boda es un culto de adoración en lugar de simplemente una ceremonia o una actuación?

▷ ¿Qué puede hacer un pastor para lograr que la Santa Cena sea una parte significativa de un culto de adoración?

▷ Cuando un pastor tiene una sesión de instrucción antes del bautismo, ¿qué temas debe discutir?

La Presencia del Pastor en el Sufrimiento Humano

¿Cómo pudo un esposo y padre saludable resultar con una enfermedad tan debilitante, se preguntaba el pastor Dennis Chang mientras conducía atravesando el pueblo? Ken Fong había llegado a ser el líder laico más influyente de la iglesia. Por varios años había trabajado incansablemente con los adolescentes así como la responsabilidad de líder de adoración con su esposa, Kim. El pastor Dennis recordaba cuando Ken comenzó a quejarse y sentirse cansado al mismo tiempo de sufrir dolorosos calambres en los músculos. Kim al inicio había sugerido y luego insistido que Ken fuera a ver a un doctor. Nadie estaba preparado para el diagnóstico: La esclerosis lateral amiotrófica, ALS (por sus siglas en inglés), un desorden degenerativo del nervio comúnmente referido como la Enfermedad de Lou Gehrig. La familia descubrió que ALS afecta las fibras nerviosas en la espina, la que controla el movimiento voluntario de los músculos.

La noticia de la enfermedad de Ken Fong se regó rápidamente a través de la congregación. La gente preguntaba qué podían hacer para ayudar a Ken y la familia. Ken mismo estaba comprometido a funcionar tan normal como fuese posible. Pero mientras el tiempo pasaba, tuvo que abandonar, una por una, las tareas que tanto gozaba hacer en la iglesia. Afortunadamente, el negocio de seguros de Ken seguía funcionando con pocas interrupciones porque Kim era capaz de trabajar con la computadora desde la casa. La mente de Ken permanecía alerta, pero las extremidades de su cuerpo comenzaron a atrofiarse por el desuso.

El pastor Dennis fue fiel en visitar a la familia de Fong semanalmente, tratando de animarles tanto como fuese posible en una situación que parecía sin esperanzas. Sí, Dennis creía en el poder sanador del Espíritu Santo para traer de regreso la fuerza de los miembros sin vida de Ken. Como pastor ungió a Ken, y la iglesia oró, pero no parecía que Dios contestaría sus oraciones de esa manera. A menudo miraba los ojos de Kim mientras se sentaba al lado de la cama de su esposo. En ocasiones veía temor, otras cansancio. Ella necesitaba consuelo y fortaleza también, por las responsabilidades extra que descansaban pesadamente sobre sus hombros.

Parece tan injusto, Dennis pensaba mientras conducía. Allí estaba ese tipo, Bill, quien trabajaba en su auto. Hablando de un tipo vil. Bebía tanto, psicológicamente abusaba de su esposa y sus hijos, y maldecía a Dios con cada frase que hablaba. Luego, la última semana después de una parranda, Bill cayó en un barranco y salió caminando sin un solo rasguño, mientras que su automóvil se quemaba. Ken, por otro lado, había vivido una vida limpia, saludable, sirviendo a Dios, trabajando en la iglesia, y termina con la enfermedad de Lou Gehrig. Dennis también recordó que era un año menor que Ken. El hecho de que el pastor no lo hacía inmune

*a la debilitante enfermedad ALS. Se pregunta realmente cómo era, estar
en cama como Ken lo hacía, sabiendo que nunca se levantaría de nuevo
por su propia fuerza.*

*Detuvo el automóvil un poco porque apenas estaba a un kilómetro y
medio de la casa de Fong. Dennis realmente no tenía ni una pista sobre lo
que le diría a Ken y Kim. Apagó su radio y comenzó a orar, al inicio en
silencio, y luego en voz alta. "Oh Dios, ¿cómo puedo ser de consuelo a estos preciosos amigos que desesperadamente necesitan escuchar una palabra
tuya hoy? Ayúdame a saber qué decir y cuándo estar callado. Que pueda
ser Jesús para esta gente hoy". El Pastor Dennis Chang apagó su automóvil, caminó por la acera y tocó el timbre.*

▶ UN CONTEXTO BÍBLICO PARA EL CONSUELO

Durante la temporada de navidad escuchamos los sonidos inmor-
tales del *Mesías* de Handel recordándonos de nuevo las palabras de
Isaías: ¡Consuelen, consuelen a mi pueblo! dice su Dios".[1] Cantamos
las palabras familiares del villancico inglés del siglo XVIII: "Oh nuevas
de consuelo y gozo, consuelo y gozo".[2] La palabra *consuelo* y sus variantes se encuentran casi 18 veces en la Biblia. Muchas referencias hablan
de la presencia de Dios que nos asegura, como el tan citado versículo del
Salmo 23: "tu vara de pastor me reconforta" (v.4).

Cuando Jesús vino como el Buen Pastor, señaló específicamente el proveer consuelo personal para los afligidos. Juan en el segundo capítulo de
su evangelio cuenta de un joven que enfrentaba una vergüenza social en
su boda cuando se terminó su vino, y Jesús proveyó consuelo al convertir
el agua en vino. Más tarde en capítulo 4, en el mismo pueblo de Caná,
se encontró con un oficial del gobierno cuyo muchacho estaba enfermo
de muerte a cierta distancia de Capernaúm. Con una palabra Jesús trajo
consuelo al preocupado padre y sanidad a su hijo enfermo. En otras partes
del Evangelio de Juan, Jesús consuela a un inválido que había esperado
38 años para ser sanado.[3] Se puso en medio de una multitud enojada y
lista para apedrear, y una mujer acusada de adulterio, finalmente le dijo:
"Tampoco yo te condeno. Ahora vete, y no vuelvas a pecar".[4]

En ninguna otra parte fue más evidente la compasión de Jesús que
cuando estuvo llorando al lado de María y Marta, mientras miraba la
tumba de su amigo Lázaro. Aun los que estaban por allí que miraban
pudieron ver lo que Jesús sentía por su amigo. El consuelo que las dos
hermanas sintieron por la presencia y preocupación de Jesús se convierte
en gozo mientras Jesús ordena a Lázaro que salga de la tumba.[5]

Jesús consoló a su madre mientras moría en la cruz al pedirle a Juan
que la cuidara.[6] ¿Podrían los discípulos olvidarse cuando estaban amon-
tonados detrás de las puertas cerradas la tarde del primer domingo de
resurrección? Jesús de pronto se les apareció en el cuarto y dijo aquellas

palabras de consuelo: "¡La paz sea con ustedes! Como el Padre me envió a mí, así yo los envío a ustedes".[7] Quizá ellos recordaron las palabras de seguridad que les había dado el jueves previo por la tarde alrededor de la mesa de la pascua. Jesús les había dicho que, aunque los estaba dejando, el Padre les enviaría a un *Paracleto*: un consolador, un abogado, un ayudante que estaría a su lado consolándolos.

Ningún libro del Nuevo Testamento trata con el asunto del consuelo más profundamente que 2 Corintios, especialmente el capítulo 1, versículos 3-7. Murray Harris escribe: "El párrafo encarna el énfasis principal de los capítulos 1-7: 'consuelo en medio de las aflicciones'. La raíz *paraklesis* ('consuelo') aparece no menos de 10 veces en vv. 3-7, la raíz *thlipsis* ('problema', 'aflicción') tres veces, y la raíz *thema* ('sufrimiento') cuatro veces".[8] Pablo está diciendo que Dios es la fuente del consuelo para todos los tipos de aflicciones. Siendo que por su gracia, todos hemos recibido su consuelo para nuestras vidas, debemos ser el conducto del consuelo de Dios para aquellos que están en necesitando consuelo. Por eso en el ministerio, proveer consuelo para aquellos que están a nuestro alrededor es nuestra responsabilidad así como un privilegio de participar con representante de Dios, dispensando su gracia.

▶ EL PROBLEMA DEL SUFRIMIENTO

Nadie puede proporcionar un cuidado pastoral realmente eficaz sin llegar a entender la presencia del mal y el sufrimiento en un mundo creado y dirigido por un Dios bueno y amoroso. Esta tensión no es una de la que los ministros hablen comúnmente, pero surge de las preguntas que los feligreses hacen a su pastor en los tiempos de necesidad.

"¿Por qué estoy sufriendo de esta dolorosa enfermedad si soy cristiano y Dios dice que me ama?" "Si Dios puede sanar a mi hijo, ¿por qué no lo hace?" "¿Cómo pudo Dios permitir que que ese chofer borracho mate a mi esposo?" "¿Qué he hecho para merecer estar en esta situación?" "¿Es Dios quien me está castigando?"

Estos no son asuntos insignificantes o periféricos. De hecho, están en el mismo corazón de nuestra fe. Philip Yancey expresa la frustración y desilusión que muchos sienten en el título de su libro *Disappointment with God*.[9] (Desilusionado de Dios). Es fácil cuestionar a Dios e incluso moverse a la posición de abandonar la fe cuando el dolor y el sufrimiento se acercan y se hacen personales. David Switzer está de acuerdo que el sufrimiento ha sido y es una preocupación universal. "Estos son asuntos con los que la gente luchó en la Biblia, y estas son las mismas preguntas que se hacen levantadas miles de veces todos los días en los hospitales, casas, asilos, salas de emergencia y otros lugares".[10] Enfrentar el asunto del dolor y el sufrimiento invita a un estudio cuidadoso de la Biblia y una reflexión teológica.

TEODICEA: HABLANDO DE LA BONDAD DE DIOS EN MEDIO DEL MAL

Cualquiera que haya intentado traer consuelo a alguien que enfrenta serios dolores se ha preguntado: ¿Qué le digo a esta persona que está sufriendo? Thomas Oden escribe: "Teodicea significa hablar justamente de Dios en medio del asombroso hecho del sufrimiento. Su tarea es vindicar los atributos divinos, especialmente la justicia, la misericordia, y el amor en relación a la continua existencia del mal. Desea hablar sobre Dios (*theos*) con justicia (*dikē*) precisamente en aquellos puntos donde el propósito divino parece menos probable y cuestionable, es decir, en medio del sufrimiento".[11]

La base de la teodicea es el hecho que hay un Dios. Si no hubiera, todo el debate perdería sentido. Pero si Dios existe, si Él es personal, amoroso y todopoderoso, entonces tenemos que enfrentar la tensión del sufrimiento y el mal existiendo en el mundo que creó y controla. Oden levanta tres soluciones prematuras e inadecuadas que deben rechazarse. Primero, pueden pretender que el mal y el sufrimiento realmente no existen, o pretender que no tiene poder para desmoralizar. Dos, es posible estar tan abrumado con el mal y el sufrimiento a nuestro alrededor que cuestione si Dios está personalmente interesado por la gente. Tres, Dios está preocupado del mal, y lucha por el bien, pero no tiene el poder para combatir totalmente el sufrimiento y el mal hoy.[12]

Un día de primavera en el año 2000, mi esposa y yo fuimos a mi oficina después de visitar a su doctor. No estaba preparado para las noticias que me dio. El diagnóstico del doctor era inconfundible: tenía un linfoma no Hodgkin, una enfermedad maligna que se desarrolla en el sistema linfático del cuerpo. La mera palabra *cáncer* inyecta terror en los corazones de la mayoría de los pacientes. Para nosotros, marcó el inicio de cómo seis meses de tratamiento intensivo incluyendo quimioterapia y otras drogas.

Claro, pedimos oración por nuestra necesidad. Nuestra iglesia local y la comunidad, así como nuestros amigos alrededor del mundo se unieron en oración para su recuperación. En medio de este proceso, antes que supiéramos el resultado final de su tratamiento, comencé a reflexionar sobre este asunto del dolor y la enfermedad. Sabía que otros cristianos que habían enfrentado formas similares de cáncer habían sido sanados de la enfermedad. Como pastor había visto como otros maravillosos cristianos con una gran fe se fueron acabando a la medida que los efectos del cáncer los iba consumiendo hasta que murieron. Finalmente llegué a la conclusión que simplemente porque mi esposa era una fiel cristiana no era garantía que Dios de alguna manera estaba obligado a eliminar la amenaza del cáncer.

¿Qué significa enfrentar una enfermedad como el cáncer como cristiano? Llegó a ser clara la experiencia que sin importar qué sucedía,

Dios estaba con nosotros. Las palabras de Isaías tomaron significado especial: "Cuando cruces las aguas, yo estaré contigo; cuando cruces los ríos, no te cubrirán sus aguas; cuando camines por el fuego, no te quemarás ni te abrasarán las llamas. Yo soy el Señor, tu Dios, el Santo de Israel, tu salvador" (Isaías 43:2-3).

Jamás estamos solos. Dios camina con nosotros, aun cuando la victoria última y final sobre nuestros sufrimientos pudiera ser en la eternidad en lugar de nuestra existencia presente aquí en la tierra. Nuestra cultura presente nos ha metido la idea que tenemos que evitar el dolor a toda costa. La gente pelea, con cada recurso a su disposición, el proceso natural de envejecer. Hoy queremos evitar cualquier cosa que pudiera traer inconveniencia a nuestro estilo de vida de la búsqueda de la felicidad personal.

William Willimon cuenta de una experiencia temprana en su ministerio, entrando a un cuarto de hospital poco después del nacimiento de un niño de una pareja de su iglesia. El doctor entró con las noticias que "había problemas con el nacimiento". El doctor estaba tratando de explicar que el niño tenía el síndrome de Down y, aunque había problemas respiratorios menores y corregibles, ellos deberían "considerar que la naturaleza tomara su curso, y luego unos pocos días después no habría problemas". La pareja estaba confundida y se preguntaba por qué una cirugía correctiva no era la primera cosa que debería hacerse.

"Tienes que entender que los estudios muestran que los padres que tienen estos hijos tienen una alta incidencia de estrés marital y separación. ¿Es justo para ti traer esta clase de sufrimiento sobre tus otros dos hijos?" preguntó el doctor.

La madre respondió que sus hijos tenían todas las ventajas que ellos podían tener en el mundo. Ninguno de ellos había tenido ninguna experiencia sobre cómo era el sufrimiento. Ella concluyó: "No sé si la mano de Dios está en esto o no, pero ciertamente puedo ver por qué haría sentido para un niño como este nacer en una familia como la nuestra. Nuestros hijos harán bien. Cuando lo piensas, esto realmente es una gran oportunidad".

El doctor, confundido, se volvió a Willimon y dijo: "Reverendo, espero que usted pueda hacerles entender a ellos".[13]

El apóstol Pablo nunca compró la idea que evitar el sufrimiento es la meta principal de la vida. De hecho, dice exactamente lo opuesto. "Pues así como participamos abundantemente en los sufrimientos de Cristo, así también por medio de él tenemos abundante consuelo. Si sufrimos, es para que ustedes tengan consuelo y salvación; y si somos consolados, es para que ustedes tengan el consuelo que los ayude a soportar con paciencia los mismos sufrimientos que nosotros padecemos" (2 Corintios 1:5-6). Desde el punto de vista de Pablo, el sufrimiento con fidelidad pudiera ser un medio para animar a otros a vivir con perseverancia.

DIOS NO CAUSA EL SUFRIMIENTO

Es importante entender que Dios no quiere o causa el sufrimiento aun cuando permite que suceda como resultado de nuestro mundo caído. Es común escuchar alguna persona bien intencionada decirle a una pareja que ha perdido a su niño por alguna enfermedad o accidente algo como esto: "Bueno, Dios tiene que haber querido que María cantar en su coro angelical en el cielo". ¡No! Dios no arranca a un hijo de un hogar para llenar alguna vacante en el coro. Él está allí llorando con esta familia, así como Jesús lloró con María y Marta. Dios creó este mundo para que fuese un lugar de bondad. El pecado corrompió tanto a la humanidad como al ambiente original. Y, aunque el sufrimiento y el mal no son la creación de Dios, Él trabaja para sacar el bien de cualquier situación, ya sea un bien inmediato o un buen final.

En un intento por tratar de darle sentido a la angustia y el dolor, algunas personas quieren ver el hecho como parte de un propósito específico que Dios desea lograr. Piensan que si tan sólo pudieran identificar ese propósito, recibirían el mensaje de Dios y las cosas cobrarían sentido. A eso Yancey responde de esta manera: "Quizá Dios *no está tratando de decirnos alguna cosa específica cada vez que nos dolemos...* La mitad del tiempo sabemos por qué nos enfermamos: muy poco ejercicio, una pobre dieta, contacto con algún germen. ¿Realmente esperamos que Dios ande por allí protegiéndonos en dondequiera que encontramos alguna cosa peligrosa?"[14] C. S. Lewis en su libro The Problem of Pain (El problema del dolor), añade a esta discusión "No queremos tanto un padre en el cielo como un abuelo en el cielo, cuyo plan para el universo fuese tal que pudiera decir al final de cada día: 'Todos tuvieron un buen tiempo'".[15] Algunas cosas que nos suceden nunca va a tener sentido para nosotros porque Dios no las causó. En lugar de escuchar el mensaje de Dios, sería mejor buscar signos de su presencia.

Dios creó a la humanidad con el privilegio del libre albedrío. Eso fue central en el deseo de Dios para que nosotros seamos capaces de disfrutar una relación con él. Sin embargo, con el privilegio de escoger esta buena relación estaba el riesgo que el ser humano pudiera escoger mal. Dios, con la infinita capacidad de amarnos y conocernos sabía que, sin concedernos el privilegio del libre albedrío, no había otra manera para que disfrutáramos de esta relación con nuestro Creador. Porque las personas tienen esta capacidad de elegir, tienen que asumir la responsabilidad por las decisiones que toman. Una persona puede optar por el uso indebido de drogas ilegales, pero pudiera tener consecuencias en su salud.

Pero el escogimiento de una persona pudiera tener un efecto más allá de sí misma. Por ejemplo, un hombre o una mujer pudieran decir: "Es mi escogimiento emborracharme y no es el negocio de nadie más sino el mío". Sin embargo, una persona cerca de mi casa escogió emborracharse, se subió al auto y manejó en por el lado contrario de una carretera de dos sentidos, chocando contra un auto que venía y matando a tres adolescentes inocentes. Pocos escogimientos se hacen en total aislamiento. Alguien pudiera pensar que él o ella pueden cometer suicidio sin afectar a nadie más. Sin embargo, ya sea un miembro de familia o un amigo, un colega en el trabajo o un vecino, alguien será impactado por un acto tan egoísta.

Pudiera parecer que el mal está ganando la guerra. Pero el poder de Dios no está limitado por el pecado y el sufrimiento de este mundo. Oden escribe: "Aun cuando Dios permite el libre albedrío para actuar irresponsablemente (de otra manera, ¿cómo sería libre?) y vivir con las consecuencias trágicas sociales e históricas de aquellos escogimientos, sin embargo, Dios no simplemente se queda parado por siempre y mira que la historia se deteriore".[16]

EL SUFRIMIENTO COMO MAESTRO

¿Existe alguna razón, entonces, de por qué Dios permite el sufrimiento? Existen ocasiones cuando el sufrimiento puede ser un maravilloso maestro. Un padre puede decirle a un pequeño niño que no toque algo caliente, pero muy a menudo el niño no lo cree hasta que lo toca y experimenta dolor. El sufrimiento, especialmente la clase que viene como resultado de nuestros malos escogimientos, puede ser un maestro efectivo. Hebreos 12:6 nos recuerda: "el Señor disciplina a los que ama".

El sufrimiento también puede hacernos más compasivos hacia otros que están enfrentando situaciones similares. Muy a menudo, aquellos con la sensibilidad más grande a las necesidades de otros son gente que han sufrido mucho. El sufrimiento también tiene la capacidad de llevarnos a nuestras rodillas en oración. Cuando las cosas van bien, existe una tendencia real en nosotros de ser autosuficientes. Podemos manejar las cosas nosotros mismos, gracias. Pero cuando el sufrimiento entra a nuestras vidas y no podemos resolver los problemas de inmediato, nos volvemos a Dios. Cuando Dios tiene nuestra atención, no hay límites a lo que podemos aprender de su voz. Esto pudiera ser la bendición del sufrimiento para nosotros. Un soldado confederado anónimo capturó el sentido de esta verdad cuando escribió:

> *Le pedí a Dios fortaleza para poder obtener logros;*
> *Me hizo débil para aprender humildemente a obedecer.*
> *Le pedí ayuda para que pudiera hacer grandes cosas;*
> *Se me dio enfermedad para que pudieran hacer mejores cosas.*

Le pedí riquezas para que pudiera ser feliz;
Se me dio pobreza para que pudiera ser sabio.
Le pedí poder para obtener la alabanza de los hombres;
Se me dio debilidad para sentir la necesidad de Dios.
Le pedí por todas las cosas para que pudiera gozar mi vida;
Se me dio vida para que pudiera gozar todas las cosas.
No recibí nada de lo que pedí, pero todo lo que esperaba.
Estoy entre los hombres más ricamente bendecidos.[17]

▶ EL DESAFÍO DEL PASTOR PARA CONSOLAR

Parecería que proveer el consuelo pastoral sería una parte natural de cualquier persona en el ministerio. En realidad, visitar y cuidar a los enfermos tiene sus propias preocupaciones para la mayoría de los pastores. Parte de esto brota del hecho que somos humanos con nuestras propias experiencias del pasado que forman nuestro ministerio. Henri Nouwen recuerda a sus lectores en su libro El Sanador Herido, que todos los que están en el ministerio tienen una herida fundamental que puede ser una fuente de fortaleza y sanidad cuando se trabaja con otros.[18] Esto inicia con una evaluación honesta de lo que traemos con nosotros a la situación de necesidad.

Michael Kirkindoll sugiere que el quebrantamiento del pastor involucra al menos tres áreas de la vida. La primera es "las heridas de nuestra niñez y nuestro pasado".[19] Nuestras experiencias del pasado moldean la manera en que respondemos en el presente. Cuando estuve en el seminario mi esposa tuvo un accidente automovilístico serio que la dejó inconsciente por 11 días con múltiples heridas. Para su recuperación, estuvo seis semanas en el hospital y algunas heridas continúan afectándola hasta el presente. Más tarde como pastor, en cualquier ocasión que me encuentro ministrando a alguien con traumas en la cabeza o huesos rotos, vivo nuevamente mi experiencia como esposo cuidando a su esposa. Por el otro lado, un pastor pudiera temer trabajar con gente enferma a causa de haber tenido un padre con una enfermedad crónica. Es importante explorar por qué pudiéramos titubear el ministrar en situaciones particulares.

Segundo, Kirkindoll declara que aquellos en el ministerio "están particularmente en riesgo de ser heridos por las expectativas irracionales del ministerio".[20] La mayoría de los pastores, en un tiempo u otro, han tenido feligreses que realmente estaban molestos porque el pastor no había ido a verlos cuando estuvieron en el hospital. El problema fue que ellos u otros se les olvidó notificar al pastor o la iglesia de la hospitalización. Alguna gente le encanta jugar el juego Cuánto Tiempo le Tomará al Pastor Descubrir mi Necesidad. ¡Es casi imposible para un pastor ganar este juego! Con las muchas tareas que son parte de la descripción de trabajo de la mayoría de pastores, simplemente no hay suficientes horas en la semana para hacer todas las cosas que cada miembro piensa que es importante.

Una tercer área de preocupación generalmente viene más tarde en el ministerio a través de "las heridas de una falta de autoconsciencia".[21] Es posible llegar a ser tan profesional que se pierda la capacidad o el deseo de ocuparse verdaderamente en las personas. Dar consuelo o sanidad puede acabar con nosotros en términos de tiempo y energía emocional.

CUIDANDO DE TU PROPIA FORTALEZA

Lucas, que él mismo era un médico, reporta un incidente donde Jesús iba en camino para sanar a la hija moribunda de Jairo, un principal de la sinagoga. Mientras caminaba, las multitudes lo estrechaban, pero él se detuvo. Una mujer con una necesidad física se estira hacia él con la esperanza que en ese toque ella sería sanada. Jesús pregunta: "¿Quién me ha tocado?" (Lucas 8:45). Pero nadie confesaba haberlo hecho, porque todos lo estaban tocando. Entonces hizo un comentario interesante: "No, alguien me ha tocado (replicó Jesús); yo sé que de mí ha salido poder" (v.46).

Jesús clarificó lo que la mayoría de los consejeros entienden: invierte su propia fortaleza y energía cuando cuida a otros. El peligro en el ministerio es retener esa inversión personal de uno mismo. En ocasiones es porque tenemos muy poca energía para dar. O, pudiera ser que nos estamos protegiendo a nosotros mismos del dolor de las heridas pasadas. Kirkindoll dice: "Si pretendes que tú no sientes el dolor y sufrimiento de tus feligreses, pronto fallarás en sentir tu propio dolor o incluso tu preocupación legítima por ti mismo y tu familia. La incapacidad de un pastor de lamentarse, ya sea privada o públicamente, de la pérdida y el dolor de cuidar (su) rebaño lleva a una depresión emocional y a estar muertos espiritualmente, robando al pastor, su familia y su iglesia de la vitalidad espiritual y el involucramiento que tienen derecho a desear y esperar".[22]

CONTEXTOS QUE A MENUDO RESULTAN INCÓMODOS

Otro desafío que enfrenta el pastor es el lugar en donde llevar consuelo. Un hospital, por ejemplo, con sus olores extraños, cuartos esterilizados, la falta de privacidad y quietud, puede ser un lugar con un ambiente incómodo para ministrar. Los doctores y enfermeras pueden aparecerse como monarcas de su propio reino, con sus propias políticas y procedimientos que pueden parecerles extrañas y desconcertantes al pastor. Puede parecer que la dimensión espiritual de la vida de un paciente es de poca estima para algún personal del hospital. En este contexto pudiéramos sentirnos un poco intimidados porque estamos fuera de nuestro entorno natural.

También tiene la tentación a sentirse desubicado en el contexto del hospital, pues no tiene ningún procedimiento médico que hacer. Switzer escribe:

> Decimos pocas cosas, hacemos pocas preguntas, escuchamos un poco, leemos la Biblia, oramos, todo esto, a veces, interrumpido por otros que hacen su propia tarea en el momento o incluso pidiéndonos que nos salgamos del cuarto mientras ellos lo hacen. Ellos parece que saben lo que están haciendo y por qué; nosotros que estamos representando a la iglesia no siempre estamos tan seguros sobre lo que estamos haciendo y por qué lo estamos haciendo y qué tan particularmente es de ayuda al paciente.[23]

PREGUNTAS DIFÍCILES

Los pacientes a menudo hacen preguntas que encontramos difíciles de responder allí mismo. Predicar sermones sobre asuntos difíciles no es tanto problema. Los pastores tienen tiempo para estudiar y hacer investigación durante la semana, así que el domingo vienen al púlpito con comentarios bien pensados sobre el pasaje de la Escritura. Sin embargo, la gente difícilmente le da a un pastor tiempo para prepararse para las preguntas que hacen desde su cama. "¿Hice alguna cosa mal para que Dios me enviara esta enfermedad?" "¿Cómo es morirse?" "¿Van los cristianos directamente al cielo, o tienen que descansar en la tierra hasta la resurrección?" "¿Piensa que Dios envió a mi papá al infierno porque nunca fue a la iglesia, aun cuando fue una buena persona?" Lo que hace especialmente dificultoso responder a algunas preguntas es tratar de entender las preguntas reales, pero que no se expresan, detrás de las verbalizadas.

Los pastores tienen que resistir la tentación de correr apresuradamente con el objetivo de solucionar el problema de la persona en lugar de ministrar a las necesidades de la ella. Eugene Peterson declara: "Nada, a la larga, hace sentir tan menospreciada a la persona que sufre como cuando uno se ocupa, con una actitud condescendiente, en tratar de arreglar su situación. Y nada puede dar más significado al sufrimiento que una fidelidad decidida y silenciosa, que toma con seriedad el sufrimiento y ofrece compañía durante el tiempo en que se espera que llegue la mañana."[24]

La gente en el ministerio pastoral tiende a ver las palabras como herramientas de sanidad. Pensamos que si podemos decir las palabras correctas, la situación podría resolverse. Sin embargo, hay ocasiones en el ministerio cuando se necesita guardar silencio, en ese momento no es necesario ni siquiera leer un pasaje de las Escrituras u orar. Simplemente estar con la persona es suficiente, un ministerio de presencia.

DEJANDO A UN LADO LOS SENTIMIENTOS PROPIOS

Otro desafío para ministrar a aquellos que están enfermos es ver la terrible devastación que ciertas enfermedades traen al cuerpo. Es desconcertante mirar el cuerpo que alguna vez fue fuerte, saludable, joven y atlético pero que ahora por el SIDA o el cáncer. son 50 kilos de piel y huesos. Qué doloroso es ver a un padre cuidar amorosamente a su hijo de cuatro años que está perdiendo la batalla contra la leucemia. Los pastores están bien conscientes de su propia mortalidad en momentos como éstos. Puede dar temor porque, excepto por la gracia de Dios, nosotros podríamos estar postrados en esa cama. Y pudiéramos sentir alguna culpa porque hemos sido afortunados en evitar la enfermedad que la persona que está postrada allí tampoco merecía.

¿Cómo respondemos como pastores a las personas que no nos caen muy bien? Aunque idealmente todos en la iglesia tratan al pastor con respeto y amor, la realidad pudiera ser un poco diferente. La persona que sufre puede estar regando chismes maliciosos sobre nuestro ministerio que ni es justo ni verdadero. O, pudiera ser un miembro de la junta que ha sido crítico y ha sido difícil trabajar con él en las reuniones del comité. O este escenario: Un hombre, junto a su familia, deja la iglesia enojado por alguna falla que él percibe de su trabajo como pastor o como persona. Entonces un pariente llama con la noticia de que esa persona está en el hospital y necesita que un pastor la visite. "Si somos responsables, respondemos. Recuerde que el amor ágape, que cuida, no requiere que la persona involucrada nos caiga bien".[25]

Este es el tiempo para hacer a un lado los sentimientos personales con el propósito de ministrar como representantes de Jesucristo. Esto pudiera proveer una oportunidad para practicar el perdón y experimentar la sanidad de esa relación. Pudiera significar que tenemos que estar dispuestos a dar el primer paso de reconciliación. Si hay una fuerte resistencia a su presencia, pudiera explorar otras opciones tales como pedir que otro ministro o laico vaya en su lugar. Pero no debemos ignorar el beneficio terapéutico que pudiera venir, incluso para nosotros, si estamos dispuestos a enfrentar el incómodo momento inicial y movernos hacia una meta de largo plazo de sanidad relacional.

Siempre existe la pregunta del riesgo físico cuando se visita a personas con enfermedades infecciosas. Hace algunos años, cuando la enfermedad del SIDA comenzaba a propagarse y el personal médico no conocía plenamente lo que constituía el verdadero riesgo, a menudo a la gente con esa enfermedad la tenían aislada. No era diferente a la práctica del trato de los leprosos en los días de Jesús. Si contraías lepra, eras aislado de la familia y la comunidad. Sin embargo Jesús, una y otra vez, ignoró las restricciones sociales con el propósito de traer sanidad a los leprosos y a la gente con otras enfermedades.

A pesar de que hoy sabemos mucho más sobre la seguridad al tener contacto con enfermedades transmisibles, algunos pastores están renuentes a visitar a la gente que puede ponerlos en riesgo, sin importar cuán pequeño sea. Oden escribe: "Aun cuando esperamos que un ministro sea prudente en tales casos, existe una regla no escrita en el curado que en cualquier situación donde se necesite genuinamente los servicios pastorales, el pastor hará un esfuerzo de buena gana para estar allí. Particularmente cuando se necesita con urgencia, el ministro no tiene más 'derecho' que un bombero o un soldado en el combate para evitar la arena de la necesidad cargada de riesgo, aun si involucra peligro corporal, provisto que protecciones razonables y medidas de seguridad se ejercen".[26]

En cada uno de nosotros hay una tendencia natural para protegerse a uno mismo del dolor que otros están sufriendo. Si somos honestos, en ocasiones podemos identificarnos con los oficiales religiosos de la parábola del Buen Samaritano que se hicieron a un lado del camino en lugar de arriesgar involucrarse. Puede ser más fácil hacerse para atrás e incluso evitar algunas situaciones incómodas, en lugar de enfrentar la situación de uno que está doliéndose. Sin embargo, traer consuelo significa que tenemos que estar dispuestos ponernos al lado de aquellos que están dolidos y en realidad identificarnos con ellos en sus sufrimientos. Gálatas 6:2 lo dice bien: "Ayúdense unos a otros a llevar sus cargas, y así cumplirán la ley de Cristo".

▶ CONSUELO DENTRO DE LA COMUNIDAD

La importancia de la comunidad cristiana es uno de los valores antiguos que la iglesia está redescubriendo mientras sigue adelante. Esa comunidad es la iglesia local, el Cuerpo de Creyentes que se reúnen en un lugar determinado cada domingo para adorar y tener compañerismo. La iglesia está llegando a un renovado entendimiento de la verdad que la iglesia primitiva apreciaba: realmente nos necesitamos unos a otros.

Una iglesia puede jugar un papel enorme en consolar cuando a la comunidad entera se le permite ayudar llevando el sufrimiento de uno de sus miembros. Hace un siglo la comunidad donde vivía la gente era mucho más interdependiente. Si una persona se enfermaba, los vecinos tomaban turnos para cuidar a la persona hasta que sanara a la vez que proveían alimentos y otras ayudas a la familia. Las personas normalmente no morían solas. La familia, los amigos y los vecinos se reunían alrededor de la cama del enfermo apoyándole. Pero a la medida que las familias se han ido dispersando para vivir a grandes distancias unas de otras, el sufrimiento llegó a ser más individualizado. Hoy, la gente va a las clínicas médicas donde toman un número y son vistos por un médico que no conoce el nombre y ni siquiera mira su ficha médica. En los hospitales las grandes salas han sido reemplazadas por cuartos semiprivados, e incluso más preferibles, habitaciones privadas donde el paciente puede sufrir a solas en aislamiento. La única persona que ve al paciente es la enfermera que viene cada cierto tiempo para cambiar la jarra de agua. Los problemas familiares y personales son manejados en sesiones de consejería privada, para que nadie esté consciente del dolor emocional y el sufrimiento.

En medio del énfasis creciente de nuestra sociedad sobre el derecho a la privacidad, la iglesia necesita volver a ser una comunidad de creyentes amorosos. Y al frente de este movimiento deben estar los pastores del rebaño. Eugene Peterson declara: "El trabajo pastoral no puede funcionar adecuadamente si se limita al bienestar de los miembros y el consuelo individual. Los vecinos deben entrar al cuarto; la congregación tiene que reunirse de tal manera que los que sufren se den cuenta que el dolor al que no pueden resignarse es entendido por los otros".[27]

Pablo, escribiendo a la iglesia en Corinto, comparó a la iglesia local a un cuerpo. En su metáfora el cuerpo es completamente interdependiente. Necesitamos las varias partes del cuerpo para que nos supla lo que no podemos suplir por nosotros mismos como individuos. Entonces hace una observación interesante: "Si uno de los miembros sufre, los demás comparten su sufrimiento" (1 Corintios 12:26). ¿Alguna vez has tenido un fuerte dolor de muelas? Ahora, un diente individual no es absolutamente vital al funcionamiento del cuerpo humano. Después de todo, un dentista puede extraer el diente que está dando problemas y tirarlo. Pero, si tenemos un diente que está palpitando de dolor por un pedazo de carne atorada allí, no podemos pensar en nada más. Un diente no se puede arreglar a sí mismo. Envía señales al resto del cuerpo que algo está mal, pero el cerebro tiene que reconocer la fuente del dolor y organizar al cuerpo para resolver el problema. Puede ser tan simple como que el cerebro envíe a la mano la orden para conseguir un palillo para remover el pedazo de carne. Una parte del cuerpo ayuda a la otra parte para aliviar el dolor. Willimon observa: "Una importante función pastoral es lograr que el dolor sea público, estimulando a procesar el dolor públicamente".[28]

TODO EL CUERPO DE CRISTO AYUDANDO

Este proceso de consolar y sanar se hace desde muchos frentes. No es el solo dominio del pastor. Los laicos necesitan involucrarse como el Cuerpo que se consuela uno al otro desde adentro. Traer consuelo al Cuerpo de Cristo no es una actividad pública exclusivamente. A menudo las heridas son primero reveladas en un contexto privado antes de compartirse con la comunidad pública. Como Peterson explica: "El trabajo pastoral entre los que sufren hace un camino entre la casa y el templo, escucha la aflicción derramada individualmente y la lleva al templo donde se convierte en parte de la pena común, la coloca a los pies de la cruz y la somete a los poderes de la salvación esquematizados en todas las teologías de expiación".[29] Algunos asuntos son tan privados que para proteger a los individuos del chisme de otros, los asuntos tienen que permanecer confidenciales. Sin embargo, la comunidad de fe puede apoyar y anima sin saber la naturaleza exacta o todos los detalles de la herida. La gente puede orar unos por otros con el entendimiento que el Espíritu puede interpretar las necesidades y las súplicas de una petición general de parte de la congregación.

Visitar y consolar a otros miembros de la comunidad de fe es una expresión tangible de nuestro amor por Dios. En una de las parábolas finales de Jesús en Mateo 25 habla de la recompensa que el Hijo del Hombre dará por consolarse unos a otros. "Estuve enfermo, y me atendieron; estuve en la cárcel, y me visitaron" "...Señor,... ¿Cuándo te vimos enfermo o en la cárcel y te visitamos?" ..."Les aseguro que todo lo que hicieron por uno de mis hermanos, aun por el más pequeño, lo hicieron por mí" (vv. 36, 39-40). Cuando servimos a otros en realidad servimos a Cristo. "Si visitamos a Cristo al visitar a los enfermos, no sólo *servimos* a Cristo, pero pudiéramos encontrar a Cristo por nosotros mismos en nuestra relación y ministraciones a los enfermos y sufrientes. Llega a ser un medio de gracia para nosotros".[30] En el visitar al enfermo, la iglesia llega a ser las manos y los pies de Cristo, demostrando a los otros el cuidado de Dios por ellos. El servicio de consolar puede llegar a ser un testimonio evangelístico para aquellos que están afuera de la comunidad y que lo único que conocen de Jesús es lo que ellos ven que los cristianos hacen por otros.

LA SANIDAD Y CONFESIÓN DE PECADO

Confesar las faltas o pecados una persona a otra, ya sea a un pastor, a un hermano cristiano o a Dios mismo, puede ser una parte significativa de la sanidad espiritual. "Cualquiera que sea la naturaleza de la confesión, a usted, como el representante de Dios, se le pide que le asegure que las oraciones de perdón son escuchadas y contestadas por Dios".< Puede haber una conexión entre culpa y enfermedad que al principio no parecen relacionadas. Tales cosas como amargura, ira u odio no resuelto pueden contribuir a los problemas físicos tales como úlceras o problemas del colon. Cuando la culpa del pecado es eliminada por la confesión y el perdón, una persona puede encontrar la sanidad física como un beneficio secundario.

ORACIÓN Y UNGIMIENTO

Es normalmente en el contexto de la comunidad de fe que se ofrecen oraciones por sanidad física ungiendo al enfermo con aceite. Dos pasajes en el Nuevo Testamento se refieren a la unción con aceite para sanidad. Cuando Jesús envió a los Doce en grupos de dos para el ministerio,

Marcos reporta: "También expulsaban a muchos demonios y sanaban a muchos enfermos, ungiéndolos con aceite" (6:13). Más familiares son las instrucciones de Santiago sobre la sanidad.

¿Está enfermo alguno de ustedes? Haga llamar a los ancianos de la iglesia para que oren por él y lo unjan con aceite en el nombre del Señor. La oración de fe sanará al enfermo y el Señor lo levantará. Y si ha pecado, su pecado se le perdonará. Por eso, confiésense unos a otros sus pecados, y oren unos por otros, para que sean sanados. La oración del justo es poderosa y eficaz (Santiago 5:14-16).

Hay dos metáforas aquí. "El aceite, con sus propiedades físicas suavizantes, ha sido usado desde tiempos inmemoriales como símbolo de sanidad y consolación".[32] Ungir también involucra el toque físico de la mano para aplicar el aceite de olivo sobre la cabeza. A menudo, Jesús sanaba imponiendo sus manos sobre la persona que estaba enferma. El pasaje de Santiago vincula la sanidad con la confesión de pecados y el perdón. Como pastor llevaba un pequeño cilindro metálico que contenía aceite de olivo en mi llavero en casode que alguien deseara ser ungido mientras realizaba visitas a los hogares u hospital.

Aunque ciertamente es propio ungir a la gente para sanidad en un hospital, el contexto preferido es un culto de la iglesia donde el Cuerpo local de Creyentes se ha reunido. Uno de los momentos espirituales más significativos de mi vida personal sucedió casi un año y medio después del accidente automovilístico de mi esposa mencionado antes. Una de sus heridas era una fractura de cadera dislocada que le dificultaba su caminar, aun cuando ya había tenido alguna sanidad. Sentimos que éramos dirigidos en ese tiempo para pedir a nuestro pastor si podía tener un culto de sanidad para mi esposa. El pastor la ungió el siguiente domingo por la tarde, pero cuando el culto terminó nada sucedió, ella no se sentía diferente. Nos sentíamos tan seguros que ésta era la dirección de Dios. Nos paramos frente al santuario después que la mayoría de la congregación se había ido.

Jackie dijo: "Yo sé que Dios puede sanarme".

Yo dije: "Por qué no creer que ya lo hizo".

En ese momento, lo que sólo puedo describir como un milagro, Dios la sanó. Comenzó a correr hacia un lado y otro, cuando antes del culto había luchado con el dolor, incluso para sentarse. El siguiente día visitamos a nuestro doctor familiar quien había estado en el culto de la iglesia la noche anterior. Jackie hizo movimientos forzados para él. Con la boca abierta dijo: "No dejes que nadie te diga que no recibiste un milagro de sanidad de Dios". Aunque esto sucedió hace muchos años, aquellos que estuvieron allí aquella noche todavía hablan de ello. He obtenido algunos discernimientos de esta experiencia:

Había un propósito detrás del milagro.

El siguiente fin de semana ambos viajamos a una iglesia en otro estado donde hablamos en una actividad juvenil. Dos meses más tarde esta iglesia nos extendió una invitación para llegar a ser sus pastores. Si la sanidad no hubiera tomado lugar, dudo que mi esposa hubiera sido capaz de resistir los rigores que implica que yo esté en el ministerio tiempo completo. Hubiera tenido que reconsiderar cómo satisfacer el llamado que yo sentía de parte de Dios.

Ninguna sanidad está garantizada para durar por siempre.

Aun cuando Lázaro fue resucitado de los muertos por Jesús, más tarde murió una segunda vez. Siete u ocho años más tarde mi esposa desarrolló artritis en donde su cadera se había roto. Al principio, tratamos de negar el problema porque sentíamos que era una falta de fe en la sanidad que Dios había obrado antes. Finalmente decidimos que la reputación de Dios no depende de nuestra negación del problema, así que le dijimos a nuestra iglesia.

La sanidad de Dios puede tomar muchas formas.

Más tarde, Jackie fue sometida a una cirugía para reemplazar totalmente la cadera. Aunque Dios pudo haberla sanado instantáneamente de nuevo, trabajó a través de los doctores usando una técnica quirúrgica que no estaba disponible cuando ocurrió el accidente. Dios usa muchas formas para traer sanidad. Ningún método es superior o inferior. Todas las sanidades finalmente tienen su fuente en Dios.

Debemos pedir y no demandar a Dios.

Los caminos de Dios son más grandes que los nuestros. Ha habido muchas veces cuando, si yo fuera Dios, hubiera traído sanidad a alguien en respuesta al ungimiento y la oración. Pero Dios escogió no sanar. Esto francamente es un misterio que no se puede explicar o entender. El entendimiento cristiano del cielo nos lleva a creer que es un lugar de sanidad final. Al final de cuentas tenemos que poner nuestra confianza en Dios, cuyo conocimiento es mucho más grande del que podemos entender con nuestras mentes finitas. Y esa confianza se sostiene y anima dentro de la comunidad de fe, la iglesia.

▶ COMODIDAD EN EL CONTEXTO DEL HOSPITAL

Cualquier pastor de una iglesia local rápidamente se familiarizará con el hospital u hospitales de la comunidad. No sólo entenderá cómo está organizada la planta física, pero crecientemente entenderá cómo funciona el hospital.

Ha habido varios cambios en la atención de la salud en los últimos años que afectan en el cuidado pastoral a los otros. Un cambio importante es el acortamiento del período de hospitalización. Hace unos cincuenta años, era común que una persona se quedara hospitalizada por algunas semanas, especialmente después de una cirugía. Aun en tiempos más recientes, los pacientes que iban a ser operados entraban al hospital el día antes de la cirugía para hacerse los exámenes prequirúrgicos. Hoy, los exámenes prequirúrgicos se completan días antes de la fecha y los pacientes llegan dos horas antes de la hora de su cirugía. En muchos casos, la persona se va a casa el mismo día de la cirugía, regresando más tarde para que les quiten los puntos. Una razón para este cambio son los grandes avances en la tecnología médica. Sin embargo, otro factor que lleva a estos cambios ha sido el deseo de reducir los costos del tratamiento. Las cirugías del mismo día han hecho difícil encontrar y ministrar a la gente que entra en el hospital apenas antes de su procedimiento y se van rápidamente.

DEL CUIDADO A LA CURACIÓN

Ha habido también un cambio en el enfoque o misión de los hospitales. De acuerdo a Kent Richmond y David Middleton: "Los cristianos establecieron los primeros hospitales para cuidar, principalmente, a los enfermos incurables. Hoy, un hospital sin una misión para curar sería inconcebible".[33] Del cuidado a la curación, el cambio es sutil pero importante. El primer hospital cristiano, creado para ayudar a los leprosos, "se estableció en Cesárea en Capadocia alrededor del 372 d.C., por Basilio el Grande, quien era obispo del área".[34] Estos hospitales cristianos muy primitivos existieron para cuidar con compasión a aquellos que no serían curados pero requerían satisfacer sus necesidades físicas y espirituales. Ha habido muchos avances médicos en años recientes que ha cambio el enfoque a curar enfermedades. Un problema que enfrentan los profesionales médicos hoy es este: ¿qué hacer con aquellos que no pueden ser curados?

Una respuesta ha sido el movimiento de casas de reposo u hospicio. Richmond y Middleton argumentan que "con el intenso énfasis sobre la curación, llega a ser cada vez más difícil tratar con compasión al paciente incurable, que muere. Por lo tanto, se establecieron instituciones y programas separados de tal manera que a los pacientes moribundos se les pudieran ofrecer un cuidado compasivo sin los esfuerzos intensos para curarlos. Los hospicios son, en principio, muy parecidos a los hospitales para leprosos".[35] Siendo que los hospitales han hecho este cambio de cuidado a curación, el papel de los que dan consuelo y cuidado pastoral consuelo ha llegado a ser más importante. El cuidado de Los hospicios pueden ser un lugar significativo para el ministerio de los pastores y otros cristianos que brindan cuidado.

PROGRAMANDO VISITAS

¿A quiénes visitan y consuelan en el hospital los pastores? Obviamente, el primero en la lista son aquellos que forman parte de su comunidad de fe y sus familiares inmediatos. Pero los pastores también deben incluir a aquellos que son nuevos visitantes a la iglesia así como a todas las personas que no tienen conexión con la iglesia. También, a los pastores se les pedirá que visiten a amigos o parientes de los miembros de la iglesia que están en un hospital local. Siendo que algunas de estas personas no asisten a la iglesia, esta puede ser una maravillosa oportunidad para ministrar y evangelizar.

Hoy, con mucha gente entrando al hospital para cirugías del mismo día, encontrar tiempo para reunirse con un paciente antes o inmediatamente después del procedimiento puede ser un desafío. Esto es especialmente verdad si la cirugía está programada ya tarde en el día. Las cirugías llegan a ser programadas durante el día. Con el nacimiento de un niño, un pastor pudiera no saber el tiempo exacto pero tendrá una oportunidad para visitar después que el niño haya nacido.

AMBIENTE EXTRAÑO

La gente que está hospitalizada se descubre a sí misma en ambientes extraños y poco familiares, y experimentan una variedad de emociones. Esta inseguridad a menudo les provoca cierto temor. Pudiera ser el temor de la separación de la familia y la familiaridad del hogar. Existen olores y sonidos extraños que pueden hacer dificultoso el descanso. El alimento probablemente no será el mismo como en casa. Gente extraña con uniformes entran al cuarto sin anunciarse e interrumpen el sueño. Los doctores y las enfermeras usan términos médicos que el paciente no entiende plenamente. Esta desviación de los patrones normales de uno y su ambiente pueden crear un sentido de intranquilidad.

Los pacientes también temen la pérdida de independencia. La ropa de la calle es reemplazada por batas horribles de hospital. Cualquier sentido de modestia en el vestido desaparece rápidamente mientras el personal médico hurga y pincha. Un paciente en un cuarto semiprivado pudiera no tener el control sobre la televisión o los visitantes que entran al cuarto. Los pacientes pudieran sentir que su privacidad está siendo constantemente invadida. Estrechamente relacionado está el temor de tener que depender de otros. Las preguntas abundan. *¿Realmente es competente el doctor que me está operando? ¿Me dará el anestesiólogo la dosis correcta de la medicina, no sea que no despierte?* Después de una cirugía un paciente pudiera no ser capaz de levantarse y caminar y quedará dependiente del personal del hospital para que le traigan un recipiente para orinar.

Quizá el temor más grande es una cirugía seria o enfrentar un problema debilitante tales como un derrame o un ataque al corazón, *¿Qué pasará conmigo? ¿Estaré bien de nuevo? ¿Puedo enfrentar el dolor? Si las cosas no salen bien, ¿puedo morir?* En ocasiones el paciente quiere hacerle al pastor tales preguntas. Un pastor necesita ser sensible a la dirección de la conversación. En ocasiones pudiera ser de ayuda levantar la pregunta directriz: "¿Tienes alguna preocupación al entrar a la cirugía?" Otro acercamiento pudiera ser: "¿Cómo puedo orar mejor por ti hoy?" Hablar de los temores puede ayudar al paciente a enfrentar sus preocupaciones y encontrar maneras de superar su ansiedad.[36]

LOGRANDO QUE UNA VISITA PASTORAL TENGA ÉXITO

¿Qué haces en una visita pastoral en el hospital? Un acercamiento es simplemente saludar al paciente y a los demás que estén en el cuarto. Después de preguntar sobre la condición del paciente, ofrezca palabras de consuelo y ánimo, cerrando con la Escritura y oración. Introdúzcase a sí mismo si no es bien conocido entre aquellos que están en el cuarto. Trate de mantener la conversación positiva. El paciente pudiera sentirse mejor porque lo ha visitado. Es importante no quedarse demasiado con el paciente, especialmente uno que está en un estado físico muy debilitado. Respete la privacidad y modestia del paciente. Si la puerta está cerrada, toque suavemente antes de entrar. Si el paciente está dormido, tendrá que tomar una decisión, si es mejor despertarlo o dejarlo dormir. Si hay alguien en el cuarto, sentado con el paciente, pudiera ser mejor hablar a esta persona en el pasillo en lugar de despertar al paciente. Pregunte a la persona si le gustaría que se le leyera la Escritura. Enfóquese en pasajes cortos y conocidos de la Biblia que traigan consuelo. Es buena idea pedir permiso para orar con el paciente, especialmente si no conoce bien a la persona. Un espíritu cálido, empatía y esperanza en la oración es más importante que las palabras que dice. Trate de expresar las preocupaciones que el paciente pudiera tener en esta situación. Recuerde, la oración siempre está dirigida a Dios, no a la persona en la cama.

LA SALA DE EMERGENCIA

La sala de emergencia puede ser un lugar aterrador, caótico para ministrar durante una emergencia médica. Una experiencia verdadera de urgencia puede ser totalmente diferente a los programas cuidadosamente ensayados con los que la gente está familiarizada en la televisión. El pastor que recibe una noticia de una emergencia médica debe ir al hospital tan pronto como sea posible.

El protocolo del tratamiento para el equipo médico en general involucra trabajar con los casos más serios primero. Así un paciente y la familia pueden terminar esperando por un largo período de tiempo antes de que reciban atención. A menudo el paciente y la familia pudieran sentirse estresados por la amenaza médica que son incapaces de soportar. Aunque el pastor puede hacer muy poco para tratar un problema médico, él o ella pueden trabajar con el paciente y la familia para ayudarles en tomar las decisiones necesarias. Sea un buen oyente. Richmond dice: "El pastor a menudo pudiera ser la primera persona que es capaz de escuchar activamente los sentimientos del paciente o de los miembros de su familia".[37] Si está calmado y sensible, el paciente y la familia lo verán cómo alguien en quien pueden confiar.

LA UNIDAD DE CUIDADOS INTENSIVOS

La unidad de cuidados intensivos (UCI) merece una consideración especial. En general, los pacientes más graves se encuentran en esta área del hospital. Todo el ambiente está esterilizado y es algo impersonal. El aire tiene un olor antiséptico diferente. A menudo el paciente está conectado a mangueras y tubos que evitan que la persona se mueva o salga de la cama. Los equipos emiten sonidos y encienden luces que envían información al centro de enfermería. A menudo el área no tiene ventanas, lo que puede contribuir a la confusión del paciente si es de día o de noche. Las visitas generalmente están limitadas a la familia y a los ministros que se les permite entrar a la unidad por breves períodos de tiempo. Algunas enfermedades requieren que cualquiera que entre al cuarto use una bata estéril, use una máscara, y se ponga guantes después de lavarse las manos con una solución antiséptica. El pastor que visita necesita ser considerado con la familia que pudiera tener limitada oportunidad para ver al familiar enfermo.

Es sabio detenerse en la enfermería para preguntar cómo está el paciente y si es buen tiempo para visitarle. Aunque el personal médico en general entiende la necesidad de una visita pastoral, también tienen sus preocupaciones que el paciente reciba la atención médica cuando es necesaria. Por razones de que, en general, los pacientes están en UCI se encuentran en condiciones serias, una visita pastoral debe ser muy breve: cinco a siete minutos es suficiente. Hable palabras de afirmación, seguridad y fe. No olvide la importancia del toque, a pesar de que puede ser más difícil por los tubos y mangueras. "Los miembros de la familia en ocasiones son reacios a tocar la mano de un paciente por temor de herirlo. Tal reticencia le roba al paciente un apoyo vital. Además, pacientes que tienen enfermedades tales como el cáncer o SIDA rápidamente llegan a estar conscientes del temor de otra gente de contraer la enfermedad al tocarlos".[38]

Uno de los desafíos más grandes es tratar de ministrar a una persona que está en coma. Esta condición puede ser el resultado de un ataque o trauma cerebral. Un médico me dijo que aunque una persona pudiera no responder, la persona puede ser capaz de escuchar y entender las palabras. Siendo que esto es verdad, un pastor necesita ser muy cuidadoso en discutir con los doctores, enfermeras y familia cuando está en el cuarto del paciente. Switzer escribe: "He escuchado a un médico decir que el último de los cinco sentidos que abandona a una persona es el del tacto y el último lugar del sentido del tacto en dejarlo es la yema de los dedos. El tacto es extremadamente importante".[39] Ayuda ministrar entendiendo que el paciente inconsciente puede entender todo lo que se dice. Tome la mano del paciente, asegure a la persona que Dios puede responder aunque él o ella no puedan hablar. Cite un pasaje corto de la Escritura y ore como si el paciente estuviera consciente. Si la persona no es cristiana, brevemente presente las verdades del evangelio y luego ore una oración que la persona pueda repetir para recibir a Cristo como Salvador. Aun cuando el paciente pudiera no dar señas de reconocerla, Dios puede responder a los clamores del corazón.

EL CUIDADO DESPUÉS DE LA HOSPITALIZACIÓN

La gente que sale del hospital a menudo necesita recibir un ministerio continuo de la iglesia. Esta puede ser una maravillosa oportunidad para que los laicos en la iglesia ministren al individuo y a la familia. Las iglesias pueden colaborar con alimentos por un período de tiempo o llevar a la persona a las citas con el médico.

Algunas iglesias han desarrollado un programa de enfermería parroquial para atender las necesidades de salud continuas de una iglesia local. Las enfermerías parroquiales pueden proveer programas de prevención tales como periódicamente tomar la presión sanguínea u ofrecer información nutricional a la congregación. Pueden observar a la gente que parece que necesita atención médica adicional y referir a aquellos que necesitan ayuda médica. Tales enfermerías parroquiales visitan a los hogares y hospitales para ver que ayuda voluntaria adicional un feligrés pudiera necesitar. El crecimiento de los ministerios de enfermerías parroquiales es un regreso a la preocupación histórica de la iglesia del cuidado de las necesidades físicas de la comunidad.

▶ EL MINISTERIO DE CONSOLACIÓN

Algunos estudiantes y pastores pudieran atraídos especialmente con el ministerio de consolación. Existen muchas maneras para cumplir el llamado de Dios a ministrar con compasión a los enfermos. Algunos, como parte de su llamado al ministerio pastoral, sirven a la comunidad como voluntarios organizaciones tales como los hospicios, grupos de apoyo a los sobrevivientes del cáncer, o ayudar en un centro de cuidado de la tercera edad.Pero también la capellanía es una excelente oportunidad para el ministerio de tiempo completo o parcial.

Los capellanes de los hospitales tienen la oportunidad de demostrar el amor y compasión de Dios a aquellos pacientes y familias que están en más necesidad de ser consolados. Lawrence Holst describe la capellanía del hospital como "un ministerio de diálogo".[40] Los capellanes no sólo hablan y escuchan a los pacientes y sus familias sino también forman un importante eslabón con la comunidad médica y de servicio del hospital. Ellos viven y ministran cada día en las trincheras del dolor y el sufrimiento como representantes tangibles de Jesús.

Adonde sea llamado para servir, entiende que una parte importante del cuidado pastoral es un ministerio encarnado con el consuelo y preocupación fluyendo del mismo corazón de Dios. Pablo tiene razón. Por razón de que hemos sido consolados nosotros mismos, tenemos el privilegio y responsabilidad de mostrar ese mismo consuelo a otros. Al hacerlo así, somos Jesús para ellos.

▶ PREGUNTAS PARA LA REFLEXIÓN

▷ ¿Por qué una comprensión adecuada del problema del sufrimiento y el mal es tan importante para un pastor?

▷ ¿Cuáles ve como los tres retos más difíciles para dar consuelo en un contexto pastoral?

▷ ¿Cómo puede un pastor involucrar a los laicos en los ministerios de consolación tanto dentro como fuera de la comunidad de la iglesia?

La Presencia del Pastor en Medio de la Muerte y Los Moribundos

Cuando Kent Hammond dejó el seminario para iniciar una nueva iglesia, anticipaba muchos desafíos. Encontrar gente que le ayudara en la plantación de la iglesia no sería fácil. Sin embargo, Dios le había guiado a contactarse con algunos creyentes apasionados, consagrados, que creían en esta nueva congregación. Las dificultades anticipadas de encontrar una localidad y reunir a un equipo de líderes funcionaron sin ningún problema. La iglesia, ahora en operación por 16 meses, era una mezcla alegre de jóvenes solteros, parejas recién casadas, una madre divorciada con dos pequeños, y algunas personas de mediana edad con familias. Lo que Kent nunca esperaba enfrentar en esta nueva congregación era un funeral. Después de todo, nadie pasaba de los 50.

Shawn y Kate Paxton era una de las parejas jóvenes que recién habían llegado a la fe. Estaban tan animados sobre el nacimiento de su primer hijo, una niña de acuerdo al ultrasonido, que ya la habían nombrado con una combinación de sus dos nombres: Kashawna. El pastor Kent estaba un poco sorprendido cuando Sue, la maestra de escuela dominical de Kate y mejor amiga, llamó para decir que Kashawna ya había nacido. Pensó faltaban unas cuantas semanas. Kent apenas estaba listo para suspirar una oración de acción de gracias cuando Sue dijo: "Pastor, pienso que es mejor que vaya al hospital. Algo está muy mal con la bebé. Los médicos no están seguros que la bebé vaya a vivir más de un par de horas".

Kent entró al área de espera donde la madre de Shawn y los padres de Kate estaban sentados en una esquina con Sue. Mientras se detenía para saludar a los nuevos abuelos, una enfermera salió y dijo que Kate estaba siendo movida a otra habitación del hospital y Shawn estaba con ella. Había una evidente tensión mientras Kent iba con los abuelos y Sue para ver a Kate y Shawn. La joven pareja había pensado que este sería uno de los días más felices de sus vidas, y ahora esto. Shawn explicó que Kashawna había tenido serios problemas físicos porque había nacido prematuramente. El equipo médico estaba trabajando duro, pero realmente no había mucho que pudiera hacer. No esperaban que viviera más que unas cuantas horas.

El pastor Kent hizo que todos en el cuarto se reunieran alrededor de la cama de Kate y tomándose de las manos les dirigió en una oración por la pequeña Kashawna, pidiéndole a Dios que sanara su pequeño cuerpo. También le pidió a Dios que le diera fortaleza a Kate después del calvario de dar a luz y ánimo a Shawn y a los abuelos.

Después de la oración, Shawn le susurró a Kent que le gustaría hablar con él en el pasillo a solas por unos minutos. Mientras caminaban por el largo corredor rumbo a la cafetería Shawn dijo: "No sé qué hacer sobre esto. Pensé que al hacerme cristiano, Dios manejaría esta clase de problemas. Nunca entró en mi mente que pudiéramos enfrentar este tipo de complicaciones".

Kent estaba a punto de responder cuando los doctores pasaron por el pasillo y le hicieron señas que regresaran al cuarto de Kate. Era obvio que el doctor estaba incómodo cuando todos se reunieron de nuevo alrededor de la cama. Trató de ser compasivo mientras compartía como el equipo médico había hecho todo lo posible, la bebé no fue capaz de vivir. Preguntó a Shawn y Kate si les gustaría abrazar a la bebé. Cuando la pareja indicó que sí, se dio la vuelta y salió del cuarto para hacer los arreglos para que el pequeño cuerpo de la bebé fuera traído al cuarto.

Pasaron varias horas antes que Kent finalmente regresara a casa, exhausto. Había hecho lo mejor para apoyar a Shawn, Kate y a los otros en el cuarto. Y sin embargo se preguntaba si su oración y la Escritura y el tomarse de la mano habían hecho algo para quitar el dolor. Esta joven pareja había entrado al hospital con grandes esperanzas y sueños. Mañana estarían dejando el hospital con las manos vacías. Comenzó a pensar cuál era su papel como pastor. ¿Qué del funeral? ¿Qué clase de ceremonia hay para un infante de unas cuantas horas? ¿Cómo podría reunir a su pequeño grupo de creyentes alrededor de Shawn y Kate para darles el amor y apoyo que necesitaban ahora y en el futuro? Recordó que Paul y Kay Roberts un día hablaron en su grupo pequeño de cómo habían perdido a un hijo en un aborto ya tardío y lo devastador que había sido. Quizá ellos podrían ser de ayuda aquí. Estaba determinado a estar allí para los Paxtons, dondequiera y cuando quiera que le necesitaran. Pero Kent no estaba seguro dónde comenzar con el funeral y el ministerio del duelo.

▶ AYUDANDO A SANAR UN CORAZÓN HERIDO

Allá en los setenta el título de la canción más popular de los Bee Gees era "How Can You Mend a Broken Heart?" (¿Cómo puedes sanar un corazón quebrantado/herido?). Aunque la canción probablemente estaba dirigida a un corazón roto por el amor perdido, las emociones relacionadas con la perdida por la muerte pueden ser muy similares.

Probablemente no exista una tarea más desafiante y difícil en el cuidado pastoral que ayudar a la gente a lidiar con su propia muerte inminente o la muerte de un ser amado. El proceso de la separación final en esta vida evoca algunas de las tristezas y pérdidas más profundas que los humanos pueden experimentar.

La muerte es el final normal de la vida aquí en la tierra. Todos sabemos intelectualmente que vamos a morir, pero para la mayoría de nosotros está allá, en un futuro nebuloso. Nuestra sociedad trabaja duro para protegernos de la realidad de la muerte. Norman Wright nota que "criticamos a los de la era victoriana por su actitud hacia el sexo, pero ellos estaban muy conscientes y trataban abiertamente la muerte. Hoy tenemos exactamente actitudes opuestas. Nuestra sociedad es muy abierta sobre el sexo pero cerrada sobre la muerte".[1] En las generaciones anteriores la mayoría de la gente moría en casa, rodeados por la familia y amigos. Hoy, muchos mueren en la atmósfera estéril, impersonal de un hospital. Las personas ancianas a menudo pasan sus días finales sobre la tierra en un pequeño cuarto en un pasillo de un asilo, solos y olvidados.

El miedo es una de las mayores razones por la que tratamos de evitar la muerte. Muchos la ven como la última frontera sin explorar. Podemos probar los misterios del planeta Marte y explorar la composición del átomo, pero todavía no hemos construido una máquina que nos pueda llevar al otro lado de la muerte y regresar. La expectativa de vida hoy es más alta que nunca antes. Debido a los avances médicos y desarrollos tecnológicos, hoy la mayoría de la gente vive más cómoda que las generaciones anteriores. Pero la muerte es una consecuencia inevitable de la vida humana. No existe una fuente de la eterna juventud aquí en la tierra.

No sólo tememos lo que no entendemos pero también tememos lo que perderemos. En el pasado, cuando la gente vivía en esclavitud o enfrentaba tiempos difíciles, la única esperanza de liberación era el cielo más allá de la muerte. Uno de los temas espirituales más comunes entre los negros durante el período oscuro de la esclavitud en los Estados Unidos era la victoria final de estar en la casa eterna del otro lado. Los himnarios impresos en la primera mitad del siglo XX contienen muchos cantos sobre el cielo. No cantamos mucho sobre ese tema hoy. De hecho, muchos de los que asisten a la iglesia hoy han abandonado la esperanza cristiana del cielo por un desesperado intento de crear un cielo aquí en la tierra.

La Biblia dice mucho sobre el punto de vista de Dios sobre la muerte y el cielo. Salmo 116:15 dice: "Mucho valor tiene a los ojos del Señor la muerte de sus fieles". Hebreos 9:27 habla de lo inevitable de la muerte: "Y así como está establecido que los seres humanos mueran una sola vez, y después venga el juicio". Jesús no estaba evitando el asunto cuando prometió a sus seguidores en Juan 14:2: "En el hogar de mi Padre hay muchas viviendas; si no fuera así, ya se lo habría dicho a ustedes. Voy a prepararles un lugar". Juan en Apocalipsis 21:4 nos da un vistazo de la clase de lugar que será el cielo: "Él les enjugará toda lágrima de los ojos. Ya no habrá muerte, ni llanto, ni lamento ni dolor, porque las primeras cosas han dejado de existir".

Sin embargo, tener una comprensión bíblica de la muerte y del cielo no quitan la sensación de aflicción y pérdida, cuando la vida de un ser querido es arrebatada. Wright describe el duelo como "el acto de separación o pérdida que resulta en la experiencia de aflicción... El duelo es el proceso que sigue a la pérdida de la cual la aflicción es una parte, pero extendiéndose más allá de las primeras reacciones a un período de reorganización de la nueva identidad y apego de nuevo a nuevos intereses y personas".[2] Los pastores necesitan entender que el duelo puede ser una oportunidad para hacer un ministerio de calidad que haga una verdadera diferencia en las vidas de las personas. Thomas Oden escribe: "El ministro experimentado sabe que los tiempos cuando se acerca la muerte y el duelo son oportunidades excepcionales para el crecimiento espiritual... La presencia personal de uno debe ser tan abierta y de un alcance así como el lenguaje de uno debe ser modesto y apropiadamente limitado".[3] Después de pasar por el proceso de recuperación de la aflicción, más de una persona ha dicho, "No sé cómo hubiera hecho sin el apoyo de mi pastor". En los momentos antes y después de la muerte, un pastor puede ser el agente de Dios enviado para ayudar a remendar un corazón herido.

▶ CUIDADO A LOS MORIBUNDOS

Las palabras de Fanny Crosby, aunque escritas hacen más de un siglo y cuarto, es un recordatorio que la tarea de la iglesia es: "Rescatar a los que perecen; / Cuidar a los que mueren". Pero cuidar a los moribundos es más que simplemente cuidarlos. David Switzer dice que este cuidado es difícil porque morir en general es complicado. "Es útil para nosotros mantener en mente que morir es un proceso psico-bio-social, y que para muchos si no la mayoría de las personas también es un proceso espiritual".[4] Aunque existen algunas situaciones tales como un ataque masivo del corazón o accidentes fatales cuando uno no tiene tiempo para prepararse para la muerte, es muy común para una persona que ha estado enferma saber cuándo se acerca la muerte. Si vamos a proveer la clase de cuidado que una persona que enfrenta la muerte requiere, necesitamos tratar de entender lo que esa persona está experimentando en ese proceso.

El libro monumental de Elizabeth Kubler-Ross, Sobre *la Muerte y los Moribundos* fue uno de los estudios más significativos del siglo XX sobre cómo la gente enfrenta la muerte. Sus estudios la llevaron a identificar cinco etapas en el proceso de morir:

1. Negación: No soy yo.

Cuando una persona recibe el impacto de la noticia, la primera respuesta es que simplemente no puede ser verdad. Los doctores tienen que estar equivocados o las pruebas tienen que haberse mezclado.

No sólo es la persona que muere que hace una negación, la familia y amigos cercanos también pasan un tiempo difícil en aceptar el diagnostico. Cuando Jesús trató de decirle a sus discípulos que él moriría pronto, ellos o querían argumentar con él o juraron defenderlo hasta el final. La negación no necesariamente es mala. Nos da tiempo para comenzar a procesar la realidad de una manera que podamos manejarla.

2. Ira: Soy yo, pero ¿por qué?

Es tan injusto para mí el tener que enfrentar esto cuando otros parecen no tener problemas. Tal ira puede dirigirse al personal médico que no puede curarlo. La gente se puede enojar con Dios por no darles la sanidad y liberación. Es importante entender que aunque esta ira pudiera ser incómoda aceptarla, no necesariamente es pecaminosa.

3. Negociación: Soy yo, pero si haces esto, yo...

el Salmo 39:13 David hace negocios con Dios: "No me mires con enojo, y volveré a alegrarme antes que me muera y deje de existir". La gente en ocasiones hace negocios con Dios. Si tú solamente me quitas esto te alabaré y serviré con todo lo que tengo. O, una persona pudiera decirle al doctor: "Realmente necesito vivir hasta mis 50 aniversarios el próximo verano". Al negociar la gente trata de atrasar lo inevitable.

4. Depresión: Soy yo, así que, ¿qué importa?

Siendo que nada ha sido efectivo, nada más puede hacerse. Entra la depresión. Wright dice que hay dos partes en esta depresión. "Una es lo que se llama depresión reactiva, pensando en los momentos pasados, y la otra se le llama preparatoria, pensando en las pérdidas inminentes. Este es el tiempo cuando la persona necesita expresar su tristeza, sacarla".[5] Los cambios físicos tales como la pérdida del cabello, la pérdida de las fuerzas, o la pérdida de lo atractivo pueden añadir peso a los sentimientos de depresión.

5. Aceptación: Soy yo, y realmente me está sucediendo.

Aunque algunos pudieran pensar que la aceptación trae felicidad, en realidad se trata de la aceptación del hecho que la muerte está cercana, que es inevitable y que nada más se puede hacer. Alguna gente en esta etapa comienza a desapegarse de la gente que ama, y pierde interés en lo que sucede a su alrededor. Este puede ser tiempo para que la familia y amigos digan sus últimos adioses.

Elizabeth Kubler-Ross termina sus etapas aquí. Sin embargo, los consejeros cristianos han añadido otra etapa.

6. La esperanza cristiana: No es el fin, hay resurrección.

Uno de los líderes más primitivos de la iglesia cristiana, el apóstol Pablo, escribió su primer libro a creyentes en Tesalónica para animarles a mantenerse firmes en la creencia de la resurrección de Cristo. "Hermanos, no queremos que ignoren lo que va a pasar con los que ya han muerto, para que no se entristezcan como esos otros que no tienen esperanza" (1 Tesalonicenses 4:13). Sigue diciendo que cuando Jesús regrese, los muertos resucitarán y se unirán con aquellos que estén vivos para ser arrebatados y estar con el Señor por siempre. Concluye con algunas poderosas palabras de esperanza: "Por lo tanto, anímense unos a otros con estas palabras" (v.18). La resurrección es una palabra de esperanza para cualquier creyente que enfrenta la muerte. No más noche, no más dolor, no más tristeza, el cielo será un gozo eterno. La resurrección también trae a aquellos que se quedan la esperanza de un reencuentro.

Necesitamos felicitar a Elizabeth Kubler-Ross por su innovadora investigación que ha tenido un gran impacto en tres áreas:

- Las personas que se enfrentan al dolor deben abordar los asuntos pendientes antes de que puedan hacer frente a la muerte.
- Los pastores necesitan estar conscientes de las experiencias comunes de la gente moribunda para ayudarles a identificar las necesidades básicas de la persona y darles el necesario apoyo.
- Los pastores necesitan aprender de los afligidos a entenderse a sí mismos y ser más efectivos en el ministerio de la iglesia.[6]

Desde que Kubler-Ross completó su investigación, se han realizado varios estudios que han analizado los temas de la muerte y el morir y han llegado a diferentes conclusiones. Uno de los problemas del trabajo inicial de Kubler-Ross fue que no toda la gente fluye nítidamente y en orden a través de las cinco etapas. Aquellos que están de acuerdo con su acercamiento y tratan de categorizar a los pacientes tienen la tendencia a juzgar a aquellos que pudieran regresar a una etapa anterior como un retroceso en su progreso. En realidad, es difícil sacar conclusiones categóricas sobre la etapa de una persona porque cada individuo es único y enfrentará la muerte de una manera distinta, basado en una multitud de experiencias personales.

Otro problema de pensar exclusivamente en etapas es la tendencia de los consejeros de insistir en que la persona que sufre debe pasar a través de las cinco etapas, como si la aceptación fuera la única meta. La verdad es que morir es una serie de experiencias y de reacciones propias que pueden cambiar de ira de un día a la depresión en el próximo, y luego regresar a la negación. Algunos estudios han demostrado que la depresión, la ansiedad e incluso la negación son evidentes a través del proceso de la muerte.[7] Leroy Joesten dice: "Si miramos más de cerca las cinco etapas de Kubler-Ross, veremos que realmente hay sólo dos, y no son etapas sino reacciones que permanecen en una tensión dinámica, es decir, resistencia y aceptación. La negación, la ira, la negociación y la depresión no son más que diferentes expresiones de la resistencia".[8]

¿Cómo podemos ver, entonces, el trabajo de Elizabeth Kubler-Ross? Switzer hace esta observación personal. "Ciertamente, es útil pensar en la muerte como un proceso complejo a través del cual la mayoría de la gente tiene algunos cambios emocionales, relacionales y espirituales. La delimitación y denominación de las etapas que pueden explicar el mayor número de ocasiones, sin embargo, todavía necesitan desarrollarse".[9] Quizá la mejor manera para alguien que provee cuidado pastoral en entender las etapas es notar que cada emoción que Kubler-Ross menciona puede verse en algún momento en la persona que está muriendo. Estas emociones son normales y de esperarse. Pero esperar que cada persona que enfrenta la muerte responda de la misma manera no es realista. La personalidad del moribundo, las experiencias de vida, el sistema de contención, la duración del proceso de muerte e incluso la fe personal, juegan un papel importante en cómo la persona enfrenta la muerte.

▶ SATISFACIENDO LAS NECESIDADES DE LOS MORIBUNDOS

Los pastores y otros de la iglesia que proveen cuidado tienen una maravillosa oportunidad para ministrar con un espíritu singularmente cristiano a aquellos que enfrentan la muerte. Existe una tendencia humana de algunos doctores, enfermeras, e incluso miembros de la familia de alejarse, física o emocionalmente, de la persona que está muriendo. Para aquellos que ven la muerte a diario en el contexto médico es difícil invertir continuamente su energía emocional. La alternativa es alejarse, gastar sólo el tiempo que se necesita para el cuidado del paciente. Esta es la razón por qué el pastor y los amigos de la iglesia pueden ser tan importantes para la persona que está muriendo. ¿Cuáles son las necesidades especiales de la gente que enfrenta la muerte?

Ellos necesitan a alguien que tenga empatía.

Un pastor no puede presumir conocer exactamente lo que está pasando la persona que está muriendo. No es como la antigua canción "Jesús Caminó Este Valle Solitario" que dice: "Tenemos que caminar este valle solitario. / Tenemos que caminarlo por nosotros mismos". La canción no es totalmente correcta. Recordar las palabras familiares de David pudieran ser de más ayuda: "Aun si voy por valles tenebrosos, no temo peligro alguno porque tú estás a mi lado; tu vara de pastor me reconforta".[10] Aunque Dios pudiera entender perfectamente, los humanos no.

Lo que podemos hacer es tratar de ponernos en el lugar de la otra persona, e imaginarnos lo que ella está experimentando. Esto no es un entendimiento completo, pero dice: "Estoy haciendo mi mejor esfuerzo para comprender lo que está enfrentando". Lo que la gente no necesita en este tiempo son banalidades y clichés, tales como: "Todo saldrá bien" o "Este es el plan de Dios para ti". La persona moribunda no está buscando respuestas tanto como entendimiento.

Ellos necesitan gente que le den sentido de comunidad.

Howard Clinebell dice: "Morir es una experiencia muy privada e intensamente interpersonal. En nuestra solitaria sociedad, la riqueza de la red interpersonal de uno hace una tremenda diferencia en la calidad de la muerte de uno".[11] Cuando la persona que está muriendo ha sido una parte activa del compañerismo local de creyentes, los miembros de la congregación muy a menudo se reúnen alrededor de la persona que aman. Ese apoyo conectivo pudiera no ser tan fuerte si la persona sobrevive a la mayoría de sus amigos o ha estado viviendo en un asilo por muchos años. Es más difícil si el individuo no asiste a la iglesia o vivió aislada de la familia y los amigos. En ocasiones un pastor pudiera ser el único conocido de la persona que está muriendo. Los funerales más tristes que he conducido fueron asistidos por uno o dos parientes distantes, nadie más conocía a la persona o le importó lo suficiente como para asistir.

La Madre Teresa estableció su ministerio a los marginados que estaban muriendo en las calles de Calcuta porque creía que nadie debe morir solo sin nadie presente a quien le importe. La iglesia debe ser una comunidad para los moribundos así como para los que viven. Cuando la gente está frente a frente con la muerte necesitan a alguien, o mejor todavía, a muchos que están con ellos y sean amigos a quienes les interese.

Ellos necesitan a alguien que realmente los escuchen..

Mucha gente moribunda tiene preguntas o sentimientos de ira que necesitan expresar a alguien. "Si soy un hijo de Dios, ¿por qué está ignorando mis oraciones por sanidad?" O, "Estoy con tanto dolor. ¿Por qué Dios no me deja morir y acabar con esto?" Aquellos que enfrentan la muerte necesitan a alguien que escuche sin juzgarlos, aun al punto de animarlos a expresar sus sentimientos. "La ira es una forma natural de la gente de expresar su preocupación propia... Ellos necesitan permiso para expresar todos sus sentimientos, de tal manera que cada uno puede ser abordado abiertamente. Después de todo, la vida no parece justa; no siempre nos gusta lo que está sucediendo tampoco".[12] Esta persona quiere recordar memorias placenteras del pasado como una forma de escapar temporalmente de la realidad del presente. Vivir de nuevo el pasado puede ser una forma de atar la vida y traer plenitud a la narrativa personal de uno.

Una escucha atenta puede proveer una perspectiva necesaria si las relaciones necesitan ser sanadas. Toma tiempo, más que una visita de tres minutos, darle a una persona el permiso para que comience a compartir del corazón. Cuando la oportunidad aparece, jale una silla y escuche con atención, no importa qué tanto tiempo tome.

Ellos necesitan a alguien que les dé dirección espiritual.

El momento de la muerte representa una transición de lo conocido a lo desconocido. De repente, los asuntos espirituales que pudieran no haber sido significativos antes, ahora toman una importancia suprema. No es común para la gente recordar asuntos del pasado que continúan haciéndolos sentir culpables. De hecho, pudieran sentir que su situación presente es la venganza o juicio de Dios por sus malas acciones. La culpabilidad por los pecados necesita ser confrontada. Pero la buena nueva del evangelio es que Cristo ya murió en la cruz para perdonar nuestros pecados y limpiar nuestros corazones. Algunos pudieran objetar que han vivido en pecado por tanto tiempo, y no tienen tiempo para reformarse y vivir una vida piadosa. El evangelio también es un mensaje de gracia. El ladrón arrepentido en la cruz recibió el perdón de Cristo aun cuando no pudo ser bautizado y servir a Dios en el futuro. Tenemos un maravilloso mensaje de esperanza, aun para aquellos que no siguieron a Cristo durante sus vidas. Es un gran privilegio llevar a una persona a la fe en Jesús, incluso cuando el individuo sólo tiene un breve tiempo para vivir.

Aun los creyentes en ocasiones llegan al tiempo de la muerte con sentimientos de culpa y gran remordimiento. Piensan que pudieron haber hecho un mejor trabajo criando a sus hijos o invertido más tiempo sirviendo a la iglesia. Nadie pasa a través de la vida actuando perfectamente en casa situación. A menudo, el pastor tiene que ayudar a la persona a ver una perspectiva diferente de la situación, si la culpa es injustificada. En otras ocasiones el pastor pudiera reunir gente que necesita buscar perdón uno del otro, y resolver los conflictos que han ocasionado la herida. Cuando una persona pide perdón, un pastor puede ayudar a este individuo aceptar este perdón al declarar que la promesa de la Palabra de Dios en 1 Juan 1:9 es verdad. "Si confesamos nuestros pecados, Dios, que es fiel y justo, nos los perdonará y nos limpiará de toda maldad".

Podemos dar verdadero consuelo espiritual para aquellos que están muriendo al servirles la Santa Cena, bautizándolos cuando es apropiado, leyéndoles la Escritura, orando, ungiéndolos y asegurándoles que Dios está cercano. Los pastores necesitan ser cuidadosos de no ofrecer respuestas filosóficas y teológicas a menos que la persona esté lista y realmente necesite escucharlas. Aunque bien pudiéramos no entender todas las cosas que pasarán más allá de la tumba, podemos con confianza hablar de la "bendita esperanza" del cristiano. La muerte no es el fin. Jesús regresará, los muertos resucitarán, y aquellos que han confiado en Cristo para salvación vivirán con él para siempre en el cielo.

Esa esperanza puede traer consuelo al que está muriendo y a la familia que quiere estar unida con él o ella en la eternidad.

Las memorias personales de estar al lado de la cama de mi madre, uniendo mis manos con la familia, cantando himnos de fe y seguridad, leyendo las Escrituras y ofreciendo oraciones unidos, me da la seguridad, aun hoy, que la veré y la reconoceré algún día en el futuro. Esta es la razón por qué los creyentes aman cantar las palabras de Eliza Hewitt:

> *Cuando todos lleguemos al cielo,*
> *¡Qué día de regocijo será!*
> *Cuando todos veamos a Jesús,*
> *Cantaremos y gritaremos la victoria.*

▶ PASTOREANDO A LA FAMILIA DE LA PERSONA MORIBUNDA

El alcance del ministerio no está confinado sólo a la persona que está enfrentando la muerte. El cuidado pastoral llega a ser una preocupación familiar más amplia. El pastor David Wiersbe dice: "La familia de una persona moribunda principia su duelo desde el momento que escucha el diagnostico. Su aflicción puede ser fuerte aun antes que el paciente demuestra signos de deterioro. Si la muerte viene lentamente, la familia puede cansarse de soportar la tribulación y expresar ira o frustración".[13]

Un día, mi esposa y yo estábamos visitando a una amiga de la familia, cuyo esposo hacía mucho tiempo estaba sufriendo de una enfermedad debilitante, que muy lentamente le estaba quitando la vida. A mediados de la conversación dijo, con un tono de frustración: "No entiendo por qué está tomando tanto tiempo". Momentáneamente me sorprendió su declaración. Estaba tan fuera de tono con su personalidad. Entonces principié a entender el largo camino de cuidado que ya había recorrido, aun cuando ya hacía varios años que no lo podía cuidar en su casa. Visitaba a su esposo diariamente en el lugar donde le cuidaban, mientras trataba de cumplir todas sus otras responsabilidades en su trabajo y familia. Nuestra amiga sabía en su corazón que su esposo jamás iba a mejorar. Y el estrés de verle morir, centímetro a centímetro, por un largo tiempo, a veces era más de lo que podía soportar. Por razón de la constante presión de anticipar la muerte, es muy común que los miembros de la familia experimenten un sentido de descanso cuando el ser amado muere. Esto puede ocasionar culpabilidad porque creen que no deberían sentirse de esa manera.

Los miembros de la familia en ocasiones toman el papel de proteger al paciente de la realidad de la muerte. Sostienen la idea equivocada que si papá no sabe que está muriendo, será más feliz. A menudo, el retener la verdad sobre la muerte es realmente una forma de negación. Esto puede poner al pastor en una situación difícil. Los pastores pudieran tener miembros de la familia que le dicen en el hospital: "Los doctores han dicho que mamá no se recuperará de su ataque al corazón. Queremos que nos prometa que no le dirá nada sobre el hecho que se está muriendo".

Como pastor no querría que me restringieran sobre lo que puedo decir. Si el paciente me pregunta directamente si está muriendo, no quiero estar en la posición de violar una promesa por un lado o mentir a favor de la familia, por el otro. La mayoría de los pacientes moribundos que están conscientes sienten que van a morir. Pudiera venir del lenguaje corporal de las enfermeras y doctores e incluso de lo que los miembros de la familia no están diciendo. También pudiera haber un sentido interno que el problema que están enfrentando pudiera quitarles la vida. Por esta razón se espera que el pastor trabaje con la familia para ayudarles a encontrar una forma adecuada para decirle al ser amado. En ocasiones puede ser útil pedir la ayuda del doctor para trabajar con la familia. Cuando la muerte está cerca, los miembros de la familia necesitan la oportunidad para decirle cosas importantes a la persona que está muriendo y darle a esa persona la oportunidad de hacer lo mismo. Es mejor trabajar con conflictos no resueltos y malos entendidos durante estas últimas ventanas de oportunidad antes que la muerte venga.

▶ MINISTRANDO A LOS ENLUTADOS

Aunque la familia y los amigos pudieran tener tiempo para aceptar la muerte que se acerca a sus seres queridos, realmente no se pueden preparar plenamente para el momento cuando sucede. Este es el momento de la separación final aquí en la tierra. Varias respuestas son comunes.

Conmoción

Las noticias de muerte, especialmente muertes inesperadas, pueden traer la sensación de adormecimiento como una anestesia. La gente en ocasiones se desmaya, se tambalea, o se desploma sobre una silla, tratando de enfrentar lo que parece ser una noticia increíble. La primera respuesta es que esto tiene que ser un mal sueño y no la realidad.

El papel del pastor en este punto es estar al lado de la persona y estar a la disposición para ayudar. En ocasiones el sostener la mano de la persona o darle un vaso de agua trae mucho consuelo en aquellos primeros momentos del conmoción. "La experiencia de aflicción de los sobrevivientes, después que una muerte ha ocurrido, es similar a la experiencia de aflicción experimentada por la persona moribunda antes de la muerte. Los sobrevivientes experimentan el desgarrador dolor entre saber un conjunto de realidades y sin embargo anhelar otro. En otras palabras, saber no necesariamente es aceptar".[14]

Este es un proceso de protección que finalmente ayuda a la persona a enfrentar el trauma chocante que su ser amado está muerto. Seguido una persona responde a la inesperada noticia de la muerte diciendo: "Esto no puede ser verdad. Tienes que estar equivocado. Quizá has confundido a mi hijo con alguien más". Familiares de fallecidos, incluso, en ocasiones aseguran que han visto moverse el cuerpo en el ataúd.

Llorar

Las lágrimas en general son una respuesta emocional involuntaria por la pérdida. Sin embargo, para algunos que vienen a consolar, las lágrimas pudieran hacerles sentir incómodos. En lugar de desanimar el llanto, reconózcalo que ésta es una forma normal de expresar la aflicción y la desesperación por la pérdida.

Cuando Jesús se paró frente a la tumba de su amigo Lázaro, Juan usa sólo dos palabras para resumir la escena. "Jesús lloró" (Juan 11:35). Las lágrimas son una forma de dejar todas las complejas emociones del amor, el abandono, la ira, la tristeza y la pérdida que ni siquiera pueden ponerse en palabras en ese momento. Como el Salmo 42:3 expresa las emociones del momento: "Mis lágrimas son mi pan de día y de noche".

Echando culpa

En un intento de darle algún sentido de esa muerte, la gente siente que alguien tiene que ser responsable. Quizá ellos pudieran haber hecho más para evitar esto. Esta culpa puede enfocarse internamente como culpabilidad. Un padre pudiera decir: "Si no le hubiera dado las llaves del auto a María anoche, hubiera estado en casa segura y el accidente no hubiera sucedido". O: "Si hubiera visitado más a papá, le pudiera haber dicho cuánto lo amaba".

En ocasiones hay justificación para sentirse culpable. Una adolescente que cuidaba a un niño de dos años al lado de una piscina escuchó el teléfono sonar y corrió a la casa para responderlo. Se fue por lo que le pareció sólo un minuto. Cuando regresó el niño estaba en el fondo de la piscina y los esfuerzos en revivirlo no tuvieron éxito. Es natural para la adolescente sentir culpabilidad porque fue descuidada en su cuidado. Sea que la culpa es justificada o falsa, es importante escuchar, permitir que la gente exprese sus preocupaciones, y experimente el perdón de Dios si es lo que se necesita.

Ira

En un tiempo como este, la hostilidad es una emoción que fácilmente se levanta a la superficie. Una esposa puede sentirse enojada hacia su esposo fallecido que la había dejado con una enorme deuda y todas las responsabilidades de la familia. Más desconcertante para algunos pastores son las expresiones de ira hacia Dios. "¿Por qué permitiste que esto sucediera?

¿Por qué no hiciste nada para evitar esto, Dios?" Un pastor necesita entender que Dios abraza con sus brazos a una persona abrumada por el duelo y no se siente absolutamente amenazado cuando esa persona golpea su puño en el pecho de Dios con ira y frustración.

Una de las películas más conmovedoras que tratan con el asunto de la muerte es *Shadowlands* (Tierra de penumbras), la historia del duelo de C. S. Lewis cuando su esposa murió de cáncer. Cerca del fin de la película Lewis se sienta para hablar con su hijastro, Douglas. Este joven, luchando con la muerte de su madre, expresó su ira al cuestionar a Dios. "Jack, ¿crees en el cielo?" le pregunta a Lewis, uno de los pensadores cristianos más brillantes del siglo XX.

Lewis se detiene por un momento, luego responde: "Sí, sí creo".

El joven, todavía abrumado por la tristeza, dice: "Yo no creo en el cielo".

C. S. Lewis no lo reprende ni le da una conferencia al joven. Simplemente le dice: "Está bien".

Es importante no ahogar la ira en contra de Dios. Un pastor puede ayudar a la gente animándoles a expresar su ira o frustración como parte natural del proceso de duelo.

Dolor

Este proceso de duelo ha sido referido en la literatura como "trabajo de duelo". La palabra que mejor lo describe es dolor. Debido a que el dolor es tan profundo, nuestra cultura ha hecho mucho para ayudar a la gente a evitar el dolor de la pérdida. Smith se refiere a nuestra tarea pastoral como: "Ministrando a una Liviana Cultura del Duelo".[15] Evitar la aflicción no es una salida emocionalmente saludable. Joesten escribe: "A diferencia del dolor físico, alguien en duelo debe ser alentado a soportar el dolor, a vivir con él".[16]

Aunque algunos pueden decir que entienden, el dolor del duelo es algo que realmente sólo se siente en un nivel muy personal. Joesten continúa: "Por algún tiempo, el mayor consuelo no viene por negar el dolor o menospreciarlo, sino por demostrar a través de nuestra presencia física la voluntad para soportar con ellos (lo mejor que podemos) esta experiencia devastadora".[17]

¿Cómo respondemos a la gente en esos primeros momentos del duelo? Quizá el primer paso más importante es simplemente estar con ellos. Esto puede ser un desafío, encontrar en dónde se ha reunido la familia. Ya sea en el cuarto de espera del hospital o en la casa de algún miembro de la familia, un pastor debe tener como prioridad el llegar a los seres queridos tan pronto como sea posible. Si la familia está separada, encuentre cuándo y dónde se estarán reuniendo. La presencia pastoral significa mucho en aquellos primeros momentos de aflicción.

La gente que está de duelo necesita a alguien con entendimiento.

Para algunos esta pudiera ser su primera experiencia con la aflicción y no saben qué esperar. El papel pastoral en un tiempo como este es simplemente estar allí y escucharlos. No digas: No diga: "Sé que estás pasando". En realidad no sabe, pero incluso si supiera, esas palabras no serán de consuelo. Smith ha aprendido a responder: "Claro que no sé lo que estás pasando. Pero nunca podré si no me dices cómo es".[18] Nuestro papel no es dar consejos sino dejar que la gente hable para expresar su aflicción y obtener algún entendimiento propio.

La gente que está de duelo también necesita de nuestra paciencia. Ellos están experimentando un diluvio de emociones que pudieran ser enteramente nuevas para ellos, no siempre se puede esperar que respondan de maneras normales. Pudiera haber momentos cuando se les hace difícil tomar incluso la decisión más simple. Es bastante común ver reacciones fuertes de frustración y enojo sobre asuntos insignificantes. La persona que está viviendo un duelo pudiera no entender por qué tiene esas reacciones, pero es incapaz de hacer algo al respecto. Necesitamos ser cuidadosos para no reaccionar en forma exagerada cuando la persona no está actuando "normalmente". De hecho, pudiéramos quitarles algo de presión al anticiparnos a algunas necesidades tales como alimentos o el cuidado de los niños o llamar a la gente de la iglesia para que vengan y ayuden.

▶ PREPARÁNDOSE PARA EL FUNERAL

Una de las funciones importantes para cualquier pastor al tratar con una familia en duelo es durante el funeral. El servicio funerario en sí mismo sirve varias funciones. Es una forma para expresar formalmente y en forma simbólica nuestro dolor cuando las palabras son inadecuadas. Los momentos más importantes de la vida, tales como el nacimiento, el matrimonio, la salvación y la muerte, tienen ceremonias para que expresemos su importancia. Así la dedicación de un bebé o el bautismo, una ceremonia nupcial o un funeral, es una forma den donde usando nuestras emociones, nuestros cuerpos, nuestras voces y todos los medios a nuestro alcance expresamos la importancia del momento.

El funeral también es un servicio de adoración donde afirmamos nuestras creencias sobre Dios y nuestra fe en las provisiones de Dios para nuestro futuro eterno. Esta es una oportunidad como Cuerpo de Creyentes para declarar nuestra fe mientras cantamos himnos, leemos las Escrituras, oramos y predicamos. El servicio no sólo trata del difunto sino también de Dios y nuestra relación con él y unos con otros.

Este servicio también provee a la iglesia una oportunidad de expresar nuestro dolor como Cuerpo, así como nuestro apoyo, amor y ánimo a la familia que está de duelo. Si la persona que murió era parte del Cuerpo local de Cristo, ahora hay una vacante en el círculo de creyentes.

Aun si el difunto no era conocido en la iglesia, la congregación necesita mostrar su cuidado y preocupación a los miembros de la familia que son parte de la iglesia.

El funeral es un momento significativo que será recordado por mucho tiempo en la vida de una familia. Ha habido gente que ha dejado una iglesia porque el pastor no fue ssensible o no estuvo atento a las necesidades de la familia en su tiempo de crisis. Por otro lado, hay pastores que no son excelentes predicadores o administradores pero son muy queridos por los miembros de la congregación por la manera en que cuidaron a las familias en tiempos de duelo. Un funeral efectivo demanda una cuidadosa preparación para satisfacer las necesidades de aquellos que sufren.

Contacte a la familia

Como pastor, no asuma que tendrá el liderazgo en un funeral. Pudiera haber algún viejo amigo de la familia o pariente al que se le pedirá que haga el culto. En tales casos, sea amable y facilite la planeación local del funeral. En momentos de duelo, la gente pudiera no pensar, en su planeación, sobre su conexión con la persona que acaba de morir. Si el funeral se ha de tener en mi iglesia, en ocasiones les he preguntado si estaría bien que yo tuviera alguna pequeña parte, tales como leer las Escrituras o hacer una oración, para representar a la congregación local. Por otro lado, la familia pudiera simplemente asumir que usted estará haciendo el funeral, así que es bueno estar claros sobre el asunto. A veces, el director del funeral puede ayudar a arrojar luz sobre los deseos de la familia.

Reúnase con la familia

He descubierto que uno de los momentos más importantes en el proceso de planear un funeral es reunir a la familia, en general arreglado un día o dos antes del funeral. en la reunión, explíqueles que sería de ayuda escuchar recuerdos de la familia sobre la persona que ha muerto. Normalmente no toma mucho lograr que la familia comience a hablar de su ser querido. Mientras comparten, tome notas. Explique que algún material pudiera utilizarse en el culto, si es permitido por ellos. También, pregúnteles si la persona tenía Escrituras favoritas, himnos u otros materiales que pudieran utilizarse en el culto. Las conversaciones alrededor del círculo familiar pueden moverse desde historias tiernas hasta incidentes cómicos. Más allá del valor de obtener información sobre el fallecido para el funeral, la risa y las lágrimas pueden ser muy terapéuticas para la familia. A menudo he salido de tales reuniones sintiéndome que he sido honrado al permitírseme estar en las interacciones privadas, íntimas de esta familia por un breve período de tiempo.

Trabaje con el director del funeral

Existe una corriente creciente hoy donde las funerarias están siendo compradas por grandes corporaciones quienes estarán más interesadas por la ganancia neta en lugar del servicio personal. En este clima de negocios, las corporaciones en ocasiones cuestionan la necesidad de personal para la dirección del funeral. Sin embargo, para el pastor, un director local del funeral puede ser un recurso invaluable. Estas personas conocen la comunidad y sus costumbres. Esto es especialmente de ayuda si usted es nuevo en la comunidad o está haciendo un servicio lejos de casa. Las funerarias aumentan su negocio cuando las familias quedan satisfechas y regresan a la misma funeraria una y otra vez. Por esta razón, la funeraria quiere que el pastor tenga un servicio efectivo. Si hay sólo una o dos funerarias que la mayoría de las familias de la iglesia usan, conozca a los directores de las funerarias antes que ocurra el primer funeral. Un buen director alertará a un pastor de cualquier necesidad o preocupación que una familia tiene mientras trabajan los detalles funerarios.

Planee con anticipación

Como pastor, anime a la congregación a que reúna los materiales que les gustaría tener como parte de su propio funeral. Hágale saber a la gente que el culto en el funeral es la declaración final sobre el sentido de su vida. Los funerales le comunican a la gente lo que era importante y trae sentido a la vida del individuo. Anime a la gente a poner esas ideas en papel, incluyendo sus himnos y Escrituras favoritas. Mantenga un archivo en un lugar que otros puedan encontrarlo, en el momento de su muerte. Los miembros de la familia pudieran no saber o recordar esos detalles importantes de la vida si no están escritos.

▶ HACIENDO LOS RITUALES SIGNIFICATIVOS

Aunque hay diferencias regionales, la mayoría de las comunidades tienen alguna variación de estos tres rituales: uno, la reunión antes del culto (las horas para llamar, visitación, o despertar); dos, el servicio funerario o memorial; y tres, el sepelio en el cementerio.

LA REUNIÓN ANTES DEL CULTO

Hace un siglo en los Estados Unidos, después que el cuerpo era embalsamado y puesto en un ataúd, era llevado a la casa de la familia donde la gente se reuniría para ofrecer sus respetos tanto al fallecido como a la familia. En años más recientes este ritual se ha trasladado a la funeraria. En algunos lugares se acostumbra que la familia esté en la funeraria durante todo el tiempo de visitas para hablar con la gente mientras llegan para ver el cuerpo. Pero algunos empleados no consiguen permiso es sus trabajos para ir al funeral excepto cuando se trata de los miembros de la familia inmediata, estas horas de visitas ha llegado a ser un sustituto para aquellos que quieren ofrecer sus condolencias a la familia. Otros prefieren asistir durante las horas de visitas específicas porque hay más tiempo para conversar con la familia que en el culto funerario. A algunas personas no les gustan los cultos funerales con su estructura más formal. Con las dificultades de tiempo y traslado al vivir en un área metropolitana grande, muchos amigos cercanos escogerán asistir o en el tiempo de visitas o al funeral, pero no ambos.

Como pastor, es de ayuda poder estar presente con la familia antes del thorario de visitas, cuando ellos ven por primera vez el cuerpo. Después que la familia ha tenido tiempo suficiente alrededor del ataúd, reúna a los miembros de la familia para orar, pidiéndole a Dios que los consuele y los sostenga en todo el tiempo de visitas. Las costumbres locales pudieran decirle si se espera que usted esté todo el tiempo de visita. En una región donde fui pastor, las horas de visitas no era parte de la práctica del duelo.

CULTO FÚNEBRE

Aunque el pastor tiene un papel mayor en la planeación del culto fúnebre, en la actualidad, los miembros de la familia tienen más protagonismo en el culto. Esto puede crear problemas cuando una familia pide algo que el pastor siente que es inapropiado para un culto cristiano en una iglesia. Aunque un pastor puede ser dogmático e insistir en tener todo el poder para hacer decisiones, sería un mejor acercamiento el decir: "Hablemos sobre esto y veamos qué podemos hacer". Cuando se explica el funeral como un culto de adoración cristiano, los miembros de la familia en general están más abiertos a encontrar un equilibrio.

Los pastores necesitan un enfoque propio. Smith dice: "La meta no es meramente 'hacer' el ritual funerario. La meta es dirigir a una congregación reunida (que probablemente nunca más estará unida) en un ritual que celebra la vida del fallecido y la vida de Jesucristo".[19] Si la iglesia fue parte significativa en la vida del fallecido, el edificio del templo es un lugar apropiada para el culto fúnebre de adoración. Sin embargo, muchas familias escogen tener servicios en las funerarias, y crecientemente, en las playas, clubes al aire libre, y cabañas para esquiar. También, con la popularidad de la cremación en aumento, alguna gente hoy prefiere los servicios memoriales donde no hay un cuerpo presente y no se hace necesario ir al cementerio después del servicio. Sin un cuerpo qué sepultar, El culto puede realizarse semanas e incluso meses después que la persona ha muerto.

El culto fúnebre debe tener algunos de los elementos encontrados en cualquier servicio de adoración del domingo: música, Palabra de Dios, oración y predicación. Para hacer la adoración una experiencia comunitaria, muchas congregaciones participan por cantar un himno que afirma su fe común. Si se usa música especial, debe ser también compatible con un culto de adoración. Lea Escrituras tanto del Antiguo como del Nuevo Testamento que ofrezcan consuelo y confianza en nuestro Dios. Con más familias activamente involucradas en la planeación del culto, ahora es común tener a uno o más miembros de la familia o amigos ofreciendo reflexiones personales o elegías. El funeral puede ser un tiempo estresante para la familia, así que es bueno animar a aquellos que hablan a que escriban sus palabras y traigan sus notas al púlpito.

El sermón debe ser breve. Hay tres acercamientos apropiados para desarrollar un sermón funerario. Primero, se puede basar sobre un texto de la Escritura con ilustraciones de la vida del fallecido. Segundo, puede ser en la forma de una elegía que muestre la vida de la persona como reflejando la vida de Cristo. Un tercer acercamiento es usar la introducción con la elegía de la vida personal con el cuerpo principal del sermón como una exposición de la Escritura. Una sugerencia adicional es usar el nombre de la persona fallecida en el sermón y a través del culto para hacerlo tan personal como sea posible.

Si la persona que murió no era cristiana, no trate de predicar para que la persona llegue al cielo. El sermón debe enfocarse directamente en ofrecer a Jesucristo como la esperanza para vivir y el consuelo de aquellos que están presentes. Es posible hacer una referencia positiva de los intereses individuales del fallecido en otros lugares del culto sin implicar que hacer buenas obras garantiza un lugar en el cielo. Si se le pregunta directamente sobre una persona que no profesó la fe en Cristo, debemos responder que necesitamos poner el futuro de la persona en las manos de Dios que hace todas las cosas bien.

EL SEPELIO

En tiempos antiguos, el cuerpo era llevado del funeral al cementerio al otro lado de la iglesia o localizado al final del pueblo. Después del ritual de sepultura, se consideraba como descortés no quedarse hasta que el ataúd era puesto en la tierra. El predicador tiraba un poco de tierra sobre la tumba, decía: "cenizas a las cenizas, polvo al polvo", oraba y despedía a los dolientes. Entonces la familia y los amigos regresaban a la iglesia para una comida de jamón rebanado, ensalada de papas y pastel de manzana. Aunque esta práctica todavía se acostumbra en muchas comunidades, los sepelios son más variados hoy. Con familias que viven separadas por grandes distancias, el lugar específico del sepelio puede estar en un terreno de la familia en un estado diferente. Si el cuerpo es cremado, las cenizas pueden ser esparcidas como sepultadas. Algunas familias prefieren un sepelio privado con sólo la familia presente y luego un servicio memorial a donde toda la iglesia es invitada.

Después que el cuerpo llegue al cementerio, el pastor tiene la responsabilidad de dirigir el ataúd de la carroza al lugar donde el cuerpo será sepultado. Mientras los dolientes se reúnen alrededor del ataúd, el pastor como costumbre toma su lugar al lado de la cabeza del ataúd. Algunos cementerios siguen la costumbre de sepultar el ataúd de tal manera que el cuerpo tenga los pies hacia el este, en anticipación de la resurrección. Si tiene preguntas sobre dónde pararse, hable antes privadamente con el director del funeral. El sepelio mismo debe ser breve, con unos cuantos comentarios, una Escritura corta, y una oración entregando el cuerpo a la tierra pero confiando en Dios por la esperanza de la vida eterna. Después de la bendición, es apropiado ir con cada miembro inmediato de la familia y personalmente ofrecer sus condolencias con un apretón de manos o un abrazo.

Harold Ivan Smith sugiere una manera de usar el aceite de ungir para ministrar a aquellos que se duelen. La iglesia primitiva usaba aceite de oliva con la oración de los ancianos para muchas necesidades. Sugiere ungir a los dolientes, ya sea después del funeral o del sepelio. En el funeral, aquellos que deseen ser ungidos pueden acercarse. Otra oportunidad pudiera ser después del sepelio. En lugar de estrechar las manos, el pastor pudiera ungir a cada persona que desee, usando la señal de la cruz en la frente con aceite de unción. Smith sugiere decir una paráfrasis del Salmo 51:12 del Libro de Oración Común: "Devuélveme la alegría de tu salvación", mientras hace el movimiento horizontal. Luego decir: "que un espíritu obediente me sostenga" mientras se mueve verticalmente hacia abajo en la frente. Esto pudiera ser reforzado por leer o citar el Salmo 23, especialmente enfatizando: "Has ungido con aceite mi cabeza" (v.5).[20]

▶ HACIENDO FUNERALES MEMORABLES

Muchos pastores se sienten ineptos para conducir funerales. Parte de la razón es que sólo dirigen funerales de vez en cuando. Un pastor tiende a trabajar duro en mejorar su nivel de habilidad de aquellas cosas que él o ella hacen cada semana, predicando, administrando y dirigiendo la adoración. Pero no hay tiempo más oportuno para hacer un impacto en las vidas de las personas que en los eventos que rodean un funeral.

Un pastor de una iglesia grande desarrolló un ministerio significativo con la gente de su ciudad por su habilidad para hacer los funerales. Para el tiempo cuando se retiró de esa iglesia había dirigido cientos de funerales para gente fuera de su iglesia. A través de este ministerio había tenido la oportunidad para llevar a muchos a Cristo, algunos de los cuales más tarde se unieron a su iglesia. Este pastor encontraba forma de hacer un funeral verdaderamente memorable.

Para llegar a ser un ministro efectivo de la gente que está dolida, haga un compromiso de aprender lo que hace eficaz a un funeral. Asista a cultos funerarios conducidos por otros pastores y observe lo que ellos hacen para ministrar a aquellos que lloran. Pida a los directores de las funerarias sobre lo que ellos están observando en su trabajo. Esta gente asiste a servicios fúnebre casi a diario. Personalmente he encontrado que ir en la carroza con el director del funeral a un cementerio provee una maravillosa oportunidad para discutir funerales. En el sentido correcto de la palabra, se espera que un pastor sea un profesional en ayudar a la gente en tiempos de pérdida. Haga su tarea sobre el tema. Para sugerencias adicionales sobre planeación de funerales y sepelios, existen muy buenos manuales funerarios a la disposición con órdenes de culto como ejemplo. Estos pueden ser de ayuda para seleccionar las Escrituras e himnos así como para planear el sepelio.

▶ Después del Cementerio

Es tentador pensar que nuestra responsabilidad termina con la familia doliente, una vez que la comida del funeral se termina en la iglesia. Pero para aquellos miembros y amigos de la familia que se duelen, el proceso lento de reedificar una nueva vida sin ese ser querido apenas inicia. El duelo es un proceso largo y doloroso que puede ser caracterizado como tres pasos adelante y dos hacia atrás. Y este proceso no puede ser hecho por cada individuo solo. Aquellos que se recuperan de la pérdida necesitan que otros estén a su lado (una comunidad amorosa de gente que apoya) la iglesia y el pastor. Hay tres pasos en este proceso de reedificación.

1. Aceptando el pasado

En los días que siguen al funeral, aquellos en la familia inmediata (el cónyuge, los niños, los padres, los hermanos) tratan de negar, en algún nivel, que las cosas realmente han cambiado. Es difícil creer que la pérdida es real. La negación puede ser muy sutil. Por ejemplo, una esposa pudiera rehusar dar las herramientas de su fallecido esposo a sus hijos para que las utilicen. En su mente, su esposo puede regresar y la vida será normal de nuevo.

Visité a una familia un día y me mostraron la casa. Llegamos a un cuarto y la pareja dijo que era la recámara de su hijo que había fallecido. Abrieron la puerta y se miraba como si el muchacho hubiese salido apenas hacía un minuto. Les pregunté si había sido recientemente, el cuarto se veía muy ordenado y limpio. La mujer tristemente me dijo que su hijo había muerto hacía ocho años. Esta familia había creado un santuario en el cuarto de su hijo, y eso seguía manteniéndolos en el pasado en lugar de moverse al futuro.

Por el otro lado, algunos quieren huir del dolor asociado con la localidad. Es común que una viuda quiera vender de inmediato su casa y moverse después del funeral, por todas las memorias que suenan alrededor de las paredes de la casa solitaria. A menudo la gente que toma decisiones demasiado pronto luego lamentan sus decisiones

La mayor tarea para la gente en esta etapa del duelo es comenzar a desatar las ataduras que los anclan a la persona fallecida y la vida que tenían unidos. Es un desafío enfrentar la realidad de las memorias pasadas y lentamente dejarlas ir como asuntos que controlaban. Norm Wright dice: "Esto involucra romper los hilos de experiencias compartidas... y trasladarlas a las memorias. Parte de esto envuelve aprender a usar la palabra 'yo' en lugar de 'nosotros'".[21]

2. Ajustándose al presente

El hombre que ha perdido a su esposa pudiera necesitar aprender a cómo cocinar porque nadie va a venir todos los días a prepararle su comida. La viuda que nunca manejó un auto porque su esposo siempre manejó de repente se ve forzada a tomar lecciones de manejo o usar el transporte público. Este período de ajuste puede cambiar las dinámicas de las relaciones. Los hijos adultos ahora ya no vienen para ver a papá tan seguido porque él está solo en la casa. Quizá eventualmente signifique moverlo para que viva con uno de los hijos. El presente es diferente del antiguo a lo que la persona estaba acostumbrada. Una buena señal de ajuste es cuando el individuo está dispuesto a enfrentar nuevas y desafiantes tareas, o ir de compras solo por primera vez.

3. Anticipando el futuro

En esta etapa una viuda comienza a vivir una nueva vida sin su esposo. Los padres que perdieron a su bebé principian a planear tener otro hijo. Es una creencia confiada que habrá buenas cosas en el futuro, que el sol brillará de nuevo, que volverán a reír y a gozar la vida sin sentirse culpables. Por esta razón, una persona no debe establecer mayores compromisos, tales como volver a casarse o mudarse, antes de llegar al tercer paso de la reedificación. Un pastor puede ayudar mucho a disuadir a las personas de tomar decisiones que cambian la vida hasta que realmente estén listas para anticipar un futuro realista.

¿Qué tanto tiempo debe durar este proceso de duelo? Wright ha descubierto que los sentimientos de duelo a menudo son muy intensos por los primeros cuatro meses pero luego comienzan a disminuir. Sin embargo, cuando la gente se acerca al primer aniversario de la muerte de su ser amado, los sentimientos de dolor pueden intensificarse a un nivel tan grande como si la persona hubiera muerto ayer. Conozco de un pastor que va a su agenda después de conducir un funeral y anota una cita para ver a la familia del fallecido un año más tarde.

El período para recuperarse después de la muerte de un cónyuge toma como dos años, pero puede ser más. La muerte violenta de un ser amado generalmente significa un período más largo de recuperación que de una muerte natural. Los expertos dicen que la muerte de un hijo tiene tal efecto sobre los padres que realmente nunca se recuperan plenamente. Por esa razón, en la mayoría de los matrimonios donde muere un hijo, la pareja finalmente termina divorciándose. Con toda la recuperación del duelo, las cosas jamás volverán a ser normales en el sentido que las circunstancias lleguen a ser las mismas como antes de la muerte. Sin embargo, la gente puede experimentar lo nuevo normalmente. La vida sigue sin ser querido y la gente se ajusta a las nuevas realidades.

El pastor y la iglesia pueden ayudar en el proceso del duelo visitando y escuchando con regularidad. Sea sensible con los sentimientos, pero no ofrezca falsas esperanzas que todo estará bien en un corto tiempo. Tener personas que le ayudan en los tiempos difíciles es la riqueza más valiosa que una persona que está viviendo el proceso del duelo puede tener. Este es un papel importante para cualquier pastor.

▶ PREGUNTAS PARA LA REFLEXIÓN

▷   ¿Cuáles son los mayores desafíos que enfrenta al intentar ministrar a alguien que está muriendo?

▷   ¿Por qué, para el pastor y la familia del fallecido, es importante una reunión con la familia antes del funeral?

▷   ¿Cuáles deben ser las metas del pastor en un culto fúnebre?

UNIDAD 4

El Pastor es una Persona

El Carácter y Conducta del Pastor

Mudarse a la casa pastoral fue la parte fácil. Ajustarse a la vida como pastor y como padre a la misma vez, ese era otro asunto. En ocasiones, Kelly Springfield no estaba seguro que lo podría lograr. Era un desafío aprender los nuevos nombres y costumbres extrañas de un área del país muy diferente de dónde había crecido. Pero el ajuste más grande era el nuevo bebé en sus vidas.

Kelly y Brenda estuvieron felices durante todo el embarazo, aun cuando descubrieron que la fecha del alumbramiento estaría apenas ocho semanas después que arribaran a su primera asignación. Siendo que el embarazo de Brenda no fue fácil, algunas mujeres de la iglesia les ayudaron a mudarse y establecerse. Finalmente el pequeño Matthew nació, y Kelly asumió que la vida volvería a la normalidad. Pero normal significaba que Brenda tenía que levantarse varias veces cada noche para alimentar y simplemente revisar que Matt estuviera bien. Kelly sabía que tratar de establecerse en su casa al mismo tiempo que cuidaba a un bebé sería demasiado demandante para Brenda. Hacía lo que podía para hacer comidas y lavar la ropa cuando estaba en casa. Brenda se quejaba que se sentía continuamente cansada, simplemente no estaba durmiendo lo suficiente. Bueno, al tratar de atender las cosas en casa y ser pastor de una nueva iglesia, Kelly también se sentía exhausto.

Brenda también había ganado un poco de peso durante el embarazo, y cada vez que se veía en el espejo estaba convencida que estaba tan grande como un hipopótamo. Kelly extrañaba los tiempos de intimidad física con su esposa desde que el niño había llegado. Su excusa era que ella siempre estaba demasiada cansada o que no era suficientemente atractiva atractiva o que el niño pudiera despertar. Kelly sabía que ella no sería siempre así, pero ciertamente estaba creando tensión en su relación en este punto.

Kelly trabajaba en su oficina en la iglesia un martes por la mañana cuando Denise Crawford pasaba para trabajar en su cuarto de escuela dominical. Le preguntó si podía platicar con él unos minutos. Denise había sido una de las mujeres que había sido de mucha ayuda durante el proceso de la mudanza. Había descargado cajas y había llegado dos veces desde que el niño nació con una cacerola y pastel. Aparte de eso, Kelly realmente no la conocía muy bien.

Kelly se puso de pie y le ofreció la única silla en el otro lado del escritorio. Fue para cerrar la puerta, pero siendo que nadie más estaba en la iglesia, decidió dejarla abierta. Mientras pasaba al lado de ella inhaló el inconfundible delicado olor de un perfume caro. Qué bien, pensó.

Ella principió a hablar sobre su familia, su hijo en el primer año, y su esposo no cristiano que muchas veces viajaba por su trabajo de vendedor. Mientras Kelly escuchaba su mente vagaba desde lo que Denise estaba diciendo hasta cómo se veía ella. No era demasiado hermosa, pero había algo poco común en sus modales. Denise se quejaba que su esposo parecía simplemente ignorarla. Kelly se preguntaba cómo cualquier esposo podía ignorar a una mujer como esta. Luego ella se puso de pie y extendió su mano a Kelly. Él se sintió incómodo porque ella retuvo su mano un poco más de lo necesario. Ella dijo que le gustaría regresar de nuevo y hablar porque él era bueno para escuchar.

Después que Denise dejó la oficina, Kelly se dejó caer en su silla. Ella era una mujer atractiva, sin lugar a dudas. Luego recordó la promesa que le había hecho a su colega y compañero de cuarto Ron. Siendo que ambos entraban al ministerio les encantaba hablar cómo sería ser pastores. Varias veces habían hablado sobre esta clase específica de tentación. El pastor previo de Ron en casa había sucumbido a la tentación sexual. Había visto de primera mano lo que podía sucederle a una iglesia cuando tenía que tratar con el fracaso moral en el nivel del liderazgo. Tanto él como Ron habían prometido que no les sucedería a ellos.

Las palabras de Ron hicieron eco en su mente: "Si alguna vez eres tentado, llámame antes que hagas alguna cosa tonta. Yo haré lo mismo contigo".

Kelly había invertido demasiado tiempo y energía en su preparación para servir a Dios para tirarlo todo ahora. Realmente amaba a Brenda y al pequeño Matthew. Y estaba el compromiso que le había hecho a Dios de ser un pastor fiel. Kelly estiró su brazo, levantó el teléfono y marcó el número de teléfono de Ron en una iglesia que estaba a 800 km. La distancia no era un factor cuando él y Ron se reunían electrónicamente para hablar.

▶ LAS COSAS CORRECTAS

La serie mundial de 1986 fue uno de los grandes momentos en los deportes. Las Calcetas Rojas de Boston esperaban escalar finalmente el pináculo del éxito, ganando el Clásico de otoño de las Ligas Mayores de Béisbol después de haber estado cerca y fracasar tantas veces. Las Calcetas Rojas tenían la ventaja de tres juegos a dos sobre los Mets de Nueva York en el sexto juego. Si ganaban ese juego, serían los campeones mundiales.

Fue en la décima entrada con los fanáticos de pie. Bob Stanley de Boston estaba a una pichada de retirar al bateador de los Mets, Mookie Wilson, y clausurar la serie. Wilson bateó y le pegó a ras del suelo rumbo a la primera base de las Calcetas Rojas, Bill Buckner. Los fanáticos de los Mets gimieron internamente, se terminaba el juego. Pero por alguna razón, este batazo rutinario misteriosamente se le escapó por debajo del guante y entre las piernas de Buckner, y Wilson llegó a salvo. Ese error dio vida a los Mets, quienes siguieron para ganar los juegos seis y siete, y el Campeonato de la Serie Mundial.

De muchas maneras ese batazo raso definió la carrera de Bill Buckner. Buckner fue un jugador de pelota muy competente; de otra forma no hubiera estado en primera base en un juego de la Serie Mundial. Pudo haber hecho esa jugada 99 de 100. Pero todos esos años más tarde, cuando los fanáticos de las Calcetas Rojas escuchaban el nombre de Bill Buckner, todo lo que recordarían es la pelota que se deslizó debajo de su guante, y la Serie Mundial que se les escapó entre los dedos.

A la mayoría de los fanáticos les gustaría pensar que el carácter es una parte importante del béisbol. Sin embargo, ha habido jugadores, pasados y presentes, que puede faltar carácter personal pero tienen un buen desempeñan en el campo. El carácter personal de Buckner nunca ha sido puesto en duda. Esa noche en 1986 cuando la pelota venía en su dirección en el campo, la única preocupación de los fanáticos de las Calcetas Rojas era la coordinación mano-ojo de Buckner para detener ese batazo y apuntarse el último out. Al final de cuentas, jugar béisbol es, sobre todo, un entrenamiento de habilidad y acción.

El ministerio pastoral es totalmente lo opuesto. Todo tiene que ver con el carácter personal. Richard Gula escribe: "Actuamos de la forma que lo hacemos en gran parte porque las condiciones externas nos desafían a revelar los hábitos que nos hemos formado, las creencias que sostenemos, la imagen que tenemos de nosotros mismos, los ideales a los que aspiramos, y nuestra percepción de lo que está sucediendo. En pocas palabras, actuamos de la forma en que lo hacemos más por razón del carácter que hemos llegado a ser que por los principios que aplicaríamos".[1]

El ministerio se construye de lo que somos como personas, como cristianos. Lo que somos es más importante que lo que hacemos exteriormente. Siendo que esto es verdad, es vitalmente importante saber quiénes somos en nuestro mismo ser. William Willimon dice: "El pastor está como sacerdote, como mediador entre el pueblo y Dios. El pastor sirve el cuerpo y la sangre de Cristo en la Santa Cena, tiene las llaves que atan y desatan el pecado, y es mayordomo de los misterios de Dios. No debemos permitir que aquellos que son ignorantes de sí mismos estén en el demandante papel moral del pastor".[2]

El carácter es difícil de cuantificar. Sería más fácil si para aquellos que entran al ministerio tuviésemos una prueba que pudiera medir el carácter en alguna clase de escala. Podríamos determinar una calificación de pase y eliminar a cualquiera que no dé la medida. O, uno pudiera pasar un curso sobre el carácter personal así como uno terminaría un curso en teología o predicación. Pero el carácter no se presta a sí mismo a tal evaluación. Es algo que podemos reconocer cuando está presente, y ciertamente podemos ver el resultado trágico cuando está ausente. Es fácil identificar el carácter en la gente que tiene el valor de sus convicciones y están dispuestos a ponerse en pie sobre esas creencias, incluso cuando no sean populares. Nos paramos y admiramos a aquellos que saben quiénes son y qué creen y no se comprometerán aun frente a las asperezas o la muerte.

Recientemente me volví a conectar por el correo electrónico con mi mejor amigo de la niñez. No nos habíamos visto desde hacía 40 años, así que había muchas cosas sobre las cuales ponernos al día de nuestras vidas adultas. Me ocasionó reflexionar sobre la importancia de este vecino de la niñez en mi vida. Lo que más recuerdo sobre mi amigo era su carácter fuerte. Cualquiera que fuera la situación, siempre sabía que Bill tomaría la decisión correcta. Si alguna actividad estaba equivocada, no seguiría con la corriente, no importa qué dijera la gente. Bill siempre demostró el valor de sus convicciones. Y de las conversaciones con su madre, el carácter de la niñez de Bill lo había llevado a su vida adulta.

En 1973, la Asociación de Escuelas Teológicas en los Estados Unidos y Canadá inició un estudio para determinar qué buscaban las iglesias cuando llamaban a un ministro. Aunque las habilidades para hacer las tareas del ministerio eran importantes, parecía que la iglesias estaban más interesadas en los aspectos del carácter que la persona poseía. Los tres aspectos más valuados eran: (1) una disponibilidad para servir a otros sin importarle el reconocimiento público, (2) integridad personal, una persona que honra sus compromisos y sigue hasta completar sus promesas, y (3)un espíritu generoso, un ejemplo de vida cristiana que otros pueden respetar.

Al otro lado de la escala, los tres aspectos que eran menos deseables eran: (1) una falta de disciplina personal, incluyendo un comportamiento egoísta que sería ofensivo a otros, (2) estar absorto en sí mismo, no estar dispuesto o ser incapaz de relacionarse con otra gente, una actitud crítica que menosprecia a los demás, y (3) inmadurez, incapaz de soportar las presiones internas y externas del ministerio. Un estudio que dio seguimiento a éste, en 1987, parecía sostener, en general, los hallazgos anteriores.[3]

DESARROLLANDO EL CARÁCTER

La pregunta que naturalmente se levanta es esta, ¿cómo desarrolla uno la clase de carácter moral que la gente valora en una persona que espera los dirija como su pastor? Gula dice: "El carácter es captado tanto como es enseñado. Nuestras inclinaciones naturales, o sensibilidades, son el material crudo para desarrollar el carácter. Estos pueden ser nutridos y dirigidos hacia el bien, o restringirse y distorsionarse".[4] Muchos que fueron educados en buenos hogares cristianos pueden señalar a sus padres o madres como lo que han formado su carácter.

Pero aquellos que pudieran no haber tenido la oportunidad de una familia que los nutriera, todavía pueden desarrollar aspectos de un carácter fuerte. En ocasiones es un maestro o un pastor que sirve como mentor y provee la motivación que una persona necesita para el desarrollo del carácter. Claro, el modelo más importante es Jesús, quien demostró cómo vivir una vida que es agradable a Dios y proveyó la gracia para que desarrollemos un carácter semejante a Cristo cuando lo imitamos.

EL CARÁCTER NECESITA COMPETENCIA

Ahora, no es suficiente simplemente tener carácter. Se necesita combinar con competencia. Hay ministros maravillosos cuyos motivos son sinceros y cuyo carácter está por encima del reproche. Sin embargo, como pastores son mediocres en el mejor de los casos. Willimon observa: "Una persona que desea agradar a Dios en el ministerio deseará adquirir aquellas habilidades que lo hacen un instrumento efectivo para Dios. Por el otro lado, las habilidades requeridas para el ministerio (como interpretación bíblica, habilidad homilética, cuidado pastoral) refuerzan nuestro amor a Dios y nos forman para ser personas piadosas".[5]

Como una persona que gasta la mayor parte de su tiempo y energía entrenando a las personas para el ministerio, pienso que he llegado a ser mejor juez de quiénes finalmente terminarán en el ministerio activo. He sido placenteramente sorprendido por algunos que, a medida que maduraron, de repente vieron su llamado ante una nueva luz y comenzaron a aplicarse a la tarea del ministerio. Pero la mayoría de las personas que les falta la motivación para desarrollar sus habilidades ministeriales, pronto lo abandonan en el camino, mucho antes que lleguen a su primera iglesia. Aun el deseo de desarrollar aquellas habilidades que tiene su base en el carácter de uno. Entrenamiento, preparación y estudio demandan arduo trabajo. Pero ser pastor de una iglesia también es un arduo trabajo, aun si uno está bien preparado. Esa es la razón por qué es importante consagrarse para llegar a ser tan competente como sea posible. La competencia significa preparación antes de entrar al ministerio y un aprendizaje de toda una vida mientras uno está en el ministerio. Pablo se lo hizo claro a Timoteo: "Esfuérzate por presentarte a Dios aprobado, como obrero que no tiene de qué avergonzarse y que interpreta rectamente la palabra de verdad" (2 Timoteo 2:15).

El carácter interno se manifiesta a sí mismo en los escogimientos que tomamos. E. Stanley Jones a menudo le dijo a sus audiencias:

"Pueden hacer sus propios escogimientos; no pueden controlar las con-secuencias de sus escogimientos".[6] Un pitcher de béisbol, entrevistado después de un juego que había perdido, hizo esta observación: "Sólo hice dos pichadas malas en todo el juego". Dos pichadas malas de aproximadamente 100 que lanzó, eso significa el 98% de sus pichadas fueros buenas. Pero el pitcher se daba cuenta que aquellas pichadas fueron cuadrangulares y un total de cinco carreras. Eso era suficiente para perder el juego. Cada pastor hará algunas decisiones equivocadas en el curso de su ministerio. Un pastor que escoge una alfombra azul para un cuarto de reuniones sin consultar al comité correspondiente pudiera estar tomando una pobre decisión, especialmente cuando los miembros del comité preferían gris. Ese pobre escogimiento pudiera no significar mucho para la iglesia. Pero otros escogimientos de con-ducta pudieran tener amplias ramificaciones para el pastor y la iglesia.

▶ GUARDANDO SECRETOS

Todo el asunto de información privada y confidencialidad es un asunto importante en nuestra sociedad. Cada vez que una institución financiera desarrolla un nuevo método de salvaguardar la informa-ción financiera electrónica privada, un pirata informático encontrará la forma de derrotar el sistema. La gente ha llegado a estar consciente del peligro potencial de la información privada cayendo en las manos equivocadas. El peligro existe en otras partes, tales como el campo de la medicina. Gaylord Noyce nota que entre 25 a 100 doctores pueden tener acceso a los récords médicos de una persona que es elegible para una operación. Lo opuesto debe definir al ministerio: "La privacidad de la conversación con un mentor y confesor y pastor sigue siendo un producto precioso, que no debe despilfarrarse. La información 'perte-nece' al feligrés. Un ministro que habla fuera de lugar, indiscretamente impartiendo esta clase de información, fue demandado por invasión de privacidad".[7] Aunque este asunto ha sido mencionado en otros capítu-los, ahora será examinado en detalle.

ALTOS ESTÁNDARES

¿Se les debe exigir a los pastores el mismo alto nivel de confiden-cialidad como cualquier otra profesión? ¡La respuesta es un rotundo sí! ¿Cuáles son esos estándares? De acuerdo a la política de la Asociación Médica Americana un médico no puede divulgar algún secreto revelado en el curso de un tratamiento médico "a menos que se le requiera ha-cerlo por ley o a menos que llegue a ser necesario con el propósito de proteger el bienestar del individuo o de la sociedad".[8] Margaret Battin declara que "las políticas que gobiernan la práctica de la ley típica-mente han sido más restrictivas, permitiéndole al abogado divulgar los secretos del cliente sólo cuando se requiera por una orden de la corte o para evitar un crimen que involucra el riesgo de muerte o peligro corporal serio".[9] Los psicólogos y psiquiatras tienen similares restricciones para revelar información confidencial, aunque el caso sobresaliente de corte *Tarasoff* en California en 1976 dictaminó que

> la responsabilidad de confidencialidad en psicoterapia es superada por el deber de proteger a una víctima identificada de peligro mortal. Este derecho puede ser ejecutado dando aviso directo a la víctima, informando a otros que puedan advertir a la víctima o notificando a la policía. La decisión de hacer este dictamen, demuestra que la confidencialidad sólo puede romperse frente a un peligro claro e inminente.[10]

Aunque la mayoría de las profesiones de apoyo tienen directrices claras para tratar con la confidencialidad, se les ha dado a los pastores más libertad para interpretar lo que en realidad es un asunto confidencial. En términos generales, un asunto es confidencial si la persona que comparte información tiene como intención que esa información se guarde como privilegiada, para no compartirse con nadie más. "Confidencialidad es cómo ejercitamos una buena mayordomía del poder que tenemos sobre otros quienes se hacen vulnerables ante nosotros por revelarse a sí mismos".[11]

¿QUÉ ES CONFIDENCIAL?

Determinar qué es confidencial y que se puede compartir con otros puede ser muy difícil. El hecho de que una persona es pastor puede hacer que algunas personas hablen más libremente y con honestidad que con otros. Noyce correctamente observa: "Cuando un pastor se entera de algo en una verdadera conversación pastoral, lo que comúnmente pudiera compartirse con otros no se comparte".[12] Gula dice que un pastor necesita hacer un juicio "reflexionando en lo que se dijo, por qué se dijo, la manera en que se dijo y el contexto en el que se dijo".[13] Ofrece este principio general: "Entre más formal sea el proceso y privado el contexto donde la información se intercambió, más peso debe dársele como una información confidencial".[14]

Quizá el lugar más obvio para la confidencialidad es en el acto de confesión. La práctica histórica de los sacerdotes católicos romanos escuchando confesiones ha ayudado a establecer la precedencia legal que protege la confidencialidad ministerial. Battin escribe: "En la práctica religiosa, es la *confesión* la que presenta los dilemas más llamativos en la confidencialidad, ya que la confesión es un modo primario de transmitir información personal sobre un individuo a un profesional religioso".[15] La mayoría de las personas que confiesan un pecado a un sacerdote o pastor lo harían creyendo que el ministro es un representante de Dios. Es una práctica común para casi todas las religiones. Por esta razón existen leyes ministro-penitentes de un tipo u otro virtualmente en todos los estados de los Estados Unidos así como en muchos otros países.

LEGALIDADES

Estas leyes, con algunas variantes, dicen que "al ministro ordenado 'no se le permite o compele' revelar una confesión o confianza que sucede en la línea del trabajo profesional".[16] Muchas denominaciones también tienen declaraciones en sus constituciones que requieren a los pastores mantener en confianza conversaciones espirituales privadas. Ha habido casos cuando las cortes han tratado de forzar a los pastores a revelar información privilegiada que sería crucial para un caso. Battin dice que varias cortes interpretan información confidencial de manera diferente. "Sin embargo, algunas cortes distinguen entre comunicaciones que son penitenciales en carácter o que buscan consejo espiritual o absolución y aquellas que meramente ofrecen información, protegiendo sólo la primera".[17] Algunos pastores han sido acusados por la corte al rehusar divulgar información confidencial. Gula dice: "Conflictos sobre la confidencialidad en efecto son conflictos sobre el poder".[18] ¿Tiene el Estado el derecho de anular la ley en asuntos de religión? Al final de cuentas, el principio de lo sagrado de la confidencialidad ha sido sostenido repetidamente en el sistema legal de los Estados Unidos.

DILEMAS MORALES

Pero la confidencialidad puede traer dilemas morales para un pastor. La mayoría de los ministros tendrán que hacer una difícil decisión sobre divulgar o no algo dicho en confianza. Como se mencionó anteriormente, incluso los doctores y abogados tienen la responsabilidad de violar las responsabilidades de confianza bajo ciertas circunstancias. Noyce declara: "El ministro, como otros está obligado moralmente a una preocupación por la seguridad de aquellos que él o ella pueden proteger. La exigencia moral, en este caso, sobrepasará la importancia de la confidencialidad".[19] Ya se ha mencionado que si un aconsejado amenaza hacer daño corporal, ya sea sobre su persona o la de otros, el pastor necesita tomar acción para proveer seguridad de aquellos que se ven amenazados.

El proveer seguridad para otros es especialmente importante para aquellos que no pueden protegerse adecuadamente por sí mismos, los niños, los ancianos y los deshabilitados mentales. Muchos gobiernos requieren al cuerpo ministerial, así como la gente que está en otras profesiones de ayuda, reportar cualquier caso de sospecha de abuso de niños, especialmente abuso sexual. Esto pudiera ser muy dificultoso cuando la persona que está cometiendo el abuso es un miembro de la iglesia y se confiesa en su oficina. Sin embargo, la salud física y mental de este niño está en juego. Un pastor tiene que insistir que la persona culpable busque ayuda inmediatamente. "El cuidado pastoral en este caso significa evitar la gracia barata del perdón sin el arrepentimiento y remedio terapéutico. Lo mismo es verdad del cuidado pastoral para una persona que golpea a otra".[20]

El dilema de reportar algunos casos a las autoridades es que al hacer eso un pastor puede forzar a la gente a retirarse de la ayuda que los ministros y otros profesionales pueden ofrecer. Kathy Callahan-Howell menciona otras dos situaciones cuando sería propio divulgar información privilegiada. (1) En casos de intenciones dañinas tales como una joven adolescente embarazada, que planea un aborto y está pidiendo que usted no se lo digas a sus padres. (2) En casos de patrones destructivos y adicciones, tales como cuando una mujer que planea suicidarse pero no quiere que se le diga a su esposo.[21]

Si tenemos que divulgar información, Gula sugiere que deberíamos cumplir con los siguientes criterios: ""(a) se hacen esfuerzos razonables para obtener información voluntaria; (b) existe una alta probabilidad que ocurrirá daño a menos que se revele (en este caso, podemos revelarlo sin permiso); (c) sólo aquellos que tienen necesidad de saber serán informados; y (d) sólo la información necesaria se revelará con el propósito de evitar daños".[22]

COMPARTIENDO CON EL CÓNYUGE

Un asunto más de confidencialidad concierne a compartir información confidencial con el cónyuge. En un caso la corte decidió que porque un pastor había compartido información confidencial con un cónyuge, el código de confidencialidad había sido roto y se forzó al pastor a testificar. En términos generales, la información confidencial no puede compartirse con nadie sin permiso. Ese es el por qué a menudo pregunto si la información que me acaba de dar me la permite compartir con mi esposa para orar juntos por la situación. También he pedido permiso para compartir la necesidad con otros del cuerpo pastoral. Si el aconsejado no da permiso, entonces estoy bajo obligación de no decírselo a nadie. Como consejera pastoral Kathy Callahn-Howell declara: "Mi entendimiento del matrimonio incluye que no guardo secretos de mi esposo cuando tiene que ver con nuestra relación. Sin embargo, para ser pastor, o incluso una amiga de integridad, tengo que ser capaz de guardar asuntos personales de otros incluso de mi esposo".[23]

Una de las cosas que mejor entendí en todo el tiempo que pastoreaba es el hecho de que habrá cosas que me llevaré a la tumba y que jamás le diré a nadie. Esta es una de las cargas del ministerio pastoral.

▶ EL ENTENDIMIENTO DE DIOS SOBRE EL SEXO

Cualquiera que estudia la cultura te dirá que vivimos en una sociedad sexualmente saturada. Esto no quiere decir que el sexo fue descubierto recientemente. Los primeros capítulos de Génesis nos cuentan que Dios creó al ser humano como varón y mujer. Dios ofició la primera boda en el Jardín del Edén para que Adán y Eva pudieran gozar la unión sexual dentro de la protección del matrimonio. La Biblia, de pasta a pasta, siempre ha entendido el matrimonio en estos términos. Los jueces y profetas del Antiguo Testamento continuamente condenaron la adoración sexual de los dioses cananeos tales como Baal y Asera y advirtieron al pueblo de Dios a no participar. Las iglesias del Nuevo Testamento repetidamente tuvieron que confrontar las prácticas sexuales de la adoración idólatra mientras evangelizaban ciudades como Corinto y Éfeso.

ACTITUDES SEXUALES MODERNAS

Muchos en nuestra sociedad actual parece que están regresando a las actitudes antiguas del libertinaje sexual que estuvo de moda hace miles de años. ¿Qué ha causado este cambio en la actitud? Gaylord Noyce enlista varias influencias.

* *La revolución psicológica* que regresa hasta Sigmund Freud ha animado a la gente a hablar de asuntos sexuales mucho más abiertamente.
* *La revolución de contraceptivos* que eliminó el temor de embarazarse y bajó los riesgos de la promiscuidad.
* *La explosión de los medios*, incluyendo revistas como *Playboy*, la televisión, las películas, y la pornografía en Internet, que promueven una visión superficial, barata del sexo como algo sólo físico.[24]

Todas estas fuerzas han ocasionado que nuestra cultura separe el amor y el matrimonio de la actividad sexual. La canción ganadora del Premio Grammy de 1984 de Tina Turner, "What's Love Got to Do with It?" (¿Qué tiene que ver el amor con ello?) captura esta división. Se entrevistó a un ídolo del cine sobre el rompimiento de su tercer matrimonio y su involucramiento con otra pareja. La esencia de su comentario era que su última esposa era una mujer maravillosa pero nadie se queda con una persona para siempre. En su mente, era tiempo de seguir adelante con alguien más.

Continuamente los pastores son confrontados por gente que ha sido herida por asuntos sexuales. Problemas tales como el abuso sexual, la promiscuidad sexual, la preñez de adolescencia, aborto, SIDA, infidelidad marital, divorcio y personas que viven juntos fuera del matrimonio son casi tan comunes dentro de la iglesia como en la sociedad en su totalidad. La iglesia ya no puede darse el lujo de simplemente ignorar tales asuntos con la esperanza que simplemente se van a desaparecer. Los pastores tienen que ser claros en su enseñanza y predicación que hay dimensiones morales a los asuntos sexuales que la gente enfrenta. Las iglesias necesitan unirse con los padres para proveer entrenamiento sexual, iniciando con los niños y continuando con los años de la adolescencia hasta el tiempo que la gente se prepara para el matrimonio. Mucho más importante, las iglesias necesitan ayudar a la gente a obtener una perspectiva propia del sexo. E. Glenn Hinson escribe: "Usted vive en una cultura que fomenta la auto-indulgencia, el egocentrismo y el egoísmo. Esta cultura utiliza el sexo para vender sus productos y establecer prioridades. Se degrada y distorsiona el sexo mediante la promoción como un fin en sí mismo en lugar de una expresión de la forma más elevada de amor humano de uno con el otro".[25]

PUNTOS DE VISTA DISTORSIONADOS

Nuestra sociedad ha tenido el punto de vista distorsionado que el cristianismo siempre ha estado y siempre estará en contra del sexo. Existe un elemento de verdad en este entendimiento. Ya en el siglo II hubo líderes de la iglesia que creían que el sexo era una obligación marital con el sólo propósito de producir hijos. Por siglos esta actitud dominó en la Iglesia Católica Romana. Promovió la virginidad y el celibato como superiores espiritualmente al matrimonio, el cual era visto la satisfacción de los deseos físicos más bajos. Una persona podía estar más cerca de Dios y servir efectivamente a la iglesia al enfocarse en la dimensión espiritual de la existencia y negar los deseos físicos del cuerpo. Hasta este día los sacerdotes católicos romanos y las monjas se les requiere que hagan un voto de celibato cuando entran en sus órdenes.

Simplemente ver al sexo en términos de un acto físico puede llevar a una gratificación auto-centrada con cualquiera en cualquier tiempo. Pero también existe un acercamiento positivo al entendimiento del sexo. Si Dios creó a los seres humanos como varón y mujer, existe un sentido de completar la intención de Dios cuando las parejas gozan el sexo dentro del matrimonio.

En Efesios 5 el apóstol Pablo explica el misterio de la relación de amor entre esposo y esposa al compararlo con la relación entre Cristo y la iglesia. Escribe de la pareja casada llegando a ser una carne. Luego, Pablo resume al decir: "Esto es un misterio profundo; yo me refiero a Cristo y a la iglesia. En todo caso, cada uno de ustedes ame también a su esposa como a sí mismo, y que la esposa respete a su esposo" (vv. 32-33). El matrimonio, en lugar de ser la satisfacción de los deseos carnales, se eleva a la más alta expresión visible de la iglesia en su relación con Dios.

Dios es relacional por naturaleza. Su propósito al crear a los humanos fue el de amarlos y tener una relación con ellos. Dios también nos creó para que pudiéramos tener amistad con otra gente. Hinson dice: "Dios es amor, y por eso Dios revela su deidad en todas las formas de mutua atracción entre los seres humanos pero especialmente en la amistad espiritual. Igualdad, mutualidad y apertura son marcas de tal amistad".[26] Si esto es verdad, una de las maneras que podemos conocer y amar a Dios es a través de las amistades humanas. Una relación espiritual con Dios puede engrandecerse por una profunda amistad espiritual con otro humano. Hinson concluye: "Una vida espiritual saludable debería hacerte más sensitivo, plenamente consciente y tierno de maneras que te ayude a evitar el abuso, disminuya las actitudes y comportamientos equivocados, preserve la pureza sexual y mejore la sexualidad".[27]

▶ LOS ASUNTOS SEXUALES Y EL MINISTERIO

En algún sentido puede ser difícil imaginarse por qué, si el sexo es una hermosa expresión de la afirmación de una pareja casada, también puede llegar a ser una fuerza mortal que puede destruir la carrera de un pastor si se utiliza equivocadamente. Sin embargo, la mala conducta sexual es una de las principales causas del fracaso pastoral.

Decirlo tan claramente como sea posible, los pastores no deben tomar ventaja sexual de otra gente en la congregación o permitir que se tome ventaja de ellos. Está totalmente fuera del carácter de uno que se ha comprometido a servir a otros en el nombre de Dios. Como Richard Gula explica: "La imitación del siervo-líder de Jesús nos llama a ser amables teniendo el mejor interés de otros en el corazón, en lugar de buscar y gratificar nuestras propias necesidades".[28] Como uno que ha sido llamado a un servicio especial en el reino de Dios, un pastor necesita ser tenido en el nivel más alto del comportamiento en la vida personal de uno. Willimon dice: "A menudo, cuando un pastor comete algún pecado público, existe alguien a su alrededor que trivializa el desliz diciendo: 'Bueno, los pastores son simplemente humanos'. Esto no sólo es un abuso curioso de la palabra humano, pero también una degradación de la vocación ministerial. Los pastores han sido llamados a ser más que humanos, así como todos los que son bautizados".[29]

¿POR QUÉ SE DAN POR VENCIDO LOS PASTORES?

Existen muchas razones por qué los pastores sucumben a la tentación sexual. Pudieran estar en un estado vulnerable. Quizá no están recibiendo la satisfacción que necesitan de sus propios matrimonios. Para las mujeres en el ministerio la tentación sexual pudiera nacer de una estrecha relación donde se le afirma y aprecia. Un pastor varón con una baja estima propia pudiera encontrar muy afirmador de su ego cuando una mujer atractiva le pone atención personal, lo complementa y quizá le toca un brazo. No es poco común para las mujeres el venir buscando ayuda pastoral que están necesitadas emocionalmente y que están buscando a alguien que esté dispuesto a escuchar sus preocupaciones. Una mujer así pudiera sentir que su esposo le pone poca atención a lo que ella está diciendo. He aquí un hombre que se sienta y se enfoca en todo lo que está sintiendo mientras habla. El pastor llega a ser el esposo ideal. Es todo lo que su esposo no es.

La tentación llega a ser más fuerte cuando un pastor está agotado espiritual, física y emocionalmente. Las señales de precaución que normalmente se encienden en el cerebro pueden pasar desapercibidas porque la voluntad para resistir no es tan fuerte.

En ocasiones la tentación puede venir cuando la gente trabaja unida en una relación de trabajo muy estrecha. Es común para los colegas de trabajo gastar juntos más tiempo en el trabajo que el tiempo que pasan con sus parejas. Es fácil desarrollar intimidad emocional con alguien del sexo opuesto porque estás compartiendo metas comunes así como enfrentando desafíos comunes. Los colegas principian a compartir detalles personales de sus vidas que pueden hacerlos más vulnerables a la intimidad sexual. Noyce declara: "Existe una dimensión sexual en todas las relaciones entre géneros. No podemos cortar la persona humana por categorías; no existe una línea absoluta de demarcación entre la atracción espiritual, intelectual y física en la relación humana".[30]

Las amistades humanas son muy importantes en nuestras vidas. Necesitamos estar conscientes que existen tentaciones potenciales de las que tenemos que protegernos. Debemos estar al tanto que ninguno está tan alejado del mundo que la tentación no lo pueda tocar. Exige diligencia de nuestra parte. Pedro advierte: "Practiquen el dominio propio y manténganse alerta. Su enemigo el diablo ronda como león rugiente, buscando a quién devorar" (1 Pedro 5:8). El versículo 9 ofrece la respuesta propia: "Resístanlo, manteniéndose firmes en la fe".

CÓMO RESPONDER

¿Cómo debemos responder cuando la tentación sexual ocurre? Richard Gula ofrece un principio general que es fundamental en el entendimiento humano. "En las relaciones donde un lado es más fuerte que el otro, o más en control del encuentro, la carga más grande de responsabilidad está en aquel que tiene el poder más grande".[31]

Algunas localidades en los Estados Unidos han tomado este principio como la base para las leyes que gobiernan la conducta de los profesionales, incluyendo el equipo pastoral. Se asume que el pastor es la persona en la relación con el poder más grande, y por tanto es al pastor al que se le hace responsable cuando algún comportamiento sexual impropio toma lugar. Las penalidades para tal conducta sexual mala pueden ser muy severas porque se considera una felonía. Al ministro se le hace responsable de asegurarse que nada impropio tome lugar de una naturaleza sexual cuando trata con sus feligreses.

TRANSFERENCIA, CONTRATRANSFERENCIA

Los pastores necesitan estar conscientes del peligro de *transferencia*, donde el aconsejado proyecta sus sentimientos y deseos de una naturaleza sexual en una sesión de consejería. A menudo esta persona buscará ayuda constante o contacto con el pastor como una forma de satisfacer sus deseos personales. Si siente que hay un problema con transferencia, necesita tomar precauciones extras en lugar de relajar su conducta personal en la situación. Archibald Hart dice: "La manera más segura de lidiar con la transferencia simplemente es recibirla como uno recibiría el sentimiento de un cliente. Ayude al cliente a ver que los sentimientos residen en él o ella, no en el consejero".[32] Si no se puede hacer con seguridad, tal vez sea mejor remitir a esta persona a otro consejero profesional.

Otro problema similar se llama *contratransferencia*. En este caso el pastor es el que tiene sentimientos de atracción sexual hacia la persona del sexo opuesto en la sesión de consejería. Esto puede suceder cuando el pastor busca las sesiones de consejería con esta persona, extiende el tiempo de las sesiones, o busca maneras de tener contacto entre las sesiones. Si un pastor reconoce las señales de la contratransferencia, es mejor remitirla antes de que la situación se salga de control. Aunque estos dos asuntos de *transferencia y contratransferencia* ya fueron abordados en un capítulo anterior, tienen relevancia cuando se trata con asuntos sexuales.

CASADOS Y SOLTEROS

Para aquellos que están casados, una de las mejores maneras de estar a salvo en contra de la infidelidad sexual es fortalecer el matrimonio y la relación familiar en casa. Los pastores enfrentan los mismos problemas matrimoniales y familiares que todos los demás. Las personas pueden estar muy ocupadas trabajando y no pasar tiempo juntos como matrimonio. Los niños se enferman; necesitan transportación a los eventos escolares; hacen demandas sobre el tiempo y energías de la pareja. Pastores que son felices con su pareja y familia en general son capaces de vencer las tentaciones más fácilmente que aquellos cuyas vidas familiares deja algo que desear. "Atender a nuestros matrimonios es un arte y una disciplina, y aprender ese arte es uno de los placeres de un buen matrimonio".[33]

Los pastores solteros necesitan enfrentar la tentación sexual con diferentes estrategias. En ocasiones los ministros solteros encuentran sus necesidades emocionales satisfechas por desarrollar una relación estrecha con una o dos familias de la iglesia. Estos pastores pueden ser invitados a reuniones familiares en días feriados u otras ocasiones. Pueden ser adoptados no oficialmente como parte de estas familias y desarrollar relaciones estrechas con los hijos y miembros de la familia extendida.

Claro, la iglesia ha reconocido desde hace mucho tiempo que existen ventajas al ministrar como solteros. Le da a uno el tiempo y la energía adicional para participar en el ministerio sin los impedimentos de las demandas del matrimonio y la familia. El apóstol Pablo reconoció que existen circunstancias cuando uno pudiera escoger no casarse. "A los solteros y a las viudas les digo que sería mejor que se quedaran como yo" (1 Corintios 7:8). Sin embargo, siendo que Pablo reconocía que algunos podían encontrar que vivir una vida célibe era muy dificultoso, añadió: "Pero si no pueden dominarse, que se casen, porque es preferible casarse que quemarse de pasión" (v.9).

EDIFICANDO VITALIDAD ESPIRITUAL

Existe una conexión entre una vitalidad espiritual baja y una resistencia baja a la tentación sexual. Es fácil para un pastor caer en el engaño de que, simplemente estar en el ministerio lo hace a uno inmune a las mentiras del diablo. O, el pastor comienza a engañar a otros e incluso meterse en un auto-engaño con la intención de justificar acciones que son impropias. El siguiente paso hacia abajo es tratar de ser menos honestos con Dios sobre este conflicto interno del corazón.

Para enfrentar este problema es importante iniciar con la dimensión espiritual de nuestras vidas. Gula observa: "Dado el eslabón que existe entre las energías de la espiritualidad y la sexualidad por el afán de buscar la plenitud y la comunión interpersonal, debemos mantener en mente el poder de la oración y otras disciplinas espirituales para calmar el corazón inquieto de uno que anhela la comunión y que finalmente encuentra esa plenitud solamente en Dios".[34] Al invertir tiempo con Dios podemos gozar una cercanía que no puede ser como ninguna otra relación humana. Cuando conocemos íntimamente a Dios, también tenemos una capacidad más grande en nuestras relaciones humanas, especialmente con un cónyuge.

▶ ESTABLECIENDO FRONTERAS EN EL MINISTERIO

Una de las mejores protecciones en contra de la mala conducta es determinar los límites externos del comportamiento, más allá de los cuales uno no quiere ir. A esto se refiere como *establecer fronteras*. Aunque algunos verán el levantar fronteras como siendo restrictivos, el mantener fronteras en realidad nos da libertad.

Hace muchos años se hizo un estudio sobre la importancia de las fronteras. Una escuela primaria evaluó sus terrenos y decidió que las bardas a su alrededor restringían la libertad de los estudiantes. Sin las bardas, razonaron, los niños no se sentirán encerrados. Serán capaces de liberar sus mentes porque no estarán encerrados como ganado. Así que, quitaron las bardas y los maestros esperaban que los estudiantes empezaran a expresar su nueva libertad de formas creativas. Lo que los adultos observaron cuando los estudiantes salieron al patio fue lo opuesto de lo que esperaban. Antes del cambio, los niños usaban cada área del patio, hasta donde estaba la barda. Pero cuando las bardas fueron eliminadas, sólo jugaban en el centro del área de juego. Nadie se aventuraba a las orillas del terreno de juego porque ya no se sentían seguros. Al final, las bardas regresaron. Los niños se sentían más libres cuando había fronteras para el período de recreo.

También los pastores funcionan mejor cuando tienen límites pre-determinados o reglas de conducta que gobiernan sus prácticas coti-dianas. Estas fronteras proveen protección y seguridad, tanto para el pastor como para el pueblo que es parte de la congregación. William Arnold dice: "El lugar seguro es la relación misma, en la que el profe-sional está consciente y es respetuoso de la vulnerabilidad del paciente o feligrés".[35] Arnold, en lugar de tratar de establecer un código gene-ral, se refiere a la propia conducta pastoral al sugerir que el pastor de-termine ciertas fronteras o límites, dentro de las cuales el pastor hará el ministerio, especialmente la consejería.

FRONTERAS DE LUGAR

El lugar físico donde se lleva a cabo la consejería envía un mensaje fuerte, no hablado, al aconsejado. Si un pastor establece una sesión de consejería con alguien más del género opuesto en un restaurante aislado, bien pudiera enviar la idea que hay otra agenda funcionando. Una oficina, por otro lado, verdaderamente da una imagen de trabajo. "Cuando la gente viene al estudio del pastor, por tanto, el lugar mis-mo establece ciertas expectativas y directrices para el comportamiento y el asunto. Estos límites proveen un sentido de seguridad. Esa seguridad a la vez provee libertad para explorar asuntos sensitivos con menos temor y daño".[36] Cada pastor tendrá gente que lo detendrá en el pasillo o en la calle, pero estas ocasiones no son normalmente consideradas como conse-jería formal. El pastor Jim Smith dice: "Una visita formal de consejería, con fronteras bien definidas, crea un ambiente de trabajo para el aconse-jado. Ha habido una cita y un acuerdo para iniciar en tiempo y terminar en tiempo. El tiempo de consejería se invierte productivamente".[37]

Existen algunas protecciones adicionales para aconsejar a una perso-na del género opuesto en la oficina o estudio del pastor. Es importante que alguien más esté presente en la iglesia y que los aconsejados estén conscientes que no están a solas con el pastor. Si una secretaria o un conserje pueden permanecer en el edificio, desarma el sentimiento que nadie sabrá lo que sucede. Si nadie más está a la disposición, un pastor podría pedirle a su cónyuge venir a la iglesia y estar en el edificio durante una sesión de consejería. Además, tener una ventana en la oficina, aun en la puerta de la oficina, recuerda tanto al pastor como al aconsejado que alguien pudiera entrar en cualquier momento. Si alguien quiere consejo en la iglesia y el pastor no puede encontrar a nadie que se quede en el edificio, sería mejor posponer la sesión hasta que alguien pueda estar presente y provea la necesaria protección.

Aconsejar en la casa del pastor en ocasiones pudiera ser una alternativa si el pastor no tiene una oficina o nadie puede estar en la iglesia. Ni debería decirse que debe estar su cónyuge o alguien más presente en la casa, aun si esa persona no está en el mismo cuarto. Si ningún otro lugar está disponible, en ocasiones la única alternativa será encontrarse en un área pública. Sin embargo, aun en un lugar público se pueden encontrar trampas. Tratamos de levantar fronteras que salvaguarden nuestra reputación cuando nos reunimos con una persona del sexo opuesto en un contexto público. Más importante, no vaya a la casa del aconsejado sin su cónyuge o un amigo de confianza que lo acompañe.

Arnold ofrece esta sugerencia adicional. "Muchos ministros del género femenino encuentran que tener una comida con un feligrés es más privado, menos formal, un tiempo para 'conversar'.Si se levanta un tema que necesita una discusión más profunda, entonces se puede arregla darle seguimiento en la oficina".[38] En donde sea que se encuentren, es buena idea dejar saber a alguien, su secretaria, un colega o su cónyuge, con quién está y dónde están reunidos. Esto provee protección si alguien dice haber visto al pastor con alguien más en un lugar público.

Establecer fronteras de localidad es importante, no sólo cuando se reúne con adultos del género opuesto, pero también cuando se reúne con niños, adolescentes e incluso adultos del mismo género que pudieran estar lidiando con asuntos de identidad sexual. Siempre es mejor errar del lado de la precaución. Si estuvo totalmente a solas con una persona y alguien lo acusa de conducta impropia, pudiera no tener otra defensa que su palabra.

FRONTERAS DE CONTACTO

Mucha gente hoy es muy muy sensible sobre su espacio personal y lo que sucede dentro de ese espacio. Austin Tucker observa sobre los pastores varones: "Hace una generación, un pastor era muy cuidadoso sobre mostrar afecto a las damas. No podía detenerle demasiado tiempo la mano al saludarla. Ahora se le considera sospechoso si abraza a otros hombres o niños de ambos sexos".[39] Parte del problema brota de la creciente sospecha hacia los pastores como resultado de la publicidad en los medios sobre la mala conducta sexual. La gente cuestiona los motivos de todos los pastores por la mala conducta de algunos.

También, los criterios que constituyen acoso sexual pueden ser vagos. Lo que un pastor pudiera intentar como un abrazo pastoral amigable puede interpretarse como un avance sexual no solicitado. Arnold dice: "Es una vergüenza que necesitemos ser muy sensibles sobre el toque físico, pero vivimos en un mundo en donde el toque físico a menudo es demasiado invasivo en lugar de ser una contención. Por otra parte, la sensibilidad al toque físico nos recuerda la fuerza poderosa y sanadora que puede ser cuando se ofrece con cuidado".[40]

El toque físico es una forma de afirmación de amistad y aprecio. Una persona joven retorna de su servicio en el ejército, y el área de recepción del aeropuerto está llena de familia y amigos muy felices. Hay abrazos y lágrimas en la celebración de bienvenida. La gente se abraza en reuniones de la universidad, funerales, fiestas de cumpleaños y recepciones de bodas. Es una expresión física que la gente utiliza para demostrar su amor y cariño unos a otros. Esto pudiera ser el equivalente contemporáneo de la amonestación expresada muy a menudo por Pablo en muchas de sus cartas: "Salúdense unos a otros con un beso santo" (Romanos 16:16).

El poder del toque físico puede ser poderoso cuando un pastor pone una mano en el brazo de una persona en un cuarto del hospital. Un toque en el hombro de un padre que está de luto por la pérdida de un niño pudiera hablar más en ese momento que cualquier palabra que pudieras decir. Pero el toque también es un medio de comunicación con un remitente, un destinatario y un mensaje. En ocasiones el asunto está influenciado por la personalidad: algunas personas son naturalmente abrazadoras, y algunas no. Y porque el mensaje no es verbal, la intención no siempre es clara. En nuestros días, la interpretación del mensaje por el destinatario se le ha dado alta credibilidad más que la intención del remitente. Su abrazo de apoyo a una persona del género opuesto al final de una sesión de consejería se puede leer por el aconsejado como un avance o invitación sexual. En casos de acoso sexual a la víctima generalmente se le pregunta: "¿Cómo te sentiste?" en lugar de "¿Qué piensas que era la intención de la otra persona?" Necesita estar consciente del mensaje no intencionado que pudiera estar diciendo con su toque físico.

Existen diferencias culturales con las que se tiene que tratar. Cuando visité Francia, noté que toda la gente en la iglesia se da beso unos a otros en ambas mejillas como parte de su práctica normal de saludo. Esto incluía a gente del sexo opuesto o del mismo. Por otro lado, otras culturas tienen fuertes tabúes sobre la gente tocándose una a la otra.

Una palabra de precaución o restricción para los pastores. Recuerda, pudiéramos estar enviando un mensaje no intencionado con nuestro toque físico que la otra persona puede encontrar ofensivo. Pregúntese:

"¿Por qué estoy tocando a esta persona? ¿Estoy ofreciendo el amor de Cristo, o esto crea un sentido de animación sexual?" Es mejor actuar con restricción que ponerse en una posición de ser mal entendido por sus acciones. Gary Collins dice: "Aun cuando el tocar puede ser una forma excelente de establecer contacto y dar apoyo, para cualquier individuo (incluyéndolo a usted) debe ser guiado por esta regla general: si tiene dudas ¡no lo haga!"[41]

FRONTERAS DE EMOCIÓN

Necesitamos entender que como humanos, nuestras palabras y acciones están estrechamente relacionadas con nuestras emociones. Ciertas palabras o combinaciones de palabras tienen un gran poder emocional. Piense en las emociones que vienen con la sola mención de las palabras tales como *madre, familia, país* o incluso *Dios*. Esta es la razón por qué algunas personas gozan de la poesía. Puede evocar poderosas imágenes que pueden penetrar hasta el centro del corazón. En el lenguaje español esta es una palabra que puede expresar cómo nos sentimos sobre las cosas desde una pizza, hasta nuestro cónyuge e incluso Dios. Es fácil que nuestras palabras sean malinterpretadas emocionalmente por otros. Arnold advierte: "Podemos asegurarle a una persona de nuestro amor y cuidado sólo para descubrir más tarde que nuestras palabras fueron escuchadas como una propuesta o una relación más íntima. Asegurarle a una persona que él o ella son 'especiales' para nosotros pudiera ser interpretada como permiso para que ellos nos llamen o se aparezcan sin previo aviso en dondequiera que nosotros estemos".[42]

Necesitamos ser cándidos sobre nuestros propios sentimientos también. Si somos honestos con nosotros mismos, sabemos de nuestra gran habilidad para autoengañarnos. Es fácil negar que sentimos atracción hacia otro individuo. Sin embargo, aun cuando los sentimientos pudieran sepultarse muy por debajo de la superficie, todavía están vivos y coleando. Un mejor acercamiento es reconocer que tales sentimientos en realidad existen. Al mismo tiempo necesitamos entender que no debemos ser dominados por nuestros sentimientos o emociones. Pueden ser controlados. Necesitamos examinar las consecuencias que siguen a estas tentaciones de la emoción que pudiera tener sobre nuestra familia, amigos y nuestra reputación. ¿Cuáles son las consecuencias profesionales de ceder a nuestras emociones y perder el privilegio de satisfacer nuestro llamamiento como ministros? También, ¿qué pensará Dios sobre nuestras acciones si seguimos estos sentimientos equivocados?

José en Génesis 39 tiene que haber entendido el peligro de responder a las emociones de otra persona. La esposa de Potifar hizo todo lo posible para atraerlo a una relación sexual ilícita. Era joven, guapo y lo encontraba atractivo. Un día lo tomó de sus ropas y de nuevo trató

de seducirlo. ¿Estuvo bajo la tentación emocional y física? ¡Absolutamente! Pero José también sabía que era equivocado y se dio cuenta que
podría tener consecuencias devastadoras. Tomó una decisión y acción
inmediata. Él "dejando el manto en manos de ella, salió corriendo de la
casa" (v.12). Cada vez que estemos acercándonos a la línea fronteriza de
la emoción, necesitamos enfrentarla, y si es necesario, huir.

FRONTERAS DE TIEMPO

Los miembros del rebaño pudieran sentir que el pastor debe estar
trabajando 24 horas al día, los siete días a la semana para ayudarles con
sus necesidades. Por razones que, en general, no cobran por su tiempo,
algunas personas piensan que tienen el derecho de un acceso pastoral
sin límites. También, aunque los pastores necesitan pasar tiempo cada
semana con la congregación y la gente de la comunidad, también necesitan tener tiempo para la oración, el estudio bíblico y la preparación
del sermón. Cada pastor tiene una responsabilidad, como parte de su
compromiso espiritual a la congregación, de estar a la disposición en
tiempos de necesidad. Para algunos, esto es parte natural de su personalidad. Aman estar con la gente y pudieran pasar todo su tiempo con
otros. Otros pudieran descubrir que proveer cuidado personal es algo
que no es natural y que les demanda gran esfuerzo, así que lo evitarán
tanto como les sea posible.

Ambas posiciones, la falta de disponibilidad y la total disponibilidad
no son saludables si se llevan a los extremos. Cada pastor tiene que llegar
a un entendimiento de cuánto tiempo cada semana debe dedicar al cuidado de otros, basado sobre sus tendencias personales y el tiempo necesario
para llevar a cabo las otras responsabilidades de la iglesia.

Tener consciencia de las restricciones de tiempo es importante cuando
un pastor tiene la responsabilidad de la consejería. Smith escribe: "Probablemente, es mejor para la salud mental de un pastor no dedicar más de 10
ó 12 horas a la semana para la consejería, a menos que ésta sea su principal
responsabilidad".[43] Si es posible, trate de realizar las sesiones de consejería
durante el horario normal de trabajo. Aunque existen emergencias, en general la gente puede lllegar al lugar y en el momento adecuado que brinde la
mayor seguridad para todos. La mayoría de la gente no objetará sobre una
cita cuando necesitan ver a un médico para una necesidad física seria.

Aunque necesitamos ser flexibles cuando trabajamos con los horarios de las personas, también necesitamos administrar nuestro propio
tiempo. A menudo el problema del tiempo de un pastor no es tanto la
falta de tiempo sino una pobre administración del tiempo que tiene
disponible. Uno puede correr de una actividad a otra desde la mañana
hasta la noche, y mantenerse ocupado mientras ignora las necesidades
más importantes de la congregación. Por que a los pastores les importan

los demás, fácilmente pueden caer en el agotamiento y luego en el desánimo. Noyce escribe: "El agotamiento viene a la persona compasiva, pastoral, con la misma facilidad como viene al activista social compasivo".[44]

Una clave para desarrollar fronteras de tiempo es mantener y administrar un calendario. Parte del tiempo en ese calendario semanal necesita ser reservado para su matrimonio y familia. Una de las mejores formas de proteger el tiempo familiar es ponerlo por escrito en aquellos bloques de tiempo que quiere dejar como tiempo familiar. Si una persona pide una cita en uno de esos tiempos, con toda honestidad puedes decirle que el tiempo ya está reservado. Los pastores son los que, al final de cuentas, deciden cómo usan su tiempo.

A cada uno de nosotros se nos ha dado las mismas 168 horas cada semana. Podemos perder nuestro tiempo durmiéndonos tarde y salir temprano. Podemos quejarnos del hecho que no tenemos suficiente tiempo para lograr que se hagan todas las cosas. Podemos, neciamente, dejar de hacer las cosas importantes y dedicar nuestro tiempo y esfuerzo en cosas que, a la larga, importan poco. Dios nos dio estas 168 horas que, cuando se van, jamás regresarán. ¿Cómo utilizará esas preciosas horas? Como mayordomos de todas las bendiciones de Dios, incluyendo el tiempo, necesitamos utilizar sabiamente los momentos que se nos da.

▶ VIVIENDO CON INTEGRIDAD

Todos admiramos a las personas de integridad. Una persona fue electa a un muy alto y prestigioso puesto de su denominación. Sentía la presión de aceptar esa posición por la confianza que la gente ponía en él. Estaban seguros que podía hacer el trabajo. Pero este hombre también era una persona de integridad. También conocía que este era un llamado de Dios para su futuro. Después de orar y buscar la dirección de Dios, regresó al grupo que lo había elegido y anunció que no podía aceptar el honor y el oficio porque no podía decir con honestidad que Dios lo había liberado de su asignación actual. La multitud se puso de pie con una ovación porque estaban en la presencia de un hombre que ponía su integridad por encima de su ego personal.

La integridad es mucho más que lo que hacemos. Es quiénes somos. Sin embargo, esta integridad interna tiene que llevarnos hacia las acciones externas. Rick Ezell dice: "Una persona de carácter es total; su vida es un todo. La gente con integridad no tiene nada qué esconder y nada qué temer. Sus vidas son libros abiertos".[45]

Aunque la integridad es altamente valorada, fácilmente se pierde. Si bien uno puede destruir una reputación en un solo acto público de algún delito, la integridad también puede perderse por una serie de pequeños compromisos aparentemente insignificantes durante un período de tiempo.

En Génesis 13 al sobrino de Abraham, Lot, se le dio el escogimiento de observar la tierra, y seleccionó la planicie fértil que incluía la región de la Capital del Pecado, Sodoma. Al inicio fue atraído por la pastura de toda la planicie, pero lentamente se movió más y más cerca a Sodoma. Él fue "estableciendo su campamento cerca de la ciudad de Sodoma" (v.12) y pronto "habitaba en Sodoma" (14:12). Aunque le incomodaba el estilo desenfrenado de sus vecinos (de acuerdo a 2 Pedro 2:7), llegó a ser un anciano de la ciudad (Génesis 19). Cuando finalmente Dios destruyó a Sodoma, la esposa de Lot murió porque había llegado a estar tan apegada al estilo de vida que no podía soportar dejarla. La pérdida de integridad de Lot también afecto a sus dos hijas que huyeron de la ciudad con él.

Nuestra integridad muestra cuando nuestras vidas externas auténticamente reflejan quiénes somos por dentro. Hablamos la verdad y rechazamos la falsedad. Antiguamente sucedía que la palabra de una persona era el compromiso de la persona. Ahora necesitamos contratos legales simplemente para asegurarnos que los lados harán lo que prometen. Un triste testimonio de nuestra falta de integridad como cultura es la necesidad de pruebas con detectores de mentiras.

Gente con integridad se para al lado de lo correcto aun cuando no es popular. Rick Ezell cuenta de un nuevo cirujano que tenía una reputación de ser áspero con las enfermeras y otros que trabajaban en las cirugías. Al final de su primer día se le informó que aunque el equipo quirúrgico había comenzado con 12 esponjas, sólo podían contar 11. El doctor declaró que había quitado todas las esponjas, pero la enfermera insistió que sólo podía contar 11. Con un tono autoritario el cirujano dijo que suturaría la incisión. Aun cuando eso pudiera significar su trabajo por insubordinación, la enfermera le gritó al cirujano para que se detuviera. Fue entonces que el cirujano movió su pie para revelar la esponja número 12 bajo su pie. Le sonrió y le dijo: "Tú vales".[46] La integridad significa saber lo que es correcto y hacerlo. Los cristianos ponen mucha importancia en saber que su pastor es, ante todo, una persona de integridad.

▶ UN GRAN LLAMAMIENTO

En ocasiones, existe la tentación de mirar la vocación del ministerio pastoral y sentirse abrumado. Las expectativas de la iglesia en ocasiones no son claras. Las tareas pudieran ser más de las que alguna persona puede hacer. Las necesidades de las personas pueden exceder las energías y habilidades incluso del mejor pastor. La comunidad pone su importancia en términos de influencia un poco más alto que se puede alcanzar. El potencial para el crecimiento parece no ser existente. La congregación no parece apreciar sus esfuerzos. La gente de la que depende para que le ayude tiene serios problemas. Y la lista sigue. ¿Quién en este mundo quiere ser pastor? En ocasiones todo lo que lo detiene es saber que Dios lo ha llamado.

Los lunes por la mañana pueden ser brutales especialmente cuando está emocionalmente acabado después de un domingo ocupado. Es muy factible querer renunciar los lunes. Pero luego viene el martes y alguien se detiene con un saco de maíz nuevo y algunos tomates jugosos y ricos "para la familia del pastor". El miércoles por la tarde tiene la oportunidad de ayudar a una joven pareja a reparar un matrimonio que parecía destinada a la corte del divorcio. El jueves por la mañana está tan feliz por el pasaje de la Escritura para su sermón que simplemente no puede escribir sus ideas lo suficientemente rápido. Después de la escuela el viernes un adolescente de su iglesia se reúne con usted para un refresco y te dice que Dios le está hablando sobre la posibilidad de entrar al ministerio pastoral. Pasa la siguiente hora animando a esa persona joven a seguir la voluntad de Dios. El sábado es un hermoso día y pasas la tarde con tu familia en un día de campo. El tiempo es tan descansado que te deja con muchas energías. Y luego es domingo por la mañana. Hay una nueva pareja que asiste a su clase de escuela dominical. La presencia de Dios es tan real mientras la congregación adora que siente que puede estira sus manos y tocarlo. Es capaz de predicar con un sentido de libertad y ungimiento. La respuesta de la gente es abrumadora. Se para en la puerta hasta que la última persona se va a casa y se dice: "¡Vaya! No cambiaría este trabajo por nada. ¡Este fue un gran domingo!"

Ser pastor tiene sus momentos altos, de éxtasis, seguidos por tiempos secos y de desánimo. Puede ser una existencia como una montaña rusa. Usted lo sabe y en ocasiones incluso la gente de la congregación lo puede ver. Pero la mayoría de ellos mira debajo de la superficie para ver quién es usted. Ellos están mirando su carácter. Se preguntan: ¿Podemos confiar en nuestro pastor porque él o ella exhiben las características que esperamos de un cristiano? ¿Vive nuestro pastor durante la semana la clase de vida que él o ella predica el domingo?

Lo que la gente quiere, más que nada, es un pastor al que puedan respetar y seguir, uno cuyo carácter y conducta esté por encima del reproche.

▶ Preguntas Para la Reflexión

▷ ¿Por qué los feligreses tienen el derecho de saber si su pastor no compartirá sus historias con otros?

▷ ¿Cuáles son algunas formas en que los pastores pueden protegerse a sí mismos de ceder a la tentación sexual?

▷ ¿Cómo puede un pastor demostrar integridad frente a una congregación? Dé algunos ejemplos específicos.

La Vida Personal del Pastor

Después de dos años en su primer pastorado Darren Anderson había llegado al final de su cuerda. Se suponía que no debería ser así. Se había movido a esta pequeña comunidad con algunas nociones idealistas sobre el ministerio, pero no estaba preparado para lo que había experimentado hasta este momento.

Darren sabía que no encajaba en el perfil típico que la mayoría de las iglesias busca en un pastor. Por un lado, no estaba casado. No pensaba que era un gran problema, pero descubrió que unas cuantas mujeres de la iglesia sentían que él no entendía sus puntos de vista en algunos asuntos. Quizá estaban correctas. Quizá si tuviera esposa tendría alguien con quien hablar, alguien que pudiera escuchar sus frustraciones y le ayudara a entender la perspectiva femenina.

Otra cosa que le hacía falta era un trasfondo en asuntos denominacionales. Darren había llegado a ser cristiano durante su primer año en el colegio. Ninguno en su familia había alguna vez asistido a alguna iglesia con regularidad, así que no conocía prácticamente nada sobre tener una fe personal. Había escogido una universidad cristiana porque le habían ofrecido una beca para jugar béisbol. Fue durante los servicios de capilla en su primer semestre que Dios no sólo cambió su corazón sino lo había llamado a una nueva vocación, el ministerio pastoral.

Durante su cuarto año Darren trató de aprender todo lo que pudo del pastor con el que trabajó durante su requerido internado, pero había muchos asuntos ministeriales que nunca había pensado hasta que la gente lo llamó pastor. Los feligreses constantemente estaban trayéndole alguna regla no escrita o costumbre de la práctica de la iglesia que todos (menos él) parecían entender. ¿Cómo era posible que él conociera todo lo intrincado de la cultura y práctica de la iglesia? Nunca le habían enseñado estas cosas en la escuela.

Darren también luchó con el uso de su tiempo. Varias personas en la iglesia sostenían la noción que siendo que él no estaba casado no necesitaba un día libre. Por ejemplo, se esperaba que estuviera en todas las reuniones del comité y los ocho miembros de la clase de escuela dominical de los adultos mayores se lo hicieron claro que necesitaba visitarlos en sus casas al menos una vez al mes.

Pero Darren también contribuía al problema. Desesperadamente quería demostrarle a su padre que no era un fracaso hasta el punto que casi se mataba tratando de tener éxito. En las semanas comunes, trabajaba 75 horas. Y no era raro que durante una semana ocupada trabajara 90 horas o más.

Aunque la reserva emocional de Darren ya estaba del lado negativo y vacía, seguía trabajando, semana tras semana, sin un día de descanso. Cómo podía darse el lujo de tomar algún tiempo de descanso cuando había tanto trabajo qué hacer y tan poca gente dispuesta a hacer su parte.

Le ayudaría mucho si tan solo tuviera una persona con la que pudiera hablar sobre asuntos ministeriales. Pero el colega más cercano que realmente conocía y confiaba vivía a cuatro horas en otro estado.

Darren se preguntaba si su actual estilo de vida era normal para la gente en el ministerio. Quizá no tenía lo que se requiere para ser pastor. Si tan sólo tuviera a alguien con quien hablar, sólo para obtener perspectiva. Pero siendo que no había nadie que le ayudara a su alrededor, muchos días pensaba seriamente de abandonar el trabajo.

Un día lunes Darren estaba sentado en una cafetería para desayunar, temiendo ya toda su agenda llena. Peg, la mesera que le servía todos los días, dijo: "Pastor Darren, me encantaría que conociera a este hombre. Pastorea en el siguiente pueblo pero a menudo viene aquí para alguna comida cuando quiere retirarse por unas cuantas horas. Permítame presentarlos. Quizá tengan muchas cosas en común".

Jack Collins estaba de frente y apretó cálidamente la mano de Darren y le invitó a unirse con él en su mesa. No tomó tiempo para que sintieran que había un vínculo de amistad. Aunque venían de trasfondos teológicos diferentes, y Jack tenía al menos unos 15 años más, Darren sintió que aquí estaba un verdadero hermano, uno que podría entenderle y darle alguna dirección. Mientras Darren comenzaba a compartir algunas de sus frustraciones, Jack sentía que Dios le había dirigido allí esa mañana para ser un mentor y amigo de este pastor joven y sin experiencia.

Antes de abandonar la cafetería aquella mañana hicieron un pacto de reunirse cada lunes por la mañana para desayunar y conversar.

Darren descubrió que la experiencia de Jack como pastor le daba un patrón de apoyo para reorganizar su agenda de trabajo y sus prioridades. Jack también era una persona segura y confiable, alguien que no le juzgaría cuando ventilara sus frustraciones.

Para Jack, ver la lucha y el crecimiento de Darren, le llevó a sus primeros días de ministerio como miembro de un equipo pastoral de una iglesia grande. El pastor titular había jugado tenis con Jack todos los miércoles a mediodía y luego lo llevaba a comer donde platicaban. Jack ahora entendía qué importante había sido esa relación mientras iniciaba, con todas sus preguntas y dudas. Desde entonces Jack había querido ser esa clase de mentor-amigo de alguien más en el ministerio. Y aquí estaba su oportunidad: Darren, un joven de una denominación diferente, pastoreando en un pueblo diferente.

Dios los había unido con un propósito. Ahora Darren podía llegar a ser más competente para el ministerio. Respecto a Jack, Dios cumplía su deseo *de llegar a ser un mentor, como el apóstol Pablo, ayudando a los Timoteos jóvenes que iniciaban como pastores. Ambos encontraron realización y satisfacción en esa relación.*

▶ DESPUÉS DE TODO, ¿QUIÉN SOY?

A menudo obtenemos una pista de la identidad de una persona por la clase de sombrero que trae en la cabeza. En ocasiones es el estilo de sombrero. Cuando vivía en el occidente de los Estados Unidos y veía a una persona con un sombrero de vaquero, sucio y arrugado, podía asumir que esta persona en realidad había gastado tiempo en un caballo siguiendo al ganado. En invierno, ciertos tipos de sombreros tejidos se asocian con esquiadores y practicantes de deportes de nieve. Algunas cachuchas anuncian alguna fidelidad a un equipo deportivo o a algún negocio. Si uno trae un sombrero que anuncia alguna marca de alimentos y semillas, existe la gran posibilidad que la persona sea un campesino.

¿Qué clase de sombrero usa un pastor? Hablando literalmente, aunque algunas religiones pudieran pedir a su clero tener sus cabezas cubiertas para ocasiones especiales, en mi cultura no existe algún cubre-cabeza uniforme que pudiera identificarlo a uno como pastor. Sin embargo, el asunto de qué usa el clero en la cabeza se pone un poco más complicado cuando hablamos alegóricamente, porque simbólicamente utilizamos muchos sombreros.

Nos ponemos nuestro sombrero pastoral cuando asumimos el papel mientras trabajamos en la iglesia o representamos a Cristo en la comunidad. Pero no somos sólo pastores. Como individuos usamos diferentes sombreros, en otras palabras, tomamos otros papeles, como cónyuge, miembro de la familia, amigo, colega, líder comunitario, fanático de los deportes, vecino, ser humano, etcétera. Por esta razón, los pastores en ocasiones luchamos identificando qué sombrero están usando ellos en dado momento.

Quizá su hija de 10 años ha ganado la competencia de gramática para su grupo y ha sido invitada a participar en una competencia a nivel de la ciudad a las 10:00 de la mañana. Mira su horario y descubre que un anciano santo de su iglesia a esa misma hora tendrá una cirugía de reemplazo de cadera en un hospital a sesenta km de allí. ¿Qué papel debe asumir esa mañana: su papel pastoral o su responsabilidad paternal?

O, quizá ha sido seleccionado para ser uno de los pocos pastores de una comisión denominacional internacional que estudia el futuro de la iglesia. El gozo de este honor es atenuado porque entra en conflicto con una reunión que la familia de su cónyuge ha estado planeando por los últimos dos años para honrar el cumpleaños 90 del patriarca de la familia. Sus hijos quieren ir a la reunión familiar porque será un gran lugar vacacional con muchas actividades. Sin embargo, la oportunidad de servir en tal comisión denominacional viene una vez en la vida. Ambas son actividades importantes, pero usted sólo puedes participar en una.

En realidad, la totalidad del ministerio no involucra tales decisiones del momento. En lugar de eso, la mayoría de las semanas serán clasificadas como ordinarias. Los pastores trabajan durante la semana preparando un sermón que predicarán o prepararse para otro papel el domingo. Luego, inician de nuevo, haciendo la misma preparación para la próxima semana. La gente viene para hablarnos sobre sus asuntos, y descubrimos, después de algún tiempo, que estamos escuchando los mismos problemas una y otra vez. La gente que pastoreamos es, en su mayor parte, la misma gente que conocimos cuando nos mudamos a la iglesia.

El ministerio pastoral es más bien lidiar con los procesos que terminar tareas. Oh, hay dedicaciones de edificios y la partida de los santos que se les ha terminado su carrera; parece que la mayor parte del ministerio no es de la clase que se puede terminar en una semana ya que continúa en las vidas de las personas. Esto puede crear frustración, porque en ocasiones es difícil saber dónde termina la vida privada de uno y dónde comienza el ministerio.

Supongamos que ha salido a una "cita" su cónyuge a un buen restaurante porque necesita tiempo para conectarse. Al tiempo que están listos para ordenar, una pareja de su iglesia los ve y les pide si está bien que ellos se unan con ustedes en la mesa para cenar. Usted siente que no puede decirles que no, aun cuando realmente necesita ese tiempo para su matrimonio. Cuando sus huéspedes se sientan en las otras dos sillas, su papel cambia de cónyuge a pastor.

Ciertamente hay recompensas que cualquier pastor siente cuando sus feligreses crecen y se desarrollan. Es humillante saber que tenemos una parte en el proceso de maduración en el Espíritu. Pero los pastores también pueden experimentar desilusiones profundas cuando la gente deja la congregación o, peor, abandonan la fe y llegan a ser bajas del Reino.

El nivel de frustración aumenta cuando las demandas del ministerio parecen robarte todo su tiempo y energía. No está seguro que realmente esté calificado o tenga los dones para hacer algunas de las tareas que caen sobre sus hombros simplemente porque es el pastor.

Es difícil caminar sobre las aguas cuando sus pies están hechos de barro.

Tal vez esa es la razón por qué Pablo nos recuerda: "Pero tenemos este tesoro en vasijas de barro para que se vea que tan sublime poder viene de Dios y no de nosotros" (2 Corintios 4:7). Dios conoce que somos humanos, y necesitamos aprender a aceptarnos a nosotros mismos de la misma manera.

▶ ENTENDIÉNDOTE A TI MISMO

Si como pastores hemos de ser efectivos para ayudar a otros, tenemos que comenzar con un estudio honesto de nuestras vidas personales. Esto es más fácil decirlo que hacerlo. Aunque parece obvio que nos conociésemos mejor que a cualquier otra persona, otros ven aspectos de nuestras vidas que nosotros no podemos observar.

Examinar nuestras vidas puede ser un proceso doloroso. Una razón es que podemos ser astutos en engañarnos a nosotros mismos. Podemos crear una imagen de lo que nos gustaría ser sin hacer el esfuerzo de hacer los cambios que se necesitan hacer para llegar a ser esa persona. En el corazón de nuestro ser bien pudiéramos estar preocupados de nuestros propios intereses, en lugar de los intereses de otros, o bien pudiéramos estar deseosos de agradar a otros que no podemos pensar sobre nuestras propias necesidades. El sendero al verdadero conocimiento propio es en ocasiones más fácil con la ayuda de otro individuo que nos puede ver objetivamente. Pero tiene que comenzar con nuestro deseo de dar un vistazo realista de nosotros mismos. Tal peregrinación pudiera principiar por contestar honestamente las siguientes preguntas.

¿REALMENTE QUIERO SER COMO JESÚS?

Aunque esta pregunta pudiera parecer tan básica que la respuesta es obvia, en realidad es la pregunta central del ministerio. Si nuestra respuesta es sí, entonces es lógico razonar que tenemos que estar dispuestos a hacer todo lo que podemos, para que por la gracia de Dios, lleguemos a ser más como Cristo. Nuestro llegar a ser más como Jesús brota del tiempo cualitativo que invirtamos en relación con él. Pero pudiera ser que apartar tiempo para estar con Dios se vuela un desafío. Richard Armstrong escribe: "Nada es más esencial para su sobrevivencia en el ministerio que su vida devocional... Algunos fracasan en iniciar porque piensan que no tienen tiempo para hacer lo que realmente les gusta hacer. ...Si aún no ha abierto su corazón, alma y mente a la presencia de Dios, el tiempo para hacerlo no es más tarde, sino ahora".[1]

Cada día, encuentre tiempo para la oración privada y la lectura de la Palabra, así como para seguir otras disciplinas espirituales. Tal vez ha leído sobre algún santo del pasado que se levantaba a las 4:00 de la mañana para orar. Bien pudiera ser una persona nocturna que no puede tener un pensamiento coherente antes de las 8:00 de la mañana y no se pueda imaginar levantarse temprano con regularidad. Si es una persona que le gusta la mañana, pudiera leer con maravilla y sorpresa las historias de Jesús pasando la noche en oración, porque apenas puede mantener sus ojos abiertos después de las 9:00 de la noche. El tiempo del día que pase con Jesús no es tan importante como el que desarrolle la práctica de tener una cita diaria con Él. Cómo y cuándo practica sus hábitos devocionales deben encajar con su temperamento y personalidad.

Así mismo, no deje un método particular llegue a ser una camisa de fuerza, restringiendo la manera en que Dios quiere interactuar con usted. Hay personas que les gusta orar arrodilladas por una hora. Otras encuentran liberador caminar y orar fuera de la casa o en el templo de la iglesia. Hay gente que se les hace difícil concentrarse en alguna tarea por mucho tiempo y optan por dos o tres segmentos devocionales a través del día. Cuando estaba en el pastorado, orar semanalmente con otros pastores locales me mantenía responsable de mi desarrollo espiritual. Otros prefieren reunirse periódicamente con un guía espiritual personal quien sería objetivo sobre su progreso espiritual. Siga experimentando hasta que encuentre un acercamiento que funcione efectivamente para usted.

Recientemente ha habido un resurgimiento del interés en la formación espiritual entre los protestantes. Autores como Richard Foster, Dallas Willard y otros nos han ayudado para aplicar algunas de las prácticas antiguas de la iglesia a nuestra época contemporánea. Los pastores pueden tomar ventaja de muchos excelentes seminarios, conferencias y retiros diseñados para ayudar en desarrollar la vida interior con Dios. Con todas las ayudas a la mano, la ignorancia no es excusa. Para cada uno de nosotros desciende la pregunta personal ¿qué tanto quiero ser como Cristo? Las palabras del antiguo canto evangélico forma una maravillosa oración:

> Un solo anhelo buscaré
> El parecerme a Jesús.
> A esto fervientemente aspiro
> El parecerme a Jesús.
> Quiero que mi corazón sea su hogar
> Para que un mundo que ve pueda ver
> Su semejanza brillando en mí.
> Yo quiero ser cual Jesús.[2]
> ¿Estoy dispuesto a ser un ejemplo para otros?

Algunos pastores luchan con la idea que se espera de ellos que vivan un nivel moral de conducta más alto que sus feligreses. Su argumento es que los pastores son humanos, como todos los demás. Siendo que todos los creyentes son llamados a ser semejantes a Cristo, ¿por qué la gente en el ministerio debe exigírseles un estándar más alto de conducta que los laicos en las bancas? Sin embargo, como William Willimon argumenta, ser un ejemplo es un papel que un pastor no puede escapar.

"Pienso que la mayoría de los problemas éticos de los pastores no se debe a que se nos olvida que somos 'personas', sino mas bien que se nos olvida que somos pastores. ... Aunque los pastores pudieran darle la vuelta a la carga, no hay manera de escapar a la verdad que somos llamados a ser 'ejemplos para el rebaño', como la mayoría de los ritos de ordenación lo expresan, citando 1 Pedro 5:3".[3]

El apóstol Pablo ciertamente no tenía problemas, como pastor, de asumir el papel de modelo de la fe ante una congregación. Atrevidamente proclama a la iglesia de Corinto: "Imítenme a mí, como yo imito a Cristo" (1 Corintios 11:1). Cuando Pablo dejó la iglesia de Filipo, la primera iglesia que estableció en el continente europeo, no tenía un manual escrito sobre la conducta de la iglesia para dejarles después de su partida. El único patrón de vida era el suyo propio, y las vidas de sus compañeros Silas y Lucas. Esta es la razón del por qué le dijo a esta joven iglesia más tarde en una carta: "Hermanos, sigan todos mi ejemplo, y fíjense en los que se comportan conforme al modelo que les hemos dado" (Filipenses 3:17). Pablo elogió a los cristianos en Tesalónica cuando escribió: "Ustedes se hicieron imitadores nuestros y del Señor cuando, a pesar de mucho sufrimiento, recibieron el mensaje con la alegría que infunde el Espíritu Santo. De esta manera se constituyeron en ejemplo para todos los creyentes de Macedonia y de Acaya" (1 Tesalonicenses 1:6-7).

La idea de ser ejemplo va en contra de la actitud actual de la cultura moderna de "vive y deja vivir", con una aceptación sin ningún juicio. En la mente de muchos hoy, no existen estándares objetivos de una conducta correcta e incorrecta. Cada persona puede determinar un código personal de conducta. Esto realmente es retornar a un acercamiento sin moralidad del Israel descrito durante el período de los jueces. "En aquella época no había rey en Israel; cada uno hacía lo que le parecía mejor" (Jueces 17:6).

Dado el clima actual de tolerancia en algunas denominaciones y la aceptación de actividades que claramente están en oposición a los estándares bíblicos, muchos laicos han quedado confusos y desilusionados. Existen equipos ministeriales hoy que no sólo no quieren declarar ninguna actividad como pecaminosa sino tampoco quieren ser considerados como ejemplos de vida moral porque eso sería considerado como condenación a otros puntos de vista. Willimon contrapuntea esta actitud actual. "No estamos siendo inocentemente idealistas o demandantemente realistas cuando le pedimos a nuestros líderes a ser personas ejemplares y, cuando demuestren que no lo son, pedirles que abandonen sus posiciones de liderazgo. Las necesidades de la comunidad son superiores a las necesidades de sus líderes".[4]

Les guste o no, los pastores tienen que ser ejemplos a los creyentes. Pablo trata con las implicaciones prácticas de ser un ejemplo en 1 Corintios 8, cuando discute el alimento sacrificado a los ídolos. Para Pablo, estos ídolos no eran verdaderos dioses. El alimento en sí mismo venía del Dios creador, y Pablo se sentía muy cómodo comiendo esta carne sin ningún efecto espiritual negativo. Pero había algunos creyentes nuevos que habían salido de esa cultura que adoraba ídolos. Estas personas no se podían convencer en comer estos alimentos. Sobre el asunto de los derechos personales y la libertad versus la destrucción de la fe de una persona débil, la posición de Pablo es clara como el cristal. "Por lo tanto, si mi comida ocasiona la caída de mi hermano, no comeré carne jamás, para no hacerlo caer en pecado" (1 Corintios 8:13).

¿Significa esto que el pastor necesita vivir con los estándares más altos de un legalista extremo? ¡No! Pablo no se sometería a las opiniones de los judaizantes, que insistían que los cristianos judíos no comieran con los cristianos gentiles. Se opuso a Pedro en Gálatas 2 por permitir que los legalistas le quitaran la libertad en Cristo a Pedro de tratar a todos los creyentes por igual. Pablo distingue entre las necesidades de los cristianos débiles, inmaduros y la presión mal informada de aquellos que no entienden la gracia.

Porque los pastores son ejemplos, necesitamos evaluar lo que hacemos, no sólo por nuestro entendimiento de la voluntad de Dios para nuestras vidas sino también por cómo nuestras acciones impactan a otros en la iglesia. El pastor Paul Cedar acerca de este asunto dice: "Creo que hay ciertas actividades a las que los líderes cristianos simplemente no pueden asistir con integridad. No estoy sugiriendo que establezcamos estándares legalistas, pero he visto a muchos pastores y líderes cristianos involucrarse en actividades que son perjudiciales para ellos, sus familias y la gente a la que sirven".[5] Cedar cuenta una historia personal de una comida comunitaria en Los Ángeles a donde se le pidió que hiciera la invocación. Estaba sentado al lado del jefe de policía, el orador de esa tarde. Los meseros comenzaron a servir vino. En otras ocasiones simplemente hubiera dejado al mesero servir un vaso antes de objetar, aunque no tenía la intención de beber el vino. Sin embargo, esa noche quietamente le pidió al mesero que se llevara los vasos de vino. El siguiente día por la mañana la fotografía en la página principal de *Los Angeles Times* mostraba a Paul Cedar y al jefe de policía sentados juntos en una mesa. El vaso de vino de Cedar no estaba mientras que el vaso del orador estaba lleno. "Mi primer pensamiento fue, ¿qué hubiera parecido si hubiese permitido que el mesero dejara un vaso lleno. Esa experiencia, entre otras, me hizo entender la verdad que cuando estoy envuelto en asuntos seculares, mi integridad es examinada aun más de cerca".[6]

¿A quién estoy tratando de agradar?

Jesús dijo: "Nadie puede servir a dos señores" (Mateo 6:24). Sin embargo, si se le preguntase a algunos pastores a quién responden en el ministerio, podrían ofrecer unas tres doces de nombres. ¿Cuáles son las expectativas para un pastor, y quién decide qué expectativas son válidas? Algunas de éstas pueden delinearse claramente en una descripción de trabajo acordada cuando un nuevo pastor llega a la iglesia. Con frecuencia, esta lista de expectativas la determina la junta de la iglesia en el proceso de búsqueda de un nuevo pastor. Comienzan por hacerse la pregunta sobre qué están buscando en un pastor potencial, las habilidades que un pastor debe poseer, las tareas que un pastor debe hacer y la lista crece. Es una experiencia interesante el tratar de asignar el tiempo a cada expectativa. Por lo general, cuando la lista está completa, el tiempo que se necesita para cumplir las tareas es mayor a las horas de la semana. La junta o el comité tienen que comenzara reducir las expectativas de la lista para reflejar sólo las más importantes, acordadas por la mayoría.

Pero también pudiera haber expectativas no escritas que no se dicen, pero que están apuntadas en los bancos de la memoria de algunos miembros. Pudieran tener su génesis en una actividad, actual o imaginada, que un pastor amado del pasado hizo bien. Una persona pudiera pensar: "Recuerdo cuando el pastor Jones estuvo aquí, él visitaba nuestra casa al menos una vez al mes". En realidad, el pastor Jones bien puede haber muerto hace 30 años, y cuando era el pastor sólo visitó una vez al año. Las memorias pueden ser incompletas y selectivas en el mejor de los casos.

Otras agendas escondidas se pueden levantar del interés específico de un individuo. Un miembro de la iglesia pudiera ser parte del Club Rotario local y está convencido de que el pastor debe unirse también. Esta persona se sentirá muy desilusionada al descubrir que este pastor no considera a los Rotarios como una alta prioridad en la lista.

Otros ven al pastor como uno que tiene la responsabilidad de introducir todos los nuevos programas, planes para mantener a los jóvenes interesado o atraer gente de otras iglesias o resolver todos los problemas financieros de la iglesia. Algunas iglesias tienen una expectativa no escrita que el pastor debe ser el comodín en todos los trabajos. Quieren a alguien que pueda hacer todo bien para todos. Un pastor describió la expectativa de su congregación. "El pastor puede hacer cualquier cosa que los miembros no quieren hacer: enseñar clases, suplir cualquier cosa que falta, trabajos de conserjería, asuntos de secretaría, dirigir a los jóvenes, ¡y hacer los mandados!"[7]

Porque para muchos de nosotros, nuestro amo más demandante está localizado a 20 centímetros sobre nuestros hombros en nuestro cerebro. Pensamos que somos capaces de evangelizar como Billy Graham, dirigir como John Maxwell, escribir como Max Lucado, predicar como Chuck Swindoll, aconsejar como James Dobson, o edificar la iglesia como Rick Warren. Y nos sentimos terriblemente desilusionados cuando no damos la medida ni siquiera en un área de esas. Es fácil dudar entonces de las habilidades que Dios nos dio y detenernos haciendo nada por temor al fracaso.

Las expectativas, no importa de dónde vengan, en ocasiones pueden ser ambiguas y terriblemente injustas. Podemos encontrar consuelo en la idea de que al final de cuentas, sólo hay una persona cuyas expectativas son realmente importantes, solo escuchamos una voz de afirmación. Somos ministros de Jesucristo, y su opinión de nuestro trabajo es la única que realmente cuenta. En ocasiones, aunque hacemosnuestro mejor esfuerzo para agradar a otros, no podemos satisfacer sus expectativas. A menudo nos decepcionamos a nosotros mismos porque no llegamos a lo que creemos que deberíamos haber logrado. La gente no siempre entiende o está de acuerdo con lo que hemos hecho. Pero si nuestro Padre Celestial dice: "Bien hecho, buen siervo y fiel", eso debería ser todo lo que necesitemos.

¿Trabajo desde mis fortalezas?

El Nuevo Testamento enseña que a todos los creyentes se les han dado dones espirituales que los capacita para contribuir a la edificación del Cuerpo de Cristo. Como pastores, todos hemos recibido dones de Dios para proveer un ministerio único para el Reino. Además, generalmente hemos desarrollado alguna habilidad adicional que contribuye a nuestra efectividad ministerial. Lo que es frustrante para algunos de nosotros es el hecho que Dios no nos ha dado, o a ningún pastor de seguro, todos los dones espirituales o todos los talentos humanos. De hecho, Dios nos ha puesto a cada uno de nosotros en forma exclusiva para que sirvamos a una iglesia específica con efectividad en un momento particular de la historia.

En ocasiones estos dones espirituales y talentos naturales nos pueden dar un sentido de demasiada confianza. Jack Nicklaus, quizá el jugador de golf profesional más grande que alguna vez haya jugado ese juego, se le entrevistó sobre su carrera y el deporte que amaba. Nicklaus surgió como un adolescente en la escena del golf en Ohio y pronto comenzó a ganar torneos, incluyendo algunos mayores. Después de alcanzar cierto nivel de competencia, sintió que no necesitaba practicar tanto. Simplemente podía descansar en su talento y experiencia. Eso lo llevó a un tiempo de sequedad en su carrera cuando ya no tenía tanta efectividad en ganar torneos. Lo que despertó a Jack Nicklaus fue la muerte prematura de su padre a la edad de 50 años por un cáncer en el páncreas. En su tristeza Nicklaus admitió para sí que realmente no había dado sus mejores esfuerzos para desarrollar sus habilidades en el golf y que había desilusionado a su padre quien había estado muy orgulloso de sus logros. Desde esa ocasión en adelante dedicó su vida a ser el mejor golfista que podía ser, y al hacerlo, hacer que su fallecido padre estuviera orgulloso.

En 2005 vi a Jack Nicklaus jugar quizá por última vez en su propio Torneo Memorial en Dublín, Ohio. Siendo que anticipaba retirarse de la competencia profesional, se comprendería si simplemente estuviera costeando y gozando su última temporada. Después de todo, cuando estaba en su mejor forma había sido el mejor en el juego. En lugar de eso, salió al campo jugando con Fred Couples. En el grupo había una tercera persona, Jim Flick, uno de los más importantes entrenadores de golf en el mundo. En cada hoyo, Nicklaus consultaba al entrenador pidiéndole consejo y sugerencias para sus golpes. Mientras le veía pensaba, *Jack Nicklaus, este golfista dotado que ha ganado más torneos mayores que cualquiera en la historia del golf, todavía busca consejos para mejor sus dotes naturales.* ¿Qué nos dice sobre mejorar nuestros talentos naturales y utilizar nuestros dones espirituales para una mayor efectividad?

Hay predicadores que son comunicadores dotados y descansan en sus habilidades naturales para impresionar a las multitudes. En lugar de hacer el trabajo difícil de estudiar el texto para predicar la Biblia, tejen historias sin una conexión con las Escrituras que se supone deben explicar. La gente se va entretenida a un nivel emocional pero hambrientos del sustento espiritual. Mientras recientemente escuchaba a un predicar seguir este patrón, pensaba cuánta más efectividad pudiera tener si realmente tratara de exponer el significado escriturario del texto a sus oyentes. Con los dones viene responsabilidad. Cuando fallamos en desarrollar y utilizar lo que Dios nos ha dado, nos convertimos en el hombre de la parábola de Jesús que enterró el dinero de su amo en lugar de invertirlo.

Nuestro ministerio será más efectivo en aquellas áreas donde tenemos nuestros dones, habilidades e interés más grandes. Ben Patterson comenta: "Una cosa que se me ha quedado grabado de los libros de administración que he leído en mi juventud idealista fue la máxima de Peter Drucker para el ejecutivo efectivo: debemos determinar una o dos cosas que sólo nosotros podemos dar a la organización, darla y delegar todo lo demás".[8] Mientras que puede ser imposible, especialmente para el pastor de una iglesia pequeña, la verdad es que debemos invertir nuestra mayor energía en aquellos asuntos prioritarios que hacemos bien.

Pero, ¿cómo hacemos con las cosas que tenemos que hacerse, y odiamos la idea de hacerlas? Nuestra respuesta natural es posponerlas, esperando que la responsabilidad desaparezca o que Jesús regrese de nuevo si esperamos lo suficiente. El problema con la postergación es la molestosa culpabilidad, el debo hacer en los adentros de nuestras mentes que nos evita gozar de la vida hasta que completemos la tarea. El pastor Kent Hughes escribe sobre su disgusto de confrontar a la gente. "Sin embargo, cuando tengo que confrontar, encuentro mejor atender el asunto tan pronto como sea posible. Si postergo la situación sólo llega a ser peor, y siendo que no tengo los dones particulares para ello, la confrontación también será peor".[9] Mi propia experiencia me ha enseñado que los posibles escenarios que creo en mi mente mientras anticipo una tarea incómoda son peores de lo que realmente sucede cuando voy y la hago.

¿Cómo manejar la crítica?

Pudiera parecer extraño, pero existen algunos pastores que parecen crecer en la controversia y el conflicto. Con sus personalidades combativas, gozan confrontar a los críticos y demostrar que su posición es superior. En general, estas personas no duran mucho en el ministerio pastoral. Los de personalidad amorosa son mejores pastores que los de personalidad combativa. Y porque la mayoría de nosotros como pastores realmente nos importa la gente a quien servimos, cualquier crítica que viene en nuestra dirección es dolorosa.

Hiere porque nos hemos hecho vulnerables al extender el ministerio personal. Si estuvieras en terreno de tigres en el África, y un tigre te atacara, no te sorprendería. Después de todo, atacar es natural para un tigre salvaje. Pero qué si hubieras trabajado en un zoológico con un tigre por años y hubieras desarrollado una confianza con este animal. Si este tigre de repente te ataca sin advertencia, sentirías el dolor de la desilusión así como las heridas físicas del ataque. Los pastores entienden que no todos en el mundo simpatizan con la gente que trata de servir a Jesús. Pero cuando los pastores son personalmente atacados por alguna gente de la iglesia a quienes ellos han alcanzado en un ministerio de amor, las heridas son profundas.

Comenzamos a entender en alguna pequeña medida lo que Jesús debe haber sentido en la cruz cuando la gente por quien moría lo escupió y le gritó enloquecida. Es significativo que Jesús en ese momento clamó: "Padre, perdónalos porque no saben lo que hacen" (Lucas 23:34). La verdad es, en ocasiones la gente nos lastima sin estar conscientes de lo que hacen. La gente puede llegar a estar tan metida en su propio dolor que no piensan de las consecuencias de sus palabras o acciones sobre otros.

Pero algunas personas pueden estar muy conscientes también de las heridas que están propiciando sobre otros. Ellos clavan el puñal proverbial entre las costillas y luego le dan vuelta. En aquellos momentos, cuando estamos recibiendo un insulto doloroso, es particularmente difícil aceptar las palabras de Jesús en el Sermón del Monte: "Dichosos serán ustedes cuando por mi causa la gente los insulte, los persiga y levante contra ustedes toda clase de calumnias. Alégrense y llénense de júbilo, porque les espera una gran recompensa en el cielo. Así también persiguieron a los profetas que los precedieron a ustedes" (Mateo 5:11-12). El asunto no es si nos criticarán injustamente. Le sucede a cualquiera que esté en el liderazgo. La pregunta es si hemos aprendido a lidiar con ella constructivamente.

También es posible que nosotros atraigamos críticas por la forma cómo manejamos un asunto. Jay Kesler, presidente retirado de la Universidad Taylor, escribió sobre el conflicto que tuvo con las juntas que actuaban como si no entendieran los asuntos financieros complejos. "Eventualmente me di cuenta que mi resentimiento se debía primeramente a mi ego, que sentía la necesidad de demostrar que era más inteligente que ellos. Sin embargo, con el tiempo, llegué a verlos más como el Cuerpo de Cristo funcionando en todas sus partes".[10] He observado a pastores con egos que no les permiten admitir que están equivocados. Cuándo estamos siendo demasiado insistentes sobre algún asunto, aunque es difícil, es necesario honestamente preguntarnos *¿Por qué estoy insistiendo que esta decisión salga como yo quiero?* Cuando como pastores tomamos la posición que esta resolución tiene que salir a mi manera o ya verán, desanimamos a otros de expresar libremente sus propias opiniones sobre el asunto.

Hay sabiduría en el consejo de otros líderes cristianos. Kesler dice: "Otra manera de vencer al resentimiento y desviar la crítica es la de no tomar decisiones por nosotros mismos... Involucre a la junta en la toma de decisiones. No tiene que ser más inteligente que ninguna otra persona, y no tiene que llevar el peso de hacer decisiones solo".[11] Cuando el Concilio de Jerusalén llegó a una decisión importante respecto a los judíos y gentiles, buscaron el consenso entre los líderes. El Libro de Hechos confirma la unidad de su decisión cuando dice: "Nos pareció bien al Espíritu Santo y a nosotros".[12] Decisiones compartidas en general resultan en consenso. Los resultados proveen suficientes elogios que se difunde cuando las cosas salen bien. También qdesarma la crítica cuando las cosas salen mal.

Es importante recordar que Dios tiene una forma de tomar situaciones hirientes y darles la vuelta para traer gloria a Dios. La respuesta de José a las crueldades de sus hermanos es un modelo de perdón. "Es verdad que ustedes pensaron hacerme mal, pero Dios transformó ese mal en bien para lograr lo que hoy estamos viendo: salvar la vida de mucha gente" (Génesis 50:20). El perdón no es la respuesta normal a la crítica. Es una respuesta sobrenatural. A. W. Tozer escribió de dos clases de heridas que los cristianos pueden enfrentar: el dolor del doble ánimo y el dolor del yo crucificado. "El dolor del doble ánimo es como un dolor de muelas que dura toda una vida... llenándote con resentimiento, ira y envidia. El dolor del yo crucificado, por el otro lado, es un dolor profundo, terrible, quirúrgico. Pero una vez se termina, se termina. Ya no hace llorar".[13]

▶ CUIDÁNDOTE A TI MISMO

Cuando llega a ser un pastor, toma la responsabilidad de cuidar el rebaño. Si es casado y tiene hijos, también tiene preocupación de la relación con demás miembros de su familia. Pero como persona, también tiene una responsabilidad de tener cuidado de usted mismo. Richard Armstrong sugiere que cuidarse a uno mismo es un proceso de recreación. "Tiene que crearse de nuevo para su propia sanidad, para su propio bienestar físico, mental, emocional y sí, incluso espiritual".[14]

No puede depender de otros para que lo cuiden. No puede culpar a otros por no vigilar sus necesidades. Cuidarse a usted mismo no es una expresión de egoísmo. Es realmente una respuesta de mayordomía por todo lo que Dios le ha dado en su gracia. Cuando era niño escuché a los predicadores decir: "Prefiero quemarme por Jesús que óxidarme". Realmente nunca me interesó ninguna de las opciones, aunque quemarse suena más espiritual. Pero existe una tercera opción, cuidarse a usted mismo de tal manera que pueda estar en su mayor efectividad para Dios a través de su vida.

Con frecuencia los pastores escogen un estilo de vida de un solo lado. Algunos invierten todas sus energías a las responsabilidades pastorales e ignoran totalmente sus cuerpos físicos. Otros son fieles en levantar pesas cada día pero nunca abren un libro para mejorar su intelecto. Hay pastores que ignoran las responsabilidades administrativas de la iglesia porque se la pasan tomando café en la cafetería. Y otros rara vez dejan sus computadoras para aventurarse en sus comunidades. A menudo, cuando ven que la vida está fuera de balance, cambian totalmente su enfoque y dan todas sus energías a eso tirando todo por la borda con ello. Para ellos, la vida es como un péndulo, la vida se equilibra sólo cuando alcanza la parte inferior en el camino al otro extremo. Un mejor acercamiento para el cuidado de sí mismo es buscar el equilibrio.

¿Alguna vez has visto un trabajador en un comercio de neumáticos de automóviles instalar el neumático en la llanta? Es lógico, todo lo que tendría que hacer sería poner el neumático en la llanta, inflarlo de tal manera que el aire selle la llanta, y luego montarla en el automóvil. Después de todo, los neumáticos son redondos y las llantas son redondas porque son producidas en masa en una fábrica. Debería trabajar perfectamente. Si el que hace la instalación simplemente pone el neumático en la llanta, la llanta funcionará bien a una baja velocidad, 15 a 25 km por hora. Pero cuando la velocidad llegue a 80 km por hora, la llanta comenzaría a temblar. El problema es que existen pequeñas imperfecciones tanto en el neumático como en la llanta. Esta es la razón por la que el que hace la instalación toma un paso adicional, balancea la llanta. Para encontrar en dónde están los desbalances, el instalador pone la llanta montada en una máquina y le da vueltas a una alta velocidad para identificar los puntos dónde las imperfecciones hacen que vibre la llanta. Entonces la llanta es balanceada poniéndole precisas en en cada lado para que la llanta esté perfectamente pesada y opere sin temblar o se desgaste de manera irregular. Una llanta sin balanceo puede verse bien, pero no funcionará bien o no durará mucho tiempo.

¿De qué manera un pastor logra balance en una vida tan ocupada, estresada y exigente? ¿Es posible funcionar en un mundo de alta velocidad sin tambalearse o caerse? Wayne Schmidt observa: "Los líderes continuamente buscan balance porque la vida siempre está desbalanceando al individuo. Alinear la vida de nuevo es un proceso continuo, que requiere reflexión y disciplina propia".[15] Es difícil mantener el balance porque nuestras vidas están continuamente cambiando. La gente chistosamente advierte a la pareja que espera su primer hijo que la vida será diferente después que nazca el hijo. Los nuevos padres rápidamente descubren que dormir toda una noche está fuera de consideración. Pero a la medida que los hijos crecen, los padres tienen que ajustarse a nuevas demandas: la primaria, la adolescencia, y luego el nido vacío cuando los hijos se van de casa. Así como la vida familiar se mueve a través de diferentes etapas, la iglesia y su trabajo pastoral en la iglesia también cambian. Con el propósito de mantenerse balanceado, necesita hacer ajustes basados en su entendimiento de sus metas en el ministerio. "Con el fin de clarificar continuamente su propia vocación al ministerio, una persona puede discernir cuándo las expectativas de otros son legítimas, y cuando abstenerse de las actividades y compromisos que están fuera de la zona".[16] Existen varias áreas personales que deben considerarse al desarrollar y mantener una vida balanceada.

ENCUENTRE BALANCE EN SU TRABAJO

Para mucha gente que trabaja en un negocio o en una fábrica, cuándo trabajar nunca es un problema. Marca una tarjeta en el reloj cuando inicia tu tiempo y la vuelves a marcar cuando el número de horas requeridas se termina. Pero no hay un reloj en la pared del estudio del pastor. Para la mayoría de pastores, hay un trabajo que debe hacerse, un papel que debe llenarse, y siguen trabajando hasta que el trabajo se termina. Pero eso puede ser un problema. A la medida que nuestro mundo llega a ser más complejo, así se vuelve la descripción de trabajo del pastor. Un antiguo colega, el Dr. Rick Ryding, descubrió en una encuesta que dirigió que el pastor promedio trabaja más de 62 horas a la semana y lleva a cabo 255 actividades específicas separadas, cada una promediando 15 minutos de tiempo.[17]

Demasiados en el ministerio se sienten como el vaquero proverbial que, cuando hace su trabajo, salta a su caballo y galopea en todas las direcciones a la vez.

La administración del tiempo siempre es un desafío para los pastores. El papel que asumimos cuando entramos a la posición del ministerio implica que estamos en servicio tiempo completo.

De vez en cuando, las emergencias ocurren a la media noche, después de un día ocupado, y nosotros respondemos. Pero esas situaciones de emergencias tienden a ser la excepción y no la norma. La verdad es que los pastores tienen más control sobre su tiempo que lo que se dan cuenta. El Dr. James McCord, presidente retirado del Seminario Teológico de Princeton, contó la historia de un hombre que con éxito terminó 30 años de ministerio en una sola parroquia. Cuando se le preguntó cómo logró tener un pastorado efectivo y de largo tiempo, respondió: "Inicié a un paso que pude mantener".[18] Ser un buen pastor significa no sólo trabajar duro pero también trabajar con inteligencia.

Muchos pastores tratan de evaluar su horario de trabajo en términos de horas del día o la semana. Una forma más efectiva pudiera ser ver cada día en términos de tres períodos: la mañana, la tarde y la noche. Al desarrollar tal horario puede planificar el no trabajar los tres períodos cada día de la semana. Si va a trabajar varias horas en la noche, debe encontrar algún tiempo en la mañana o en la tarde para descansar o relajarse. Es de ayuda, antes de iniciar una nueva semana, evaluar tus compromisos de trabajo para cada uno de los tres períodos de cada día de la semana. Aparta sus períodos más productivos para aquellas actividades que demandan los niveles más altos de creatividad, tales como la preparación del sermón. Apartar períodos por adelantado le permitirá trabajar a un paso que es saludable y productivo.

Estructurar el tiempo para el estudio y la preparación del sermón es un desafío especial para aquellos que tienen responsabilidades de predicación. Algunos pastores tratan de apartar tres períodos en las mañanas para el estudio. Mi proceso personal involucra apartar la mañana y la tarde del jueves y la mañana del viernes si es necesario. Descubra un proceso que le mantenga creativo y alerta.

Encontrar el lugar correcto para estudiar puede hacer aquellas horas limitadas más productivas. Un problema con estudiar en la oficina del pastor es que es fácil para la gente pasar y visitar por algunos momentos. Puede descubrir que se distrae al ver una nota para hacer una llamada telefónica o note una carta a medio hacer. Algunos pastores han resuelto este problema al tener un estudio en casa para la preparación del sermón. Sin embargo, pudiera descubrir que sus hijos, o incluso su cónyuge, pueden inadvertidamente interrumpir su tiempo. Una idea que personalmente encontré de ayuda fue hacer mi trabajo para el sermón en la biblioteca de alguna universidad local. Al mismo tiempo que un lugar tranquilo, los recursos de la biblioteca están a la disposición. Investigue en su comunidad para encontrar un lugar donde pueda estar a solas con Dios, su Biblia y sus libros, y prepararse para predicar. Con convicción Paul Cedar escribe: "La disciplina del estudio recluido me ayuda a satisfacer mi responsabilidad de nutrir y alimentar al pueblo a través de la enseñanza y la predicación. Evita el descuido que tendría efectos desastrosos a largo plazo en las vidas del pueblo que Dios ha confiado a mi cuidado".[19]

"DESATE EL ARCO": GUARDE EL SABBATH

Un antiguo adagio indio americano dice que si un arco está constantemente estirado, pierde su poder. Para mantener el arco como un arma efectiva, debe desatarse la cuerda cuando no está en uso. En la narrativa de la Creación en Génesis, Dios desarrolla un patrón de trabajo y descanso. Creó al mundo en seis segmentos y descansó en el séptimo. De esto resultó la práctica del día de reposo, trabaja seis días y descansa el séptimo día. Uno de los Diez Mandamientos habla de guardar el día de reposo como sagrado.

Pregúntale a un grupo de pastores si guardan el día de reposo, y la mayoría afirmativamente dirá que honran a Dios el domingo a través de los servicios de adoración. Lo que no admitirán es que los domingos en general son los días más exhaustivos de su semana. Darius Salter dice: "Veo al pastor como la persona que probablemente más descuida la provisión de Dios de un día de descanso y recreación cada siete. Guardar el día de reposo es el designio de Dios para continuar su creación en nosotros (recreación) y salvarnos de la autodestrucción".[20] Eugene Peterson lo define de esta forma: "El día de reposo significa detenerse. Parar. Tome un descanso. Relájese. Relájate. La palabra misma no tiene nada de devoto o santo en ella. Es una palabra sobre el tiempo, denotando nuestro no uso de él, lo que regularmente llamamos gastar tiempo".[21] Habiendo sido educado en la casa pastoral, Daniel Spaite, M.D., expresa una preocupación especial por los pastores que trabajan siete días a la semana por meses. "Guardar el día de reposo significa guardar el rito de la vida creada por Dios... Un ciclo de siete días que involucra trabajo, adoración y descanso protege la salud espiritual y física... O le da a su cuerpo sus días de reposo, sus tiempos de cesar y desistir, o su cuerpo los tomará".[22]

Siendo que los domingos difícilmente es un día de descanso para los pastores, es tsu responsabilidad espiritual programar un día de reposo semanal en su semana. Salter explica: "El domingo es un día dedicado a la devoción y la oración, actividades que demandan energía, inversiones con retornos, emocional y físicamente, críticos".[23] Algunos autores dicen que esto es lo mismo como el día de descanso, mientras que otros piensan que el día de reposo debe ser un día separado. El día de la semana también varía de pastor a pastor. Hay pastores que escogen un día específico basado en cuándo la familia puede estar unida. Aunque hay desventajas en seleccionar el lunes por razón del cansancio del domingo, personalmente lo encuentro que encaja mejor conmigo. Puedo iniciar el martes y trabajar hacia el domingo siguiente. Además de un día cada semana, un líder cristiano toma un día cada mes para un retiro espiritual de un día para la oración y la lectura devocional.

También necesitamos períodos extendidos lejos del trabajo para recreación y restauración. He escuchado a pastores jactarse que nunca toman vacaciones o nunca usan el tiempo que se les asigna. "¿Por qué se está robando a usted mismo y a su familia el tiempo de recreación que necesita?" Trato de tomar cada día de vacaciones que la iglesia me permite. El antiguo y gastado argumento que la iglesia no puede seguir adelante cuando usted no está, no es más que una estimación exagerada de su propia importancia. Si usted fuese a morir mañana, tendrían un funeral, regresarían del cementerio para comer jamón y ensalada de papas, y luego escogerían a alguien que lo reemplace. La iglesia ciertamente puede y seguirá sin usted por una semana o dos. De hecho, pudieran estar felices que se ha desaparecido de sus vidas por unos días. Las vacaciones nos ayudan a todos a regresar restaurados para un ministerio más efectivo.

Aparte sus días de descanso, de actividades familiares y vacaciones cuando planeas su calendario. Hágalo tan pronto como sea posible, porque si no protege esos momentos especiales los calendarios de planificación tienen forma de llenarse. Si alguien quiere programar una cita durante su tiempo personal, puede decirle a la persona que el tiempo que quieren ya está programado. El tomar descansos semanalmente así como vacaciones de la iglesia necesita ser una alta prioridad. Jugando le digo a mis estudiantes que cuando inicien su ministerio, si escucho que no están tomando tiempo para descansar de sus responsabilidades pastores, personalmente les visitaré y les doblaré el brazo hasta que prometan arrepentirse y hacer lo correcto. Recuerde, si no desata regularmente la cuerda del arco, perderá su fuerza y eventualmente aun la cuerda misma se romperá.

DESCUBRA ACTIVIDADES QUE CONTRASTEN CON SU TRABAJO

El trabajo semanal del ministerio pastoral en general involucra mucho el estar sentados y estar parados, hablar y escuchar, y poca actividad física. Jesús y Pablo no necesitaron ir al gimnasio para hacer ejercicio porque hacían suficiente ejercicio caminando entre los pueblos o remando en las barcas. El ejercicio físico diario de un pastor pudiera consistir en abrir la puerta del automóvil y algunas veces caminar por el pasillo de un hospital. Aun Pablo le dijo al joven pastor y amigo Timoteo: "el ejercicio físico trae algún provecho" (1 Timoteo 4:8). El ejercicio no lo llevará al cielo, pero si no hace nada para mantenerse en condición física, pudiera entrar a las puertas de perlas más temprano de lo planeado.

Algunos pastores gozan un juego de tenis, baloncesto, racquetball, o golf para mantenerse en forma. Un pastor, que corría cuando era joven, trata de salir para correr cada vez que puede. Otro pastor me mostró la nueva bicicleta que planea usar para salir de paseo con su esposa, para que ambos hagan ejercicio. Aun aquellos que no están inclinados atléticamente pueden ir a caminar alrededor del vecindario. El ejercicio físico, en lugar de acabar con tus fuerzas, en realidad ayuda a elevar tu sentido de bienestar emocional así como estar alerta mentalmente.

Invierta algún tiempo desarrollando un interés o pasatiempo lejos de la iglesia. Un pastor le encanta gastar horas a solas en su garaje restaurando automóviles antiguos. Otra pareja pastoral salen para viajes largos en sus motocicletas. Un evangelista es el capellán nacional para una asociación de picadas. Salter ofrece este consejo: "Puedo sugerir que la familia pastoral necesita estar involucrada en actividades fuera de la iglesia: scouts, música, atletismo, o cualquier cosa que encaje con sus aptitudes... Este involucramiento extramuros permite una comunicación significativa sobre lo que significa ser cristiano en un mundo pagano".[24] Era un asistente del entrenador de béisbol de las Pequeñas Ligas cuando mi hijo estaba joven. Uno de los beneficios extras era la oportunidad de conocer a todo un nuevo grupo de padres que nunca hubiese conocido de otra manera.

NO PERMITA MORIRSE CEREBRALMENTE

Nunca olvidaré una conversación que tuve con un joven pastor hace varios años. En un momento de honestidad confesó que desde que había terminado su educación no había leído un libro o escrito un sermón original. Había sufrido una muerte cerebral aun cuando continuaba tratando de funcionar como pastor.

Nuestro intelecto es un don maravilloso de Dios, y le honramos por usarlo. En nuestro mundo que se expande rápidamente, si no estamos constantemente aprendiendo nuevas cosas, nos quedamos atrás. Usando una analogía de computadora, si no mejoramos nuestros programas, las funciones de la computadora se convertirán en obsoletas. El pastor que no piensa nuevos pensamientos lentamente se irá deslizando quedando fuera de contacto con la gente en sus congregaciones.

Una de las maneras obvias de estimular nuestros jugos intelectuales es mantener la disciplina de la lectura. Lea libros que se relacionan a su profesión, teología, consejería, estudios bíblicos, prácticas ministeriales, educación cristiana, historia de la iglesia y evangelismo. Amplíe su horizonte de lectura leyendo más allá de su especialización para incluir biografías, historia, ciencia y eventos actuales. Suscríbase al periódico local y alguna revista nacional para mantenerse al día con los eventos actuales y los cambios culturales. Éstos pueden mantenerlo informado sobre el mundo en que vive y son una fuente maravillosa de ilustraciones para los sermones.

Tome ventaja de oportunidades para la educación continua. Esto pudiera involucrar el continuar con grados avanzados o para obtener entrenamiento informal a través de conferencias, seminarios y viajes. Muchas iglesias locales apartan recursos para ayudar a cubrir gastos de tales entrenamientos. En el programa de maestría que coordino tengo un ejecutivo de la iglesia de otra denominación que tiene más de 60 años de edad, sin embargo está ocupado en lograr un grado avanzado. Muchas denominaciones han reconocido la importancia del aprendizaje continuo al requerir a los ministros ordenados obtener unidades de continua educación cada año para mantenerse actualizados en el ministerio.

Para animar estancias pastorales más largas en una iglesia local, muchas iglesias están animando a sus pastores a tomar un tiempo sabático. La mayoría de los pastores son elegibles para una ausencia sabática después de siete años de servicio en esa congregación. Su ausencia puede durar desde cuatro hasta doce semanas lejos de sus responsabilidades pastorales. La iglesia continúa pagando el salario del pastor y sus beneficios así como los gastos que se ocasionan para llenar el papel pastoral. Algunas iglesias pagan los gastos del pastor por cualquier entrenamiento o conferencias durante este tiempo. La mayoría de pastores diseñan y someten un plan de acción para una ausencia sabática a la junta de la iglesia. Estos planes pudieran incluir viajar, leer, estudios formales, observar iglesias con éxito, así como actividades diseñadas para renovar al pastor para un ministerio futuro. Los líderes denominacionales puede apoyar tanto a los pastores como a las iglesias planeando un tiempo sabático para todos los miembros del equipo pastoral.

DESARROLLE UNA AMISTAD ÍNTIMA

Cada pastor necesita una persona con la cual hablar, confiar, descargar y a la que sea responsable. Para que esta amistad realmente funcione, el pastor necesita ser capaz de decir cualquier cosa sin temor que el que le escucha ni juzgará al pastor ni dirá nada a nadie sobre su conversación. Un verdadero amigo conoce intuitivamente cuándo consolar y cuándo confrontar. London y Wiseman le llaman a esta persona un amigo del alma. "Idealmente, un amigo del alma libremente le pregunta al pastor sobre sus motivos, su matrimonio y su ministerio. Al amigo del alma se le tiene que dar permiso para cuestionar al pastor sobre su relación con Dios".[25]

Aunque conscientemente pudiéramos salir para escoger tal amigo, a menudo Dios tiene su propia manera de traer a la persona adecuada para nosotros. Esta persona pudiera ser parte de la iglesia, pero en general es mejor tener a alguien fuera de la congregación. Esto permitirá al pastor que habla más francamente sobre situaciones problemáticas de la iglesia y el oyente puede ser más objetivo. Aunque su cónyuge es su compañero del alma, necesita a alguien más como su amigo del alma, porque algunos asuntos pueden ser dolorosos para su cónyuge. Los amigos del alma pueden ser pastores colegas o laicos. Pueden ser parte de su denominación o, como en la historia al inicio del capítulo, de otra comunidad. Así como David atesoró su amistad con Jonatán, un verdadero amigo puede darnos consejos valiosos, ánimo y un lugar dónde dar cuentas.

PROTÉJASE EN CONTRA DEL AGOTAMIENTO

Aunque nos quejamos sobre la alta energía, ritmo frenético asociado con que vive nuestra sociedad contemporánea, la verdad es que a muchos de nosotros nos gusta. De hecho, podemos hacernos adictos a ella. Gozamos la energía, el apuro conectado con iniciar un nuevo proyecto. Visitamos parques temáticos para emocionarnos e incluso, aterrorizarnos por el viaje más nuevo de entretenimiento extremo que nos hace sentir que estamos coqueteando con la muerte. Cuando nos reunimos con un grupo de amigos, nos jactamos unos de otros sobre qué tan ocupada ha llegado a estar nuestra vida y cuánto hemos logrado.

Nuestros cuerpos responden a esta aceleración produciendo adrenalina, ese apuro que hace a nuestros corazones latir con fuerza y a nuestras cabezas zumbar. Es esa adrenalina que nos ayuda a mantener el frenético paso, hacer malabares con las múltiples actividades, o enfrentar las confrontaciones difíciles de la vida moderna. Cuando no sentimos que tenemos suficiente energía, nos detenemos en la cafetería para una taza enorme con suficiente cafeína para mantener altos los niveles de adrenalina. Y el resultado final es estrés. El psicólogo Archibald Hart dice que el estrés "viene cuando has usado demasiada adrenalina, cuando has estado demasiado en las alturas. El estrés produce un estado de emergencia en el cuerpo, el cuerpo, en efecto, está en modo de emergencia".[26]

Y el resultado a largo plazo de un estilo de vida de alto estrés es agotarse. El Dr. Daniel Spaite pregunta: "¿Cuál es esta bomba de tiempo que hace tictac con seguridad sin ser detectada?: Es el estilo de vida de demasiado trabajo, estresado del pastor moderno. Son los patrones de trabajo y los déficits de descanso que dejan al pastor gastado sin un respaldo para recuperarse. Es la anomalía contemporánea llamada agotamiento".[27]

Jody Seymour advierte que el resultado del agotamiento es "el colapso emocional que resulta del estrés del contacto interpersonal... donde los profesionales de apoyo pierden sentimientos positivos, simpatía y respeto por sus clientes".[28] Hart distingue entre el estrés y el agotamiento. El estrés tiene una base biológica mientras que el agotamiento es más una respuesta emocional. "En el agotamiento, las cosas no están saliendo bien. Los recursos ya no están allí. La gente no lo está afirmando y un estado de desmoralización entra".[29] El agotamiento llega a ser más severo cuando se siente solo, sin apoyo. Su energía se ha ido. Su visión se ha perdido. Entra la depresión y ya no importa nada.

Jeremías es un caso clásico de agotamiento clerical. Tenía una personalidad tipo A y se entregó por completo a su trabajo con todo lo que tenía. Aunque él quería realmente caer bien, Dios le dio la tarea de pronunciar juicio áspero sobre la nación. Predicó el mensaje que Dios quería, pero en lugar de satisfacción, Jeremías sintió sólo cansancio y soledad. "¿Qué sucede cuando sentimos como que Dios nos ha conducido a un arroyo seco? ¿Qué sucede cuando necesitamos algo de agua para apagar el fuego lento dentro de nosotros que nos está quemando?"[30] Es fácil sentir, como Jeremías, que hemos sido arrojados en una cisterna vacía y nadie sabe dónde estamos y ni les importe.

¿Hay alguna forma de salir de una situación de agotamiento? Hart dice que el primer paso del camino a la recuperación es enfrentar tu situación.[31] Siendo que el agotamiento a menudo ocurre en aislamiento, necesitas que la gente regrese de nuevo a tu situación. La gente que sufre de agotamiento en ocasiones siente que los otros están afuera esperando por ellos. La respuesta es nutrir las relaciones humanas. Spaite dice: "Una y otra vez los estudios muestran que la gente con buenos sistemas sociales de soporte han aminorado el riesgo de enfermedad... La gente que no tiene acceso a un sistema de apoyo aumenta su riesgo de desarrollar problemas médicos que pueden llevarla a la muerte... Parte de la respuesta está en la interacción entre el sistema inmunológico, el estrés y el apoyo emocional de las relaciones personales".[32]

Otro paso importante es traer la situación a Jesús. Es fácil sentir que el éxito o el fracaso de la iglesia descansan sobre nuestros hombros. "De hecho, uno de los mayores factores que contribuyen a líderes cristianos acabados, agotados es un fracaso de entender las implicaciones de la verdad ¡qué la iglesia no es nuestra!"[33]

Entonces, finalmente, vaya a su amigo del alma y comparta su situación. Hart escribe: "Es absolutamente esencial edificar un sistema de contención adecuado, preferiblemente con colegas a quien pueda ir para compartir su corazón, en sobrellevar las cargas unos de los otros, para encontrar la sanidad que Cristo puede traer".[34]

▶ CUIDANDO A SU FAMILIA

Aunque no todas las personas que entran al ministerio se casarán, muchos eventualmente llegarán hasta el altar. Si se casa, es muy posible que tenga hijos, ya sea por nacimiento o adopción. Para el pastor que se casa, gran parte de quien es como persona está conectado de alguna manera a su familia.

Existen estreses en los matrimonios actuales como nunca antes. Esto es verdad para los matrimonios pastorales así como aquellos de los laicos que se sientan en las bancas. En muchos casos, los cónyuges pastorales no han sido llamados específicamente para su rol único en la iglesia. Están en esa posición porque se casaron con alguien con un llamado especial.

El estrés de ser parte de una familia pastoral puede traer resentimiento. En ocasiones la iglesia tiene una expectativa que el cónyuge llegará a ser un asistente sin sueldo, dedicando una cantidad mayor de tiempo cada semana al trabajo de la iglesia. La gente de la iglesia pudiera esperar que el cónyuge reciba crítica personal sin sentirse herido. ¿Y qué hace el cónyuge con una carrera personal cuando el cónyuge pastoral siente la necesidad de moverse a una nueva iglesia?

La pareja pastoral puede sentir mucha presión interna de proyectar una imagen de un matrimonio perfecto a la congregación, aun si el matrimonio pudiera estar enfrentando una cantidad enorme de turbulencia interna. John Trent llama a esto administración de imagen. "Existe un yo público y un yo privado (lo cual es normal, hasta cierto grado). Entre más nuestro yo público dice una cosa y nuestro yo privado dice algo más, más tenemos un problema de administración de imagen".[35] Una manera de quitarse la presión es reflejar un cuadro realista de su matrimonio tanto como sea posible, dejando a tu congregación que sepa que su matrimonio no es perfecto. También puede ser un amortiguados entre su cónyuge y la congregación. Armstrong le dice a los pastores: "Usted tiene la tarea de protegerle de feligreses con demandas irrazonables, demasiado inquisitivos e hipercríticos. Interpreta y defiende el papel que él o ella escojan jugar en la congregación".[36]

Aparte tiempo para pasar con su cónyuge para demostrarle a él o a ella que valora compartir su tiempo. El ministerio incluso puede proveer algunas oportunidades únicas para tiempo como matrimonio. Trate de asistir a conferencias, convenciones y retiros junto a su cónyuge. Si necesita visitar a alguien en el hospital en otro pueblo, vayan juntos y luego aprovechen la oportunidad para comer antes de regresar a casa.

En ocasiones las esposas y los hijos se sienten que están en competencia con Dios por el tiempo y atención del pastor. Especialmente los hijos pueden sentir que no son espirituales cuando desean pasar más tiempo con su mamá y papá. Se preguntan cómo pueden ganar una competencia con Dios, por la atención de sus padres. Pero habrá tiempos cuando suceden emergencias y podemos posponer un evento familiar. Podemos ayudar a nuestra familia a entender nuestra lealtad hacia ellos cuando no damos la impresión que somos indispensables al funcionamiento de la iglesia.

Deje que los niños sean niños. No espere que ellos se porten como perfectos pequeños adultos. Trate de hacer una aventura del hecho de ser hijo de pastor. Mi hija adulta, todavía hoy habla acerca de la gente que tuvo oportunidad de conocer cuando los invitamos a comer en nuestra casa. Le permitió verlos como humanos sin sus corbatas, en lugar de gente con títulos. Enfatice las ventajas que tiene ser parte de la familia del pastor. Ambos de nuestros hijos recuerdan de un tiempo cuando eran jóvenes, viajando desde mediados del occidente para asistir a una conferencia con nosotros en el sur de California. Tuvieron la oportunidad de ver todos los sitios turísticos por primera vez. Su comentario más tarde fue: "Fuimos afortunados porque ninguno de los otros chicos de nuestra iglesia podía ir".

Escuchamos mucho en estos días sobre pasar tiempo de calidad con la familia. La mayoría de los hijos pueden identificar qué significa tiempo de calidad. Tiempo es tiempo para ellos. Entre más tiempo pase con su familia, mejor.

▶ PASTOR, USTED ES UNA PERSONA

¿No es interesante que Dios confíe la comunicación de las buenas nuevas de salvación a los humanos? Somos falibles, olvidadizos y con fallas. Parafraseando a Pablo, Dios confió que se contuviera el tesoro del evangelio en un montón de vasijas quebradas (vea 2 Corintios 4:7). Nadie puede confundir el tesoro con el barro. De la misma manera, Dios también ha asignado la responsabilidad del cuidado y liderazgo de sus seguidores, la iglesia, a otros humanos que ha llamado pastores. Bien pudiera ser que se puede confiar más en los ángeles, pero nos escogió a nosotros como humanos para cuidar a otros humanos. Siendo que hemos sido llamados por Dios, tenemos un desafío único de dirigir y amar a aquellas otras personas que Dios ha puesto a nuestro cuidado. No esconda su personalidad única. En lugar de eso, deje que Dios lo use como una reflexión, imperfecta como pudiera ser, de su divino amor por toda la gente. Es un gran honor ser llamado pastor. Es un gran llamamiento servir como pastor.

▶ PREGUNTAS PARA LA REFLEXIÓN

▷   ¿Por qué es difícil conocer realmente quién soy como persona?

▷   ¿Cuáles percibo que serán mis mayores preocupaciones personales cuando entre al ministerio pastoral?

▷   ¿Cómo puedo cuidarme mejor de tal manera que puede proveer servicio efectivo por largo tiempo, conociendo mis tendencias personales como individuo?

NOTAS

CAPÍTULO 1

1. E. Glenn Wagner, *Escape from Church, Inc.: The Return of the Pastor-Shepherd* (Grand Rapids: Zondervan, 1999), 17.

2. David W. Wiersbe, *The Dynamics of Pastoral Care* (Grand Rapids: Baker, 2000), 34.

3. Thomas G. Oden, *Pastoral Theology: Essentials of Ministry* (San Francisco: HarperSan-Francisco, 1982), 59-60.

4. Robb Redman, "The Purpose of Pastoral Care," *in Leadership Handbook of Outreach and Care*, James D. Berkley, gen. ed. (Grand Rapids: Baker, 1994), 201.

5. Ibid., 203.

6. Ibid., 206.

7. D. Michael Henderson, *John Wesley's Class Meeting: A Model for Making Disciples* (Nappanee, IN: Evangel, 1997), 138.

8. Tom Albin entrevistado por Tim Stafford, "Finding God in Small Groups," *Christianity Today*, August 2003, 43.

9. Thomas C. Oden, *Classical Pastoral Care*, vol. 1, Becoming a Minister (Grand Rapids: Baker, 1987), 5.

10. Michael Slaughter, *Out on the Edge: A Wake-up Call for Church Leaders on the Edge of the Media Reformation* (Nashville: Abingdon, 1998), 112.

11. Howard Clinebell, *Basic Types of Pastoral Care and Counseling* (Nashville: Abingdon, 1984), 26.

12. Slaughter, *Out on the Edge,* 93.

CAPÍTULO 2

1. John W. Frye, *Jesus the Pastor* (Grand Rapids,: Zondervan, 2000), 84-85.

2. Oden, *Pastoral Theology*, 186.

3. David G. Benner, *Care of Souls: Revisioning Christian Nurture and Counsel* (Grand Rapids: Baker, 1998), 23.

4. Ibid., 31-32. Esta información es tomada de William Clebsch y Charles Jaekle, *Pastoral Care in Historical Perspective* (New York: Aronson, 1964).

5. Louis W. Bloede, *The Effective Pastor: A Guide to Successful Ministry* (Minneapolis: Fortress, 1996), 5. Bloede saca del reporte de Readiness for Ministry project, vol. 1, publicado en 1975 por la Asociación de Escuelas Teológicas.

6. Howard L. Rice, *The Pastor as Spiritual Guide* (Nashville: Upper Room Books, 1998), 35.

7. Ibid., 51-56; discute estas disciplinas en detalles más grandes en estas páginas. Vea también a Richard Foster, *The Celebration of Discipline*.

8. Eugene H. Peterson, *Working the Angles: The Shape of Pastoral Integrity* (Grand Rapids: Eerdmans, 1987), 150.

9. Rice, *Spiritual Guide*, 61-62.

CAPÍTULO 3

1. Elton Trueblood, *Your Other Vocation* (New York: Harper and Brothers, 1952), 38.

2. Bruce Larson, Paul Anderson, and Doug Self, *Mastering Pastoral Care* (Sisters, OR: Multnomah, 1990), 27.

3. Dale Galloway, *Building Teams in Ministry* (Kansas City: Beacon Hill Press of Kansas City, 2000), 19.

4. William E. Diehl, *Ministry in Daily Life: A Practical Guide for Congregations* (Bethesda, MD: Alban Institute, 1996), 14.

5. Ibid., 15. Diehl levanta el asunto de los cristianos que trabajan en una tienda de abarrotes que vende tabaco, diciendo que algunas áreas en la vida son grises en lugar blanco y negro. Los cristianos tienen que considerar en oración cómo ministrar en estas arenas.

6. Larson, et al., *Mastering Pastoral Care*, 30-33.

7. George G. Hunter III, *Church for the Unchurched* (Nashville: Abingdon, 1996), 124-27. Hunter ofrece una descripción detallada de la metodología para promover el ministerio laico en la iglesia.

8. John Ed Mathison, "Niche-Pickin', New Paradigm for Lay Ministry: The Frazer Church Volunteer Model," in Galloway, *Building Teams in Ministry*, 68.

9. Además de los materials impresor, Elmer Towns tiene un Cuestionario de los Dones Espirituales evaluando nueve dones espirituales intantáneamente. Se puede encontrar en su sitio en la Web <www.elmertowns.com>.

10. David Slamp, *Spiritual Growth Survey Questionnaire* © copyright 1997. A la disposición a través de Church Growth Institute, P.O. Box 7, Elkton, MD 21922-0007. Orders: Box 9176, Oxnard, CA 93031-9176. Phone 1-800-553-4769 <www.churchgrowth.org>. Para un Análisis de Dones Espirituales gratis visita <www.teamministry.com>.

11. Jim Garlow, "Purpose-Driven Lay Training: Equipping Christian Revolutionists" in Galloway, *Building Teams in Ministry*, 84.

12. George Barna, *The Habits of Highly Effective Churches* (Ventura, CA: Regal, 1999), 60-61.

13. Dennis E. Williams and Kenneth O. Gangel, *Volunteers for Today's Church: How to Recruit and Retain Workers* (Grand Rapids: Baker, 1993), 87.

14. Alan E. Nelson, *The New Thing: Cutting-Edge Ideas for 21st Century*

Ministry from Progressive Leaders in the Wesleyan Heritage (Scottsdale, AZ: Southwest Center for Leadership, 1998), 53.

15. Douglas W. Johnson, *Empowering Lay Volunteers* (Nashville: Abingdon, 1991), 62.

CAPÍTULO 4

1. Hunter, *Church for the Unchurched,* 134.

2. Howard W. Stone, *The Caring Church: A Guide for Lay Pastoral Care* (New York: Harper and Row, 1983), 20.

3. Ibid., 19.

4. William Easum, *Dancing with Dinosaurs: Ministry in a Hostile and Hurting World* (Nashville: Abingdon, 1993), 77-78.

5. Rick Warren, *The Purpose-Driven Church: Growth Without Compromising Your Message and Mission* (Grand Rapids: Zondervan, 1995), 389.

6. Larson, et al., *Mastering Pastoral Care*, 114.

7. Ibid., 116.

8. Stanley J. Menking, *Helping Laity Help Others* (Philadelphia: Westminster, 1984), 26.

9. Gary R. Collins, *How to Be a People Helper* (Wheaton, IL: Tyndale, 1995), 23.

10. Leroy Howe, *A Pastor in Every Pew: Equipping Laity for Pastoral Care* (Valley Forge, PA: Judson, 2000), 25.

11. Ibid., 30.

12. Collins, *How to Be a People Helper*, 29.

13. Hunter, *Church for the Unchurched,* 12.

14. Collins, *How to Be a People Helper,* 3.

15. Gary R. Collins, *Innovative Approaches to Counseling: A How-To Approach* (Dallas: Word Publishing, 1986), 145-46.

16. Stone, *Caring Church*, 20; el pasaje da una explicación extensa del asunto de reclutar para el entrenamiento laico.

17. Collins, *How to Be a People Helper.* La edición original fue publicada en 1976.

18. Stone, *Caring Church*, 29.

19. Collins, "Lay Counselors," *Leadership Handbook of Outreach and Care*, 286.

20. Menking, *Helping Laity*, 94.

21. Hunter, *Church for the Unchurched*, 136.

CAPÍTULO 5

1. Hunter, *Church for the Unchurched*, 82.

2. Henderson, *John Wesley's Class Meeting*, 93.

3. Tom Albin entrevistado por Tim Stafford, "Finding God in Small Groups," *Christianity Today*, Agosto 2003, 42. Albin hizo su investigación doctoral sobre los grupos pequeños en el metodismo primitivo.

4. Henderson, *John Wesley's Class Meeting*, 99.

5. Albin, "Small Groups," 43.

6. Henderson, *Class Meeting,* 121.

7. Albin, "Small Groups," 44.

8. Carl F. George, *Prepare Your Church for the Future* (Tarrytown, NY: Revell, 1991).

9. Ibid., 53.

10. Easum, *Dancing with Dinosaurs*, 60.

11. El programa es explicado en Dale Galloway, 20/20 Vision: *How to Create a Successful Church* (Portland, OR: Scott Publishing, 1986).

12. Dale Galloway with Kathy Mills, The Small Group Book: *The Practical Guide for Nurturing Christians and Building Churches* (Tarrytown, NY: Revell, 1995), 9.

13. Para una explicación del ministerio de grupos pequeños de SaddlebackFor, vea Hunter, *Church for the Unchurched*, 90-92.

14. Bill Donahue and Russ Robinson, *Building a Church of Small Groups: A Place Where Nobody Stands Alone* (Grand Rapids: Zondervan, 2001), 14.

15. Hunter, *Church for the Unchurched*, 93.

16. Donahue and Robinson, *Building a Church*, 207.

17. Ibid., 60.

18. Henderson, *Class Meeting*, 118-19.

19. Donahue and Robinson, *Building a Church*, 67.

20. Roger Razzari Elrod, "Study Groups," in *Leadership Handbook of Outreach and Care*, 258.

21. George, *Prepare Your Church*, 89.

22. Para una explicación más completa vea Galloway, 20/20 *Vision.*

23. David Slamp, *CareRings: Sunday School and Small Groups Side by Side* (Wichita, KS: Vessel, 2004), 101-2. Este libro es una guía muy práctica para implementar el programa CareRings en una iglesia local. CareRings funciona igualmente bien en iglesias muy pequeñas e iglesias muy grandes.

24. Celebrate Recovery es parte del ministerio de la Iglesia de Saddleback, Lake Forest, CA. Para más información y materiales, vaya a <www.saddleback.com>.

25. Donahue and Robinson, *Building a Church*, 149.

26. Easum, *Dancing with Dinosaurs*, 9. Esta declaración vino de una entrevista con Carl George en una reunión de Leadership Network, Agosto 1991, Denver.

27. Donahue and Robinson, *Building a Church*, 119.

CAPÍTULO 6

1. William Barclay, *The Gospel of John*, vol. 2 (Philadelphia: Westminster, 1955), 64-65.

2. Wiersbe, *Dynamics of Pastoral Care*, 27.

3. E. Glenn Wagner, *Escape from Church, Inc.: The Return of the Pastor-Shepherd* (Grand Rapids: Zondervan, 1999), 25.

4. Ibid., 27.

5. Joseph Stowell, citado en Eric Reed and Collin Hansen, "How Pastors Rate as Leaders: Leadership Surveys Pastors and Their Congregations," *Leadership*, Fall 2003, vol. 24, no. 4, 32.

6. Linda Wilcox, *No More Front Porches: Rebuilding Community in Our Isolated Worlds* (Kansas City: Beacon Hill Press of Kansas City, 2002), 45.

7. Wagner, *Escape from Church*, 130.

8. Leith Anderson, citado en "Called to What? A Leadership Forum," *Leadership*, Fall 2003, vol. 24, no. 4, 29.

9. Becky R. McMillan, "What do clergy do all week?" a study from the Pulpit and Pew Research on Pastoral Leadership project <www.pulpitandpew.duke.edu/clergyweek.html>.

10. Wagner, *Escape from Church*, 82.

11. Wilcox, *No More Front Porches*, 95.

12. Leonard Sweet, *Post-Modern Pilgrims: First Century Passion for the 21st Century Church* (Nashville: Broadman and Holman, 2000), 119.

13. Ibid., 119-20.

14. Oden, *Pastoral Theology*, 171.

15. Hunter, *Church for the Unchurched*, 120.

CAPÍTULO 7

1. James D. Hamilton, *The Ministry of Pastoral Counseling* (Kansas City: Beacon Hill Press of Kansas City, 1972), 13.

2. Ibid., 13-14.

3. Thomas C. Oden, *Classical Pastoral Care*, vol. 3, Pastoral Counsel (Grand Rapids: Baker, 1987), 14.

4. David G. Benner, *Strategic Pastoral Counseling* (Grand Rapids: Baker, 1992), 18.

5. Gary R. Collins, *Christian Counseling: A Comprehensive Guide* (Dallas: Word Publishing, 1988), 16.

6. William H. Willimon, Pastor: *The Theology and Practice of Ordained Ministry* (Nashville: Abingdon, 2002), 184.

7. Ibid., 185.

8. Collins, *Christian Counseling*, 43.

9. Benner, *Strategic Pastoral Counseling*, 20.

10. Collins, *Christian Counseling*, 41.

11. Ibid., 177.

12. Willimon, *Pastor*, 182.

13. Collins, *Christian Counseling*, 29.

14. Archibald D. Hart, "Counseling the Opposite Sex," en *Leadership Handbook of Outreach and Care*, 294.

15. H. B. London, "The Need to Flee," en *The Pastor's Guide to Effective Ministry* (Kansas City: Beacon Hill Press of Kansas City, 2002), 49.

CAPÍTULO 8

1. Tomado del sitio del Ejército de Salvación en la Web: www1. salvationarmy.org.

2. Robert Lewis, con Rob Wilkins, *The Church of Irresistible Influence* (Grand Rapids: Zondervan, 2001), 59.

3. Ram Cnaan, *The Invisible Caring Hand: American Congregations and the Provision of Welfare* (New York: New York University Press, 2002).

4. Marshall Shelly, "Secret Services," *Leadership Journal*, Spring 2003, 43.

5. Ram Cnaan, en una entrevista con Agnieszka Tennant, *Leadership Journal*, Spring 2003, 45.

6. Lewis, *Irresistible Influence*, 27.

7. Mateo 5:13.

8. Mateo 5:14.

9. William B. Oglesby Jr., *Referral in Pastoral Counseling* (Nashville: Abingdon, 1978), 29.

10. Jim Pettitt, "Fundamentals of Pastoral Counseling," en *Pastor's Guide to Effective Ministry,* 124.

11. David K. Switzer, *Pastoral Care Emergencies* (Minneapolis: Fortress, 2000), 180.

12. Ibid., 178.

13. Oglesby, *Referral in Pastoral Counseling*, 91.

14. Clinebell, *Basic Types of Pastoral Care*, 312.

15. Switzer, *Pastoral Care Emergencies*, 184.

16. Clinebell, *Basic Types*, 317.

17. Randy Christian, "Making Referrals," en *Leadership Handbook of Outreach and Care*, 300.

CAPÍTULO 9

1. Willimon, *Pastor*, 91.

2. Ralph L. Underwood, *Pastoral Care and the Means of Grace* (Minneapolis: Fortress, 1993), 7.

3. Ibid.

4. Randy L. Maddox, Responsible Grace: *John Wesley's Practical Theology* (Nashville: Abingdon, 1994), 193.

5. Ibid., 194.

6. Ibid., 196.

7. Hechos 3:6.

8. Willimon, *Pastor*, 103.

9. William H. Willimon, *Worship as Pastoral Care* (Nashville: Abingdon, 1979), 31.

10. Darius L. Salter, *Prophetical-Priestly Ministry: The Biblical Mandate for the 21st Century Pastor* (Nappanee, IN: Evangel, 2002), 127.

11. Larson, et al., *Mastering Pastoral Care*, 39.

12. Gálatas 6:2.

13. Willimon, Pastor, 106.

14. Larson, et al., *Mastering Pastoral Care*, 41.

15. El encabezado dice que David escribió esto después que fingió locura delante de Abimelec, quién lo expulsó.

16. Rice, *Pastor as Spiritual Guide*, 99.

17. Larson, et al., *Mastering Pastoral Care*, 43.

18. Willimon, *Pastor*, 93.

19. Ibid.

20. Thomas C. Oden, *Classical Pastoral Care*, vol. 2, *Ministry Through Word and Sacrament* (Grand Rapids: Baker, 1987), 36.

21. John Piper en Don Kestler, gen. ed., *Feed My Sheep: A Passionate Plea for Preaching* (Morgan, PA: Soli Deo Gloria Publications, 2002), 259.

22. Ibid., 260-62.

23. Donald Capps, *Pastoral Counseling and Preaching: A Quest for an Integrated Ministry* (Philadelphia: Westminster, 1980), 25.

24. Ibid., 26.

25. Michael Slaughter, "Preaching in a Postmodern Culture," en *Pastor's Guide to Effective Ministry*, 81-82.

26. Dan Kimball, *The Emerging Church: Vintage Christianity for New Generations* (Grand Rapids: Zondervan, 2003), 177.

27. Edward P. Wimberly, *Moving from Shame to Self-worth: Preaching and Pastoral Care* (Nashville: Abingdon, 1997), 14.

28. Ibid., 15.

29. Slaughter, *Pastor's Guide*, 81.

30. Underwood, *Means of Grace*, 51.

31. Ibid., 52.

32. Salter, *Prophetical-Priestly Ministry*, 123.

33. Ibid.

34. Underwood, *Means of Grace*, 59.

35. Edward P. Wimberly, *Using Scripture in Pastoral Counseling* (Nashville: Abingdon, 1994), 14-15.

36. Ibid., 31.

37. Donald Capps, *Biblical Approaches to Pastoral Counseling* (Philadelphia: Westminster, 1981), 23.

38. Wimberly, *Using Scripture*, 25.

39. Lutero citado en Oden, *Classical Pastoral Care*, vol. 2, 60.

40. Salter, *Prophetical-Priestly Ministry*, 124.

41. Rice, *Spiritual Guide*, 102.

42. Willimon, *Pastor*, 83.

43. Neil Wiseman, "New Paradigms for Pastoral Care," en *Pastor's Guide to Effective Ministry*, 117.

44. Maddox, *Responsible Grace*, 202.

45. Ibid., 203.

46. Willimon, *Pastor*, 87.

47. Ibid.

48. David Hansen, *The Art of Pastoring: Ministry Without All the Answers* (Downers Grove, IL: InterVarsity, 1994), 145.

49. Maddox, *Responsible Grace*, 205.

50. Ibid., 220.

51. Underwood, *Means of Grace*, 133.

52. Ibid., 86.

53. Gregorio de Nisa, citado en Oden, *Classical Pastoral Care*, vol. 2, 128.

CAPÍTULO 10

1. Mateo 5:9.

2. L. Randolph Lowry and Richard W. Meyers, *Conflict Management and Counseling* (Dallas: Word Publishing, 1991), 24. El estudio fue conducido por Christian Conciliations Services del Condado de Orange County, California, analizando 135 personas que respondieron sobre la cantidad de tiempo gastado en conflictos.

3. Hugh F. Halverstadt, *Managing Church Conflict* (Louisville, KY: Westminster/John Knox, 1991), 6.

4. David W. Kale with Mel McCullough, *Managing Conflict in the Church* (Kansas City: Beacon Hill Press of Kansas City, 2003), 20.

5. Ibid., 21.

6. Salmos 133:1.

7. Lowry, *Conflict Management*, 49-50.

8. William Barclay, *The Gospel of Matthew*, vol. 2 (Philadelphia: Westminster, 1957), 206.

9. Keith Huttenlocker, *Conflict and Caring: Preventing, Managing, and Resolving Conflict in the Church* (Grand Rapids: Zondervan, 1988), 84-85.

10. Mateo 18:16.

11. Mateo 18:17a.

12. Lowry, *Conflict Management*, 59.

13. Vea 1 Corintios 5.

14. 1 Corintios 5:11b.

15. Lowry discute el proceso de una alternativa Cristiana a la litigación en páginas 53-60.

16. 1 Corintios 3:3b.

17. Kale, *Managing Conflict,* 16.

18. Ibid., 37.

19. 1 Tesalonicenses 5:13b.

20. William H. Willimon, *Preaching About Conflict in the Local Church* (Philadelphia: Westminster, 1987), 15.

21. Ibid., 22.

22. Huttenlocker, *Conflict and Caring.* Vea páginas 66-70 para una explicación más completa sobre la importancia de la comunicación.

23. Isaías 1:18.

24. Huttenlocker, *Conflict and Caring,* 72.

25. Kale, *Managing Conflict,* 88-89. También describe varias tácticas de pelea sucia que deben evitarse en capítulo 8.

26. Huttenlocker, *Conflict and Caring,* 57.

CAPÍTULO 11

1. Collins, *How to Be a People Helper,* 111.

2. Judson J. Swilhard and Gerald C. Richardson, *Counseling in Times of Crisis* (Dallas: Word Publishing, 1987), 16.

3. Clinebell, *Basic Types of Pastoral Care,* 187.

4. Howard W. Stone, *Crisis Counseling* (Philadelphia: Fortress, 1976), 5.

5. H. Norman Wright, *Crisis Counseling:* What to Do and Say During the First 72 Hours (Ventura, CA: Regal, 1993), 10.

6. Viktor Frankl, *Man's Search for Meaning* (New York: Washington Square, 1963), 121.

7. Stone, *Crisis Counseling,* 8.

8. Wright, *Crisis Counseling:* What to Do, 21.

9. Stone, *Crisis Counseling,* 13.

10. Wright, Crisis Counseling: *What to Do,* 22.

11. Stone, *Crisis Counseling,* 16.

12. Esta escala apareció primero en *Journal of Psychosomatic Research* 2 (1967), 213-18. Ha sido reproducida en Clinebell, *Basic Types of Pastoral Care,* 189-90.

13. Stone, *Crisis Counseling,* 19.

14. Ibid., 20.

15. Wright, *Crisis Counseling: What to Do,* 31-40. Él tiene una gráfica de mucha ayuda de esta secuencia en la crisis en página 32.

16. Ibid., 34.

17. Ibid., 36.

18. Ibid., 37.

19. Stone, *Crisis Counseling,* 35.

20. Gary Gulbranson, "Emergency Calls," en *Leadership Handbook of Outreach and Care,* 226.

21. Collins, *How to Be a People Helper,* 121.

22. Wright, *Crisis Counseling: What to Do*, 97.

23. Stone, *Crisis Counseling*, 74.

CAPÍTULO 12

1. Aubrey Malphurs and Keith Willhite, eds., *A Contemporary Handbook for Weddings and Funerals and Other Occasions* (Grand Rapids: Kregel, 2003), 27.

2. Wiersbe, *Dynamics of Pastoral Care*, 119.

3. Les Parrott III and Leslie Parrott, *Saving Your Marriage Before It Starts: Seven Questions to Ask Before (and After) You Marry* (Grand Rapids: Zondervan, 1995), 12.

4. George Barna, *The Second Coming of the Church* (Nashville: Word Publishing, 1998), 6.

5. H. Norman Wright, *The Premarital Counseling Handbook* (Chicago: Moody, 1992), 8.

6. Mateo 19:6.

7. Para mayor información y materials póngase en contacto con Covenant Marriage Movement en <www.covenantmarriage.com>.

8. James C. Dobson, *Love for a Lifetime: Building a Marriage That Will Go the Distance* (Sisters, OR: Multnomah, 1993), 20.

9. Ibid., 21-22.

10. T-JTA se publica por Psychological Publications (5300 Hollywood Blvd., Los Angeles, CA 90027).

11. La prueba es desarrollada por PREPARE/Enrich, P.O. Box 190, Minneapolis, MN 55440. Teléfono 1-800-331-1661 para información sobre entrenamiento.

12. Wright, *Premarital Counseling Handbook*, 153.

13. Parrott and Parrott, *Saving Your Marriage*, 73.

14. Ibid., 75-79.

15. Ibid., 145.

16. H. Norman Wright, *Premarital Counseling* (Chicago: Moody, 1977). El libro pasó por una revision mayor en 1992 bajo un nuevo título: The Premarital Counseling Handbook, también publicado por Moody Press.

17. Parrott and Parrott, *Saving Your Marriage Before It Starts*.

18. David L. Larsen, *Caring for the Flock: Pastoral Ministry in the Local Congregation* (Wheaton, IL: Crossway Books, 1991), 161.

19. Malphurs and Willhite, eds., *Contemporary Handbook,* 27. Este libro tiene varias opciones para los servicios de bodas así como ejemplos de mensajes para bodas.

20. Larsen, *Caring for the Flock*, 163.

21. Robert E. Webber, "Eucharist Spirituality," *Authentic Worship: Hearing Scripture's Voice, Applying Its Truths,* Herbert W. Bateman IV, ed. (Grand Rapids: Kregel, 2002), 265.

22. Larsen, *Caring for the Flock,* 155.

23. Jeffrey D. Arthurs, "Communion with a Bread Machine," in Malphurs and Willhite, eds., *Contemporary Handbook*, 327.

24. Larsen, *Caring for the Flock*, 143.

25. *The Worship Sourcebook* (Grand Rapids: Baker, 2004), 249-50.

26. Franklin M. Segler, *Understanding, Preparing for, and Practicing Christian Worship*, 2nd ed. (Nashville: Broadman and Holman, 1996), 141.

27. Bruce L. Petersen, "The Significance of Dedication and Baptism," in *A Pastor's Worship Resource for Advent, Lent, and Other Occasions*, James R. Spruce, ed. (Kansas City: Beacon Hill Press of Kansas City, 1987), 149.

28. Wiersbe, *Dynamics of Pastoral Care*, 122.

29. Petersen, "Significance of Dedication," 153.

CAPÍTULO 13

1. De Isaías 40:1.

2. "God Rest You Merry, Gentlemen."

3. Juan 5:1-15.

4. Juan 8:11.

5. Juan 11:17-44.

6. Juan 19:26-27.

7. Juan 20:21.

8. Murray J. Harris, "2 Corinthians," *Expositor's Bible Commentary*, Frank E. Gaebelein, gen. ed. (Grand Rapids: Zondervan, 1976), 320.

9. Philip Yancey, *Disappointment with God* (Grand Rapids: Zondervan, 1997). Yancey trata con tres preguntas que la gente hace: ¿Es justo Dios? ¿Está en silencio? ¿Está escondido? Esta es una secuencia muy personal de su libro anterior *Where Is God When It Hurts?* también publicado por Zondervan. (See note 14).

10. Switzer, *Pastoral Care Emergencies*, 55.

11. Oden, *Pastoral Theology*, 223.

12. Ibid., 224-25.

13. Willimon, *Pastor*, 99.

14. Philip Yancey, *Where Is God When It Hurts?* (Grand Rapids: Zondervan, 1977), 67.

15. C. S. Lewis, *The Problem of Pain* (New York: Macmillan, 1962), 39.

16. Oden, *Pastoral Theology*, 231.

17. Ibid., 248.

18. Henri Nouwen, *The Wounded Healer* (Garden City, NY: Doubleday, 1972). En este simple libro Nouwen analiza el sufrimiento y cómo aquellos que sirven a otros pueden reconocer el sufrimiento en sus propias vidas como el punto de inicio para proveer consuelo a otros. Defiende el ministerio del quebrantamiento y no de la fortaleza.

19. Michael Kirkindoll, *The Hospital Visit* (Nashville: Abingdon, 2001), 87.

20. Ibid., 88.

21. Ibid., 90.

22. Ibid., 91.

23. Switzer, *Pastoral Care Emergencies*, 49.

24. Eugene H. Peterson, *Five Smooth Stones for Pastoral Work* (Grand Rapids: Eerdmans, 1992), 141.

25. Switzer, *Pastoral Care Emergencies*, 69.

26. Oden, Pastoral Theology, 254.

27. Peterson, *Five Smooth Stones*, 144.

28. Willimon, *Pastor*, 106.

29. Peterson, *Five Smooth Stones*, 145.

30. Switzer, *Pastoral Care Emergencies*, 51.

31. Kirkindoll, *Hospital Visit*, 53.

32. Oden, *Pastoral Theology*, 259.

33. Kent D. Richmond and David L. Middleton, *The Pastor and the Patient: A Practical Guidebook for Hospital Visitation* (Nashville: Abingdon, 1992), 30.

34. Ibid.

35. Ibid., 31-32.

36. Kirkindoll, en las páginas 16-17, ofrece un trato completo sobre los temores de los pacientes y cómo abordarlos.

37. Richmond and Middleton, *Pastor and the Patient*, 83.

38. Ibid., 86.

39. Switzer, Pastoral Care Emergencies, 65.

40. Lawrence E. Holst, ed., *Hospital Ministry: The Role of the Chaplain Today* (New York: Crossroad, 1985), xii.

CAPÍTULO 14

1. Wright, *Crisis Counseling:* What to Do, 152.

2. Ibid., 153.

3. Oden, *Pastoral Theology*, 297.

4. Switzer, *Pastoral Care Emergencies*, 82.

5. Wright, *Crisis Counseling: What to Do*, 175.

6. Harold Ivan Smith, *When Your People Are Grieving: Leading in Times of Loss* (Kansas City: Beacon Hill Press of Kansas City, 2001), 36. Smith ofrece un excelente argumento para moverse más allá del "pensamiento de etapas" a un acercamiento más integral. Este libro es uno de los mejores recursos ministeriales a la mano para aquellos que están muriendo y aquellos que están experimentando el duelo después de alguna muerte. Debe ser parte de la biblioteca de cada pastor.

7. Switzer, *Pastoral Care Emergencies*, 83.

8. Leroy B. Joesten, "The Voices of the Dying and the Bereaved: A Bridge Between Loss and Growth," in Holst, *Hospital Ministry*, 140.

9. Switzer, *Pastoral Care Emergencies*, 84.

10. Salmos 23:4.

11. Clinebell, *Basic Types of Pastoral Counseling*, 231.

12. Linwood H. Chamberlain, "Counseling People Who Are Dying," in *Leadership Handbook of Outreach*, 323.

13. Wiersbe, *Dynamics of Pastoral Care*, 102.

14. Joesten, "Voices of the Dying," 143.

15. Smith, *When Your People Are Grieving*, 46.

16. Joesten, "Voices of the Dying," 143.

17. Ibid.

18. Smith, *When Your People Are Grieving*, 53.

19. Ibid., 119.

20. Vea Smith, *When Your People Are Grieving*, página 106, para una explicación más completa sobre el uso del aceite en el ungimiento.. El capítulo 8 cubre en detalle la importancia de tres rituales: vigilia, funeral y entierro.

21. Wright, *Crisis Counseling:* What to Do, 160.

CAPÍTULO 15

1. Richard M. Gula, *Ethics in Pastoral Ministry* (New York: Paulist, 1996), 33.

2. William Willimon, *Calling and Character: Virtues of the Ordained Life* (Nashville: Abingdon, 2000), 37.

3. Estudio reportado por Edward LeRoy Long Jr., A *Survey of Recent Christian Ethics* (New York: Oxford University Press, 1982), 151; citado en Gula, Ethics in Pastoral Ministry, 32.

4. Gula, *Ethics in Pastoral Ministry*, 35.

5. Willimon, *Calling and Character,* 41.

6. Citado por Gordon MacDonald, *Rebuilding Your Broken World* (Nashville: Nelson, 1988), 32.

7. Gaylord Noyce, Pastoral Ethics: *Professional Responsibilities of the Clergy* (Nashville: Abingdon, 1988), 90.

8. Parte del requerimiento AMA de 1971, citado en Margaret P. Battin, *Ethics in the Sanctuary: Examining the Practices of Organized Religion* (New Haven, CT: Yale University Press, 1990), 24.

9. Battin, *Ethics in the Sanctu*ary, 25.

10. Gula, Ethics in Pastoral Ministry, 132.

11. Ibid., 119.

12. Noyce, *Pastoral Ethics,* 91.

13. Gula, *Ethics in Pastoral Ministry,* 119.

14. Ibid.

15. Battin, *Ethics in the Sanctuary*, 26.

16. Noyce, *Pastoral Ethics,* 92.

17. Battin, *Ethics in the Sanctuary*, 35.

18. Gula, *Ethics in Pastoral Ministry,* 134.

19. Noyce, *Pastoral Ethics,* 94.

20. Ibid.

21. Kathy Callahan-Howell, "Strain of Confidentiality," *Leadership Journal,* Winter 2003, 40.

22. Gula, *Ethics in Pastoral Ministry,* 134.

23. Callahan-Howell, *"Confidentiality,"* 40.

24. Gaylord Noyce, *The Minister as Moral Counselor* (Nashville: Abingdon, 1989), 92-93.

25. E. Glenn Hinson, *Spiritual Preparation for Christian Leadership* (Nashville: Upper Room, 1999), 122.

26. Ibid., 121.

27. Ibid.

28. Gula, *Ethics in Pastoral Ministry,* 104.

29. Willimon, *Pastor,* 299.

30. Noyce, *Pastoral Ethics,* 100-101.

31. Gula, *Ethics in Pastoral Ministry,* 105.

32. Hart, *"Counseling the Opposite Sex,"* 194.

33. Noyce, *Pastoral Ethics,* 101.

34. Gula, *Ethics in Pastoral Ministry,* 110.

35. William V. Arnold, *Pastoral Responses to Sexual Issues* (Louisville, KY: Westminster/John Knox, 1993), 48.

36. Ibid., 49.

37. Jim Smith, "Boundaries and Safeguards," in *Leadership Handbook of Outreach,* 293.

38. Arnold, *Pastoral Responses,* 50.

39. Austin B. Tucker, A *Primer for Pastors: A Handbook for Strengthening Ministry Skills* (Grand Rapids: Kregel, 2004), 122.

40. Arnold, *Pastoral Responses,* 51.

41. Gary Collins, *Christian Counseling: A Comprehensive Gu*ide (Dallas: Word Publishing, 1988), 67.

42. Arnold, *Pastoral Responses,* 51.

43. Jim Smith, *"Boundaries and Safeguards,"* 292.

44. Noyce, *Pastoral Ethics,* 77.

45. Rick Ezell, *Strengthening the Pastor's Soul: Developing Personal Authenticity for Pastoral Effectiveness* (Grand Rapids: Kregel, 1995), 84.

46. Ibid., 83-84.

CAPÍTULO 16

1. Richard Stoll Armstrong, con Kirk Walker Morledge, *Help! I'm a Pastor: A Guide to Parish Ministry* (Louisville, KY: Westminster/John Knox, 2005), 67.

2. "I Want to Be like Jesus," palabras por Thomas O. Chisholm, 1945; música por David Livingstone Ives, 1945, Lillenas Publishing, 1945, renewed 1973.

3. Willimon, *Calling and Character*, 44.

4. Ibid., 46-47.

5. Paul Cedar, "The Extra Mile of Pastoral Integrity," en *Mastering the Pastoral Role* (Sisters, OR: Multnomah, 1991), 125.

6. Ibid., 124-25.

7. Jay Kesler, *Being Holy, Being Human: Dealing with the Incredible Expectations and Pressures of Ministry* (Minneapolis: Bethany House, 1988), 69-70.

8. Ben Patterson, "Balancing Family, Church, and Personal Time," *Mastering the Pastoral Role*, 104.

9. Kent Hughes, "Working with My Weaknesses," *Mastering the Pastoral Role*, 82-83.

10. Kesler, *Being Holy*, 34.

11. Ibid.

12. Hechos 15:28.

13. A. W. Tozer, referido en Kesler, *Being Holy*, 36.

14. Armstrong, *Help! I'm a Pastor*, 90.

15. Wayne Schmidt, "The Pastor's Planner," en *Pastor's Guide to Effective Ministry*, 136.

16. Ibid., 137.

17. Citedo en Daniel Spaite, M.D., *Time Bomb in the Church: Defusing Pastoral Burnout* (Kansas City: Beacon Hill Press of Kansas City, 1999), 71.

18. Cited by Armstrong, *Help! I'm a Pastor*, 100.

19. Cedar, "The Extra Mile," 122.

20. Darius Salter, "Physical and Emotional Health," en *Pastor's Guide to Effective Ministry*, 39.

21. Eugene Peterson, "The Pastor's Sabbath," en *Refresh, Renew, Revive*, H. B. London Jr., ed. (Colorado Springs: Focus on the Family, 1996), 82.

22. Spaite, *Time Bomb in the Church*, 67.

23. Salter, *"Physical and Emotional Health,"* 40.

24. Ibid., 41.

25. H. B. London and Neil B. Wiseman, *The Heart of a Great Pastor* (Ventura, CA: Regal, 1994) 186-87.

26. Archibald Hart, "Stress and Burnout," en *Refresh, Renew, Revive*, 7.

27. Spaite, Time Bomb in the Church, 9.

28. Jody Seymour, *A Time for Healing: Overcoming the Perils of Ministry* (Valley Forge, PA: Judson, 1995), 31.

29. Hart, *"Stress and Burnout,"* 7.

30. Seymour, *Time for Healing*, 33.

31. Hart, *"Stress and Burnout,"* 9.

32. Spaite, *Time Bomb in the Church*, 84.

33. Ibid., *30.*

34. Hart, *"Stress and Burnout,"* 11.

35. John Trent, *"Taking Care of Your Marriage,"* en *Refresh, Renew, Revive, 53-54.*

36. Armstrong, *Help! I'm a Pastor, 43.*

BIBLIOGRAFÍA

Armstrong, Richard Stoll, con Kirk Walker Morledge. *Help! I'm a Pastor: A Guide to Parish Ministry*. Louisville, KY: Westminster/John Knox, 2005.

Arnold, William V. *Introduction to Pastoral Care*. Philadelphia: Westminster, 1982.

____. Pastoral Responses to Sexual Issues. Louisville, KY: Westminster/John Knox,1993.

Babb, Lynne M. *Beating Burnout in Congregations*. Bethesda, MD: Alban Institute, 2003.

Barna, George. The Habits of Highly Effective Churches. Ventura, CA: Regal, 1999.

____. *The Second Coming of the Church*. Nashville: Word Publishing, 1998.

Battin, Margaret P. *Ethics in the Sanctuary: Examining the Practices of Organized Religion*. New Haven, CT: Yale University Press, 1990.

Benner, David G. *Care of Souls: Revisioning Christian Nurture and Counsel*. Grand Rapids: Baker, 1998

____. *Strategic Pastoral Counseling*: A Short-Term Structured Model. Grand Rapids: Baker, 1992.

Berkley, James, ed. *Leadership Handbook of Outreach and Care.*Grand Rapids: Baker,1994.

Biddle, Perry H., Jr. A *Marriage Manual*. Grand Rapids:Eerdmans, 1994.

Bloede, Louis W. *The Effective Pastor: A Guide to Successful Ministry*. Minneapolis: Fortress, 1996.

Brister, C. W. *Pastoral Care in the Church*. San Francisco: HarperCollins, 3rd ed., 1992.

Callahan-Howell, Kathy. "Strain of Confidentiality," *Leadership Journal*. Winter 2003. Capps, Donald. *Biblical Approaches to Pastoral Counseling*. Philadelphia: Westminster, 1981.

____. *Pastoral Counseling and Preaching*: A Quest for Integrated Ministry. Philadelphia: Westminster, 1980.

____. *The Poet's Gift: Toward Renewal of Pastoral Care*. Louisville, KY: Westminster/John Knox, 1993.

Cedar, Paul, Kent Hughes, and Ben Patterson. *Mastering the Pastoral Role*. Sisters, OR: Multnomah, 1991.

Clebsch, William, and Charles Jaekle. *Pastoral Care in Historical Perspective*. New York: Aronson, 1964.

Clinebell, Howard. *Basic Types of Pastoral Care and Counseling: Resources for the Ministry of Healing and Growth* (Revised and Enlarged). Nashville: Abingdon, 1984.

Cnaan, Ram. *The Invisible Caring Hand: American Congregations and the Provision of Welfare*. New York: New York University Press, 2002.

Collins, Gary. *Biblical Basis of Christian Counseling for People Helpers*. Colorado Springs: NavPress, 1993.

_____ . *Christian Counseling: A Comprehensive Guide*, rev. ed. Dallas: Word Publishing, 1988.

_____. *Effective Counseling*, Carol Stream, IL: Creation House, 1972.

_____. *How to Be a People Helper*. Wheaton, IL: Tyndale, Inc., 1995.

_____. *Innovative Approaches to Counseling:* A How-To Approach. Dallas: Word Publishing,1986.

Diehl, William E. *Ministry in Daily Life: A Practical Guide for Congregations*. Bethesda, MD: Alban Institute, Inc. 1996.

Dobson, James. Love for a Lifetime: *Building a Marriage That Will Go the Distance*. Sisters, OR: Multnomah, 1993.

Donahue, Bill, and Russ Robinson. *Building a Church of Small Groups: A Place Where Nobody Stands Alone*. Grand Rapids: Zondervan, 2001.

Easum, William. *Dancing with Dinosaurs: Ministry in a Hostile and Hurting World*. Nashville: Abingdon, 1993.

Edwards, Gene, and Tom Brandon. *Preventing a Church Split*. Scarborough, MA: Christian Books, 1987.

Ezell, Rick. *Strengthening the Pastor's Soul: Developing Personal Authenticity for Pastoral Effectiveness. Grand Rapids: Kregel, 1995.*

Fisher, David. The 21st *Century Pastor: A Vision Based on the Ministry of Paul*. Grand Rapids: Zondervan, 1996.

Frankl, Viktor. *Man's Search for Meaning*. New York: Washington Square Press, 1963.

Frye, John W. *Jesus the Pastor*. Grand Rapids: Zondervan, 2000.

Furniss, George M. *The Social Context of Pastoral Care*. Louisville, KY: Westminster/ John Knox, 1994.

Galloway, Dale E. *Building Teams in Ministry / Dale Galloway and Beeson Institute Colleagues*. Kansas City: Beacon Hill Press of Kansas City, 2000.

_____. 20/20 Vision: *How to Create a Successful Church*. Portland: Scott Publishing, 1986.

Galloway, Dale, and Kathy Mills. *The Small Group Book: The Practical Guide for Nurturing Christians and Building Churches*. Grand Rapids: Revell, 1995.

Gangel, Kenneth O. *Feeding and Leading*. Wheaton, IL: Victor, 1989.

Gangel, Kenneth O., and Samuel L. Canine. *Communication and Conflict Management*. Nashville: Broadman, 1992.

Garlow, James L. *Partners in Ministry: Laity and Pastors Working Together*. Kansas City: Beacon Hill Press of Kansas City, 1981.

George, Carl. *Prepare Your Church for the Future.* Tarrytown, NY: Revell, 1991.

Gerkin, Charles V. *An Introduction to Pastoral Care.* Nashville: Abingdon, 1997.

Good Things Happen in Small Groups. Downers Grove, IL: InterVarsity, 1985.

Gould, J. Glenn. *Healing the Hurt of Man: A Study of John Wesley's "Cure of Souls."* Kansas City: Beacon Hill Press of Kansas City, 1971.

Gula, Richard M. *Ethics in Pastoral Ministry.* New York: Paulist, 1996.

Halverstadt, Hugh F. *Managing Church Conduct.* Louisville, KY: Westminster/John Knox, 1991.

Hamilton, James D. The Ministry of Pastoral Counseling. Kansas City: Beacon Hill Press of Kansas City, 1972.

Hansen, David. *The Art of Pastoring: Ministry Without All the Answers.* Downers Grove, IL: InterVarsity, 1994.

Harbaugh, *Gary. Caring for the Caregiver: Growth Models for Professional Leaders and Congregations.* Washington, D.C.: Alban Institute, 1992.

____. *Pastor as Person.* Minneapolis: Augsburg, 1986.

Haugk, Kenneth C. *Antagonists in the Church: How to Identify and Deal with Destructive Conflict.* Minneapolis: Augsburg, 1988.

Henderson, D. Michael. *John Wesley's Class Meeting; A Model for Making Disciples.* Nappanee, IN: Evangel, 1997.

Hiltner, Seward. *The Christian Shepherd: Some Aspects of Pastoral Care.* Nashville: Abingdon, 1959.

Hinson, E. Glenn. *Spiritual Preparation for Christian Leadership.* Nashville: Upper Room, 1999.

Howe, Leroy. A *Pastor in Every Pew: Equipping Laity for Pastoral Care.* Valley Forge, PA: Judson, 2000.

Holst, Lawrence E., ed. *Hospital Ministry: The Role of the Chaplain Today.* New York: Crossroad, 1985.

Hunter, George G., III. *Church for the Unchurched.* Nashville: Abingdon, 1996.

Hurn, Raymond W. *Finding Your Ministry.* Kansas City: Beacon Hill Press of Kansas City, 1979.

Huttenlocker, Keith. *Conflict and Caring: Preventing, Managing and Resolving Conflict in the Church.* Grand Rapids: Zondervan, 1988.

Johnson, Douglas W. *The Care and Feeding of Volunteers.* Nashville: Abingdon, 1978.

____. Empowering Lay Volunteers. Nashville: Abingdon, 1991.

Kale, David W., with Mel McCullough. *Managing Conflict in the Church.* Kansas City: Beacon Hill Press of Kansas City, 2003.

Kemp, Charles F. *The Caring Pastor: An Introduction to Pastoral Counseling in the Local Church.* Nashville: Abingdon, 1985.

Kesler, Jay. *Being Holy, Being Human: Dealing with the Incredible Expectations and Pressures of Ministry.* Minneapolis: Bethany House, 1988.

Kimball, Dan. *The Emerging Church: Vintage Christianity for New Generations.* Grand Rapids: Zondervan, 2003.

Kinghorn, Kenneth Cain. *Gifts of the Spirit.* Nashville: Abingdon, 1976.

Kirkindoll, Michael. *The Hospital Visit.* Nashville: Abingdon, 2001.

Kollar, Charles Allen. *Solution-Focused Pastoral Counseling.* Grand Rapids: Zondervan, 1997.

Langford, Andy. *Christian Weddings: Resources to Make Your Ceremony Unique.* Nashville: Abingdon, 1995.

Larsen, David L. *Caring for the Flock: Pastoral Ministry in the Local Congregation.* Wheaton, IL: Crossway, 1991.

Larson, Bruce, Paul Anderson, and Doug Self. *Mastering Pastoral Care.* Sisters, OR: Multnomah, 1990.

Lebacqz, Karen, and Joseph D. Driskill. *Ethics and Spiritual Care: A Guide for Pastors, Chaplains, and Spiritual Directors.* Nashville: Abingdon, 2000.

Lewis, C. S. *The Problem of Pain.* New York: Macmillan, 1962.

Lewis, Robert, with Rob Wilkins. *The Church of Irresistible Influence.* Grand Rapids: Zondervan, 2001.

London, H. B., gen. ed. *Refresh, Renew, Revive.* Colorado Springs: Focus on the Family Publishing, 1996.

London, H. B., and Neil B. Wiseman. *The Heart of a Great Pastor: Making the Most of the Unique Opportunities That Can Only Be Found Where God Has Planted You.* Ventura, CA: Regal, 1994.

____. They Call Me Pastor: How to Love the Ones You Lead.

Lowry, L. Randolph, and Richard Meyers. Conflict Management and Counseling. Dallas: Word Publishing, 1991.

Maddox, Randy L. *Responsible Grace: John Wesley's Practical Theology.* Nashville: Abingdon Press, 1994.

Malphurs, Aubrey, and Keith Willhite. *A Contemporary Handbook for Weddings and Funerals and Other Occasions.* Grand Rapids: Kregel, 2003.

MacDonald, Gordon. *Rebuilding Your Broken World.* Nashville: Thomas Nelson, 1988.

McBurney, Louis. *Counseling Christian Workers.* Dallas: Word Publishing, 1986.

Menking, Stanley J. *Helping Laity Help Others.* Philadelphia: Westminster Press, 1984.

Mickey, Paul A., and Robert L. Wilson. *Conflict and Resolution*. Nashville: Abingdon, 1973.

Mohler, R. Albert, et al. *Feed My Sheep: A Passionate Plea for Preaching*. Morgan, PA: Soli Deo Gloria, 2002.

Morsch, Gary, and Eddy Hall. *Ministry: It's Not Just for Ministers*. Kansas City: Beacon Hill Press of Kansas City, 1993.

Morsch, Gary, and Dean Nelson. *Heart and Soul: Awakening Your Passion to Serve*. Kansas City: Beacon Hill Press of Kansas City, 1997.

Nelson, Alan E. *The New Thing: Cutting-Edge Ideas for 21st Century Ministry from Progressive Leaders in the Wesleyan Heritage*. Scottsdale, AZ: Southwest Center for Leadership, 1998.

Nouwen, Henri. *The Wounded Healer*. Garden City, NY: Doubleday, 1972.

Noyce, Gaylord. *The Minister as Moral Counselor*. Nashville: Abingdon, 1989.

_____. Pastoral Ethics: Professional Responsibilities of the Clergy. Nashville: Abingdon,1988.

Oden, Thomas C. *Classical Pastoral Care, vol. 1, Becoming a Minister*. Grand Rapids: Baker, 1987.

_____. *Classical Pastoral Care*, vol. 2, *Ministry Through Word and Sacrament*. Grand Rapids: Baker, 1987.

_____. *Classical Pastoral Care*, vol. 3, *Pastoral Counsel*. Grand Rapids: Baker, 1987.

_____. *Pastoral Theology: Essentials of Ministry*. San Francisco: HarperCollins, 1982.Oglesby, William B., Jr. *Biblical Themes for Pastoral Care*. Nashville: Abingdon, 1980.

_____. *Referral in Pastoral Counseling*. Nashville: Abingdon, 1978.

Oliver, Gary J., Monte Hasz, Matthew Richburg. *Promoting Change Through Brief Therapy in Christian Counseling*. Wheaton, IL: Tyndale, Inc., 1997.

Oswald, Roy. *How to Build a Support System for Your Ministry*. Washington, D.C.: Alban Institute, 1991.

Pappas, Anthony. *Pastoral Stress: Sources of Tension, Resources for Transformation*. Bethesda, MD: Alban Institute, 1995.

Parrott, Les, III, and Leslie Parrott. *Saving Your Marriage Before It Starts: Seven Questions to Ask Before (and After) You Marry*. Grand Rapids: Zondervan, 1995.

Peterson, Eugene H. *Five Smooth Stones for Pastoral Work*. Grand Rapids: Eerdmans, 1992.

_____. *Working the Angles: The Shape of Pastoral Integrity*. Grand Rapids: Eerdmans, 1987.

Rediger, G. Lloyd. *Fit to Be Pastor: A Call to Physical, Mental, and Spiritual Fitness*. Louisville, KY: Westminster/John Knox, 2000.

Rice, Howard. *The Pastor as Spiritual Guide.* Nashville: Upper Room Books, 1998.

Richmond, Kent D., and David L. Middleton. *The Pastor and the Patient: A Practical Guidebook for Hospital Visitation.* Nashville: Abingdon, 1992.

Salter, Darius L. *Prophetical-Priestly Ministry: The Biblical Mandate for the 21st Century Pastor.* Nappanee, IN: Evangel, 2002.

Sanford, John A. *Ministry Burnout.* Louisville, KY: Westminster/John Knox Press,1982.

Segler, Franklin M. *Understanding, Preparing for, and Practicing Christian Worship. Second Edition.* Nashville: Broadman and Holman, 1996.

Seymour, Jody. *A Time for Healing: Overcoming the Perils of Ministry.* Valley Forge, PA: Judson, 1995.

Slamp, David. CareRings: Sunday School and Small Groups Side by Side. Wichita, KS: Vessel, 2004.

Slaughter, Michael. *Out on the Edge: A Wake-up Call for Church Leaders on the Edge of the Media Reformation.* Nashville: Abingdon, 1998.

Smith, Harold Ivan. *When Your People Are Grieving: Leading in Times of Loss.* Kansas City: Beacon Hill Press of Kansas City, 2001.

Spaite, Daniel, M.D. *Time Bomb in the Church: Defusing Pastoral Burnout.* Kansas City: Beacon Hill Press of Kansas City, 1999.

Spruce, James R., ed. A *Pastor's Worship Resource: For Advent, Lent, and Other Occasions.* Kansas City: Beacon Hill Press of Kansas City, 1987.

Stone, Howard W. *The Caring Church.* San Francisco: Harper and Row, 1983.

_____. *Crisis Counseling.* Philadelphia: Fortress, 1976.

_____. *Theological Context for Pastoral Caregiving.* New York: Haworth, 1996.

Stone, Howard W., and William M. Clements, eds. *Handbook for Basic Types of Pastoral Care and Counseling.* Nashville: Abingdon, 1991.

Stowe, Eugene L. *The Ministry of Shepherding: A Study of Pastoral Practice.* Kansas City: Beacon Hill Press of Kansas City, 1976.

Sweet, Leonard. *Post-Modern Pilgrims.* Nashville: Broadman and Holman, 2000.

Swilhart, Judson J., and Gerald C. Richardson. *Counseling in Times of Crisis.* Dallas: Word Publishing, 1987.

Switzer, David K. *Pastoral Care Emergencies.* Minneapolis: Fortress, 2000.

Toler, Stan. *The People Principle: Transforming Laypersons into Leaders.* Kansas City: Beacon Hill Press of Kansas City, 1997.

Towns, Elmer. *Ten of Today's Most Innovative Churches.* Ventura, CA: Regal, 1990.

Towns, Elmer, and Warren Bird. *Into the Future: Turning Today's Church Trends into Tomorrow's Opportunities*. Grand Rapids: Revell, 2000.

Trueblood, Elton. *Your Other Vocation*. New York: Harper and Brothers, 1952.

Tucker, Austin B. A *Primer for Pastors: A Handbook for Strengthening Ministry Skills*. Grand Rapids: Kregel, 2004.

Underwood, Ralph L. *Pastoral Care and the Means of Grace*. Minneapolis: Fortress, 1993.

Wagner, C. Peter. *Your Spiritual Gifts Can Help Your Church Grow*. Ventura, CA: Regal, 1979.

Wagner, E. Glenn. *Escape from Church, Inc.: The Return of the Pastor-Shepherd*. Grand Rapids: Zondervan, 1999.

Warren, Rick. *The Purpose-Driven Church: Growth Without Compromising Your Message and Mission*. Grand Rapids: Zondervan, 1995.

Webber, Robert E. *"Eucharist Spirituality," Authentic Worship: Hearing Scripture's Voice, Applying Its Truths*, Herbert W. Bateman IV, ed. Grand Rapids: Kregel, 2002.

Westberg, Granger E. *Good Grief*. Philadelphia: Fortress, 1971.

White, Peter. *The Effective Pastor: Get the Tools to Upgrade Your Ministry*. Great Britain: Christian Focus, 2000.

Wiersbe, David W. *The Dynamics of Pastoral Care*. Grand Rapids: Baker, 2000.

Wiersbe, Warren W., and David W. Wiersbe. *Ten Power Principles for Christian Service: Ministry Dynamics for a New Century*. Grand Rapids: Baker, 1997.

Wilcox, Linda. *No More Front Porches: Rebuilding Community in Our Isolated Worlds*. Kansas City: Beacon Hill Press of Kansas City, 2002.

Williams, Dennis E., and Kenneth O. Gangel. *"Volunteers for Today's Church": How to Re cruit and Retain Workers*. Grand Rapids: Baker, 1993.

Willimon, William. *Calling and Character: Virtues of the Ordained Life*. Nashville: Abingdon, 2000.

____. *Pastor: The Theology and Practice of Ordained Ministry*. Nashville: Abingdon, 2002.

____. *Preaching About Conflict in the Local Church*. Philadelphia: Westminster, 1987.

____. Worship as Pastoral Care. Nashville: Abingdon, 1979.

Willimon, William, et al. *The Pastor's Guide to Effective Ministry*. Kansas City: Beacon Hill Press of Kansas City, 2002.

Wimberly, Edward P. *Moving from Shame to Self-worth: Preaching and Pastoral Care*. Nashville: Abingdon, 1997.

_____. *Using Scripture in Pastoral Counseling.* Nashville: Abingdon, 1994.

Wright, H. Norman. *Crisis Counseling: What to Do During the First 72 Hours.* Ventura, CA: Regal, 1993.

____. *Premarital Counseling.* Chicago: Moody, 1977.

____. *The Premarital Counseling Handbook.* Chicago: Moody, 1992.

Yancey, Philip. *Disappointment with God.* Grand Rapids: Zondervan, 1997.

____. *Where Is God When It Hurts?* Grand Rapids: Zondervan, 1977.

Yohn, Rick. *Discover Your Spiritual Gift and Use It.* Wheaton, IL: Tyndale, 1982